"十二五"国家重点图书出版规划项目

中国社会科学院创新工程学术出版资助项目

总主编：金 碚

经济管理学科前沿研究报告系列丛书

THE FRONTIER
DESEARCHREPORT ON
DISCIPLINE OF RESOURCE AND
ENVIRONMENTAL ECONOMICS

孙若梅 尹晓青 操建华 聂强 主编

资源与环境经济学学科前沿研究报告

图书在版编目（CIP）数据

资源与环境经济学学科前沿研究报告/孙若梅等主编. —北京：经济管理出版社，2013.9
ISBN 978-7-5096-2628-3

Ⅰ.①资… Ⅱ.①孙… Ⅲ.①资源经济学—研究报告 ②环境经济学—研究报告 Ⅳ.①F062.1 ②X196

中国版本图书馆 CIP 数据核字（2013）第 202954 号

组稿编辑：张永美
责任编辑：张永美　王　琰
责任印制：杨国强
责任校对：张　青

出版发行：经济管理出版社
（北京市海淀区北蜂窝 8 号中雅大厦 A 座 11 层　100038）
网　　址：www.E-mp.com.cn
电　　话：（010）51915602
印　　刷：三河市延风印装厂
经　　销：新华书店
开　　本：787mm×1092mm/16
印　　张：21.5
字　　数：483 千字
版　　次：2013 年 11 月第 1 版　2013 年 11 月第 1 次印刷
书　　号：ISBN 978-7-5096-2628-3
定　　价：69.00 元

·版权所有　翻印必究·

凡购本社图书，如有印装错误，由本社读者服务部负责调换。
联系地址：北京阜外月坛北小街 2 号
电话：（010）68022974　　邮编：100836

《经济管理学科前沿研究报告》专家委员会

主　任：李京文

副主任：金　碚　黄群慧　黄速建

专家委员会委员（按姓氏笔划排序）：

方开泰	王方华	王立彦	王重鸣	毛程连	包　政	史　丹	左美云
石　勘	刘　怡	刘　勇	刘伟强	刘秉链	刘金全	刘曼红	刘湘丽
吕　政	吕　铁	孙玉栋	孙建敏	朱　玲	何　瑛	宋　常	张　晓
张文杰	张世贤	张玉立	张屹山	张晓山	张康之	李　平	李　周
李　晓	李子奈	李小北	李仁君	李京文	李国平	李春瑜	李海峥
李海舰	李维安	杜莹芬	杨　杜	杨世伟	杨冠琼	杨春河	杨瑞龙
汪　平	汪同三	沈志渔	沈满洪	肖慈方	芮明杰	辛　暖	陈　耀
陈传明	陈国权	陈国清	周小虎	周文斌	周治忍	周晓明	林国强
罗仲伟	郑海航	金　碚	洪银兴	荆林波	贺　强	赵顺龙	赵景华
赵曙明	项保华	夏杰长	席酉民	徐二明	徐向艺	徐宏玲	徐晋涛
涂　平	秦荣生	袁　卫	郭国庆	高　闯	符国群	黄泰岩	黄速建
黄群慧	曾湘泉	程　伟	韩文科	赖德胜	雷　达	廖元和	蔡　昉
潘家华	魏一明	魏后凯					

《经济管理学科前沿研究报告》
编辑委员会

总主编： 金 碚

副总主编： 高 闯　徐二明

编辑委员会委员（按姓氏笔划排序）：

于亢亢	王　钦	王伟光	王京安	王国成	王默凡	史　丹	史小红
叶明确	刘　飞	刘文革	刘兴国	刘建丽	孙久文	孙若梅	朱　彤
朱　晶	许月明	何　瑛	吴东梅	宋　华	张世贤	张永军	张延群
李　枫	李小北	李俊峰	李禹桥	杨世伟	杨志勇	杨明辉	杨冠琼
杨春河	杨德林	沈志渔	肖　霞	陈宋生	周小虎	周应恒	周晓明
罗少东	金　准	贺　俊	赵占波	赵顺龙	钟甫宁	唐　镤	夏杰长
徐二明	郭燕青	高　闯	康　鹏	操建华			

序　言

中国社会科学院哲学社会科学创新工程的实施，对加快建设哲学社会科学创新体系，实现中国社会科学院成为马克思主义的坚强阵地、党中央国务院的思想库和智囊团、哲学社会科学的最高殿堂的定位要求，提升中国社会科学院在国际、国内哲学社会科学领域的话语权和影响力，加快中国社会科学院哲学社会科学学科建设，推进哲学社会科学的繁荣发展具有重大意义。

为了准确把握经济和管理学科前沿发展状况，评估各学科发展近况，及时跟踪国内外学科发展的最新动态，引领学科发展方向，积极推进学科建设，特组织院内外专家研究撰写《经济管理学科前沿研究报告》。本系列报告的研究和出版得到了国家新闻出版广播电影电视总局的支持和肯定，并将本系列报告丛书列为"十二五"国家重点图书出版项目。

《经济管理学科前沿研究报告》包括经济学和管理学两大学科。经济学包括能源经济学、旅游经济学、服务经济学、农业经济学、国际经济合作、世界经济学、资源与环境经济学、区域经济学、财政学、金融学、产业经济学、国际贸易学、劳动经济学、数量经济学、统计学。管理学包括管理学、创新管理学、战略管理学、技术管理与技术创新、公司治理学、会计（审计）学、财务管理学、市场营销学、人力资源管理学、组织行为学、企业信息管理学、公共政策与政府管理、物流供应链管理、创业与中小企业管理、管理科学与工程。

《经济管理学科前沿研究报告》依托中国社会科学院独特的学术地位和超前的研究优势，撰写出具有一流水准的哲学社会科学前沿报告，致力于体现以下特点：

（1）前沿性。本系列报告要体现国内外学科发展的最新前沿动态，包括各学术领域内的最新理论观点和方法、热点问题及重大理论创新。

（2）系统性。本系列报告将囊括学科发展的所有范畴和领域。一方面，学科覆盖具有全面性，包括不同学科的科研成果、理论发展、科研队伍的建设，以及某学科发展过程中具有的优势和存在的问题。另一方面，就各学科而言，还将涉及该学科下的各个二级学科，既包括学科的传统范畴，也包括新兴领域。

（3）权威性。本系列报告将由各个学科内长期从事理论研究的专家、学者主编，组织本领域内一流的专家、学者进行撰写，无疑将是各学科内的权威学术研究。

（4）资料性。本系列报告不仅系统总结和评价了每年各个学科的发展历程，还提炼了各学科学术发展进程中的重大问题、重大事件及重要学术成果，因此具有工具书式的资料性，为哲学社会科学研究的进一步发展奠定了新的基础。

《经济管理学科前沿研究报告》全面体现了经济、管理学科及其分支学科国内外的发展状况、最新动态、重要理论观点、前沿问题、热点问题等。该系列报告包括经济学和管理学一级学科和二级学科,其中经济学科15个,管理学科15个。将按年度撰写出版30个学科前沿报告,成为系统研究的年度连续出版物。这项工作虽然是学术研究的一项基础工作,但意义十分重大。要想做好这项工作,需要开展大量的组织、协调、研究工作,更需要专家学者付出大量的时间和艰苦的努力,在此,特向参与本研究的院内外专家、学者和参与出版工作的同仁表示由衷的敬意和感谢。相信在大家的齐心努力下,将会进一步推动中国对经济学和管理学学科建设的研究,同时,也希望本报告的连续出版将推动我国经济和管理学科研究水平有较大提高。

金 碚

2013 年 3 月

前 言

在本书稿的完成过程中,首先需要对学科边界做出界定,本研究综述涉及自然资源经济学、环境经济学和生态经济学。

自然资源经济学,运用经济学的基本原理研究如何优化配置自然资源,显著特征是关注跨时的可再生资源和不可再生资源的分配,其理论通常采用动态控制方法分析跨时资源使用问题,大量文献是渔业资源、森林资源、物种资源、矿产资源的经济学研究。环境经济学,运用经济学的基本原理研究如何管理环境资源,起源于20世纪60年代末期的对因经济增长导致的生态环境恶化以及进而对经济增长影响的担忧,显著特征是从效率、权衡和社会福利最优化的角度研究环境资源的有效配置问题。采用的经济学分析工具包括:污染损害和治理成本、环境的风险分析和环境的政策分析。由于基本假设和分析工具的一致性,资源与环境经济学科出现了融合,这使得我们可以将"资源与环境经济学"作为一个学科来整理前沿进展。到20世纪80年代末期,伴随着可持续发展概念的提出和深入,作为重点研究生态系统和经济发展关系的生态经济学受到重视。资源与环境经济学和生态经济学既有相互交叉又存在差异:第一,资源与环境经济学是经济学的分支,而生态经济学的基本假设和分析工具似乎有超越经济学的雄心和情怀,一般认为生态经济学是跨越自然科学和经济学的交叉学科;第二,资源与环境经济学以追求经济可持续性为前提,当代人和后人的偏好和不确定性需求贴现是其核心概念。生态经济学以追求生态可持续性为前提,遵循生态承载力和环境阈值为当前和未来的利用环境设定风险厌恶性的标准和规章条例是其核心概念。在本书中对这三个既相互联系又有区别的学科不作严格区分,即2010年文献综述中包含了这三个领域的研究进展。

在界定了本研究学科边界的基础上,本研究团队在分工的基础上对国内外相关文献进行了检索,通过合作对文献进行了筛选。中文期刊文献重点检索了经济学、农业经济学、资源经济学、环境经济学、生态经济学、管理学的全部核心期刊,考虑到交叉学科的调整,检索中同时覆盖到资源科学和环境科学类的期刊以及相关的大学学报类期刊;中文图书文献是在检索当当网和亚马逊网等的基础上,又对科学出版社、中国环境科学出版社等专业类出版社的2010年书目进行了检索;重要会议是在检索中国知网等基础上,同时收集了相关部门的重要会议信息。英文论文和图书的检索,是利用本书作者在美国做一年访问学者的优势,检索了经济学、资源经济学、环境经济学、能源经济学、土地经济学、生态经济学等学科的英文期刊和多家出版社的图书。

本学科综述由中国社会科学院农村发展研究所(以下简称"农发所")生态经济与环境

研究室的孙若梅（研究员）、尹晓青（副研究员）、操建华（副研究员）和西北农林科技大学聂强（副教授）共同完成。特别庆幸的是，承担国外期刊论文以及图书检索和翻译的聂强博士，在我们承担本任务之初仍是农发所的博士后，并于2012年5月~2013年5月在美国密歇根州立大学做为期一年的访问学者，其研究方向之一正是资源与环境经济学，聂博士为通过本学科进展报告中英文文献的覆盖面和代表性做出了贡献。具体执笔人和分工如下：

第一章：孙若梅、操建华

第二章：中文论文孙若梅、尹晓青和操建华，英文论文聂强

第三章：中文图书尹晓青，英文图书聂强

第四章：操建华

第五章：中文期刊检索孙若梅、尹晓青和操建华，英文论文聂强、孙若梅

非常感谢经济管理出版社为我们提供这样一个机会，梳理学科进展是一个很好的学习过程。完成2010年资源与环境经济学科前沿研究报告，是一项充满着挑战性的工作，正如当今世界发展中所面临的不断出现和变化着的自然资源与环境的压力与制约，资源与环境经济学中仍有太多的理论问题需要探索、太多现实问题需要解释。

目 录

第一章　资源与环境经济学学科 2010 年研究综述 ··············· 001
 第一节　2010 年学科发展概述 ············· 001
 第二节　2010 年研究进展综述 ············· 004
 第三节　2010 年学科进展的评述 ············· 018

第二章　资源与环境经济学学科 2010 年期刊论文精选 ··············· 021
 第一节　中文期刊论文精选 ············· 021
 第二节　英文期刊论文精选 ············· 198

第三章　资源与环境经济学学科 2010 年出版图书精选 ··············· 221
 第一节　中文图书精选 ············· 222
 第二节　英文图书精选 ············· 249

第四章　资源与环境经济学学科 2010 年会议综述 ··············· 285
 第一节　2010 年中国环境科学学会学术年会 ············· 285
 第二节　海峡两岸环境与资源学术研讨会 ············· 292
 第三节　中国生态经济学会 2010 年学术年会 ············· 294
 第四节　实行最严格水资源管理制度高层论坛 ············· 298
 第五节　第二届全国水土保持生态修复学术研讨会 ············· 300
 第六节　2010 年全国山区土地资源开发利用与人地协调发展学术研讨会 ············· 301
 第七节　2010 年家畜环境与生态学术研讨会 ············· 302
 第八节　2010 年海峡两岸环境与能源研讨会 ············· 302
 第九节　第二届全国现代生态渔业可持续发展交流研讨会 ············· 303
 第十节　第八届中国水论坛 ············· 303
 第十一节　第五届中国林业技术经济理论与实践论坛 ············· 303
 第十二节　生态城市建设与生态危机管理学术论坛 ············· 304
 第十三节　全球气候变化与碳汇林业学术研讨会 ············· 304

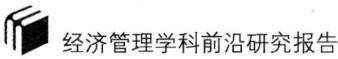

第五章　资源与环境经济学学科 2010 年文献索引 307

第一节　中文期刊索引 307
第二节　英文期刊索引 321

第一章 资源与环境经济学学科 2010年研究综述

资源与环境经济学科2010年研究进展综述分为三节。第一节,根据资源与环境经济学的基本原理和梳理收集的文献,对本学科的年度进展按研究方向和研究问题进行概述;第二节,根据学科的研究方向和研究问题,对本学科年度研究进展进行综述;第三节,在前两部分工作的基础上,从研究问题和研究方法等方面对学科的发展做简要评述。

第一节 2010年学科发展概述

一、学科发展方向

根据收集的国内文献和资源与环境经济学科的基本原理,2010年资源与环境经济学科的研究方向可分为三个方向:

(1) 自然资源和环境与经济学相结合的研究方向,可分为三个研究问题:自然资源利用与环境污染的经济学研究、自然资源和环境与经济增长的关系、资源与环境的项目和政策的评价。

(2) 资源与环境价值和定价的经济学研究,可分为三个研究问题:资源和环境价值研究、资源与环境定价研究、资源和环境价值的实现方式研究。

(3) 气候变化、能源利用、碳排放与经济发展的研究是最近几年中的研究重点和热点问题,在2010年度的文献中有较多的研究文献和有价值的研究产出,将其作为第三个研究方向独立列出。同样分为三个问题:气候变化与经济发展、能源利用与经济发展、碳排放和经济发展。

对于国外文献,我们同样按照上述的研究方向进行归类。从收集的国外文献看,在相同的研究方向中,研究问题的视角和方法与国内文献存在着显著差异。

二、研究文献分布

基于2010年资源与环境经济学科文献,按照研究的方向和研究的问题进行归类统计结果如表1-1所示。自然资源利用和环境污染经济学的研究方向中,国内和国外文献分别占58.0%和60.8%；资源与环境价值与定价的经济学研究方向中，国内和国外文献分别占18.3%和20.1%；气候变化、能源利用、低碳经济等研究方向中，国内和国外文献分别占24.1%和18.9%。

表1-1 2010年资源与环境经济学科研究问题的归类统计

研究的方向	研究的问题和内容	国内文献（%）	国外文献（%）
自然资源利用和环境污染的经济学研究	自然资源利用的经济学研究	19.2	28.7
	环境污染的经济学研究	12.5	14.4
	资源与环境的政策和项目评价	8.7	8.6
	自然资源利用与经济增长的关系	7.7	5.7
	环境污染和环境质量与经济增长的关系	9.9	3.4
资源与环境价值与定价的经济学研究	资源环境的价值和绿色GDP研究	4.3	2.3
	资源与环境定价和生态系统服务价值衡量	5.8	9.2
	资源和环境价值的实现途径——生态补偿	7.7	1.1
	资源和环境价值的实现——其他途径	0.5	7.5
气候变化、能源利用与低碳经济	气候变化与经济发展	5.3	4.0
	能源与经济发展	7.7	10.3
	碳排放和经济发展	11.1	4.6

三、国内外期刊来源

在2010年资源与环境经济学科进展综述的完成过程中，就国内期刊而言，基本全面检索了国内的经济类、农业经济管理类、资源科学类与环境科学类的核心期刊和相关的大学学报类期刊；就国外期刊而言，检索了经济类、资源与环境经济和管理类、资源与能源类和各区域的相关期刊（如表1-2所示）。

表1-2 文献的期刊来源

中文期刊	英文期刊
1. 中山大学学报（自然科学版）	1. Agricultural and Resource Economics Review
2. 中国人口·资源与环境	2. American Economic Review
3. 中国土地	3. Annual Review of Resource Economics
4. 中国土地科学	4. Applied Energy
5. 中国农村观察	5. Asian Agricultural Research
6. 中国农村经济	6. Australian Journal of Agricultural and Resource Economics
7. 中国农垦经济	7. Ecological Economics
8. 中国林业经济	8. Economic Systems Research
9. 中国环境科学	9. Economics Bulletin
10. 中国经济问题	10. Energy Economics
11. 中国软科学	11. Energy Policy
12. 中国草地学报	12. Environment, Development and Sustainability

续表

中文期刊	英文期刊
13. 内蒙古农业大学学报（社会科学版）	13. Environmental and Resource Economics
14. 内蒙古社会科学（汉文版）	14. Environmental Economics and Policy Studies
15. 北京大学学报（自然科学版）	15. European Journal of Operational Research
16. 北京师范大学学报（自然科学版）	16. European Union Politics
17. 北京林业大学学报（社会科学版）	17. Forest Policy and Economics
18. 生态与农村环境学报	18. Journal of Development Economics
19. 生态学报	19. Journal of Environmental Economics and Management
20. 生态经济	20. Journal of Regulatory Economics
21. 农业技术经济	21. Land Economics
22. 农业环境科学学报	22. Marine Policy
23. 农业经济问题	23. Marine Resource Economics
24. 华东经济管理	24. Oxford Review of Economic Policy
25. 地理科学进展	25. Policy Sciences
26. 自然灾害学报	26. Public Choice
27. 自然资源学报	27. RAND Journal of Economics
28. 宏观经济管理	28. Resource and Energy Economics
29. 林业经济	29. Resources Policy
30. 林业经济问题	30. Review of Economic Dynamics
31. 环境污染与防治	31. Review of Network Economics
32. 环境经济	32. Scandinavian Journal of Economics
33. 环境保护	33. The Economic Journal
34. 经济学动态	
35. 经济研究	
36. 经济研究导刊	
37. 经济研究参考	
38. 经济科学	
39. 经济理论与经济管理	
40. 经济管理	
41. 复旦学报（社会科学版）	
42. 草业学报	
43. 草地学报	
44. 数量经济与技术经济研究	
45. 煤炭经济研究	
46. 管理世界	

第二节 2010 年研究进展综述

一、自然资源利用和环境污染的经济学研究

(一) 资源与环境经济学学科体系的发展

国外文献中有一定数量的基础理论和学科体系的研究文献，如：Heidi J. Albers 等的空间自然资源和环境经济学的概述、John Gowdy 等的长期全球气候变暖经济学的概念框架、David J. Lewis 等分析土地利用和生态系统变化的经济学框架等。国内的研究进展表现为我国自然科学家对资源科学发展的概括，如：孙鸿烈等认为，走过 60 年中国的资源科学研究已从最初的自然资源综合考察发展成了一门综合性的资源科学学科体系，中国资源科学可以初步划分为大规模的自然资源综合考察时期（20 世纪 50~60 年代）、区域资源综合科学考察与资源科学研究时期（20 世纪 70~80 年代）和资源科学学科体系的形成与发展时期（20 世纪 90 年代至 21 世纪初）等三个阶段。董锁成认为资源经济学是研究经济发展与资源开发、利用、保护、分配和管理之间关系的一门综合学科。

(二) 自然资源利用的经济学研究

2010 年自然资源利用经济学研究中，国内、外文献的研究问题和研究方法存在差异。国外的研究重点是，海洋渔业公共资源和水资源的经济学分析、参与和社区在自然资源保护中的作用，自然保护区和生物多样性保护，外来物种侵入等问题。研究的方法是，重视模型方法的完善和案例的应用。第一，自然资源经济学中经典问题：渔业资源的研究这一资源经济的经典研究领域仍是国外的研究重点，有比较丰富的文献，包括：Pedro Pintassilgo 等对区域性渔业管理组织的稳定性与成功的研究、R. Quentin Grafton 等对渔业私有化的局限性的研究和评论、Robert L. Hicks 等对渔业的空间管理和内生性制约的研究、Florian K. Diekert 对多合伙人渔业的非合作性开发：渔具选择性的作用的研究、Rögnvaldur Hannesson 等的对罗弗敦渔业发展的技术变化和公地悲剧的研究。第二，水资源管理研究有一定的进展，Ariel Dinar 等对国际水资源管理中的冲突、合作和制度进行经济学的分析。西蒙·考恩（Simon Cowan）发展了可用于水产业的分权测量决策模型，研究发现：需求对价格越敏感，测量的社会收益越大。只有小型家庭才装水表时，允许家庭选择是否用水表是有效率的，但如果监管者不知道家庭特征，而且只有大家庭才装水表时，允许家庭选择是否用水表就会没有效率。第三，Helena Posthumus 等通过从参与到采纳对秘鲁土壤保护效果进行比较研究。

国内的重点研究领域包括：土地资源、农业气候和水资源、草地资源、渔业资源、生物多样性和资源恢复等方面。土地资源合理涉及城市土地利用和土地利用对资源的影响等方面，在气候资源和水资源利用方面的研究围绕着区域和流域展开，草原的研究中分析了

天然草场退化与气候变化的关系，渔业资源的研究限于对渔业资源的评价。

赵小风等从研究尺度、研究内容和研究方法三个方面对国内外城市土地集约利用研究进行了梳理和总结。庞靖鹏等以北京密云水库为例研究土地利用与面源污染和产沙量的问题，研究发现：近年来密云水库流在流域内点源得到有效控制的条件下，面源污染上升为密云水库水质污染的主要原因；密云水库流域20世纪90年代中期土地利用情况发生了较大的波动，土地利用变化对产流和产沙产生了显著的影响。纪瑞鹏等以辽宁省为例进行了农业气候资源综合评价方法研究，利用特尔斐法设计了由年太阳总辐射等11个要素组成的农业气候资源综合评价指标体系。利用辽宁省52个气象台站2006年气象资料和1971~2000年30年气候资料，分别对52个评价单元2006年和常年农业气候资源的优劣程度进行综合评价。李玉义等对新疆玛纳斯河流域灌溉水资源保证程度的研究中，从供需两方面构建了区域灌溉水资源保证程度分析模型，研究结果表明：玛纳斯河流域灌溉水资源保证程度为79.21%，各灌区存在较大的差异。在各灌区灌溉总面积维持现有数量以及保证灌区水资源安全的前提下，随着加大部分灌区地下水资源开发力度，大力发展高新节水技术以及调整种植结构，近期流域灌溉水资源保证程度总体可接近100%；成诚等采用两年的面板数据研究了我国黄河流域灌区灌溉管理改革的进展、特征及决定因素，研究结果表明：20世纪90年代开始，黄河流域灌区灌溉管理改革取得了很大的进展，传统的集体管理已经逐步被承包管理和用水协会管理所取代，不同管理制度下农民参与的程度与管理的透明度都有所区别，政府的政策干预在促进灌溉管理改革上发挥了十分重要的作用，改革具有明显的政策导向性。王云霞等以内蒙古半农半牧区为研究对象，通过20世纪80年代以来该区域的气候与人为活动的变化，分析了草原退化与相关因素变化之间的关系。总体上看，20世纪80年代以来该区域的草地区化与降水变化没有显著的相关关系，而气温升高与草地退化的加剧有显著的相关关系。此外，草场过度放牧以及不完善的草场管理利用制度是草原退化的主要因素；陈作志等的研究中，采用层次分析法（AHP）提出了南海海域渔业资源可持续利用的评价指标体系，并应用层次灰色综合模型评价了南海海域1978~2007年渔业资源可持续利用状况。结果表明，近30年来，南海海域渔业资源利用水平呈逐步下降的趋势，1984年的综合评价值降至最低水平，仅为1978年的51.7%。1999年后渔业资源可持续利用水平开始波动上升，2007年的可持续利用水平为1978年的72.4%。

在生物多样性保护和资源恢复方面的研究中，徐海根等对2010年生物多样性指标与进展进行了综述；郑江坤等在黄土丘陵区自然恢复与人工修复流域生态效益进行比较研究中，通过样地的植被和土壤调查，在小流域尺度上分析了退耕10年后人工修复和自然恢复方式生物多样性、生物量、群落特征和土壤物理性质的差异，结果表明：两者草本群落结构相近，相似性系数为0.925。人工修复区的物种丰富度指数、多样性指数、均匀度指数均高于自然恢复区；而平均生物量、群落密度、土壤含水率、土壤容重和毛管孔隙度均低于自然恢复区。

（三）环境污染的经济学研究

国外环境污染经济学研究的重点是环境质量变化的一般均衡模型研究、边际成本和边际价格的确定、减排技术的市场激励、污染限额和排放交易的问题、许可证市场规模、清洁生产的驱动力和自愿规则等方面。

康斯坦特·I. 冉（Constant I. Tra）"评价环境大变化的离散选择均衡方法"的研究，建立了离散选择定位均衡模型，以评价《清洁空气法案（1990修正案）》颁布以来洛杉矶地区空气质量改善的收益。研究表明，1990~2000年，洛杉矶地区空气质量提高对家庭提供了大量的一般均衡收益。分析显示，局部均衡福利收益与一般均衡福利收益之间存在显著差别，证明了忽视均衡效应可能会歪曲较大的环境变化收益。杰弗里·希尔，诺里·坦瑞（Geoffrey Heal 和 Nori Tarui）研究了研发高级污染减排技术中的激励问题，考虑了如下两个约束：技术在机构间外溢和污染减排是公共物品。研究表明，在研发投资与减排的同时行动博弈中，纳什均衡解的含义是：免费搭车是否盛行，投资不足与过度排放是否出现，取决于技术扩散的程度以及研发的边际减排成本。模型发现，在一些情况下，与传统认识不同的是，减排的纳什均衡投资超过了最优状态。梅瑞狄斯·弗奥列（Meredith Fowlie），分析了为减少大型固定污染源的烟雾污染的排污权交易工程，利用美国的州级电力产业重构活动的数据，检验了经济监管对污染限额市场结果的影响，主要的发现有两个：①与受监管的电场和公有的电厂相比，重构的电力市场中，不受监管的电厂不大可能采用资本密集型的环境准则；②由于电力市场监管的异质性，污染限额的大部分被下发到空气质量问题更严重的州。

国内境污染经济学研究的包括：环境效率、环境全要素生产率和在环境约束的工业全要素生产率的研究，全国COD减排情况和环境绩效的研究，农业面源污染和农村环境管理的研究。

环境效率是实际污染排放和潜在污染排放的一种度量，考虑环境因素全要素生产率是更接近现实的经济效率的度量。杨俊等用包含污染排放的环境DEA模型测算了1998~2007年中国省际环境效率，结果显示：全国环境效率总体水平较低，省际、区域间差距较大；从2003年、2005年开始，省际、区域环境效率差距逐渐缩小，存在一定的收敛趋势；采用Tobit模型分析影响环境效率因素发现：人均GDP对提高环境效率具有积极影响，工业比重上升、财政分权度的提高以及贸易自由化对环境效率具有显著的负面影响。王兵等运用SBM方向性距离函数和卢恩伯格生产率指标测度了考虑环境因素下中国30个省份1998~2007年的环境效率、环境全要素生产率并进行了对影响因素的分析，主要的结论有：能源的过多使用以及SO_2和COD的过度排放是环境无效率的主要来源，环境效率较高的省份均集中在东部地区，中西部地区无论是市场全要素生产率还是环境全要素生产率的增长率均低于东部地区，资源环境因素对各省份全要素生产率的排名有显著的影响。陈诗一基于方向性距离函数对改革以来中国工业全要素生产率进行了重新估算发现：正确考虑环境约束的实际全要素生产率比传统不考虑环境因素的估算值低了很多；改革以来中国实行的一系列节能减排政策有效地推动了工业绿色生产率的持续改善，特别是从20世纪90年代中期到21世纪初，中国工业绿色生产率增长最快并达到顶峰，且重工业生产率、效率和技术进步增长首次全面超过轻工业、初步彰显环境政策的绿色革命成效；虽然

2002年以后重化工业膨胀暂时恶化了工业生产率,但是基于国家对节能减排与发展新能源和低碳技术的高度战略重视,中国新一轮绿色工业革命为期不远。

在环境质量方面的研究进展有:董文福对2005~2008年中国COD减排情况进行分析,2008年与2005年相比,中国COD净削减量为93.5万吨,净削减比例为6.61%,其中工业COD净削减97.1万吨,城镇生活COD净增加量3.6万吨;重点调查企业COD排放量较大的10个行业中,造纸业的COD净削减量最大,纺织业、饮料制造业和化学纤维制造业COD排放量出现少量的增加或基本持平。曹颖等基于耶鲁大学和哥伦比亚大学在于2006年、2008年和2010年发布的3次全球环境可持续性指数(ESI),分析了中国在全球环境绩效指数排名中持续偏后的原因。2006年,在参与排名的133个国家或地区中,我国位居94位;2008年在参与排名的149个国家或地区中,我国总位居105位;2010年,在参与排名的国家或地区中,我国位居121位。本研究将排名偏后的原因解释为:数据的可得性影响到数据的准确性,环境绩效目标值的弱可比性和数据基准年的影响。

农村环境管理和农业环境污染是我国环境经济的一个重点领域,涉及农村生活污染和农业生产污染。王文林等以太湖流域为例,对该地区农户生活污水各类污染物产排污系数进行系统定量研究。收入水平对农户总生活污水中总氮TN、NH-N、总磷TP产污系数无显著影响,但对污水量、COD产污系数及总生活污水中各类污染物排污系数影响显著,均表现为高收入农户>中收入农户>低收入农户。厕所污水对污水污染总负荷贡献率极高,其利用与处理率是影响污染物排污系数的主导因素,而农业收入水平及化粪池类型则对这两种因素影响显著。李帷等基于GIS技术,对北京市畜禽养殖的空间分布特征及其粪便耕地施用的可达性进行研究,采用缓冲区与分区统计等空间分析方法,分析了北京市畜禽养殖空间分布与海拔、距居民点和道路距离之间的关系。结果表明,北京市畜禽养殖分布与距居民点距离以及海拔高度成反比,同时,在一定程度上也受到道路分布的影响。从粪便施用耕地可达性分析来看,全市50.8%的畜禽粪便可在1小时内被运送到可施用的农田。杜伟等就对长三角地区典型稻作农业小流域氮素平衡及其污染趋势进行了研究。结论是:化肥氮输入是农田氮素的最主要来源,占氮输入总量的67.2%;而作物收获是农田氮输出的主要方式。水田和旱地氮平衡均处于盈余状态,盈亏率分别为20.5%和52.4%,氮素利用率分别为33.6%和34.9%,利用率较低。水田47.8%的氮素以气态形式损失,气态氮和储存在土壤中的氮素极易导致大气和水体污染。梁流涛等对农业面源污染形成机制进行了理论探讨和实证分析,得到以下主要研究结论:①1990~2006年我国农业面源污染对生态环境的压力呈现增加的趋势,主要分布在人口众多、农业集约化程度较高的地区;②农业面源污染形成的一般机制是:经济发展导致农产品需求结构、农业结构的变动等都会对农业面源污染产生的环境因子产生影响,进而导致农业面源污染产生量的差异;③产业结构的演化、技术进步、环境管理制度等方面是影响农业面源污染的重要因素。徐文佳等基于已有研究进展和实地调查资料,研究了十堰市所辖县市区非点源污染物的产生量和流失量、污染源构成及区域分布特征。研究表明:2004年因各种非点源污染流入水体的污染物总氮(TN)、总磷(TP)分别为1.79万吨和0.38万吨。TN主要污染源是化肥施用和畜禽粪尿，分别占 39% 和 25%；TP 主要污染源是水土流失、化肥污染和水产养殖，三者之和占到 TP 流失量的 60% 以上。刘志彦等对水稻重金属污染问题进行了研究，结果表明，供试水稻稻米中 Cd 和 Pb 超标率很高，Cu 和 As 超标现象不严重，Zn 含量均不超标。供试水稻稻米对 5 种重金属的富集能力由高到低排序为 Cd>Zn>Cu>As>Pb。白林等采用生命周期方法学和情景分析法相结合的方式，对四川丘区 3 种典型的养猪生产情景进行了猪肉生产的生命周期资源消耗和环境污染分析。结果表明，设定参数下不同的生产系统具有不同的环境影响方式：情景 A（散养模式）具有最大的气候变暖潜势；情景 B（适度规模养猪）具有土地占用最多、不可更新能源消耗最大、酸化效应和富营养化最严重等；情景 C（集约化养猪）水资源消耗最大。此研究揭示了四川丘区主要养猪模式中的污染物排放和资源消耗差异及其影响因素，为养猪业可持续发展规划提供了一定的参考依据。

（四）资源与环境项目和政策评价

关于资源和环境的政策评价的国外研究中，重点关注的是规则、制度，涉及侵入物种管理政策评价，渔业政策的评价，SO_2 的政策，环境政策中的平等与效率等。海蒂·J.阿尔伯斯（Heidi J. Albers），通过建立空间生物经济模型，考虑了入侵物种生态的典型情况，即通过人类与生态途径，异质化的环境相互联系。入侵物种扩散是一个内在的空间过程，入侵物种管理也在空间上具有异质性的不同地区进行。但是，政策约束可能会限制地区之间管理的同质化反应。基于模型，比较了最优空间异质化政策与空间统一政策的效果；探讨了不同政策的强度与模式，强调了基于位置异质性下不同类型政策的影响。另外的文献有，Setareh Khalilian 的"注定失败：对欧盟普通渔业政策的批评"；Shelby Gerking "空间垄断下的 SO_2 政策与投入替换"；Simon Dietz 等的"环境政策中平等与效率的权衡：特定偏好下的证据"。

国内的研究集中在环境政策分析的一般模式、林业重点工程的收入影响和对退耕还林政策的评价方面。宋国君等阐述了论环境政策分析的一般模式：环境政策分析是为了解决环境政策问题，采用定性和定量的方法，对环境政策实施过程、效果等内容进行的规范性和实证性分析。环境政策分析的一般模式包含 8 个要素：①干系人责任机制分析（干系人是指在某项事务中所涉及的所有利益主体，包括法人和自然人）；②环境政策问题识别和确认；③环境政策目标分析；④环境政策框架分析；⑤环境政策手段分析；⑥决策机制分析；⑦管理机制分析；⑧环境政策评估和建议。环境政策分析的具体模式可以依据一般模式细化或简化，目的是使环境政策分析本身更有效率。刘璨采用 15 个案例县的 1995~2006 年 3096 个样本数据，分析林业重点工程对农民收入不平等的影响。结果显示：①在 1995~2006 年的 12 年间，样本农户的收入结构发生了重大变化，林业重点工程补贴收入提高了 8.03 个百分点；②林业重点工程补贴收入对样本农户收入的基尼系数的贡献呈现上升态势，从 1995 年的 0.3307 上升到 2006 年的 3.7941；③林业工程收入格局与国家工程区域规划有密切关系，工程政策的影响更为显著。因此，适当调整林业重点工程政策可以更好地实现农村扶贫的目标。成六三等以陕西省清涧、米脂、子洲、吴堡县为例研究了退耕还林工程对县域粮食安全的影响，研究中假设实施退耕还林工程粮食补贴全部以粮食实物兑现和不实施退耕还林工程退耕的坡耕地提供粮食生产为前提，运用修订的耕地压力指数模型来对比评估退耕还林工程对县域粮食安全的影响。研究结果表明：不同退耕规模对不同人口密度县域粮食安全的影响程度不同。谢旭轩等通过构建退耕还林可持续生计分析框架研究其对农户可持续生计的影响，利用在宁夏和贵州获取的调研数据，采用匹配倍差法等计量经济模型，识别退耕还林工程实施对农户可持续生计的净影响。短期的收入分析表明，退耕还林对农户的种植业收入产生显著的负面影响，林业和养殖业短期内难以成为替代收入来源，外出务工收入明显增加，但退耕还林在其中发挥的直接促进作用不显著；长期来看，资产积累是决定农户生计状况和发展最重要的指标，但目前中国西部贫困地区人力、物质、自然、社会和资金五种生计资产较低，制约了生计能力的提高。

（五）资源利用与经济发展的关系

自然资源与经济增长关系研究的国外文献中，关注点是：保护与发展的关系，资源丰富地区与经济增长的关系。凯瑟琳·R.E.希姆斯（Katharine R. E. Sims）利用泰国保护区的证据研究保护与发展关系，将贫困分布研究中社会经济影响的数据和森林覆盖率的卫星数据结合，研究了泰国一个实施严格保护地区对地方的影响，模型估计表明，尽管对农业用地严格约束，但是保护区增加了平均消费，降低了贫困率。社会经济收益可以通过保护区内以及周边地区旅游业收入的增加来解释。然而，在距离主要城市适当距离时，净收益达到最大化。这进一步证明，要最小化"保护—开发"的权衡，"成本—收益"的空间模式非常重要。进一步的文献包括：Frederick van der Ploeg 等"为什么许多资源丰富国家是负真实储蓄：更好的时间预期或贪婪地寻租"。

2010年资源利用与经济发展关系的国内研究进展表现为以下方面：城市化对水资源和土地资源的影响，土地利用与经济增长关系，森林资源与经济发展关系，制度与自然资源可持续利用的关系，资源禀赋与资源利用效率的研究。

杨沛等以深圳市为例研究城市化地区生态需水与土地利用的关系，通过分析1988~2006年期间生态需水特征指标（EWI）与面向生态需水的土地利用结构特征指标（SI）的变化特征发现：城市化处于初期和中期阶段时，SI 和 EWI 之间具有显著正相关性，但是随着城市化率的进一步提高，SI 和 EWI 的相关性显著下降；杜官印等应用数据包络分析的 CCR 模型，测算出1997~2007年中国建设用地在经济增长中的利用效率，研究表明：多数省份的建设用地等要素投入平均效率较低，各地区效率水平基本上与其经济发展水平一致；钟太洋等利用环境领域的脱钩概念进行经济增长与建设用地扩张的脱钩分析，在 IPAT（环境冲击、人口、资产、技术）模型基础上建立了包含建设用地和 GDP 等变量在内的核算方程，分析表明：以年度为时间尺度，在2002~2007年，从 GDP 和建设用地角度考察，除青海、上海和海南在个别年份落在强脱钩区域，其余28个省级区域均落在弱脱钩区域。从非农产业 GDP 和建设用地角度考察，除上海在2006年落在强脱钩区域外，其余30个省级区域均落在弱脱钩区域；从第三产业 GDP 和建设用地角度考察，除西藏在2003年落在扩张性复钩以及青海、上海、海南和广西在个别年份落在强脱钩区域外，其余26个省级区域均落在弱脱钩区域。

在森林资源变化与经济增长的关系研究中,周彬等在对西南地区近60年商品材消耗和经济增长关系进行研究中,使用"GDP黄金当量"作为经济全球化背景下经济增长的指标。通过分析西南地区1949年以来历年商品材产量、人口数量、GDP总量、GDP黄金当量及其单位木材能耗之间的关系,检验了近现代资源环境与经济发展关系中的"资源诅咒"和"库兹涅茨曲线"假设。结果表明:每万元GDP或每公斤GDP黄金当量的商品材消耗量先增加后减少,呈现倒"U"曲线走势,经济发展走过了劳动和森林资源密集型时期;张力小等将研究的视点从关注资源禀赋与经济发展的关系,转向资源禀赋对资源利用效率的影响上,选取了中国2008年能源和水资源的面板数据,力图用统计模型来验证资源禀赋对资源利用效率存在负相关作用的假说,研究发现:资源禀赋对资源利用效率存在显著的逆向影响,资源的"诅咒"效应不仅作用于区域经济发展上,也同样作用于资源利用效率上。然而,不同于"经济诅咒",资源禀赋与资源利用效率之间的这种负相关关系在分散型资源上体现得更加明显。

制度与自然资源利用的关系方面谭荣通过对比包括中国在内的12个国家和地区修正后的国民净储蓄统计量(ANS)和总体治理指标(AGI),分析了处于不同经济发展阶段的国家和地区因制度环境的不同而引起的资源可持续利用上的差异。对比发现,具有良好制度环境的国家和地区其资源的可持续利用表现也较好;通过建立制度环境对资源可持续利用影响的计量经济模型,证明了制度环境对资源可持续利用的影响显著;石明明等基于中国省际数据,进行环境公共治理、区域森林资源管护与本地居民福利的实证研究,发现,区域森林资源对本地居民的福利具有较为重要的影响,地方环境公共治理与国家或全球范围内的相关政策目标具有一定的兼容性和一致性,需要构建一种以森林资源管护为子目标的公共治理绩效评估机制,以推进这一政府行政职能当代转型的可实施性与可观测性。

(六) 环境质量与经济发展的关系

国外研究的关注点是,环境可持续性与市场经济效果的关系,技术与环境的关系,环境与金融市场和金融产品之间的联系等。

皮特·艾彻豪茨(Piet Eichholtz)等研究环境可持续建筑实践对市场经济效果的影响,通过约1万个样本数据,研究了合同租金、有效租金以及出售价格与一系列建筑物客观舒适性特征之间的联系,后者与房屋的坐落地特征保持一致。研究发现,与同类建筑物相比(办公楼的质量与位置均一致),拥有绿色评级的建筑物,每平方尺租金约高出3%。有效租金的差额更大,超过7%。而绿色建筑的出售价格更高出普通建筑的16%。在小城市、住房成本低的地区以及大城市的低价区,绿色建筑租金与价格增加的百分比更高。在经过绿色认证的建筑中,研究发现市场价值的波动与建筑物的能源效率系统相关。有深入证据表明,房屋市场价值的上升,更多地收益于"绿色"效果的证明,而不是无形的标签效应。进一步的文献包括:Gunther Capelle-Blancard等"股票市场如何响应化学灾难",Karen Fisher-Vanden等"技术、发展和环境",Oshua Okeyo Anyangah"合理环境技术的资助投资:FDI与外债资金"。

环境质量与经济发展关系研究国内进展包括:国际贸易、污染产业转移和中国工业

CO_2 排放间的关系，工业污染与经济发展的关系，环境污染事故与经济发展的关系，环境突发事件与农业发展关系。

李小平等采用环境投入产出模型和净出口消费指数等方法，运用中国 20 个工业行业与 G7 和 OECD 等发达国家的贸易数据，实证检验了国际贸易、污染产业转移和中国工业 CO_2 排放间的关系。张静等选择北京、天津、上海 3 地的工业废水、工业废气、工业二氧化硫、工业粉尘、工业烟尘以及工业固体废弃物 6 个工业污染典型指标，利用环境库兹涅茨曲线（EKC）进行工业污染物产生量与经济发展定量关系的研究。结果表明：工业废水产生量随着 GDP 增长在 3 地均呈现出下降趋势，其 EKC 均可看成是 1 个倒"U"型的右侧；北京、上海的工业二氧化硫产生量随着 GDP 增长均呈现出"U"型变化趋势，其 EKC 均可看成是 2 个倒"U"型的组合；其他工业污染物产生量均随着 GDP 增长在 3 地呈现出上升趋势，其 EKC 均可看成是 1 个倒"U"型的左侧。张姗姗等研究了 1993~2006 年中国环境突发事件造成的农作物和鱼塘受害面积的时空分布特征，结果表明：环境突发事件总体呈减少趋势，环境突发事件总数与其造成的农作物、鱼塘受害面积总体呈现正相关关系。杨洁等基于 1992~2006 年中国经济发展和环境污染事故时序数据，建立了中国经济发展和环境污染事故发生的计量模型，结果表明，中国环境污染事故频数与经济增长之间呈现倒"U"型波浪式的 EKC 特征，环境污染事故频数、水污染事故频数、大气污染事故频数随着人均 GDP 的快速提高，先下降、后上升、再下降，但还会出现反复。

二、资源与环境的价值研究和实现途径

（一）资源和环境的价值度量和定价研究

国外的研究的重点是，资源与环境的边际成本定价的研究，资源与环境的货币化模型的研究，休闲和享乐需求的估值方法研究。

卢卡斯·W. 戴维斯（Lucas W. Davis）等，测量了 1991~2007 年美国天然气批发市场中价格超过边际成本的程度。研究发现，在 50 个州中均很大程度上偏移了按照边际成本定价的准则，居民以及商业用户面临平均高出 40% 的成本。基于对需求价格弹性的保守估计，这种价格扭曲造成了每年数亿元的福利损失。进一步，目前的价格计划仍然预先存在扭曲。艾伦·C. 海尼（Alan C. Haynie）等通过建立新型的离散选择模型，联合估计了捕鱼与定位选择的预期价值，模型中将定位选择货币化，可用于预测设立海洋保护区的成本与努力再分配，也可用于预测执行其他增加旅行成本或者改变预期收益的政策变化。将其用于关闭美国斯特勒海狮保护区，开放捕捉青鳕的案例中。进一步的文献包括：Ju-Chin Huang 的"派生性收益度量：空气质量经济价值研究"；H. Allen Klaiber 等"双城的住宅排序模型估价开放空间"；William H. Rogers "测量市政企业对房主协会的价格影响"；Noelwah R. Netusi 等"对俄勒冈州波特兰市树冠需求的估计：两阶段特征价格分析"；Stephen C. Newbold 等"对空间连通系统的休闲需求估计与估值"；Valerie Mueller 等"使用不平衡数据对城市设施的享乐估值"。

国内的研究可分为两部分内容：绿色 GDP 和资源价值和定价的研究；生态系统评估

和生态系统服务货币化的研究。

彭涛等通过自然资源耗减核算、环境质量降级核算和再生产品核算构建了经环境调整的系统生产总值核算方程。在此基础上，以发展低碳经济的具体载体生态产业为例进行了实证研究。结果表明：自然资源耗减对系统总产值的削减额度最大，环境质量降级次之；废弃物的综合利用则有正面作用。袁富华建立一个含有环境要素的增长核算框架和对减排目标的经济意义进行观察，主要结论：改革至今，中国潜在经济的增长速度平均为9.5%，其中，大约1.3个百分点是环境的代价；进入21世纪以来，环境消耗拉动经济增长平均为2个百分点。郗希等在研究生态环境对中国经济增长的影响的基础上，对绿色GDP进行测算。将人均生态足迹与人均生态承载力的比值作为生态环境压力指数，将此生态环境压力指数看作全社会生产函数的新投入要素，测算出中国生态环境压力指数对经济增长的"贡献"。结果表明：生态环境压力的增加对中国经济增长的"总贡献"为18.51%。进而定义：绿色GDP就是总GDP减去生态环境压力指数加大对社会产出的"总贡献"部分。这样，绿色GDP的核算公式说明生态保护不仅未减少生产总值，而且无形中增加了绿色GDP，并以隐藏的财富蕴含于自然界中。

李翠梅等应用广义矩阵法，对城市水价预测长期边际成本数学模型的参数估计进行了研究，通过用水人数、用水量、用水结构、可变成本及固定成本等水价相关因子的参数估计，实现水价长期边际成本的预测，并以苏州市为实例进行了研究。刘梅娟等在森林生态资产公允价值计量模式研究中认为，森林生态资产的初始及后续的会计计量均比较适合采用公允价值计量模式，其公允价值的获取途径应更多地考虑非市场价值的评估技术，而其估价技术方法应充分借鉴现行成熟的经济学及生态学价值评价方法。

生态系统评估的进展包括：生态足迹、能值和生态系统服务价值的研究。

生态足迹作为一种非货币化的生态系统评估工具，是近年来国际上一种重要的判别可持续发展程度的生物物理量方法，2010年国内的研究中取得一定进展。包括：均衡因子的计算，生态足迹用于衡量生态系统服务和生态债务等。刘某承等采用中国2001年一千米MODIS数据，根据植被的净初级生产力，计算出全国和不同省份各种土地类型的均衡因子。结果表明，就中国平均均衡因子而言，农地和建筑用地为1.71，林地和能源用地为1.41，畜牧地为0.44，渔业水域为0.35；就不同省份而言，由于区域内不同土地利用类型的相对生产能力不同，均衡因子各不相同，但大体上呈现"农地＞林地＞畜牧地＞渔业"水域的规律。谢高地等利用生态足迹衡量中国的生态服务消费与生态债务研究，得出的结论是：中国生态足迹已经超出生物更新能力的89%，省份尺度上，中国85%以上的省份长期处于生态负债状态，中国及其大多数省份的生态债务本质上属于软债务，主要系生态服务供需存在空间的、时间的以及组分结构的矛盾造成的。这部分债务可通过跨区贸易及跨时占用的途径得以缓解。

"能值法"是基于Odum创立的能量价值学说，以能值的多少来表征资源和环境的价值，2010年国内学者仍在尝试着这样的方法。郝翠等将三元相图法应用到对天津市经济系统的能值指标进行分析，并与北京、辽宁等几个省市的能值现状做了对比分析。对天津市近几年的能值相图分析表明，天津市的资源利用比例总体变化不大，外界能值的投入增多是天津市资源利用比例发生变化的主要原因；从天津市自身看，其资源利用结构分配向不合理状态发展，能值可持续性指数呈降低趋势。李艳春等应用能值分析方法比较分析"奶牛—沼气—牧草"循环型农业模式（模式Ⅰ）的结构功能和生态经济效益并与单一奶牛养殖模式（模式Ⅱ），结果表明：模式Ⅰ的净能值产出率比模式Ⅱ低，模式Ⅰ具有更高的可持续发展能力；模式Ⅰ对环境的压力小，产出能值反馈率达到30.63%，系统自组织能力强。

2010年国内生态系统服务的货币化计量研究内容丰富，包括：森林生态系统服务、草原生态系统服务、河流生态系统服务、自然保护区生态系统服务、水土保持生态系统服务、城市绿色空间生态服务等；郭浩等采用中国森林生态系统定位研究网络台站多年连续观测数据和森林资源清查数据等，对中国栎林生态服务功能物质量和价值量进行了详细的动态评估，结果表明："九五"期间中国栎林生态系统服务功能年均总价值为1.4758万亿元，年均单位面积价值为7.9872万元/hm²，"十五"期间生态服务功能年均总价值1.3971万亿元，年均单位面积价值为7.6689万元/hm²，年均涵养水源706.81亿立方米，固土5.82亿吨，固碳0.94亿吨，生产有利于人体健康的负离子1.85×10^{13}亿个，吸收二氧化硫15.86亿千克，滞尘3839.1717亿千克；胡世辉等以西藏工布自然保护区为例，研究了自然保护区生态系统服务价值，结果表明，工布自然保护区森林生态系统服务价值为1778.56亿元，其中：经济价值为694.41亿元，生态价值为1083.77亿元，社会价值3815.41万元；甘芳等以长江湖北宜昌中华鲟自然保护区为例，研究了河流生态系统服务的价值，结果表明：保护区生态功能服务年总价值为5.992亿元，以间接使用价值为主要体现、占总价值的66.4%；盛莉等选取土壤保持价值和涵养水源价值两项指标并结合遥感数据、气象数据以及地面数据，研究了中国水土保持生态服务功能价值，估算出2001年全国水土保持生态服务功能价值达16760.55亿元，基本呈自东南向西北递减趋势；丁晖等以江苏省为例，对保护和利用生物物种资源的价值进行评估，结果表明：在三次产业中，所有生物物种资源行业的总产值为9829.89亿元/年，增加值为2548.15亿元/年，占地区生产总值的16.43%。全省野生生物物种资源的潜在经济利用价值为1646.49亿元，生物物种资源对生态系统发挥服务功能产生的价值为1613.54亿元/年；崔朝伟等对北京市域绿色空间生态服务功能进行评估，提出理想林地当量的概念，运用遥感信息等数据，评估结果显示：北京市域绿色空间服务功能的总量相当于覆盖了36.38%面积的理想林地；马莉等探讨了建设用地占用耕地造成的生态服务价值损失，结论是：耕地占用带来的损失相当巨大，而且间接使用价值损失高于直接使用价值损失，前者对人类的贡献比农产品的产出价值更为显著。

（二）资源与环境价值的实现方式

资源与环境价值的实现可以有不同方式，国外的研究重点是市场机制，包括：税收手段、价格手段和津贴手段，主要文献包括：Helmuth Cremer 等"具有内生赢利能力的环境税设计"；Ambarish Chandra 等"混合动力汽车退税的分析：绿色驱动或免费便车"；Beat Hintermann 等"欧盟排放交易系统中的津贴价格驱动"；Fatemeh Nazifi "连接欧盟排放交易系统与清洁生产机制的价格影响"; Lawrence H. Goulder 等"联邦限额和交易计划下的替代排放津贴分配方法的影响"; Till Markus"关于可持续渔业补贴：在共同渔业政策下开启新一轮改革"是研究资源政策补贴的文献。

国内的研究重点是生态补偿政策手段上，包括生态补偿的概念框架；森林、草地和耕地的生态系统服务价值补偿。刘春江等探讨了生态补偿机制的主体、对象、方式、标准、法律与政策等基本要素和系统结构，将生态补偿的分为按照时间维度、空间维度、责任和利益维度、目标和效果维度，构建了包括补偿主体子系统、补偿对象子系统、补偿操作子系统和补偿保障子系统的生态补偿机制概念模型。李芬等以海南省为例探讨了森林生态系统补偿标准，首先运用生态区位商的方法将海南省森林生态系统服务划分为三类。其次，运用恩格尔系数与皮尔生长曲线模型相结合的补偿系数法计算生态补偿系数，结果为0.170。根据森林生态系统服务的分类及生态补偿系数的结果，计算出分三个阶段执行的生态补偿标准：在第一阶段，补偿标准为947元/($hm^2 \cdot a$)。第二阶段补偿标准提高为1946元/($hm^2 \cdot a$)。第三阶段，补偿标准为2966元/($hm^2 \cdot a$)。戴其文以甘南藏族自治州草地生态系统水源涵养服务为例，乡镇为基本研究单元，采用聚类分析法将全州划为五大等级补偿区：优先补偿区、次级优先补偿区、次级补偿区、临界补偿区和潜在补偿区或可能补偿区。对各级补偿区的特征分析结果表明：①草地生态系统的优先补偿主体主要分布在纯牧区；②基于补偿资金效率考虑的补偿优先度与草地生态系统退化风险呈现高度的吻合状态；③草地生态系统的补偿效率与生态重要性呈现出吻合的状态；④甘南藏族自治州近17%的草地为低效率和无效率补偿区，也是非生态脆弱区和非重要生态功能区，基于生态脆弱性、生态重要性和补偿效率考虑，这部分草地可暂时给予较低标准的补偿。潘理虎等在退田还湖生态补偿机制中，研究构建了基于农户、政府和企业三类主体及其相互作用的生态补偿模型，并重点分析生态补偿标准、洪灾风险、生态环境保护、劳动力本地转移政策等因素对农户主体土地利用决策的影响。以鄱阳湖区莲湖乡为实例，利用构建的多主体模型模拟了不同补偿机制下退田还湖政策可能产生的土地利用长期效应。结果表明，政府给予农户的经济补偿可以使农户自愿实施退田，但在不同情景下，政府实施退田还湖的代价和达到预期目标的时限差距显著。企业参与不仅能减轻政府的经济负担，同时也有利于剩余农村劳动力的转移。蔡银莺等从农田保护的政策绩效评价、发展受限制地区实施农田生态补偿制度的机理、农田外部效益及补偿标准的测度、农田管制损失补偿及外部效益产权界定、农田生态补偿制度实施绩效及福利效应研究等方面梳理总结了国内外关于规划管制下农田生态补偿的相关研究进展及发展动态，提出在国家实施生态补偿机制及推进主体功能区划形成与落实等政策契机下，制定基于主体功能区划框架下的农田生态补偿机制及政策，有重要的理论及实践意义。苑全治等以外部性理论为依据，建立了区域耕地保护补偿机制的理论模型和经验模型，理论模型重点模拟区域耕地保护外部性的影响及对策，而经验模型则探讨了补偿的主体、补偿标准的计算、补偿方式、制度保障和机构设置。以山东省潍坊市为例，计算了2005年潍坊市各区市县的区域耕地保护补偿标准。

三、气候变化和经济发展

气候变化和经济发展这一热点问题的国外研究进展为：气候变化与农业保险的研究，气候变化的国际权益和国家决策的研究，实现温室气体减排目标的模型分析等。W. J. W. 波茨森（W. J. W. Botzen）等研究气候变化和冰雹损失，通过估计一系列 Tobit 模型讨论了荷兰正常保险冰雹的农业破坏与几项气温和降雨量指标的关系。模型区分了温室园艺与室外农业之间的损失成本，两者受气候变化的影响不同；预测检验表明，将最高气温与降水量相结合，预测冰雹损失的效果最好；在不同气候变化状况下，冰雹破坏与气候指标的历史联系推断表明，未来冰雹灾害损失将会有相当大的增加。本书的预测表明，到 2050 年，每年室外农业的冰雹损失可能增加 25%~50%，对夏季温室园艺的影响高达 200%。其他的研究文献有：David Anthoff 等"气候变化的国际权益分量和国家决策"；Jose San Cristobal 的"实现京东协议温室减排目标的环境'投入—产出'线性规划模型"；Mort Webster 等"短期气候政策次优工具：强度目标与安全价值"；Florian Morath 等"战略信息获得与全球变暖的减缓"。

伴随着经济社会的发展，气候资源和气象条件与经济系统的关系进入视野，并有相当数量的实证研究。国内研究进展重点是：气象条件与经济行业产出、气候变化与粮食产量和种植模式、气候变化与生态系统脆弱性和植被变化。

罗慧等在中国经济行业产出对气象条件变化的敏感性分析中，将气象因素的引入生产函数，采用一阶自回归变量模型研究经济产出对气象条件变化的边际影响和敏感性，研究表明，气象条件变化对中国 8 个行业、31 个省（区、直辖市）的国民经济产出存在显著敏感性影响。在控制资本和劳动力影响因素的条件下，1984~2006 年共 22 年中国 GDP 总值对气象条件变化的敏感性影响约为 12.36%，我国行业产出对气象条件敏感性总体特征为：农业、建筑业、批发零售业、工业、交通运输业、服务业、金融业和房地产业对气象条件变化的敏感性影响从大到小依次为 25.4%、14.7%、13.2%、10.9%、10.7%、10.7%、9.12% 和 7.9%；黄维等利用中国 1988 年、1995 年、2000 年和 2005 年县级面板数据，通过构建包含气候变化因素、投入要素、自然环境条件变量的面板数据和随机效应计量模型，研究了中国县域气候变化对粮食产量的影响。研究表明，从整体上看一定幅度内的气温上升和降水增加对我国粮食产量变动有正向作用；气温上升和降水量的增加对中国东北、华北以及西北部省份的粮食产量提升有利，对其他省区则会产生小幅负面影响。叶彩华等研究了北京农业气候资源变化特征及其对不同种植模式玉米各生育期的影响，利用回归分析和突变理论中的 Mann-Kendall 方法和 Pettitt 方法，分析主要气候资源的趋势变化特征并检测其突变特征。结果显示：近 50 年来北京地区大于 10℃ 的年活动积温和玉米全生育期有效积温呈现明显增长趋势，变化过程中无明显的突变特征。袁东敏等在研究 CO_2 浓度增加对东北玉米生长影响中，将 CO_2 浓度作为整个模型的输入变量，综合考虑气候变化和 CO_2 肥效作用对东北玉米生长发育和产量的影响，通过对比分析发现，随着 CO_2 浓度的上升，3 种情况下模拟出的玉米产量都呈上升趋势。赵志平等近 30 年中国 756 个气象站点日观测数据，研究了中国气候湿润程度变化的空间差异及其对生态系统脆弱性的影响，结果显示：近30年中国陆地表层湿润程度总体具有下降趋势，中国陆地表层气候湿润程度变化导致生态系统脆弱性增加的面积约占中国陆地面积的43.7%。总体上，近30年中国陆地表层气候湿润程度变化对农田、林地和草地生态系统脆弱性具有不利影响，其中草地生态系统脆弱性增加的面积最大，约占草地生态系统总面积的63.2%；其次为农田生态系统，约占31.6%；林地生态系统脆弱性受影响面积最小，约占17.7%。孙艳玲等利用GMMS数据集的8千米分辨率的NDVI数据和气候数据，对内蒙古地区1982~2000年植被覆盖变化进行了分析，并评估了降水与该地区植被的相关关系，在此基础上探讨了人类活动对内蒙古地区植被覆盖变化的影响。结果表明，在过去19年中内蒙古地区植被NDVI总体上呈轻微上升趋势，且存在着显著的空间差异。同时内蒙古地区植被NDVI与降水有很好的相关性，植被受降水的影响较大。

四、能源利用和经济发展

国外的研究进展主要为两方面：石油和天然气的生产和消费与经济发展的关系、替代性能源的发展。安东·纳科夫（Anton Nakov）等研究了美国宏观经济的大稳健在多大程度上和由石油冲击与总产出的石油弹性来解释的问题，研究发现：石油对稳定起着十分重要的作用；通货膨胀波动的减少，约有一半可以由货币政策改善单独加以解释；GDP增长波动的减少，较小的全要素效率冲击解释了57%的变化；与石油有关的作用解释了约1/3的波动。进一步的文献包括：Marcelo Arbex等"索洛遇到里昂捷夫：经济增长与能源消费"；Nicholas Apergisa"天然气消费与经济增长：67国的数据"；Moawia Alghalith"食品价格和石油价格的关系"；Hafez Abdo的"英国石油和天然气生产的税收：为什么横财离开了"；Jacinto F. Fabiosa"全球乙醇浪潮的土地分配效应：国际食品和农业政策研究所（FAPRI）模型预测"；Kenneth S. Corts"构建替代性燃料零售基础设施：E85政府作用外溢"；Lea Kosnik"水电许可程序中环境保护和能源生产的权衡"。

国内研究进展为：能源资源与经济增长的关系；能源强度和能源效率的影响因素分析和能源消费的研究。

张馨等选取一次能源生产量和对外依存度两个解释变量作为资源丰裕度指标，用中国30个省区1997~2007年的数据建立面板回归模型，分析近10多年来我国能源资源与经济增长的关系，讨论"资源诅咒"假说在我国的适用性。结果表明：两个解释变量与经济发展速度的关系都说明了能源资源对经济增长的负效应，即存在"资源诅咒"现象，但回归系数的绝对值很小，说明"资源诅咒"的效应不明显，并且这种负效应随着时间的推移而减小，反映了"资源诅咒"现象不具有长期性，在我国已渐趋淡化。夏炎等利用指数分解法，将影响能源强度的因素分解成能源消耗系数、完全需要系数、最终需求结构系数、最终需求和最终能源消耗系数，利用RAS方法将能源消耗系数和完全需要系数分别分解成结构和效率系数；通过1987~2005年的实物价值型能源投入产出可比价序列表，得出结论：1987~2002年中国能源强度下降主要受到投入结构变动的影响，2002~2005年能源强度反向上升是受到完全生产、完全需要结构和最终需求结构双重作用的结果，真实的能源效率和真实技术进步对其影响很小。齐绍洲等分析了我国西部和东部省区之间的能源强度差异与劳均 GDP 差异之间的关系；于珍等的实证研究发现多数产业能源消耗结构并没有变化，少数产业能耗比例下降或者上升；董锋等的研究表明，政府财政用于科学研究的支出和第三产业之比对中国能源消费量起到负向作用，外贸依存度对中国能源消费量起到正向作用，能源消费量的技术进步弹性为 –0.0072，产业结构弹性为 –7.7245，对外开放程度弹性为 0.5791，误差修正模型得到的能源消费量预测值与实际值的比较表明该模型有较好的解释能力；朱立志等的研究表明，我国农业生产能源消费量不断增加，但结构上长期以来一直以石油和煤炭为主，电力以及其他能源没有占据应有的位置，21 世纪以来能源使用效率呈现下降趋势。

五、碳排放和经济发展

碳排放和经济发展的研究是资源与环境经济学中的一个崭新领域，2010 年国外研究的关注点是：碳排放规律的研究，碳交易与税收、市场效率和技术创新的研究，生态系统服务与碳封存等。相关的文献有：Loek Groot "碳洛伦兹曲线"；Alberto Montagnoli 等 "碳交易丰度和市场效率"；homas A. Weber 等的 "碳市场与技术创新"；Gregmar I. Galinato 等 "减少碳排放的综合税补贴政策"；Thomas Eichner 的 "欧盟型碳排放交易和重叠排放税的分配影响"；Sergey S. Rabotyagov "成本收益不确定下的生态系统服务：土壤碳封存"。

国内的研究重点关注碳排放强度和影响因素，稳定性氮肥使用的减排效果，渠慎宁等对碳排放的峰值进行了研究，发现：技术对峰值的影响较为重要，按照目前发展趋势，若经济社会发展的同时保持碳排放强度合理下降，中国的峰值到达时间应为 2020~2045 年。杨选梅等对基于个体消费行为的家庭碳排放进行了研究，结论是：户均年家庭碳排放量 3705.76 千克，人均家庭碳排放约占总碳排放量的 29.27%，家庭用电碳排放量几乎占家庭碳排放总量的一半，生活垃圾碳排放比例位居其次占了将近 1/4。游和远等基于能源消耗的视角研究土地利用的碳排放效率中，研究表明：30 个省份中仅内蒙古、福建、广西、青海土地利用碳排放总效率有效。技术效率与规模效率的效率值及其分布与土地利用特征存在联系，规模效率有效地区分布远小于技术有效。规模效率有效省份与规模报酬不变省份存在不一致，改善土地利用碳排放规模效率需要考虑地区规模报酬所处阶段。廖千家骅等通过收集高效氮肥 N_2O 排放资料，分析高效氮肥对 N_2O 的减排效果，研究发现：稳定性氮肥排放的 N_2O 是普通肥料的 0.66 倍，减排效果显著。若将全国范围的普通氮肥替换为稳定性氮肥且用 N 量不变时，稳定性氮肥在中国农田的 N_2O 减排潜力均值为 $1.03×10^8$kgN/a，碳排放交易收入为 16.86 亿元/a；根据现有市场上稳定性氮肥的价格，每亩地每季补贴 4.9 元，碳排放交易收入和稳定性氮肥成本增加量相抵。由于稳定性氮肥能有效提高 N 利用率，保证农作物吸 N 总量不变时减少用 N 量。稳定性肥料 N 利用率提高 8 个百分点时，N_2O 减排经济效益为 94 亿元/a。

孙建卫等利用 1995~2005 年中国各行业的统计数据，基于 IPCC 温室气体清单方法，对中国历年的碳排放进行了核算和影响因素时间序列分析，结论如下：中国碳排放总量呈先缓慢减少后快速增加的态势，①2005年中国碳排放达22.02×10^8吨，比1995年增加了66%，由于林业的碳汇功能，2005年净碳排放量为19.05×108吨；②碳排放强度的变化量总体上表现为增长态势，2002年前碳排放强度逐年减小，2002年后碳排放强度变化量转为正值，其中技术进步是碳排放强度变化的主要因素；③工业部门对碳排放总量和碳排放强度的变化起决定作用，因此工业部门是实现碳减排的关键。李小平等就国际贸易等因素对中国工业行业CO_2排放的影响进行了分析，得到结论是：①在中国出口产品隐含的CO_2中，国内生产的CO_2所占比例逐步减少；②发达国家向中国转移的产业并不仅仅是污染产业，同时也向中国转移了干净产业；③国际贸易能够减少工业行业的CO_2排放总量和单位产出的CO_2排放量。因此，中国并没有通过国际贸易成为发达国家的污染产业天堂。

第三节　2010年学科进展的评述

　　2010年资源与环境经济学科的研究方向国内外基本一致，以资源利用和环境污染经济学的经典研究为主体方向，以资源与环境的价值度量和定价研究为前沿方向，以气候变化、能源和碳排放问题的研究为热点方向的格局，资源与环境经济学科体系正在不断地完善和升级中。

　　在自然资源利用的研究中，国外的研究集中在渔业公共资源、森林资源、自然保护区与生物多样性等经典的资源经济学问题上，共有资源管理和空间分析方法有一定的进展。国内的研究，只有少数的研究关注渔业资源和生物多样性的问题，而多数的研究是从现实中提炼问题，例如：耕地的非农利用、草原退化、水资源短缺。采用的方法是多数是资源的评价。在环境污染经济学研究中，国外的研究重点问题是，环境质量变化的一般均衡模型研究，边际成本和边际价格的确定，减排技术的市场激励，污染限额和排放交易的问题。与国外的研究重点关注市场和机制，我国的研究重点关注的资源和环境的状况，较多的研究重点是现状分析评价研究，如：我国农业污染研究仍以现状分析为主、同时，一些研究体现出理论创新性和实践意义，如：工业环境效率。

　　在自然资源与经济发展发关系研究中，国内外研究的问题基本一致，关注保护与发展的关系，资源丰富地区与经济增长的关系。过去30多年中，我国所经历的快速经济增长中资源和环境压力不断加大的背景，为学者提供了丰富的研究素材，在检验"资源诅咒"和"环境库兹涅茨曲线"假设方面的研究中取得了重要进展。在环境质量与经济发展的研究中，国外的重点是，环境可持续性与市场经济效果的关系，技术与环境的关系，环境与金融市场和金融产品之间的联系等；而国内研究检验环境污染与经济发展的关系；资源和环境与发展的关系是近年中研究的一个新领域，多采用基尼系数及分解的方法；显示出：从经济增长到发展的拓展。

在资源与环境的价值和定价的研究中，国外的研究重点是税收手段、价格机制和创建交易市场的分析；而国内的研究基本全部从实现问题出发，以政策手段为实现途径，将资源与环境价值的货币度量作为一个重要研究问，将生态补偿这一政策措施作为最重要价值实现途径。展望未来，国内的研究更加注重经济学理论的应用和市场手段。

气候变化、能源利用和碳排放问题的研究，是资源和环境内涵的拓展，是近期在人类活动的空间尺度不断扩大、经济增长对能源的依赖日益增强、环境容量对经济社会发展的制约日益显现的背景下，成为资源与环境经济学研究中的热点。

2010年我国资源与环境经济学的研究中，利用计量方法提供中国背景实证检验的文献较多，但存在着研究问题的提炼不够深入、概括性和理论研究有待深化、制度变量和作用机理的研究相对薄弱的问题，特别是在难以获得环境质量数据的情况下，仅仅通过挖掘统计数据，完成"关系"的研究已经难以有重大创新。尽管GIS技术的广泛应用，可以相对准确地提取出自然资源信息，但是资源信息与经济数据仍不能有效匹配，得出的结论相对单薄，政策针对性不够强。目前的研究，在利用GIS提取信息后，仍采用统计分析和变量间因果关系检验的计量模型。展望未来，应更加注重空间计量模型和空间分析，应加强基础理论、机理、过程和效应的研究。

第二章 资源与环境经济学学科 2010 年期刊论文精选

第一节

中文期刊论文精选

国际贸易、污染产业转移和中国工业 CO_2 排放*

李小平　卢现祥

【摘　要】 通过国际贸易，发达国家是否会专业化生产并出口"干净型"产品，并从中国进口污染密集型产品，从而使中国成为"污染产业天堂"呢？国际贸易等因素如何影响中国工业行业的二氧化碳（CO_2）的排放呢？本文采用环境投入产出模型和净出口消费指数等方法，运用中国 20 个工业行业与 G7 和 OECD 等发达国家的贸易数据，实证检验了这些问题。本文得到几个结论：①在中国出口产品隐含的 CO_2 中，国内生产的 CO_2 所占比例逐步减少；②发达国家向中国转移的产业并不仅仅是污染产业，同时也向中国转移了"干净"产业；③国际贸易能够减少工业行业的 CO_2 排放总量和单位产出的 CO_2 排放量。因此，中国并没有通过国际贸易成为发达国家的"污染产业天堂"。

【关键词】 国际贸易；污染产业转移；CO_2 排放

一、导　言

减少 CO_2 排放是世界各国面对的共同问题。在各国减少 CO_2 排放的时候，一个很重要的问题引起了全球的关注：在自由贸易的情况下，具有严格环境规则的发达国家可能会专业化生产并出口"干净型"产品，并从环境规则较松的发展中国家进口污染密集型产品，从而向发展中国家转移污染产业。环境规则差异对 CO_2 排放的影响可以从《京都议定书》的实施情况中看到。2006 年京都议定书缔约方的 CO_2 排放量相对于 1990 年平均减少了 7.3%，而非缔约方平均增加了 63%，世界共增加了 33.4%（IEA，2008）。因此，具有严格

---

* 本文选自《经济研究》2010 年第 1 期。
　　基金项目：本研究得到了霍英东教育基金青年教师资助项目（编号：111088）、国家社科基金项目（编号：8CJL026）、中国博士后基金项目（编号：20080430062）和中国博士后特别项目（编号：200801151）的资助。作者特别感谢两位匿名审稿人的建设性建议；本文的初稿是第九届中国经济学年会的入选论文。文责自负。
　　作者简介：李小平，中南财经政法大学经济学院，中国社会科学院财贸所，邮政编码：430074，电子邮箱：chineselixp@126.com；卢现祥，中南财经政法大学经济学院，邮政编码：430074。

环境规则的发达国家可能比发展中国家更多地减少污染排放。但发达国家的污染排放减少是向发展中国家转移污染产业的结果吗？①国外学者对此进行了许多研究。现有实证研究文献主要沿着两个思路：一条是检验一国的外商直接投资是否因为宽松的环境规则而形成，其主要采用计量模型检验一国的 FDI 流入或流出（或者跨国公司的选址）是否受环境规则的影响。另一条是检验发展中国家和发达国家污染产品生产、消费和贸易的动态变化，其典型的方法是采用净出口消费指数来衡量一国污染产品的净出口相对于其国内消费的相对变动，某污染产品的净出口相对于其国内消费的比重逐年增加就表明该污染产业向本国转移了。总的来看，这些实证研究得出的结论不很一致，有些研究发现某些地区存在污染产业转移现象，而有些文献没有发现明显的证据（List et al.，2004；Cole，2004；Dean et al.，2009；Antweiler et al.，2001；Mongelli et al.，2006）。

自改革开放以来，伴随着中国经济快速增长的是国际贸易的快速增长和 CO_2 排放的急剧增加；中国燃料燃烧所产生的 CO_2 排放从 1990 年的 22.44 亿吨上升到 2006 年的 56.485 亿吨，已经跃居于世界第二，仅次于美国（IEA，2008）。因此，国内学者对开放经济下的中国环境问题进行了一些研究。王姝（2008）、沈利生（2008）等、张友国（2009）等利用投入产出模型对贸易的环境代价进行了分析，结果表明贸易对中国能源消耗和污染排放的影响已不容忽视。国务院发展研究中心课题组（2009）提出了全球温室气体减排的一个理论框架和解决方案，其特别强调碳排放权的作用。但是中国是否通过国际贸易成为了"污染产业天堂"呢？国际贸易如何影响中国工业行业的 CO_2 排放？已有的文献并没有对此问题进行充分的实证研究。

本文首次以中国工业行业作为研究对象，试图在现有文献基础上做如下的贡献：第一，本文检验了 G7 和 OECD 国家是否通过国际贸易途径向中国进行了污染产业转移。现有对"污染天堂"假说检验的研究样本主要以发达国家尤其是以美国、欧盟等国为例，即检验这些发达国家向发展中国家整体上是否存在污染产业转移，而以单个发展中国家作为研究对象的很少。第二，本文实证检验了国际贸易等因素对中国工业行业 CO_2 排放的影响。当前，国际贸易与 CO_2 排放的相关研究正成为经济学研究的一个热点问题。就中国样本研究而言，相关的研究偏重于分析国际贸易隐含的 CO_2（Embodied CO_2）；大部分文献都认为，贸易是中国 CO_2 排放增加的重要原因。②但是国际贸易不仅在商品中直接隐含 CO_2，也通过规模效应、技术效应和构成效应等影响到一国的 CO_2 排放，因此，仅仅测算国际贸易隐含的 CO_2 还不能判断国际贸易对 CO_2 排放的真实影响。中国是一个 CO_2 排放大国和贸易大国，但是现有对中国 CO_2 排放影响因素研究的文献相对很少，尤其缺乏关于国际贸易等因素对中国 CO_2 排放影响的实证文献。③

---

① 陆（2009）分析了污染天堂效应；本文检验的是污染天堂假说。
② Pan（2008）的结果显示中国 2006 年共排放了 55 亿吨 CO_2，其中国内消费的为 34.8 亿吨，净出口中隐含了 16.6 亿吨。
③ Cole et al.（2008）、Ang（2009）分别检验了中国各工业行业的研发等因素对 CO_2 排放的影响，但是这两篇文献并没有考虑国际贸易等因素的影响。本文在这两篇文献的基础上进行了扩展研究。

本文其他的内容安排如下：第二部分介绍本文的分析框架及其计量模型；第三部分是数据及其处理；第四部分是污染产业转移的实证结果；第五部分是国际贸易等因素影响工业行业 CO_2 排放的计量回归结果分析；第六部分是结论。

二、分析框架及模型

本文的研究思路分三步：首先我们利用环境投入产出模型，分析中国各行业的 CO_2 排放系数；其次，我们利用净出口消费指数验证"污染天堂假说"；最后我们利用计量模型检验国际贸易等因素对中国工业行业 CO_2 排放的影响。

（一）环境投入产出模型

为了计算出各产业的各种 CO_2 排放系数，研究者一般使用环境投入产出方法（Pan et al.，2008）。现有文献在构建中国的环境投入产出模型时有两点不足。第一，现有的文献忽略了中国所处的垂直专业化分工背景。中国参加国际垂直专业化分工的程度已越来越高，因此，我们要考虑出口中隐含的来自于国外生产的 CO_2。[①] 第二，现有相关文献大多数使用中国国家统计局提供的投入产出表，该投入产出表没有把中间使用、最终使用以及中间投入区分为国内和进口两部分，而 OECD 提供的中国投入产出表可以克服这点不足。我们在 Julio et al.（2004）等现有文献的基础上构建环境投入产出模型：$x = Ax + y$。其中，x 是各部门的总产出向量，y 是最终需求向量，包括国内需求和出口，A 是直接消耗系数矩阵，$A = \{x_{ij}/x_j\}$，其中，x_{ij} 是 j 部门消耗 i 部门的产品数量；x_j 是 j 部门的总产出。从上式移项可以得到：$x = (I - A)^{-1} y$，其中 $(I - A)^{-1} = \{a_{ij}\}$ 是列昂惕夫逆矩阵，其元素 a_{ij} 代表单位最终需求的直接和间接的（即完全）投入需求。

我们设国内和进口投入的技术系数矩阵分别为 A^d 和 A^m，其中，$A^d = \{x_{ij}^d/x_j\}$，x_{ij}^d 为生产 x_j 的产出所消耗 i 部门的国内投入；$A^m = \{x_{ij}^m/x_j\}$，x_{ij}^m 为生产 x_j 的产出所消耗 i 部门的进口投入；并且 $A = A^d + A^m$。这样，总进口 x 可以分为两部分，一部分作为最终需求直接消费，另一部分作为中间投入，$x^m = x_{ij}^m e^T + y^m$，其中 $e = (1, 1, \cdots, 1)$，写成矩阵的形式为：$x^m = A^m x + y^m = A^m (I-A)^{-1} y + y^m$。设 $c^d = \{c_j^d\} = \{C_j^d/x_j\}$ 是国内单位产出 CO_2 直接排放系数向量，其中 C_j^d 是部门 j 产生的直接 CO_2 排放量；根据投入产出理论，那么国内单位产出的 CO_2 完全排放系数为直接排放系数与列昂惕夫逆矩阵的乘积，即：$v^d = c^d (I-A)^{-1} = \{v_j^d\}$。将直接排放系数 c^d 与列昂惕夫逆矩阵代入上式，我们可以得到 $v_j^d = c_1^d a_{1j} + c_2^d a_{2j} + c_3^d a_{3j} + \cdots + c_n^d a_{nj}$，其代表为了获得一单位 j 部门的最终需求，一国产生的直接的和间接的 CO_2 排放量。从生

[①] Dean et al.（2007）、Koopman et al.（2008）等发现中国出口的国外价值含量很高。

产角度来看，国内为了满足最终需求所生产产品中隐含的 CO_2 总量为：$C^d = \sum C_j^d = c^d x = c^d (I-A)^{-1} y = v^d y$。同时，国内还从国外进口以满足最终需求。从国外进口产品所隐含的 CO_2 对于中国来说相当于节省了本需要国内生产所产生的 CO_2。因此，我们从进口替代的角度假定国外生产单位产值的 CO_2 完全排放系数等于国内的 v^d。我们将完成排放系数 v^d 与总进口 x^m 相乘，就可以得到国外进口所隐含的 CO_2，$C^m = v^d x^m = v^d A^m (I-A)^{-1} y + v^d y^m$。

所以，中国最终需求隐含的总 CO_2（C）等于国内生产排放的 CO_2（C^d）和国外进口隐含的 CO_2（C^m）之和：$C = C^d + C^m = v^d y + v^d A^m (I-A)^{-1} y + v^d y^m$。其中，$v^d y$ 是国内生产排放的 CO_2，$v^d A^m (I-A)^{-1} y$ 是国外为生产进口投入所排放的 CO_2，$v^d y^m$ 是国外为生产进口消费产品所排放的 CO_2。设 $v^t = C^d (I-A)^{-1} + C^d (I-A)^{-1} A^m (I-A)^{-1}$，$v_m = C^d (I-A)^{-1} A^m (I-A)^{-1}$，$C^m = c^d (I-A)^{-1} A^m$，$C^t = C^d + C^d (I-A)^{-1} A^m$，则：$v^t = v^d + v^m$，$C^t = C^d + C^m$，$C = v^t y + v^d y^m$。其中，$C^m$ 指为了得到每单位的中国最终需求产品，国外投入直接排放的 CO_2；C^t 是指为了得到每单位的中国最终需求产品，国内和国外直接排放的 CO_2 之和；v^m 指为了得到每单位的中国最终需求产品，国外投入完全排放的 CO_2；v^t 是指为了得到每单位的中国最终需求产品，国内和国外所完全排放的 CO_2。

（二）"污染天堂假说"及中国工业行业 CO_2 排放的影响因素检验

一般采用净出口消费指数（NETXC）来检验污染天堂假说（Mongelli et al.，2006）：该指数可以衡量本国污染产业对其他国家或地区的净出口相对于该产业本国消费的比重，根据该指数的趋势就可以判断是否存在"污染产业"转移的现象。我们设净出口消费指数为 $NETXC_{it}^j = \dfrac{X_{it}^j - M_{it}^j}{C_{it}}$。其中，$C_{it} = P_{it} - (X_{it}^w - M_{it}^w)$，$C$、$X$、$M$、$P$ 分别代表本国的消费、出口、进口和产值，i 和 t 分别代表行业和年度，j 分别代表 G7 国家以及 OECD，w 表示世界。如果中国的某产业对上述 2 个地区的净出口消费指数在研究期间呈上升趋势，则说明该地区向中国转移了该产业，如果该产业是污染产业，则"污染产业转移"成立；反之，则说明中国向该地区转移出了该产业。

在检验了国际贸易是否造成污染产业天堂的基础上，我们检验国际贸易等因素对中国工业行业 CO_2 排放的影响情况。在 Cole et al.（2008）模型的基础上，我们构建计量模型式（1）；在控制其他影响因素的基础上，我们着重分析贸易开放度、与发达国家的进出口贸易、人均产出等因素对中国各工业产业 CO_2 排放的影响：①

$$C_{it} = C_{it-1} + \beta_1 trade_{it} + \beta_2 ex_{it} + \beta_3 im_{it} + \beta_4 lny_{it} + \beta_4 (lny_{it})^2 + \beta_5 rd_{it} + \beta_6 lnzib_{it} + \beta_7 lnsize_{it} + \mu_i + \upsilon_{it} \tag{1}$$

其中，i 和 t 分别代表行业和年度，C 为工业行业的 CO_2 排放量。我们分别以单位产出的 CO_2 排放量和 CO_2 排放量的自然对数表示；ln 是自然对数，μ_i 和 υ_{it} 分别为不可观察的

---

① 我们在选择自变量时运用了逐步回归方法，因此，我们选取的变量和 Cole et al.（2008）模型中的变量有一些差别；本文回归方程中选了因变量的滞后一阶项是因为增加了此项后，回归的结果更显著。

各产业的个体差异和随机扰动项。trade 代表贸易开放度，以该产业的进出口总量与其增加值的比值表示。国际贸易主要通过规模效应、技术效应和构成效应等对环境产生影响（Grossman 和 Krueger，1991），因此，贸易开放度对 CO_2 排放的总影响不能预先确定。ex 和 im 分别为产业对发达国家的进口占其总进口的比值和对发达国家的出口占其总出口的比值因素。y 是人均产出；许多文献都证实人均产出与污染排放存在环境库兹涅茨假说（Song et al.，2008；蔡昉等，2008）。[①] rd 是研发强度，以每个产业的研发经费与增加值之比衡量，该值越大表示该产业中企业的创新能力越强，能够以更少的投入得到更多的产出，有利于减少 CO_2 排放。zib 是资本强度，以人均资本存量表示。size 是企业规模，以产业中单个企业的平均增加值表示。

由于我们的面板数据是"小时间维度，大横截面维度"，且模型中包含有被解释变量的滞后项，导致解释变量和随机扰动项相关，并且其他解释变量也可能存在内生性，因此我们采用系统 GMM 方法估计。本文采用 Windmeijier（2005）的方法对其进行矫正。在使用系统 GMM 估计方法时，我们采用 Sargan test 值来检验工具变量的可靠性，若该检验值较小，我们接受工具变量是合适的原假设。我们以一阶差分转换方程的一阶和二阶序列相关检验 AR（1）、AR（2）来判断随机扰动项是否序列相关。

三、数据及处理

我们使用了经济合作与发展组织（OECD）2009 年版本的投入产出数据库，该版本提供了中国 1995 年、2000 年和 2005 年的投入产出表。OECD 的投入产出表可以分为总使用表、进口使用表和国内使用表。从总使用表可以获得各行业总的中间投入矩阵，结合各行业的总产出数据，即可计算出各行业单位产出的总的投入系数矩阵（A^m）；从进口使用表可以获得各行业进口中间投入矩阵，结合各行业的总产出数据，即可计算出各行业单位产出的进口中间投入系数矩阵（A）。OECD 的投入产出表提供了 48 个部门的投入产出数据，我们将此表合并成包含 23 个部门的投入产出表。我们以各行业每年的能源消耗量乘以单位能源使用的 CO_2 排放系数，即得到各行业每年的 CO_2 排放量。各行业的能源消耗总量数据来源于各年的《中国统计年鉴》；单位能源使用的 CO_2 排放系数为 2.13 吨 CO_2/每吨标准煤。[②] 我们以各行业 CO_2 排放总量除以当年的增加值，得到单位产出的 CO_2 直接排放系数。再根据环境投入产出分析框架，我们得到各行业的其他各种 CO_2 排放系数。

为了和 OECD 的统计口径一致，本文对中国工业行业进行了合并，共整理成了 20 个

---

① 环境库兹涅茨（EKC）假说认为人均产出及其平方项与污染排放成倒 U 型关系。
② 我们借鉴了 Pan et al.（2008）的做法，该排放系数来源于 CAIT 提供的转换率。陈诗一（2009）采用 IPCC 所推荐的方法和我们所使用的排放系数相似。

工业行业。它们分别是：采矿业（包括煤炭采选业、石油和天然气开采业、黑色金属矿采选业、有色金属矿采选业、非金属矿采选业）、食品生产、饮料和烟草业（包括农副食品加工业、食品制造业、饮料制造业和烟草制造业）、纺织、服装和皮革业（包括纺织业、纺织服装、鞋帽制造业和皮革、毛皮、羽毛及其制品业）、木材加工业、造纸、印刷业（包括造纸及纸制品业、印刷业和记录媒介的复制业）、石油加工、炼焦及核燃料加工业、化学工业（包括化学原料及化学制品制造业、化学纤维制造业）、医药制造业、橡胶、塑料制品业（包括橡胶制品业和塑料制品业）、其他非金属矿物制品业、黑色金属冶炼及压延加工业、有色金属冶炼及压延加工业、金属制品业、机械设备业（包括通用设备制造业和专用设备制造业）、仪表仪器及文化、办公用品制造业、电气机械及器材制造业、通讯设备、计算机及其他电子设备制造业、交通运输设备制造业、其他制造业（包括家具制造业、废弃资源和废旧材料回收加工业）、电力、燃气的生产供应业（电力、热力的生产和供应业、燃气生产和供应业）。

  为了统计口径及数据的可得性，我们的研究时段为 1998~2006 年。我们采取陈勇、李小平（2006）的方法对中国工业行业的投入、产出数据进行处理。①我们以各行业每年的不变价增加值比全部从业人员年均人数得到人均增加值 y；以年均资本存量比全部从业人员年均人数得到人均资本存量 zib；以不变价增加值比企业单位数得到单个企业的平均增加值 size；以当年的研发经费比当年的增加值得到研发变量 rd。本文中所有的贸易数据来源于 OECD（OECD, Stan Bilateral Trade Database, 2008 Edition）。该数据库提供了按 ISIC Rev.3 分类的中国各工业行业（从分类为 01 到 40 的行业）向世界的以及 G7 和 OECD 等主要地区的进、出口数据统计。

  表 1 是根据环境投入产出模型计算出的各行业 CO_2 排放系数结果。我们得到几个主要的结论。首先，中国各行业的 CO_2 直接排放系数、总排放系数在研究期间有变小的趋势。在 1995~2000 年，各行业的 CO_2 直接排放系数、总排放系数的简单平均值减少了近一半，这说明从 20 世纪 90 年代中期到 21 世纪初，中国各行业的节能减排取得了很好的效果，各行业单位产值的 CO_2 排放系数都下降了。2005 年，各行业的 CO_2 直接排放系数简单平均值继续保持下降趋势；而各行业总排放系数的简单平均值有反弹趋势，这主要是由于国外投入的 CO_2 完全排放系数增加的原因。2005 年金属冶炼、石油加工、电力、燃气生产、交通运输设备等 12 个行业的国内完全排放系数比 2000 年的数据增加了。出现 CO_2 完全排放系数反弹的行业主要集中在重工业行业，而农业等行业的 CO_2 完全排放系数没有反弹；这可能和 2005 年前后中国出现的重工业化趋势有关，如这些重工业行业部门的投资增长过快，这些重工业行业的粗放式产能增加，导致单位产值的能耗和排放增加。其次，除了石油加工业和其他非金属矿物制品业外，各行业的国内投入的 CO_2 排放系数占总 CO_2 排放系数的比例都减少了；即在单位出口产品所隐含的 CO_2 中，国内投入隐含的 CO_2 所占的比例减少，而中间投入品进口中隐含的 CO_2 所占比例增加。这个结果也验证了 Dean（2007）

---

  ① 具体计算见陈勇、李小平（2006），本文增加了 2004 年、2005 年、2006 年的数据。

等认为中国垂直专业化分工程度增加的结论。

此外,各行业的国内投入直接排放系数都要远远小于国内投入的完全排放系数,从所有行业的简单平均值来看,后者是前者的2倍多,并且这个比例有增加的趋势。这说明国内各行业的关联度增加,每个行业所生产产品中隐含的CO_2中所间接隐含的其他行业所生产的CO_2的比例越来越高。另外,金属冶炼及压延加工业、石油加工、炼焦及核燃料加工业等为CO_2排放系数最大的行业,这些行业主要集中在重工业行业;CO_2排放系数次之的行业主要集中在电气机械及器材制造业、橡胶、塑料制品业、造纸印刷业等;CO_2排放系数最小的为服务业、农林牧渔、水利业等。这个结论和我们预期的结论一致:重工业的CO_2排放强度最大,轻工业次之,服务业和农林牧渔、水利业等最小。

中国的污染产业与发达国家相比有一点差异。Cole(2004)认为木材加工业、化学工业(包括医药工业)、非金属矿物制造业、黑色金属冶炼及压延加工业、有色金属冶炼及压延加工业是发达国家污染强度最大的行业,而纺织、服装、皮革制造业、金属制品业、其他制造业等行业是发达国家污染强度最小的行业。而对于中国来说,除了木材加工业是中国CO_2排放系数最小的行业之一,金属制品业是中国CO_2排放系数最大的行业之一,其他产业的污染度定义基本一致。

表1 各行业单位产出的CO_2排放系数

单位:吨CO_2/万元

行业	1995年				2000年				2005年			
	c^d	v^d	v^t	v^d/v^t	c^d	v^d	v^t	v^d/v^t	c^d	v^d	v^t	v^d/v^t
金属冶炼	6.50	13.24	14.85	0.89	3.33	7.76	9.00	0.86	3.35	8.36	10.53	0.79
石油加工	4.74	10.66	12.49	0.85	2.47	6.62	8.09	0.82	4.77	9.21	10.70	0.86
化学工业	5.01	10.62	12.22	0.87	2.23	5.75	6.83	0.84	1.34	5.19	6.76	0.77
电力、燃气生产	5.78	9.86	10.86	0.91	1.99	4.58	5.27	0.87	2.93	6.31	7.35	0.86
其他非金属矿物	3.92	8.94	10.12	0.88	4.83	8.21	9.05	0.91	—	—	—	—
交通运输设备	0.65	7.63	9.92	0.77	0.28	3.44	4.53	0.76	0.19	4.00	5.75	0.70
采矿业(能源)	5.34	8.76	9.73	0.90	4.46	5.97	6.42	0.93	3.15	5.53	6.35	0.87
金属制品业	0.58	7.78	9.57	0.81	0.45	4.96	6.18	0.80	0.37	5.31	7.21	0.74
仪表仪器及通信	2.56	7.47	9.31	0.80	0.11	2.92	4.92	0.59	0.10	3.35	6.29	0.53
机械设备业	0.83	6.47	8.32	0.78	0.59	4.25	5.43	0.78	0.23	4.40	6.24	0.70
其他服务业	4.91	7.57	8.20	0.92	1.84	3.75	4.32	0.87	1.38	3.29	4.14	0.79
电气机械	0.19	5.66	7.85	0.72	0.09	3.88	5.34	0.73	0.13	4.39	6.36	0.69
橡胶、塑料	0.77	6.10	7.76	0.79	0.38	3.64	4.91	0.74	0.35	3.88	5.14	0.76
造纸、印刷	1.99	6.09	7.36	0.83	1.27	4.03	5.37	0.75	0.68	3.64	4.92	0.74
木材加工	1.57	5.87	7.13	0.82	0.59	3.22	4.06	0.79	0.27	3.08	4.17	0.74
建筑业	0.21	5.69	7.02	0.81	0.14	4.15	5.12	0.81	0.22	3.60	4.91	0.73
采矿业(非能源)	1.64	5.71	6.83	0.84	1.07	3.45	4.15	0.83	1.80	5.46	6.89	0.79
其他制造业	0.72	5.12	6.47	0.79	1.05	4.08	5.17	0.79	0.46	2.68	3.55	0.76
纺织、服装	0.77	4.40	5.63	0.78	0.51	2.73	3.49	0.78	0.45	2.96	4.08	0.73

续表

行　业	1995年				2000年				2005年			
	c^d	v^d	v^t	v^d/v^t	c^d	v^d	v^t	v^d/v^t	c^d	v^d	v^t	v^d/v^t
食品生产、饮料	0.88	3.42	4.05	0.84	0.60	2.23	2.63	0.85	0.37	2.15	2.79	0.77
批发、零售	0.22	3.07	3.91	0.79	0.27	2.11	2.63	0.80	0.41	2.17	2.84	0.76
农、林、牧、渔	0.58	2.50	3.03	0.82	0.44	1.84	2.15	0.85	0.51	1.80	2.28	0.79
交通、运输、仓储	2.41	2.69	3.00	0.90	1.38	3.51	4.16	0.84	1.37	4.17	5.27	0.79
简单平均	2.29	6.75	8.07	0.83	1.32	4.22	5.18	0.81	1.08	4.13	5.41	0.72
加权平均	1.80	5.80	6.96	0.83	1.16	3.89	4.76	0.82	1.08	4.05	5.35	0.76

注：加权平均以各产业产值占总产值的比例作为权重。

四、污染产业转移的实证结果

根据工业行业的CO_2总排放系数的大小，我们将所分析的20个工业行业分为两类。一类是高排放系数行业：黑色金属冶炼及压延加工业、有色金属冶炼及压延加工业、石油加工、炼焦及核燃料加工业、医药制造业、化学工业、电力、燃气的生产和供应业、其他非金属矿物制品业、金属制品业、仪器仪表及文化、办公用品制造业、通信设备、计算机及其他电子设备制造业等10个行业。另一类为低排放系数行业：交通运输设备制造业、采矿业、机械设备业、电气机械及器材制造业、橡胶、塑料制品业、造纸印刷业、木材加工业、其他制造业、纺织、服装、皮革制造业、食品生产、饮料和烟酒业。[①]

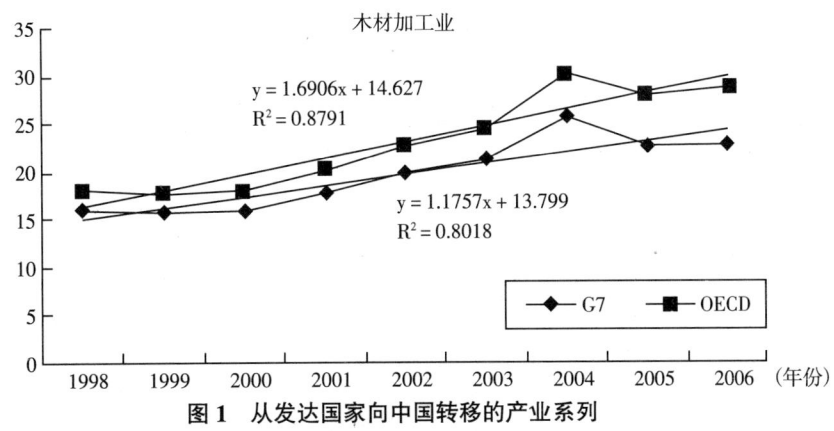

图1 从发达国家向中国转移的产业系列

---

① 采矿业取采矿业（能源）和采矿业（非能源）排放系数的简单平均；黑色金属冶炼及压延加工业和有色金属冶炼及压延加工业取金属冶炼及压延加工业的排放系数；仪器仪表及文化、办公用品制造业和通信设备、计算机及其他电子设备制造业取仪表仪器及无线电通讯设备制造业的排放系数；医药制造业取化学工业的排放系数。

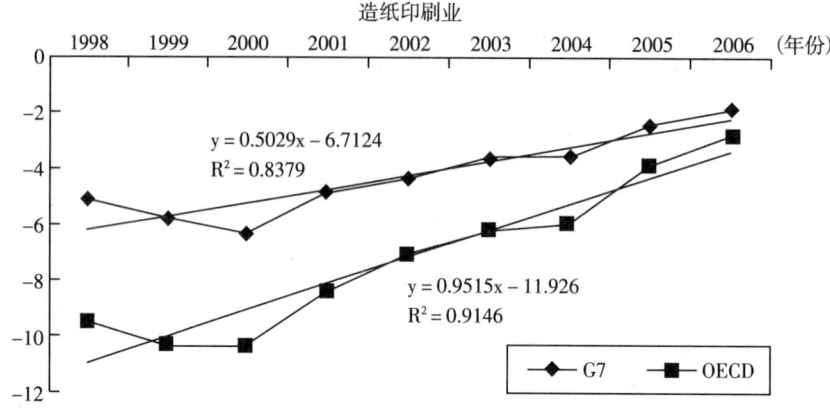

图 1 从发达国家向中国转移的产业示例（续）

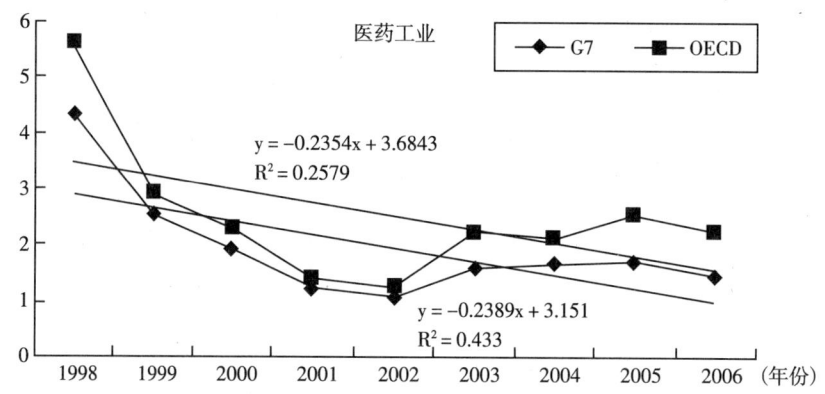

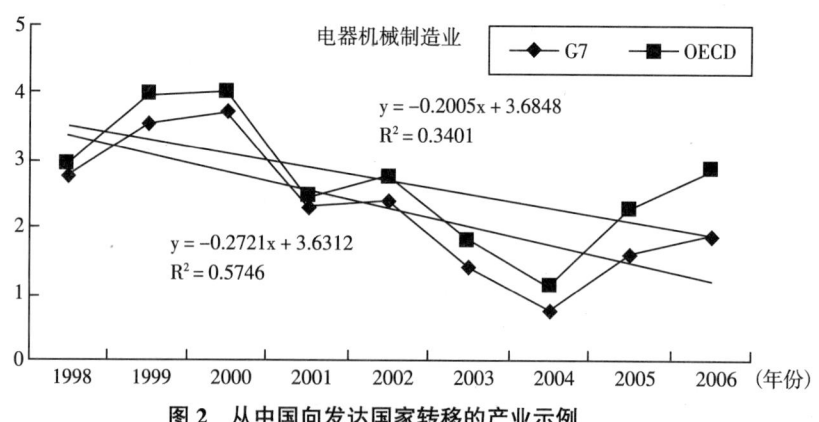

图 2 从中国向发达国家转移的产业示例

我们计算了各行业每年的净出口消费指数，从各行业该指数的变化趋势可以看出：①纺织、服装、皮革制造业、木材加工业、造纸、印刷业、金属制品业、黑色金属冶炼及压延加工业、有色金属冶炼及压延加工业、通信设备、计算机及其他电子设备制造业、机械设备业8个行业的净出口消费指数有向上的趋势，并且各曲线回归方程的 R^2 值比较大，说明这些行业存在显著的向中国产业转移。在这些产业中，金属制品业、黑色金属冶炼及压延加工业、有色金属冶炼及压延加工业、通信设备、计算机及其他电子设备制造业4个行业属于高 CO_2 排放系数行业，而另外4个行业属于低 CO_2 排放系数行业。另外，属于高 CO_2 排放系数行业的化学工业、石油加工业等有从发达国家被转移的趋势，但是其 R^2 值比较小，在统计上不是很显著；属于高 CO_2 排放系数行业的其他非金属矿物制品业的净出口消费指数呈显著向上趋势，但是此行业对于G7国家的净出口消费指数有向下的趋势；属于低 CO_2 排放系数的塑料、橡胶业的净出口消费指数不显著。总的来看，发达国家向中国转移的产业并不仅仅是污染产业，同时也向中国转移了低排放系数的"干净"产业，发达国家向中国转移产业的原因并不仅仅出于环境规制等因素。其他制造业、采矿业、食品生产、饮料和烟酒业、电气机械及器材制造业、医药制造业5个行业的净出口消费指数有向下的趋势，并且各曲线的 R^2 值比较大，这说明这些行业有向发达国家转移的趋势。其中，医药制造业属于高排放系数行业，而其他4个行业属于低排放系数行业。

因此，中国和发达国家之间的产业转移是双向的：发达国家向中国不仅转移了"污染"产业，也转移了"干净"行业；中国也向发达国家转移了"污染"产业和"干净"产业。但是从产业数量来看，中国制造的趋势显著增加，从发达国家转移到中国来的产业数目要多于从中国转移出去的产业。

五、计量回归结果分析

（一）描述性分析

表2给出了各主要变量的统计性描述。我们发现高、低 CO_2 排放组行业的单位产出 CO_2 排放量相差较大，高 CO_2 排放组的平均值为14.49吨 CO_2/万元，而低 CO_2 排放组的平均值为4.15吨 CO_2/万元；此外，我们发现相对于低 CO_2 排放组，高 CO_2 排放组具有较高的人均产出、研发强度、企业规模和资本强度，但具有较低的贸易开放度及与发达国家进、出口贸易的比重也低。显然，高投资、大规模的企业并不能带来较低的单位产出的 CO_2 排放；较大的人均产出还会带来高能耗和高排放。这个结论和陈诗一（2009）的结论

---

① 由于篇幅的限制，我们在图1、图2中分别只列举了2个从发达国家转移到中国来的产业和2个从中国转移到发达国家的产业。

相似。从贸易开放度和各产业与发达国家进、出口贸易量占总进、出口的比值来看，我们发现贸易开放度越高的、向发达国家进出口比重越大的产业，其单位产出的 CO_2 排放更低。同时，我们也发现人均产出和 CO_2 排放量、CO_2 排放强度呈正相关的趋势即低 CO_2 排放组具有低的人均产出，高 CO_2 排放组具有高的人均产出。

表2 主要变量的统计性描述

变量	单位	低 CO_2 排放组				高 CO_2 排放组			
		均值	标准误	最大值	最小值	均值	标准误	最大值	最小值
$lnCO_2$	吨	17.43	0.92	19.45	15.69	18.29	1.46	20.63	15.46
C	吨 CO_2/万元	4.15	5.34	24.37	0.24	14.49	17.34	68.44	0.31
lny	元/人	10.38	0.56	11.57	9.04	10.51	0.57	11.63	9.24
rd	—	0.03	0.02	0.10	0.00	0.04	0.03	0.22	0.01
lnsize	元/个	16.13	0.61	17.68	15.00	16.16	0.83	17.88	13.86
lnzib	元/人	10.99	0.73	13.16	10.11	11.18	0.57	12.46	10.10
trade	—	1.86	2.78	12.51	0.23	1.34	1.68	7.35	0.01
ex7	—	0.50	0.09	0.68	0.32	0.35	0.15	0.54	0.00
im7	—	0.40	0.21	0.85	0.02	0.34	0.19	0.60	0.00
exoecd	—	0.65	0.09	0.83	0.43	0.52	0.19	0.72	0.00
imoecd	—	0.55	0.21	0.97	0.14	0.53	0.23	0.89	0.00

注：ex7、exoecd、im7、imoecd 分别是对 G7 国和 OECD 出口占各行业总出口的比重和进口占各行业总进口的比重。

（二）回归结果分析

表3是因变量为 CO_2 排放量自然对数的回归结果。模型1是两步法系统 GMM 估计结果，AR（1）检验拒绝原假设而 AR（2）检验接受原假设，即干扰项不存在二阶序列相关的原假设成立；Sargan 统计量不显著说明工具变量的选择是可靠的。从模型1的结果来看，前期的 CO_2 排放量和当期的 CO_2 排放量正相关，这说明 CO_2 排放是一个连续、累积的调整过程。贸易开放度变量显著地和 CO_2 排放量负相关，这说明中国的国际贸易对环境影响是正面的，在国际贸易对环境影响的三个效应中，正面效应的影响要大于负面效应的影响。人均产出的一次项、二次项的系数分别为 2.075 和 -0.115，并且在统计上显著，这说明人均产出和 CO_2 排放量成显著的倒 U 型，环境库兹涅茨假说成立。模型2和模型3分别报告了 Pooled OLS 估计和随机效应估计，这两种方法估计的结果和 GMM 估计的结果基本上一致，只是 GMM 估计的结果相对更显著。

表3 因变量为 CO_2 排放量自然对数的回归结果

解释变量	模型1 GMM	模型2 OLS	模型3 RE	模型4 GMM	模型5 GMM	模型6 OLS	模型7 GMM	模型8 OLS
C_{it-1}	0.826*** (21.57)	0.999*** (92.19)	0.986*** (63.28)	0.984*** (29.74)	0.987*** (23.66)	0.997*** (76.36)	0.919*** (8.59)	1.001*** (84.01)

续表

解释变量	模型1 GMM	模型2 OLS	模型3 RE	模型4 GMM	模型5 GMM	模型6 OLS	模型7 GMM	模型8 OLS
trade	−0.009*** (−4.58)	−0.006 (−0.92)	−0.008 (−0.99)	−0.015*** (−4.71)	−0.001 (−0.58)	−0.006 (−1.00)	−0.025*** (−3.02)	−0.008 (−1.20)
y	2.705*** (10.59)	1.571* (1.94)	1.729** (1.98)	3.99*** (3.33)	2.609*** (3.45)	1.608* (1.95)	2.777* (1.71)	1.734** (2.10)
y^2	−0.115*** (−9.78)	−0.070* (−1.83)	−0.077* (−1.87)	−0.184*** (−3.25)	−0.116*** (−3.22)	−0.072* (−1.84)	−0.134* (−1.81)	−0.078** (−1.98)
rd				0.321 (0.56)				
size				0.056*** (3.37)				
zib				−0.125* (−1.79)				
ex7					0.371* (1.78)	0.013 (0.10)		
im7					−0.174*** (−2.63)	−0.060*** (−0.78)		
exoecd							0.003 (0.01)	0.098 (0.97)
imoecd							−0.225 (−0.99)	−0.092 (−1.30)
AR (1)	−1.74 (0.08)			−1.69 (0.09)	−1.79 (0.07)		−1.80 (0.07)	
AR (2)	−0.20 (0.84)			−0.34 (0.73)	−0.35 (0.73)		−0.61 (0.54)	
Sargan test	11.7621 (1.00)			14.86 (1.00)	15.81 (1.00)		13.34 (1.00)	
转折点	11.76	11.22	11.23	10.84	11.25	11.17	10.36	11.12
F (wald)	·	258.91 (0.00)	5077.61 (0.00)			1708.21 (0.00)		1721.43 (0.00)
样本	160	160	160	160	160	160	160	160

注：回归系数括号里的数为 t (z) 值，AR、Sargan test 和 F (w) 统计量括号里的数分别为 prob > z、prob > z 和 prob > F (chiz) 的值；*、**、*** 表示 10%、5% 和 1% 水平上显著；GMM、OLS、RE 分别是两步法系统 GMM 估计、混合最小二乘估计、随机效应估计；在两步法系统 GMM 估计中，所有回归中的内生变量为 C_{it-1}、trade，对差分方程的 GMM 类型，两内生变量的两阶及更多阶的滞后项为工具变量。

为了检验模型 1 的稳健性，我们在模型 1 的基础上加入一些控制变量。模型 4 是在模型 1 的基础上分别增加研发强度、企业规模、资本强度变量；从 AR (1)、AR (2) 及 Sargan 的检验值来看，干扰项不存在二阶序列相关的原假设成立，工具变量的选择是可靠的。从模型 4 的估计结果来看，贸易开放度、人均产出的一次和二次项的估计系数和显著度都和模型 1 相似，这说明了国际贸易显著减少 CO_2 排放量，环境库兹涅茨假说成立的结论是可靠的。研发强度和 CO_2 排放量正相关，但不显著，这和我们的预期相反；企业研发强度不

是影响 CO_2 排放的主要因素，其主要原因可能有：各工业行业研发的主要目的并没有投在节能减排上；另外，工业行业研发的相对值都比较小，高、低排放组的研发经费占增加值的比重都只有4%和3%，它并不是影响 CO_2 排放量的主要因素。企业规模变量和 CO_2 排放量显著正相关，这说明企业的规模越大，其 CO_2 的排放量越多，在 CO_2 排放量方面，企业并没有利用规模经济的好处。资本强度变量和 CO_2 排放量显著负相关，说明企业的物质资本投资有利于节能减排。

我们将回归方程的因变量换成单位产出的 CO_2 排放量，并对此进行了回归，回归结果见表4。从模型1的结果来看，前期的单位产出的 CO_2 排放量和当期单位产出的 CO_2 排放量正相关，这说明单位产出的 CO_2 排放是一个连续、累积的调整过程。贸易开放度变量显著地和单位产出的 CO_2 排放量负相关，这说明国际贸易对环境影响是正面的，并且和表4的结论一致。人均产出的二次项与 CO_2 排放量之间正相关，但不显著，人均产出与单位产出的 CO_2 排放量成负相关，人均产出与单位产出不呈倒U型的环境库兹涅茨曲线，这和 CO_2 排放量的结果不同。模型2和模型3分别报告了Pooled OLS估计和随机效应估计，这两种方法估计的结果和GMM估计的结果基本上一致。在模型4中，研发强度对单位产出的 CO_2 排放量的影响为正，但不显著，这结果再次印证了各工业行业的研发并没有提高其节能减排质量。企业规模对单位产出 CO_2 排放量的影响为负，但不显著；资本强度对单位产出 CO_2 排放量的影响为正，但不显著。模型5、模型6、模型7、模型8分别是在模型1的基础上增加与G7国家和OECD进、出口变量，模型6和模型8分别是OLS估计，它们的结果分别和模型5、模型7相似。从模型5和模型7可以得到，贸易开放度、人均产出的一次项和二次项的估计系数和显著度都和模型1相似，这说明了模型1的估计结果是可靠的。向G7国家、OECD出口显著增加了单位产出的 CO_2 排放量，而从G7国家、OECD进口显著减少了单位产出的 CO_2 排放量，这个结论和表4结论相似。

表4 因变量为单位产出 CO_2 排放量的回归结果

解释变量	模型1 GMM	模型2 OLS	模型3 RE	模型4 GMM	模型5 GMM	模型6 OLS	模型7 GMM	模型8 OLS
C_{it-1}	0.914*** (49.58)	0.992*** (83.52)	0.980*** (56.17)	0.904*** (36.00)	0.966*** (112.05)	1.002*** (72.96)	0.965*** (72.04)	0.995*** (76.62)
trade	−0.634*** (−12.29)	−0.099ᵟ (−1.49)	−0.088 (−0.91)	−0.633*** (−8.23)	−1.357*** (−3.00)	−0.164** (−2.26)	−0.622* (−1.89)	−0.118* (−1.66)
y	−17.034*** (−3.56)	−2.603 (1.94)	−3.806** (−0.35)	−19.19*** (−3.11)	−22.97** (−2.24)	−0.609** (−0.06)	−17.758** (−2.55)	−1.293** (−0.13)
y^2	0.203 (0.97)	0.135 (0.30)	0.192 (0.40)	0.458* (1.67)	0.638 (1.30)	0.052 (0.12)	0.30 (0.90)	0.077 (0.17)
rd				9.20*** (2.88)				
size				−0.799 (−0.90)				

续表

解释变量	模型1 GMM	模型2 OLS	模型3 RE	模型4 GMM	模型5 GMM	模型6 OLS	模型7 GMM	模型8 OLS
zib				0.233 (0.61)				
ex7					24.97*** (6.04)	3.047** (2.15)		
im7					-15.51*** (-7.42)	-1.12 (-1.23)		
exoecd							14.596*** (9.20)	0.936 (0.77)
imoecd							-9.62*** (-7.55)	-0.374 (-0.45)
AR（1）	-1.017 (0.31)			-0.99 (0.32)	-0.99 (0.32)		-1.03 (0.30)	
AR（2）	-1.18 (0.24)			-1.09 (0.28)	-1.18 (0.24)		-1.18 (0.24)	
Sargan test	16.71 (1.00)			9.47 (1.00)	16.01 (1.00)		16.16 (1.00)	
F（wald）		2029.57 (0.00)	3655.05 (0.00)			1377.95 (0.00)		1341.00 (0.00)
样本	160	160	160	160	160	160	160	160

注：回归系数括号里的数为 t(z) 值，AR、Sargan test 和 F 统计量括号里的数分别为 prob > z、prob > z 和 prob > F 的值；ô、*、**、*** 表示 15%、10%、5% 和 1% 水平上显著；GMM、RE、OLS 分别为两步法系统 GMM 估计、随机效应估计和混合最小二乘估计；在两步法系统 GMM 估计中，所有回归中的内生变量为 C_{it-1}、y，对差分方程的 GMM 类型，两内生变量的两阶及更多阶的滞后项为工具变量。

六、结　论

本文实证检验了发达国家是否通过国际贸易途径向中国转移了污染产业，并在此基础上分析了国际贸易等因素对中国工业行业 CO_2 排放量的影响，我们得到了几个主要结论。第一，中国参与国际垂直专业化分工的程度显著增加，表现为在中国各行业单位出口产品所隐含的 CO_2 中，国内投入隐含的 CO_2 所占的比例减少，而进口中间品隐含的 CO_2 所占比例增加。第二，发达国家向中国转移的产业并不仅仅是污染产业，同时也向中国转移了低排放系数的"干净"产业；中国并不是发达国家的污染天堂。第三，中国工业行业的人均产出和 CO_2 排放量存在显著的倒 U 型"环境库兹涅茨"曲线，这表明随着人均产出的提高，工业行业的 CO_2 排放量将减少。第四，对主要发达国家的出口变量与 CO_2 排放量正相关，这体现了贸易对环境影响的规模效应；同时，对主要发达国家的进口变量与 CO_2 排放量负相关，表示从主要发达国家的进口替代了部门国内生产，从而节省了国内的 CO_2 排放量。第五，中国工业行业的研发投资没能减少其 CO_2 排放，因此，中国企业应该提高节能减排投资的效率。

总的来看，中国并没有通过国际贸易成为发达国家的"污染产业天堂"，中国也不需要为了减少 CO_2 排放而去限制国际贸易等国际经济活动。在全球垂直专业化分工趋势加强的情况下，中国需要积极参与国际贸易等国际经济活动，具有全球资源配置与全球治理的战略思维。为了在全球经济交往中实现全球温室气体减排的目标，发展中国家需要与发达国家联手协作以构建一个更公平、合理的国际经济新环境；碳排放权及其国际市场的建立可能为建立这个国际经济新秩序提供了新思路。根据科斯（Coase, 1960）的产权理论，在交易费用为零的情况下，只要各国的 CO_2 排放权得到明确界定，不论这种初始排放权属于发达国家还是发展中国家，就算发达国家向发展中国家转移了污染产业，这种资源的全球配置也是最有效率的。但是在交易费用不可能为零，并且缺乏一个全球性的权威机构去界定、执行和监督的情形下，不同 CO_2 排放权的制度安排有不同的效率，各国也难以公平地实现全球温室气体减排的目标。因此，这些问题给我们的理论研究提供了新的思路。

参考文献

［1］蔡昉、都阳、王美艳：《经济发展方式转变与节能减排内在动力》，《经济研究》2008 年第 6 期。

［2］陈诗一：《能源消耗、二氧化碳排放与中国工业的可持续发展》，《经济研究》2009 年第 4 期。

［3］陈勇、李小平：《中国工业行业的面板数据构造与资本深化评估》，《数量经济技术经济研究》2006 年第 10 期。

［4］国务院发展研究中心课题组：《全球温室气体减排：理论框架和解决方案》，《经济研究》2009 年第 3 期。

［5］陆旸：《环境规制影响了污染密集型商品的贸易比较优势吗？》，《经济研究》2009 年第 4 期。

［6］沈利生、唐志：《对外贸易对我国污染排放的影响》，《管理世界》2008 年第 6 期。

［7］王姝：《国际贸易，FDI 与污染转移》，复旦大学博士论文，2008 年。

［8］张友国：《中国贸易增长的能源环境代价》，《数量经济技术经济研究》2009 年第 1 期。

［9］Ang, J., 2009, "CO_2 Emissions, Research and Technology Transfer in China", Ecological Economics, doi: 101 1016/j. ecolecon. 2009.05. 002.

［10］Antweiler, W., Copeland, B., and Taylor, M., 2001, "Is Free Trade Good for the Environment?", American Economic Review 91 (4): 877–908.

［11］Coase, R., 1960, "The Problem of Social Coast", Journal of Law and Economics 3: 1–44.

［12］Cole, M., 2004, "Trade, the Pollution Haven Hypothesis and the Environmental Kuznets Curve: Examining the Linkages", Ecological Economics 48 (1): 71–81.

［13］Cole, M., Elliott, R., and Wu, S., 2008, "Industrial Activity and the Environment in China: an Industry-level Analysis", China Economic Review, 19: 393–408.

［14］Dean, J., Fung, K., and Wang Z., 2007, "Measuring the Vertical Specialization in Chinese Trade", U. S. International Trade Commission, Office of Economics Working Paper, No. 2007–01–A.

［15］Dean, J., Mary, E., and Hua Wang, 2009, "Are Foreign Investors Attracted to Weak Environmental Regulations? Evaluating the Evidence from China?", Journal of Development Economics, 90: 1–13.

[16] Grossman, G., Krueger, A., 1991, "Environmental Impacts of a North American Free Trade Agreement": National Bureau of Economic Research, Working Paper Vol. 3914.

[17] Jiahua Pan, Jonathan Phillips and Ying Chen, 2008, "China's Balance of Emissions Embodied in Trade: Approaches to Measurement and Allocating International Responsibility": Oxford Review of Economic Policy 24 (2): 354-376.

[18] IEA. 2008, "CO_2 Emissions from Fuel Combustion". http://www.iea.Org/Textbase/about/copyright.asp.

[19] Julio S., nchez-Chliz and Rosa Duarte, 2004, "CO_2 Emissions Embodied in International Trade: Evidence for Spain", Energy Policy 32: 1999-2005.

[20] Koopman, R., Wang Z., and Wei S., 2008, "How Much of Chinese Exports is Really Made in China? Assessing Domestic Value-added with Processing Trade is Pervasive", NBER Working Paper, No14109.

[21] List, J., McHone, W., and Millimet, D., 2004, "Effects of Environmental Regulation on Foreign and Domestic Plant Births: Is There a Home Field Advantage?", Journal of Urban Economics, 56: 303-326.

[22] Mongelli, I., Tassielli, G., and Notarnicola, B., 2006, "Global Warming Agreements, International Trade and Energy/Carbon Embodiments: An Input-output Approach to the Italian Case", Energy Policy 34: 88-100.

[23] Tao Song, Tingguo Zheng, Lianjun Tong, 2008, "An Empirical Test of the Environmental Kuznets Curve in China: A Panel Cointegration Approach". China Economic Review 19: 381-392.

[24] Windmei jier, F., 2005, "A Finite Sample Correction for the Variance of Liner Two-Step GMM estimators", Journal of Econometrics, Vol. 126, No. 1: 25-51.

International Trade, Pollution Industry Transfer and Chinese Industries' CO_2 Emissions

Li Xiaoping[1,2] Lu Xianxiang[1]

(1. Zhongnan University of Economics and Law,
2. Institute of Finance and Trade Economics of CASS)

Abstract: By trade, developed countries may specialize in "clean" product and import pollution products from developing countries, then transfer the pollution industries to developing countries. If China has become Pollution Industry Haven by trade, what is the effect of trade on Chinese's CO_2 Emissions? The article explores it by using the Environmental Input-Output Technique and the trade data between twenty industries of China and G7 countries and OECD. We find that International Trade may decrease the industries' CO_2 Emissions.

Key Words: International Trade; Pollution Industry Transfer; CO_2 Emissions

基于个体消费行为的家庭碳排放研究*

杨选梅[1]　葛幼松[1]　曾红鹰[2]

（1. 南京大学地理与海洋科学学院，江苏南京 210093；
2. 环境保护部宣教中心，北京 100035）

【摘　要】 以"南京1000家庭碳排放"调查的家庭活动数据为基础，运用国外新范式"消费者生活方式方法"（CLA）探讨了家庭消费活动与碳排放之间的关系，采用多元回归研究了碳排放与家庭特征之间的相关关系，并总结出了一套适合中国国情的碳排放系数。分析得出：①户均年家庭碳排放量3705.76kg；②人均家庭碳排放约占总碳排放量的29.27%；③家庭用电碳排放量几乎占家庭碳排放总量的一半，生活垃圾碳排放比例位居其次占了将近1/4；④户均碳排放量随月际变化波动较大，在7月份为峰值，10月份为谷值，差值为181.10kg；⑤家庭能耗、生活垃圾、交通出行碳排放比例为64∶24∶12；⑥常住人口、交通出行、住宅面积是影响家庭碳排放中的显著性因子；⑦常住人口增加一个、住宅面积多一个平方米、交通工具每提高一个层次，户均年碳排放量分别增加397.84kg、8.54kg、551.21kg。家庭碳排放定量化研究为公众提供了有效减少碳排放的途径，并为政府部门制定碳减排政策提供了决策依据。

【关键词】 消费者生活方式；碳排放系数；家庭碳排放；显著因子

在全球气候变暖和对碳减排关注（低碳经济、低碳城市、低碳生活模式成为理论与实践热点）的背景下，"部门"研究（如工业、交通、商业、住宅部门）是分析能源消耗和二氧化碳排放的主要框架和路径，如1997年美国的"部门"研究中工业部门的能源消耗最多（占总能耗的38%）、碳排放量（33%）最大[1]，而住宅部门能源消耗和碳排放却分别位居第四位（11%）和第三位[2]（19%）。而在"部门"碳排放的研究中，住宅部门碳排放研究反映的只是以住宅为载体的家庭碳排放情况，对于住宅以外的家庭相关活动的碳排放研究却相对缺失，因此"部门"碳排放研究方法并不能解释个体消费者家庭活动在能源使用时产生的环境影响。从理论上说，研究家庭碳排放亟须回答三个重要问题：①家庭活

---

* 本文选自《中国人口·资源与环境》2010年第20卷第5期，No.52010。
作者简介：杨选梅，硕士生，主要研究方向为城市与区域规划。
通讯作者：葛幼松，副教授，主要研究方向为城市规划与区域经济。

动产生的碳排放量占人均碳排放量的比重约为多少？②特定地区家庭碳排放结构是怎样的？以此作为减少家庭碳排放所应该努力的方向；③影响家庭碳排放的主要因素有哪些？显然，这些问题的回答能为减少家庭碳排放提供了方向。

一、消费者生活方式方法的理论框架

近 20 年以来，科学家和政府开始关注个人行为对全球碳排放的重要影响，消费者角色以及其消费模式日益受到学者的关注和讨论。20 世纪 80 年代末期，诸多学者就消费者行为模式影响碳排放进行了深入的研究和探讨，有研究发现在 1997 年个人消费行为占全美能量消耗的 28%，CO_2 排放量占全美排放量的 41%[3]，中国科学院《关于我国碳排放问题的若干政策与建议》中显示：1999~2002 年，中国 CO_2 排放量的 30%是由居民生活行为及满足这些行为需求所造成的。部分国外学者[4-8]基于消费行为碳排放研究，分析了家庭能耗模式，估算了能源消耗和温室气体排放，并量化了生活方式因素的影响；另外，诸多国外学者[9-15]基于部门数据分析了碳排放的影响因素，发现了人口、城市化水平、能源使用效率、住房面积与碳排放之间的相关关系。国内学术界对碳排放的关注主要集中在三个方面：能源消费与碳排放，包括与碳减排有关的能源消费结构的转变和低碳排放能源系统的建立；经济发展与碳排放，主要探讨经济发展模式、阶段、速度与碳排放的关系；碳减排对策研究。

从整体上看，国内已有的研究成果存在着两个明显的局限：首先，它们是从宏观的角度对碳排放量进行透视，只限于从能源结构、经济发展层面解析碳排放机理，如徐国泉等人基于碳排放量的基本等式，采用对数平均权重 Disvisia 分解法，建立中国人均碳排放的因素分解模型[16]，定量分析了 1995~2004 年能源结构、能源效率和经济发展等因素对中国人均碳排放的影响。当然，更多的研究人员采用库兹涅茨曲线（EKC）模拟经济发展与碳排放之间的关系，认为碳排放与收入水平之间遵循倒"U"曲线关系[17]，"N"型关系[18]，并预测了中国碳排放在 2040 年达到高峰期[19]。这种宏观研究虽然揭示了经济发展对碳排放的整体影响，但它无法解释同一个社区中家庭碳排放的差异。因此，我们有必要量化家庭碳排放。其次，国内较少在不同的家庭关系中分析个体消费行为碳排放量的差异。其实，个体消费并不是完全的个人决策行为，在许多情况下，它是一种家庭的选择，在不同家庭中，文化程度、收入水平、成员个数及其年龄结构都可能成为个体消费的参考变数。因此要对家庭碳排放量差异做出恰当的解释，反映家庭背景的特征变量引入尤为重要。

基于以上文献综述，本文引入了国外新范式"消费者生活方式方法"（Consumer Lifestyle Approach，CLA）[3]，以解释家庭碳排放结果及其影响因素。"消费者"是指为个人或家庭消费的实体，"生活方式"是指消费行为反映出来具有影响力的生活，"消费者生活方式"研究的最基本前提就是通过了解消费者以制定出更好的公共政策。由于不同影响因素的相互交织,并且其中一些因素随着环境的变化而不断演生,因此了解"消费者"变得很复杂。为了清晰地理解多个相互影响因子,CLA 试图提供一个跨学科的理论框架(如图 1 所示)。

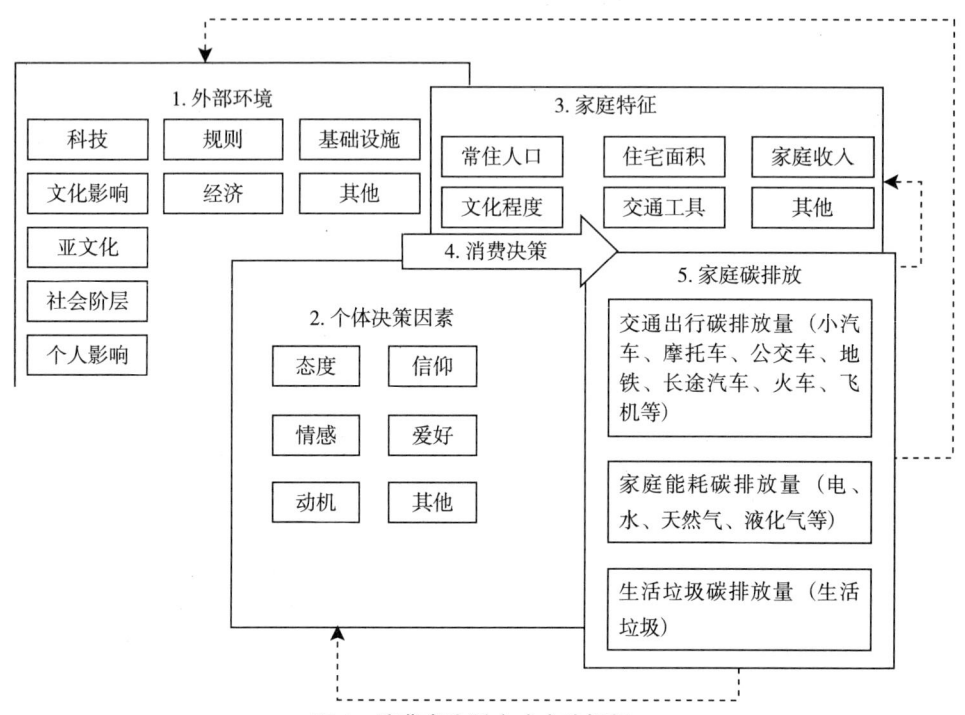

图 1　消费者生活方式方法框架

注:虚线是指来自于家庭碳排放结果的反馈。

二、南京家庭碳排放特征研究

(一)样本特征简介

本研究数据来源于环境保护部宣教中心与美国环保协会共同开展的"南京 1000 家庭碳排放调查"项目,在南京江宁区、建邺区、雨花台区各选一个社区进行了为期一年(2008.5~2009.5)的家庭活动数据和家庭特征调查。该调查采取入户调查的形式,随机抽样选取 60 个重点户进行月跟踪,另外抽取 1200 个普通户进行季跟踪,其中 60 个重点户、1178 个普通户回收问卷有效,被列为本文的研究样本。

从解释变量的测度来看,常住人口、男性人口、女性人口为连续的数量指标,其他各个变量如年龄、家庭收入、受教育程度、交通工具几个因素用虚拟变量测度,虚拟值表示如下：

年龄：小于18岁=1；大于等于18岁小于30岁=2；大于等于30岁小于40岁=3；大于等于40岁小于50岁=4；大于等于50岁=5

家庭收入：低于平均值=1，和平均值相当=2，高于平均值=3

受教育程度：小学文化程度=1，初中文化程度=2，高中及中专文化程度=3，大专文化程度=4，本科以上文化程度=5

交通工具：步行或自行车=1，公共交通工具=2，小汽车=3。

从表1可以看出：家庭常住人口约为3，男女比例相当，交通出行以公共交通为主，低收入者家庭较多，初高中文化程度者占较大的比例。

表1 样本家庭基本情况

家庭特征		最小值	最大值	均值	标准差
人口特征	常住	1	9	3.06	0.997
	男性	0	5	1.52	0.692
	女性	0	5	1.54	0.719
	年龄	1	5	3.58	0.976
消费特征	住宅面积	33	190	76.68	25.279
出行特征	交通工具	1	3	1.56	0.668
经济特征	家庭收入	1	3	1.32	0.605
文化特征	文化程度	1	5	2.62	0.840

（二）碳排放计算模型

根据现有条件，表2的排放系数首先以中国科技部《公民节能减排手册》[20]为参考确

表2 计算内容及排放系数

计算项	单位	排放系数	引用来源	单位
公交车	km/d	0.037	中国台湾当局能源主管部门	$kgCO_2$/km
地铁	次/d	1.142	中国台湾当局能源主管部门	$kgCO_2$/次
出租车	km/d	0.50	中国科技部	$kgCO_2$/km
私家车（汽油）	L/月	2.34	中国科技部	$kgCO_2$/L
私家车（柴油）	L/月	2.78	中国台湾当局能源主管部门	$kgCO_2$/L
摩托车	L/月	2.24	中国台湾当局能源主管部门	$kgCO_2$/L
火车	km/月	0.062	GHG Protocol	$kgCO_2$/km
飞机	km/月	0.18	保护国际	$kgCO_2$/km
用电	度/月	0.96	中国科技部	$kgCO_2$/度
用水	t/月	0.30	中国科技部	$kgCO_2$/t
天然气	m³/月	2.67	中国台湾当局能源主管部门	$kgCO_2$/m³
罐装液化气	kg/月	3.16	中国台湾当局能源主管部门	$kgCO_2$/罐
垃圾	kg/d	2.06	中国台湾当局能源主管部门	$kgCO_2$/kg

定，减排手册中未涉及的计算内容则根据地域相近性选择中国台湾当局能源主管部门[21]公布的排放系数，再次则引用 GHG Protocol[22] 的数据，考虑到保护国际[23]里飞机系数忽略短途、中途和长途航线的差异，故飞机系数引用来源于保护国际。

碳排放总量由"南京1000家庭碳排放"中实际的家庭能耗、交通出行、垃圾回收等活动数据和碳排放系数共同计算得出。本文以家庭能耗碳排放量计算为例：

$$T-Home-CO_2 = \Sigma\Sigma\ (Fuel_m \times CO_2\ Coefficient_m)_n \times HH$$

式中，$T-Home-CO_2$（千克）是年碳排放总量，n 是一年中的季调查次数，m 是家庭能耗类型（如电、天然气、液化气等），$Fuel_m$ 是指每户每次季调查家庭活动数据（如用电量、用水量、用气量等），HH=1178，是调查中的有效样本个数。

交通出行、生活垃圾碳排放量的计算类似于家庭能耗。

（三）南京家庭碳排放量

"南京1000家庭碳排放调查"碳排放结果如表3所示，三口之家（表1中平均家庭人口为3.06）户均年碳排放量为3705.76千克，则人均家庭碳排放量为1211.03千克。根据世界银行报告，中国人均碳排放量为4.1吨左右。也就是说，人均家庭碳排放约占总碳排放量的29.27%。值得注意的是，家庭用电碳排放量几乎占了家庭碳排放总量的一半，生活垃圾碳排放比例位居其次，占了将近1/4。

家庭碳排放量随月际变化规律明显（如图2所示），总体而言，家庭碳排放有下降的趋势，这说明经过一年的环境教育，"碳减排"意识增强，家庭碳排放量减少。家庭碳排放量高峰值在7月份（455.67千克），次高峰在1月份，低谷处在10月份（274.57千克），户均月差值为181.10千克。这一方面与中国的季节变化相关，7月份、1月份分别是全年最炎热和最严寒的月份，家庭能耗、生活垃圾较多；另一方面与中国寒暑假的设置有关，

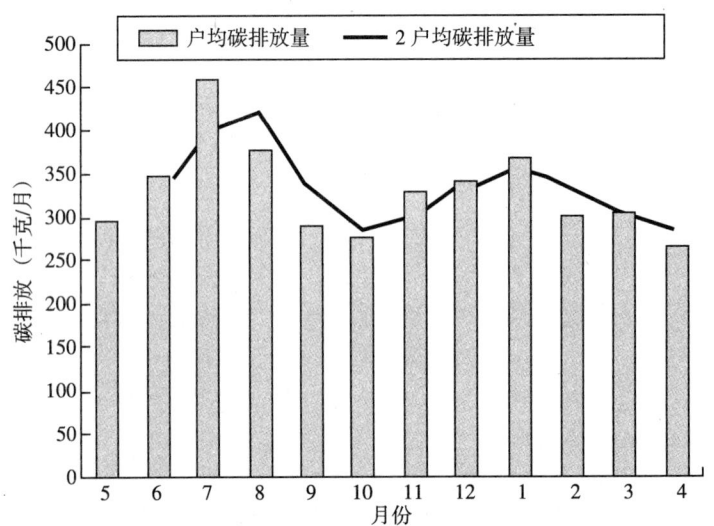

图2 社区重点户家庭月碳排放变化趋势（2008~2009年）

学生回家导致人口增加，家庭碳排放上升。

（四）家庭碳排放结构

在家庭碳排放结构中（见表3），家庭能耗、交通出行、生活垃圾碳排放量之比约为64∶12∶24。而在家庭能耗碳排放次结构中，家庭用电和天然气用量是影响家庭能源消耗碳排放的主要因素，两者之和比例占据了总家庭能耗碳排放量的95%。

表3 家庭碳排放量

家庭活动	年碳排放总量（千克）	户均年碳排放量（千克）	比例结构（%）
家庭能耗	2805869	2381.89	64.28
其中：家庭用电	2098870	1781.72	48.08
家庭用水	43893.57	37.26	1.01
家庭天然气用量	582858	494.79	13.35
家庭瓶装液化气	80247.41	68.12	1.84
交通出行	523519.4	444.41	11.99
其中：小汽车出行	404809.2	343.64	9.27
公交车出行	53441.27	45.37	1.22
摩托车出行	44639.1	37.89	1.02
地铁出行	5633.843	4.78	0.13
长途车出行	3529.839	3.00	0.08
火车出行	5469.423	4.64	0.13
飞机出行	5996.7	5.09	0.14
生活垃圾	1036000	879.46	23.73
总和	4365389	3705.76	100.00

而在交通出行碳排放次结构中，私人交通碳排放量（小汽车、摩托车）占了交通出行总碳排放量的86%，而公共交通碳排放量（公交车、地铁）约为19%，其他长途的交通出行（长途汽车、火车、飞机）碳排放量只占5%。

三、家庭碳排放量的影响因素分析

通过建立多元回归模型分析了碳排放量与家庭特征之间的关系，回归的被解释对象为碳排放量，解释变量为家庭常住人口、男性人口、女性人口、住宅面积、交通工具、家庭收入、年龄、文化程度等8个家庭特征值。本文共进行了两次回归，第一次用Backward对全部因变量回归，第二次对常住人口、住宅面积、交通工具等显著性因子进行回归。

首先用Backward对全部因变量筛选的方法进行多元回归分析，结果见表4。

表4 Backward 法多元回归结果

Model		Unstandardized Coefficients		Standardized Coefficients	t	Sig.
		B	Std.Error	Beta		
1	常数	1048.403	460.787		2.275	0.023
	常住人口	534.061	305.317	0.260	1.749	0.081
	男性人口	−167.772	314.299	−0.057	−0.534	0.594
	女性人口	−157.038	294.219	−0.055	−0.534	0.594
	住宅面积	8.325	2.359	0.103	3.530	0.000
	交通工具	551.061	91.764	0.179	6.005	0.000
	家庭收入	187.307	105.868	0.055	1.769	0.077
	年龄	−69.418	63.112	−0.033	−1.100	0.272
	文化程度	5.733	72.627	0.002	0.079	0.937
2	常数	1063.957	416.356		2.555	0.011
	常住人口	533.576	305.097	0.259	1.749	0.081
	男性人口	−167.889	314.161	−0.057	−0.534	0.593
	女性人口	−156.967	294.092	−0.055	−0.534	0.594
	住宅面积	8.331	2.359	0.103	3.535	0.000
	交通工具	551.679	91.389	0.179	6.037	0.000
	家庭收入	189.414	102.407	0.056	1.850	0.065
	年龄	−70.205	62.292	−0.033	−1.127	0.260
2	常数	1063.769	416.227		2.556	0.011
	常住人口	376.987	84.355	0.183	4.469	0.000
	男性人口	−12.649	118.707	−0.004	−0.107	0.915
	住宅面积	8.315	2.356	0.102	3.529	0.000
	交通工具	551.637	91.361	0.179	6.038	0.000
	家庭收入	189.993	102.369	0.056	1.856	0.064
	年龄	−69.756	62.267	−0.033	−1.120	0.263
2	常数	1065.164	415.845		2.561	0.011
	常住人口	370.736	60.5690	0.180	6.119	0.000
	住宅面积	8.304	2.353	0.102	3.530	0.000
	交通工具	551.146	91.206	0.179	6.043	0.000
	家庭收入	190.028	102.325	0.056	1.857	0.064
	年龄	−69.740	62.240	−0.033	−1.121	0.263
2	常数	718.145	277.545		2.587	0.010
	常住人口	390.642	57.934	0.190	6.743	0.000
	住宅面积	8.621	2.336	0.106	3.691	0.000
	交通工具	552.285	91.211	0.180	6.055	0.000
	家庭收入	197.899	102.095	0.058	1.938	0.053

通过对家庭特征因子与家庭碳排放量的多元回归分析（如表4所示），得出以下3个有意义的结论：

第一，家庭碳排放与消费特征和出行特征中的"住宅面积、交通工具"高度相关，但与"家庭收入"相关性不高，说明消费观念和出行方式会影响家庭碳排放量，值得注意的是随着私人小汽车的普及，交通出行碳排放量有增加的趋势。

第二，人口特征对家庭碳排放量相关关系有正负两方面的影响。常住人口与家庭碳排放量呈正影响，而年龄与其成负影响，年龄越大，碳排放越少，这主要是因为年老者生活较为节俭，生活消费较少。

第三，文化特征对家庭碳排放量影响较小。按照常理，文化素质高的人，其节约意识较强，在中国，高素质的人家庭条件相对较好，家用电器多样，交通出行一般为私人小汽车，因此可以认为，文化素质高的人由于其花销大，碳排放量也较多，即使有意识地节约资源，影响也是微不足道的。

从表5可以看出：第一，常住人口数量与碳排放量相关程度很强，每增加一个常住人口，年碳排放量要增加约397.84千克，相当于燃烧掉170升汽油的碳排放，如果进行碳补偿的话一年就要种植5棵树。因此，有效控制人口增加能降低因碳排放而造成的环境破坏。

表5 对显著性因素的回归结果

Model	Unstandardized Coefficients		Standardized Coefficients	t	Sig.
	B	Std.Error	Beta		
常数	700.753	276.136		2.538	0.011
常住人口	397.840	57.249	0.195	6.949	0.000
住宅面积	8.535	2.329	0.105	3.665	0.000
交通工具	551.210	90.928	0.179	6.062	0.000
家庭收入	197.063	101.735	0.058	1.937	0.053

第二，住宅面积与家庭碳排放相关性也很强。同等程度下，住宅面积多一个平方米，年碳排放量就要多8.535千克。这说明，别墅建设和大户型住宅等粗放用地现象会造成资源的高投入、高消耗、高污染、低产出，因此，我们可以从住宅面积，住房结构、房屋材料，房屋朝向等尽可能地减少碳排放。

第三，碳排放量与交通工具正相关。平均每户而言，交通工具每提高一个层次，年碳排放量上升约551.21千克。也就是说，搭乘公共汽车的家庭比步行或骑自行车的人年碳排放量要多551.21千克，同理，以小汽车为出行方式的家庭比搭乘公共汽车的人碳排放量要多551.21千克。随着小汽车普及化，家庭碳排放有增长之势，因此控制碳排放量势在必行。

第四，家庭收入与碳排放量的相关性成正比，这主要是因为高收入家庭基本以小汽车出行，长距离的出行也较多；住房面积相对较大。

四、结论与对策

本文以"南京 1000 家庭碳排放"调查的家庭活动数据为基础,引入国外"消费者生活方式"新范式,定量分析了家庭碳排放,并提炼出了影响家庭碳排放的显著性因子。

(1) 通过计算得出:南京户均家庭年碳排放量为 3705.76 千克,人均家庭碳排放量占总碳排放量的 29.27%;家庭能耗、生活垃圾、交通出行碳排放比例为 64∶24∶12;户均家庭月碳排放量随月际变化规律明显,峰值在 7 月,谷值在 10 月,差值为 181.10 千克;在家庭能耗碳排放次结构中,家庭用电碳排放量约占 76%,在交通出行碳排放次结构中,私人交通碳排放量占了 86%。因此,碳减排活动首先应从最重要的碳排放方式家庭能源消耗入手,一方面应提高家庭能源利用效率,鼓励居民使用性价比高而环境影响相对较小的天然气,减少管道煤气和瓶装液化气的使用,换上节能灯,形成节约用电的生活习惯,如夏季(冬季)将空调调高(调低)1 度,把门窗堵严,墙壁和天花板做隔热处理等;另一方面鼓励新能源的使用,如居民在夏季和阳光条件好的春秋两季利用太阳能热水器,减少燃气等能源消耗,有条件的社区可集中开发太阳能电力。其次,通过集中改善公共交通遮蔽防护和提高自行车安放场所等措施来引导居民交通出行方式的转变;鼓励社区居民选择公共交通、步行或自行车出行,减少高能耗的私人交通工具的使用。最后,政府部门可以针对现实的家庭碳排放量,设定户均年碳排放的上限值,通过市场干预措施(如碳交易)规范家庭消费行为,推广"碳汇林"活动,在社区内部施行"碳中和",使碳减排实践活动得到公正、透明的开展。

(2) 通过多元回归分析得出:影响家庭碳排放的显著因子为常住人口、住宅面积、交通工具。常住人口与碳排放量相关程度很强,每增加一个常住人口,户均年碳排放量要增加约 397.84 千克;住宅面积多一个平方米,户均年碳排放量增加 8.535 千克;交通工具每提高一个层次,户均年碳排放量上升约 551.21 千克。因此,政府部门应该进一步落实计划生育政策,鼓励小户型住房的建设,有效地实行"公交优先"政策,而中国只在大城区公共交通便利,目前比较可行的办法是建立快速公交系统,在特定公路上专载长途旅客。

总体而言,消费行为反映了个人生活方式,而生活方式被外部大环境制约,受个人的信仰和消费习惯影响,家庭作为个人生活的栖息地,直接干预个人消费能力和层次,因此碳减排的落实应从国家、家庭、个人三方面开展。就国家而言,应通过科技手段提高能源利用效率、调整产业结构、改善住房材料,制定减少温室气体排放相关法律、法规和政策措施;就家庭而言,坚决不超生,和老年人共同居住,联合使用家庭设施,与生活在同一社区的居民建设共同的公共设施,营造公共场所,共同分享车辆,减少出行和交往的碳排放;对于个人而言,应从衣、食、住、行等节能生活琐事做起,如关掉电脑而不是待机、让工作地点离家近、选乘公共交通、网上支付账单、换上节能灯、举办绿色婚礼等。

参考文献

[1] EIA. Energy Consumption by Sector [J]. Annual Energy Review, 2000 (b): 1949-2000.

[2] EIA. Carbon Dioxide Emissions from Energy Consumption by Sector [J]. Annual Energy Review, 2000 (c): 1980-1999.

[3] Shui B., DowIatabadi H. Consumer Lifestyle Approach to US Energy Use and the Related CO_2 Emissions[J]. Energy Policy, 2005 (33): 197-208.

[4] Vringer K., Blok K. The Direct and Indirect Energy Requirements of Households in the Netherlands [J]. Energy Policy, 1995, 23 (10): 893-905.

[5] Lenzen M. Primary Energy and Greenhouse Gases Embodied in Australian Final Consumption: an Input-output Analysis [J]. Energy Policy, 1998, 26 (6): 495-506.

[6] Weber C., Perrels A. Modeling Lifestyle Effects on Energy Demand and Related Emissions [J]. Energy Policy, 2000 (28): 549-566.

[7] Pachauri S., Spreng D. Direct and Indirect Energy Requirements of Household in India [J]. Energy Policy, 2002 (30): 511-523.

[8] Reinders A. H. M. E., Vringer K., et al.. The Direct and Indirect Energy Requirement of Households in the European Union [J]. Energy Policy, 2003, (31): 139-153.

[9] Crame C. J. Population Growth and Quality in California [J]. Demography, 1998, 35 (1): 45-56.

[10] Crame C. J. Population Growth and Local Air Pollution: Methods, Models and Results. In: Lutz W, Prkawetz A, Sanderson WC (eds.). Population and Environment, Population and Development Review [J]. New York: Population Council, 2002 (28): 22-52.

[11] Crame C. J., Cheney R. P. Lost in the Ozone: Population Growth and Ozone in California [J]. Population Environment, 2000, 21 (3): 315-337.

[12] Diets T., Rosa E. D. Effects of Population and Affluence ou CO_2 Emissions [J]. Proceedings of the National Academy of Sciences USA, 1997 (94): 175-179.

[13] York R., Rosa E. A., Diets T. STIRPAT, IPAT and IMPACTS: Analytic Tools for Unpacking the Driving Forces of Environment Impacts [J]. Ecolngical Economics, 2003, 46 (3): 351-365.

[14] Shi A. The Impact of Population Pressure on Global Carbon Dioxide Emissions, 1975-1996: Evidence from Pooled Cross-country Data [J]. Ecol Econ, 2003 (44): 29-44.

[15] Cole M. A., Neunayer E. Examining the Impacts of Demographic Factors on Air Pollution[J]. Populate Dev Rev, 2004, 26 (1): 5-21.

[16] 徐国泉, 刘则渊, 姜照华. 中国碳排放的因素分解模型及实证分析: 1995~2004 [J]. 中国人口·资源与环境, 2006, 16(6): 158-161.

[17] 王中英, 王礼茂. 中国经济增长对碳排放的影响分析 [J]. 安全与环境学报, 2006, 6 (5): 88-91.

[18] 杜婷婷, 毛锋, 罗锐. 中国经济增长与 CO_2 排放演化探析 [J]. 中国人口·资源与环境, 2007, 17 (2): 94-99.

[19] 朱永彬, 王铮, 庞丽等. 基于经济模拟的中国能源消费与碳排放高峰预测[J]. 地理学报, 2009, 64(8): 935-944.

[20] 科学技术部社会发展科技司, 中国21世纪议程管理中心. 全民节能减排实用手册 [M]. 北京: 社会科学文献出版社, 2007.

[21] 中国台湾当局经济主管部门能源局. http://www.moeaboe.gov.tw.
[22] GHG Protocal. http://www.ghgprotocol.org/templates/GHG5/layout.asp, 2005.
[23] 保护国际. http://www.conservation.org.on./cn.CO_2.asp.

The Household Carbon Emission Analysis under Individual Consumer Behavior

Yang Xuanmei[1]　Ge Yousong[1]　Zeng Hongying[2]

(1. Department of Urban & Region Planning, Nanjing University, Nanjing Jiangsu 210093, China; 2. The Center of Department of Environmental Protection Missionary, Beijing 100035, China)

Abstract: This article proposes an alternative paradigm called the Consumer Lifestyle Approach (CLA) to explore the relationship between consumer activities and environmental impacts in Nanjing. By sorting out the carbon coeffcients which conform to the situation of China, estimates based on the multiple regression method reveal that: ①The annual carbon emission is 3705.76 kg in one household. ②Carbon emissions per capita household account for about 29.27% of total carbon emissions. ③Household electricity carbon emissiors accounted for almost half of total domestic carbon emissions, and home scrap proportion of carbon emissions accounted for nearly 1/4. ④Household carbon emission changes much monthly and the range is 181.10 kg between the peak and the valley value where the peak value is in July while the valley is in October. ⑤The proportion of household energy consumption, home scrap and personal transportation carbon emission is 64∶24∶12. ⑥The significant factors are number of inhabitant, area of residence and vehicle of transportation. ⑦ When household population increases one resident, residential area increases one square meter and household transpotation vehicle is upgraded, the average annual carbon emissions increased by 397.84kg, 8.54kg, and 551.21kg respectively. It may help people be aware of the level of impacts associated with each of their consumption activities. In addition, it also provide a convincing evidence to make a strategic decision for policy makers in the course of reducing carbon emission.

Key Words: CLA; Carbon Coefficients; Households Carbon Emission; Significant Factors

中国的绿色工业革命：基于环境全要素生产率视角的解释（1980~2008）*

陈诗一

【摘　要】 本文基于方向性距离函数对改革以来中国工业全要素生产率进行了重新估算，发现正确考虑环境约束的实际全要素生产率比传统不（正确）考虑环境因素的估算值低了很多，与主要文献结果对比也佐证了这一发现。本文还发现，改革以来中国实行的一系列节能减排政策有效地推动了工业绿色生产率的持续改善，特别是从20世纪90年代中期到21世纪初，中国工业绿色生产率增长最快并达到顶峰，且重工业生产率、效率和技术进步增长首次全面超过轻工业，初步彰显环境政策的绿色革命成效。虽然2002年以后重化工业膨胀暂时恶化了工业生产率，但是基于国家对节能减排与发展新能源和低碳技术的高度战略重视，中国新一轮绿色工业革命为期不远。

【关键词】 绿色工业革命；方向性距离函数；环境全要素生产率

一、引　言

自从索罗的开创性工作以来，作为投入要素之外驱动经济增长的重要引擎，全要素生产率已经越来越多地被引入新古典增长核算分析，而且投入要素和全要素生产率对产出增长贡献的此消彼长更成为判断发展方式转变的主要依据（Solow，1957；Kim & Lau，1994；Krugman，1994；Young，1995）。①

然而，长期以来，文献中对生产率的度量只基于传统的资本和劳动要素，很少考虑到

---

* 本文选自《经济研究》2010年第11期。
作者简介：陈诗一，复旦大学中国社会主义市场经济研究中心，邮政编码：200433，电子信箱：shiyichen@fudan.edu.cn。作者感谢上海市哲学社会科学规划一般课题（2009BJB028）、上海市重点学科建设项目（B101）、复旦大学985国家哲学社会科学创新基地"中国经济国际竞争力研究"课题、教育部人文社会科学研究一般项目（09YJA790046）和重点研究基地重大项目（2009JJD790011）对本研究的资助！感谢匿名审人的建议和意见，文责自负。
① 这些研究认为，基于投入要素持续扩张的粗放型增长方式不可持续，只有全要素生产率不断增进的集约型增长模式在长期才是可持续的。可以根据要素和生产率的增长贡献份额大小来进行发展方式转变的判断。

与可持续发展息息相关的能源和环境因素，这就对生产率度量的准确性和可持续分析的可靠性带来了疑问。事实上，能源和环境因素对产出的影响巨大，中国经济高增长长期以来就是通过高投资、高能耗和高污染排放取得的，这在工业部门表现尤为明显。改革开放以来，只占 GDP 40.1% 的工业却消耗了全国 67.9% 的能源，排放出全国二氧化碳的 83.1%（陈诗一，2009）。2002 年后，中国工业再次重型化，能耗和碳排放出现前所未有的飙升（如图 1 所示）。因此，本文工作之一就是要考察能源和环境约束对工业全要素生产率的影响。本文的主要任务是评估节能减排等环境政策的执行对中国经济的实际影响。

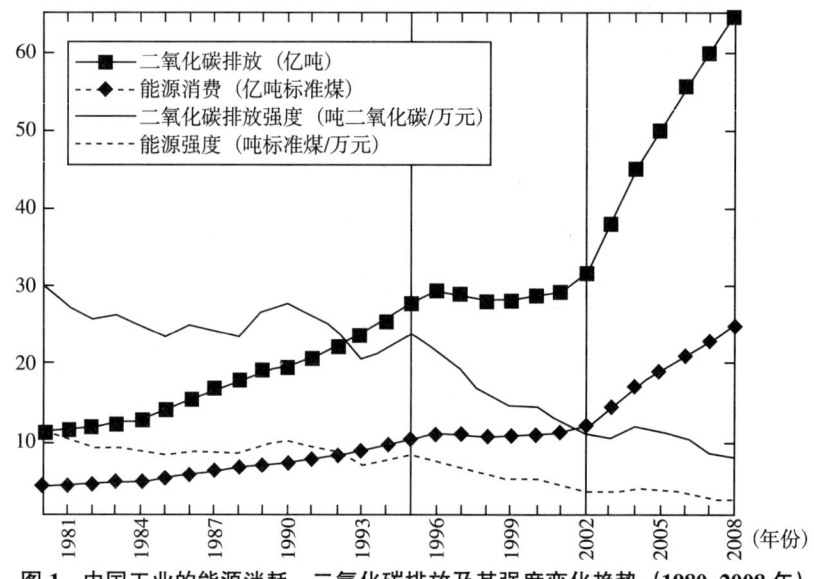

图 1　中国工业的能源消耗、二氧化碳排放及其强度变化趋势（1980~2008 年）

正如陈诗一（2009）指出的，文献中通常把能源消耗作为具有中间投入性质的新的投入要素来处理。而对环境污染变量的处理要复杂得多。起初，许多文献把污染排放也作为投入要素来处置，与资本、劳动或者能源投入一起引入生产函数。后来，有些研究者发现了污染排放的产出特征，不再将其视作投入要素，而是作为生产过程的副产品来处理，如 Fre et al.（1994）基于谢泼德距离函数的径向 DEA 分析。不过这时研究者还没有考虑到污染排放的负外部性，仍然把它和好产出同样对待。正如 Nanere et al.（2007）所指出的，不考虑环境因素或者不能正确考虑环境因素给生产率度量带来有偏的结果。直到 Chambers et al.（1996）和 Chung et al.（1997）提出了基于方向性距离函数（Directional Distance Function，DDF）的环境规制行为分析模型（Activity Analysis Model，AAM），污染排放才不仅被看作副产品，而且被看作具有负外部性的非期望产出，和期望产出一起引入生产过程，从方法论上第一次比较合理地拟合了环境因素在生产过程中的制约作用，并使得捕捉环境规制的真实经济效应成为可能。该方法随即被广泛使用，如 Fre et al.（2001）、Boyd et al.（2002）、涂正革（2008）和王兵等（2010）。

本文将遵循上述能源和环境研究方法论的演化历程，在使用产出距离函数统一分析框架并把能源作为投入处理的前提下，分别基于环境污染变量的四种处理方法来度量中国工业近 40 个两位数行业在 1980~2008 年间的生产率变化及其分解，以探讨环境约束和环境规制行为下绿色生产力演进情况及其对新型工业化的影响。环境变量的四种处理方法（即模型 1~4）分别为不考虑排放因素、排放变量作为自由处置的投入要素、排放作为与工业总产值一样自由处置的期望产出以及排放作为弱处置的非期望产出来处理。其中第 1 个模型为生产率文献中传统使用的处理方法。第 4 个模型采用基于方向性距离函数的行为分析模型和曼奎斯特—鲁恩博格生产率指数（Malmquist-Luenberger Productivity Index，MLPI），为本文的目标方法，该方法将会给出真实生产率度量。

接下来的结构安排如下：第二部分综述对中国经济整体特别是工业部门进行生产率度量的主要文献；第三部分介绍本文使用的数据以及基于方向性距离函数的环境规制行为分析模型和生产率指数计算方法；第四部分对本文所度量的绿色工业生产率结果进行解释，并特别分析环境政策的绿色工业革命效应在中国是否存在及其变化模式；结论性评论将在第五部分给出。

二、文献综述

改革开放以来，中国经济创造了一个又一个奇迹，对此进行生产率分析的文献也层出不穷，它们从不同的视角来探讨生产率变化及其对中国经济增长的影响。这些文献的主体是利用总量时间序列数据从总量生产函数的角度来对中国经济整体或者某产业的生产率进行估算。

本文主要关心的是专门针对中国工业部门的生产率核算。陈宽等 1988 年的研究开创了中国工业生产率研究的先河（Chen et al.，1988），其后该领域生产率研究的文献大量涌现，超过了其他任何领域。这些文献有的关注中国工业全行业的生产率变化，如胡永泰（1998）、Bosworth & Collins（2008）、Jefferson et al.（2008）；有的则关注国有和集体工业（包括乡镇工业），比如 Wu（1995）、Jefferson et al.（2000）、王小鲁（2000）、张军等（2003）；有的主要分析轻重工业情况，如 Zheng et al.（2003）、张军等（2009）；还有研究大中型工业企业的如涂正革和肖耿（2005）；有的则研究地区工业发展，如蔡昉等（2009）。从使用的生产率估算方法来看，有索罗残差法、CD 生产函数（或超越对数函数）回归法、随机前沿生产函数法和非参数确定性前沿生产函数法（即 DEA 方法）不等。这些文献中所使用的数据大部分是工业总量时间序列，然而，正如 Jorgenson et al.（2000）、郑京海和胡鞍钢（2005）指出的，工业总量数据和总量生产函数不足以刻画工业增长的全貌，增长在不同行业或地区间很不相同，必须使用信息量更大的行业或省级面板数据来进行生产率核算。从文献来看，已经使用工业分行业数据进行生产率估算的文献有黄勇峰和任若恩（2002）、李小平等（2008）、张军等（2009）；有些文献还进一步使用了工业企业数据进行生产率分析，如 Jefferson et al.（2008）、蔡昉等（2009）。考虑到工业企业数据只能获得 1998 年后的序列，不足以涵盖分析整个改革开放期间的工业生产率变化模式，本文将基于 1980~2008 年的工业分行业数据库进行生产率核算分析。文献中对工业生产率的估算结果也大相径庭，从 Jefferson et al.（2000）所估算的 1992~1996 年的–1.1%的 TFP 增长到刘小玄和吴延兵（2009）估算的几乎前所未有的 51.8% 的高增长率不等，本文将在生产率结果分析部分把现有文献中的估算值与本文估算结果进行部分对比分析。

  前述所有文献在估算生产率时使用的投入数据都是资本和劳动要素，至多再加上一个中间投入。也就是说，它们几乎都没有涉及能源特别是环境因素的讨论。我们知道，当企业在生产所期望的产出时，几乎不可避免地要同时生成诸如废气、废水和固体废物之类的非期望产出，环境质量会随着经济增长而不断恶化，给整个经济带来显著的外部成本。因此，必须考虑能源和环境污染约束对生产率增长可能带来的负面影响，必须分析节能减排和环境规制有没有可能带来环境质量和生产率同时提高的"双赢"发展，这才是本文的主要工作。在有关中国生产率分析的现有文献中，只有少数几篇涉及了能源或环境因素。比如，陈诗一（2009）在引入能耗和二氧化碳排放要素后，估算得到石油和天然气开采业在整个改革期间的 TFP 平均增长率最低（–8.6%），而计算机、电子与通信设备制造业的 TFP 平均增长高达 12.2%。涂正革和肖耿（2009）的研究发现随着产业环境结构优化和环境全要素生产率的提高，中国工业生产力快速提升，工业增长模式逐步转变，环境约束对经济增长的抑制在逐渐下降。王兵等（2010）发现了环境全要素生产率与市场全要素生产率变化的背离趋势，这表明了我国节能减排任务的艰巨性。可见，近年来国际上越来越多地采用方向性距离函数模型来考察环境约束和环境规制对生产率度量的影响，这样估算得到的绿色 TFP 更具生产经济学含义（胡鞍钢等，2008），因此，本文将采用该方法来估算绿色生产率。

三、数据和方法

（一）数据

  本文绿色生产率估计所基于的中国工业 38 个两位数行业，在 1980~2008 年的投入产出面板数据由陈诗一（2009）和张军等（2009）提供，其中，2007~2008 年的数据为笔者根据这两篇文献提供的行业归并、数据补缺、统计口径调整和价格平减原则而得。[①] 这些变

---

  ① 补充数据主要摘自 2008 年和 2009 年《中国统计年鉴》、《中国工业经济统计年鉴》和《中国城市（镇）生活与价格年鉴》以及《中国统计摘要 2009》等。

量包括工业总产值、二氧化碳排放、资本存量、从业人员和能源消耗，所有价值量数据都平减为1990年为基年的可比价序列。其中，资本和劳动为大量文献所使用的传统投入要素；遵循文献的一致做法，能源变量在本文也作为投入要素处置。由于增长方程包含了中间投入品性质的能源要素，因此，产出指标宜使用包含了中间投入成本的工业总产值而非工业增加值。二氧化碳排放变量则根据本文估算生产率的四个模型或不予考虑，或作为投入要素，或作为期望产出，或作为非期望产出来处理，这也切合了文献中排放变量处理技术发展的演化历程。

表1 本文所使用工业投入产出变量的描述性统计分析（1980~2008）

变量	轻工业组				重工业组			
	均值	标准误	最小值	最大值	均值	标准误	最小值	最大值
工业总产值（亿元）	838	1813	17	23183	2657	5918	44	74467
二氧化碳排放（万吨）	539	584	16	3195	14088	30812	158	285850
资本存量（亿元）	299	292	13	2461	1481	1940	43	20236
从业人员（万人）	128	106	10	802	352	261	18	1279
能源消费（万吨标准煤）	406	316	37	1801	4353	6177	113	53312

表1报告了本研究所使用变量的描述性统计分析。为了方便看出不同行业之间的差异，这里按照2004年各行业能源消费总量由低到高的排序把所有行业分为低能耗和高能耗两个行业组别（每组19个），以作为轻重工业的代理，因为通常认为重工业与高能耗和高排放更相关。由表1可以看出，重工业和轻工业组别的资本存量和能源消耗的平均水平差异悬殊，前者分别是后者的5.0和10.7倍，而它们的工业总产值和吸纳的劳动力差异却小得多，重工业组的工业总产值只有轻工业组的3.2倍，劳动力也只有2.8倍，但是重工业组的二氧化碳排放水平却远高于轻工业组，多达26.1倍。显然，高投资、高能耗和高排放并没有带来同样高的增长，也没有吸纳足够多的劳动力。最大的工业总产值74467亿元为近年快速发展的高技术行业——计算机、电子与通信设备制造业的2008年数值。① 从标准差来看，一般而言都是重工业组变量的变化程度远大于轻工业组，尤其是能耗和碳排放变化的差异最悬殊，达到了20倍和53倍。根据这些统计信息，可以看出重化工业行业的资本投入、能耗和二氧化碳排放不仅水平高，而且波动也大，但是相应的增长却没有那么高，这似乎隐含着它们的生产率水平应该不会很高。

（二）方法

现有文献中对全要素生产率进行估算的方法可以粗略分为指数法、索罗残差法和前沿生产函数法。指数法主要根据全要素生产率的基本定义来进行估算，使用指数是为了在异

---

① 如果以单位增加值能耗和排放来计算的话，该行业排名在所有分行业中基本上是最低的。以2004年为例，该行业每万元工业增加值只消耗0.18吨标准煤和排放0.05吨CO_2，远低于全国平均水平的5.6吨标准煤和21吨CO_2。

质性的产出和投入之间能够可比，因此存在指数公式的选择问题。应用最广泛的指数公式是 Laspeyres 指数、Paasche 指数、Fisher 指数和 Tornqvist 指数。不过这些指数的计算需要投入产出的价格信息，很多时候只能把缺乏市场价格信息的环境污染变量排除在生产率计算之外。自从索罗 1957 年以生产函数形式给出了生产率测度公式，并将它们同经济增长分析联系在一起后，索罗残差法在生产率估算中开始流行起来。利用索罗残差法估算生产率时首先要确定投入要素的产出弹性，这时或者根据先验知识假定其为某个固定的常数，或者利用 CD 生产函数或者超越对数函数来回归估计得到该弹性。前沿生产函数以识别生产单位有无效率而见长，这里也分为随机性和确定性两种方法。随机前沿生产函数作为一种参数化方法需要先验假定效率随时间而变化的模式，这也是它的一大缺陷，除此之外，还和上述索罗残差法中 CD 生产函数或超越对数函数一样，只能拟合一种产出的生产过程，对本文要同时模拟好和坏两种产出的情形无能为力，因而无法采用。确定性前沿生产函数也分为参数化和非参数化两种估计方法，其中以非参数法更为常用，即文献中所说的 DEA 方法。显然，基于投入型或产出型距离函数的 DEA 方法不仅可以避免上述所有参数化方法有可能导致模型设定误差和随机干扰项正态分布假定无法满足的缺陷，而且其最大的好处是可以同时模拟多种产出和多种投入的生产过程，甚至可以对 GDP 等好产出和环境污染等坏产出进行区分处置。Zhou et al.（2008）综述了 DEA 方法在能源和环境领域的应用。因此，本文估算绿色生产率所基于的正是非参数距离函数框架中的谢泼德产出距离函数和方向性产出距离函数。

四、工业绿色生产率分析

（一）基于环境约束的全要素生产率变化和工业发展方式分析

表 2 报告了四种模型所估算的中国工业全行业的全要素生产率、生产效率和技术进步在分行业基础上和整个改革开放期间的平均发展速度，权重为各行业的工业增加值份额。相对于以往的中国工业生产率估算文献，本研究的数据相对更丰富，四个模型至少都包含

表 2 四种模型所度量工业全行业生产率、效率和技术进步的平均发展速度（1980~2008）

生产率指数	没有考虑排放（模型 1）	排放作为投入（模型 2）	排放作为期望产出（模型 3）	排放作为非期望产出（模型 4）
MPI/MLPI	1.0545***	1.0626***	1.0387**	1.0229
MECH/MLECH	1.0035	1.0044	1.0050	0.9981
MTCH/MLTCH	1.0522*	1.0592**	1.0346	1.0255

注：该表全行业数值为分行业加权平均（权重为工业增加值份额）和整个期间几何平均计算而得。***、**、* 分别代表 1%、5%和 10%的显著性水平，这里基准模型是模型 4，零假设为模型 1、2、3 所估算生产率、效率和技术改变的均值等同于模型 4 的对应值，使用学生氏 t 检验统计量。

了能源投入，而且尝试合理地考察二氧化碳排放变量。其中，模型4为本文的目标方法，其估算结果就是接下来重点讨论的绿色工业生产率及其分解。

根据表2模型4的度量结果，在正确考虑了能源消耗和二氧化碳排放的情况下，中国工业全行业实际全要素生产率年均增长2.29%，生产效率年均减少0.19%，年均技术进步率为2.55%。显然，整个改革开放期间中国工业环境全要素生产率的较大改善主要是由技术进步而非生产效率提高所引起，这与Wu（1995）、Zheng et al.（2003）、涂正革和肖耿（2005）等的结论一致。这里估算的全要素生产率增长要小于综述中的几乎所有生产率估计值，只比胡永泰（1998）经过较严格数据调整所得到的1.8%的增长率略高。事实上，表2其他3个模型估算的平均生产率、效率和技术进步率分别在3.87%~6.26%、0.35%~0.5%和3.46%~5.92%，都一致地大于模型4的对应结果，生产效率的变化方向甚至变负为正；而且前3个模型生产率与大部分估计结果相似。由此，可以初步得出一个结论，即不考虑污染排放或者没有正确处理污染排放变量的话，会高估真实的生产率甚至也高估技术进步率和生产效率。为了进一步检验上述结论，本文仿照Kumar（2006）等对模型4所度量的真实生产率、效率和技术进步率是否在统计上显著小于其他模型的对应估算值进行了t统计量检验。检验结果显示，前3个模型的全要素生产率估计值显著大于模型4的估计，模型1和2的技术进步率显著大于模型4的对应值，但是4个模型所估算的生产效率在统计上并没有显著差异。由此可以进一步确认，在正确考虑了环境污染的负外部性后，即模型4把污染排放作为非期望产出处置后，所得到的环境约束全要素生产率和技术进步率要小于不考虑或者没有正确考虑环境因素的度量值，但是生产效率估算差异不显著，这是本文的主要发现之一。许多研究结论与此相似，比如，Jeon & Sickles（2004）在不考虑二氧化碳排放情况下的度量显示，日本、韩国、我国台湾地区、新加坡和我国香港都出现了TFP增长，而考虑了排放后的度量则只有日本有TFP增长。Nanere等（2007）认为，不考虑生产的外部成本会高估生产率，而忽略了生产的外部收益则会低估生产率。Watanabe和Tanaka（2007）利用中国各省工业数据检验了只考虑期望产出与同时考虑期望和非期望产出的两种技术效率度量方法，发现前者技术效率度量是有偏的，通常会高估真实的工业效率水平。本文考虑了能源和环境约束后实际工业生产率度量值的降低似乎与Young（1995）所发现的"二战"后大部分亚洲国家或地区的增长不是由生产率进步来推动的结论一致。表3将进一步对此进行解析。

表3报告了工业改革三个子阶段和整个样本期间基于所有行业的增长核算平均结果，①包括工业总产值、二氧化碳排放、资本存量、劳动、能耗和四种TFP的发展速度以及四种TFP贡献份额大小。②和表2的结论相似，三个子时期前3个模型所估计的生产率增长率及

---

① 按张军等（2009）的划分，中国工业改革可以粗略地分为三个时期：1978~1992年的试验期、1992~2001年的国企改革期和2001年以来的反思和调整期。

② 由于非参数方法不方便计算每个投入要素的贡献份额，这里仿照吴延瑞（2008）的做法计算出生产率的贡献度，根据其与所有投入的贡献度的相对大小来进行简单增长核算分析。

表3 不同时期投入产出与四种模型所度量生产率的平均发展速度

时期	工业总产值	碳排放	资本	劳动	能源	MPI1	MPI2	MPI3	MLPI
1991~1992	1.09	1.05	1.11	1.05	1.06	1.0123	1.0146	1.0060	1.0068
	100					13	16	7	7
1992~2001	1.12	0.98	1.09	1.00	1.03	1.0459	1.0578	1.0264	1.0315
	100					39	49	23	27
2001~2008	1.21	1.05	1.09	1.07	1.11	1.1258	1.1380	1.1001	1.0356
	100					60	66	48	17
1981~2008	1.13	1.03	1.10	1.04	1.06	1.0545	1.6626	1.0387	1.0229
	100					41	47	29	17

注：MPI1/MPI2/MPI3/MLPI 分别表示模型 1~4 所估算的生产率指数。每一时期第一行数据表示该变量的平均发展速度（也是通过分行业加权平均和对应时期几何平均计算而得），第二行表示生产率增长对工业总产值的贡献份额（单位：%），它与投入要素的产出贡献份额相加等于 100。

其贡献份额基本上都大于模型 4 估算的真实生产率变化及其份额（仅模型 3 前两个时期的度量值例外）。如果仅仅根据前 2 个模型的生产率估计结果完全可以得出与涂正革和肖耿（2005）、刘伟和张辉（2008）、陈诗一（2009）和张军等（2009）类似的结论，① 即从第三个阶段开始，生产率的产出贡献份额已经超过要素的贡献度，这意味着工业的增长方式开始从粗放式向集约型转变，相似结论的得出主要是因为他们在处理环境因素时方法相同或相似。而把排放作为好产出处理的模型 3 的结论就没那么强了。根据环境 DDF 所估算的模型 4 中真实生产率的结论，更无法得出工业发展方式开始发生转变的结论，② 真实生产率贡献份额远远落后于投入贡献度的事实表明，中国工业目前仍处在粗放型增长阶段，发展方式的转变仍然任重道远，并没有逃脱 Krugman（1994）和 Young（1995）的结论。从表 3 还可以看出，第二个阶段中国工业二氧化碳减排 2%，能耗增长最低（只有 3%），劳动实际上下降了 0.3%（保存 3 位小数的话表中值为 0.997），这与 20 世纪 90 年代国有企业抓大放小、节能减排和减员增效的改革紧密相关。模型 1~3 中三个时期生产率的贡献是递增的，但是模型 4 中绿色生产率的贡献度在第三个阶段却出现了下降，这显然与介绍部分提到的这一阶段再次重化工业化有关。

从表 3 可以看出，第三阶段二氧化碳排放和能耗都急剧增长（平均增长达到 5% 和 11%），模型 4 显然考虑到了这种能源和环境制约对生产率的影响。如果把本文 4 个模型分阶段的生产率估计值与其他文献中的分阶段度量对比，仍然是本文模型 4 在第三阶段的

---

① 涂正革和肖耿（2005）发现世纪之交全要素生产率增长逐渐成为大中型工业迅猛增长的主要源泉，并形象地把中国工业这种全要素生产率对经济增长的显著推动力称作为中国的工业生产力革命。刘伟和张辉（2008）发现，1998 年之后我国经济发展模式已经越来越体现出了其自身的可持续性。陈诗一（2009）根据大多数行业中技术进步发挥着第一增长引擎的作用说明，中国工业的发展方式从总体上来看已经由改革前的外延扩张型转变为现在的内涵扩张型增长。张军等（2009）也发现 1992 年后中国工业的发展方式已经向可持续性方向转变。

② Watanabe 和 Tanaka（2007）也认为同时考虑了期望产出和非期望产出的生产率水平才是判断中国工业发展可持续性的较好指标。

真实生产率增长估计值在所有研究中最小。

与报告全行业和分时期结果的表2和表3不同，表4报告了38个分行业的简单增长核算表，投入产出变量报告的是几何平均发展速度，MLPI/MLECH/MLTCH 为目标模型4的估算结果，生产率贡献份额的计算同表3一样，参照吴延瑞（2008）。显然，分行业的数据差异很大，比如工业总产值的增长率从石油和天然气开采业的1%到计算机电子通信设备制造业的28%不等，所估算的真实生产率指数和生产效率也从石油加工及炼焦业的0.9859和0.9758到计算机电子通信设备制造业的1.1256和1.0223不等，而技术进步率则处于黑色金属冶炼及压延加工业的0.9966到计算机电子通信设备制造业的1.101之间。那些产出增长慢以及生产率和技术进步不快甚至为负的行业基本上都是能耗和排放密集型的重化工业行业，如石油和天然气开采业、煤炭采选业、非金属矿物制品业、非金属矿采选业、化学原料及化学制品制造业、燃气生产和供应业等，这既显示了高能耗高排放的弊端，也说明了对传统重化工业行业进行诸如更新改造、节能减排、升级换代等低碳发展和绿色革命的必要性和紧迫性。而总产值和生产率增长以及技术进步率快的行业都是轻工业和高新技术行业，如计算机电子及通信设备制造业（排名都是第一）、化学纤维制造业、家具制造业、交通运输设备制造业、仪器仪表制造业和电气机械及器材制造业，由此也继续凸显信息产业等高新技术行业在工业发展升级中的重要性。除少数例外，工业各行业的真实生产率增长和技术进步率为正，而生产效率为负增长，这和表3一样也说明工业生产率的提高主要由技术进步引起，而非生产效率。生产率负增长的行业有石油加工及炼焦业、石油和天然气开采业、燃气生产和供应业、电力热力生产和供应业；[①] 技术进步率为负的行业只有黑色金属冶炼及压延加工业和燃气的生产和供应业。除了黑色金属冶炼及压延加工业外，生产效率变化为正的行业为计算机电子及通信设备制造业、交通运输设备制造业、电气机械及器材制造业、仪器仪表制造业、烟草加工业和化学纤维制造业，这些行业的真实生产率增长和技术进步率也为正，同样凸显出轻工业和高新技术行业在新型工业化中的重要性。虽然同表3结论一样，没有一个行业的生产率贡献度超过50%，所有行业仍然表现为要素驱动型的粗放型增长，但是生产率贡献度的百分点超过两位数的几乎都是轻工业行业（塑料制品业唯一例外），贡献度接近50%的为烟草加工业和计算机电子及通信设备制造业；上述生产率负增长的行业对产出的贡献也为负，它们都是纯粹由能源和资本等要素驱动的重工业行业，其中，石油加工及炼焦业的生产率贡献度最低，达到-24%。轻工业和重工业在真实生产率上的这些差异与数据描述性分析隐含的结论相一致。从投入要素角度来看，劳动就业的增长率不高，但是资本存量和能源消耗的平均增长率很高，在

---

① 感谢审稿人对这些行业生产率低的一种解释，即这些行业都是能源转换部门，虽然需要大量能源投入，但并没有直接烧掉这些能源产生二氧化碳，而是把投入的能源转换成了其他形式的能源，因而这些行业的绿色生产率很低，可能也与此有关。

表4 基于模型4的工业分行业绿色增长核算分析（1981~2008）

行业	产出	资本	劳动	能源	MLPI	MLECH	MLTCH	生产率贡献份额（%）
煤炭开采	1.08	1.06	1.01	1.04	1.0002	0.9998	1.0004	0.2
石油开采	1.01	1.11	1.05	1.04	0.9991	0.9979	1.0012	−8.3
黑金采选	1.14	1.08	1.06	1.07	1.0072	0.9990	1.0082	5.0
有金采选	1.10	1.05	1.01	1.04	1.0070	0.9968	1.0102	7.0
非金矿采	1.09	1.04	1.00	1.06	1.0023	0.9954	1.0069	2.7
木材采运	1.03	1.02	0.98	0.99	1.0010	0.9972	1.0039	3.9
农副加工	1.10	1.11	1.03	1.04	1.0024	0.9928	1.0097	2.3
食品制造	1.10	1.10	1.03	1.05	1.0016	0.9963	1.0053	1.6
饮料制造	1.12	1.11	1.03	1.06	1.0049	0.9963	1.0086	4.0
烟草加工	1.10	1.13	1.01	1.04	1.0471	1.000	1.0471	47.7
纺织业	1.09	1.09	1.02	1.04	1.0051	0.9936	1.0116	5.7
纺织服装	1.12	1.12	1.05	1.10	0.9989	0.9775	1.0219	−0.9
皮革毛羽	1.12	1.10	1.06	1.06	1.0200	0.9946	1.0256	16.3
木材加工	1.11	1.11	1.05	1.02	1.0083	0.9925	1.0160	7.3
家具制造	1.13	1.10	1.05	1.04	1.0317	0.9962	1.0357	23.9
造纸制品	1.14	1.11	1.03	1.05	1.0031	0.9992	1.0039	2.2
印刷媒介	1.12	1.11	1.03	1.08	1.0262	0.9964	1.0299	21.8
文教体育	1.15	1.11	1.06	1.06	1.0473	0.9985	1.0489	30.7
石油加工	1.06	1.11	1.04	1.09	0.9859	0.9758	1.0103	−24.1
化学工业	1.11	1.08	1.03	1.05	1.0012	0.9990	1.0022	1.0
医药工业	1.16	1.12	1.04	1.04	1.0053	0.9976	1.0077	3.3
化学纤维	1.17	1.09	1.03	1.06	1.0675	1.0181	1.0486	39.6
橡胶制品	1.12	1.10	1.04	1.06	1.0008	0.9964	1.0044	0.7
塑料制品	1.15	1.12	1.05	1.09	1.0226	0.9940	1.0287	14.6
非金制造	1.12	1.08	1.01	1.06	1.0009	0.9994	1.0015	0.8
黑金加工	1.12	1.08	1.02	1.07	1.0075	1.0109	0.9966	6.3
有金加工	1.13	1.09	1.05	1.11	1.0024	0.9948	1.0076	1.9
金属制品	1.13	1.08	1.02	1.07	1.0229	0.9961	1.0269	17.6
通用设备	1.11	1.05	1.02	1.03	1.0182	0.9970	1.0213	16.0
专用设备	1.12	1.05	1.01	1.03	1.0138	0.9962	1.0177	11.8
交通设备	1.18	1.08	1.03	1.05	1.0204	1.0005	1.0198	11.3
电气机械	1.17	1.10	1.05	1.07	1.0458	1.0012	1.0445	27.1
通信设备	1.28	1.13	1.08	1.11	1.1256	1.0223	1.1010	44.5
仪器仪表	1.16	1.07	1.03	1.03	1.0576	1.0061	1.0512	36.0
电力热力	1.12	1.11	1.04	1.09	0.9999	0.9998	1.0001	−0.1
燃气煤气	1.07	1.10	1.03	1.04	0.9974	0.9989	0.9985	−3.9
水的生产	1.07	1.11	1.04	1.06	1.0057	0.9896	1.0163	8.2
其他工业	1.14	1.10	1.00	1.04	1.0317	0.9999	1.0318	22.5

注：最后一列贡献份额定义为生产率增长占工业总产值增长的比重；除此之外，其余数据都为各变量在整个时期的几何平均发展速度。

要素驱动型的工业增长中发挥主要作用。

（二）中国新型工业化的必由之路：绿色工业革命

对全要素生产率的变化模式做出正确解释并非易事，而本文使用环境 DDF 模型所估算的绿色全要素生产率可以为我们提供其他方法所不具备的两大优势。一是可以通过比较不（正确）考虑环境因素与正确考虑环境因素的生产率估算结果来探讨环境污染的危害，它制约着中国工业生产率的改善，昭示着中国绿色工业革命的必要性和紧迫性。二是根据波特假说（Porter，1991）认为正确设计且严格执行的环境规制政策能够引致创新从而抵消执行环境政策的成本（即所谓"创新抵消"），因此可以达至环境质量和生产率同时提高的双赢发展可能。基于此，笔者把所估算的工业环境全要素生产率（特别是重化工业行业生产率）的变化理解为执行节能减排、开发新能源、发展低碳技术等所有相关环境政策的综合经济效果，并把这种绿色全要素生产率的切实提高定义为绿色工业革命的发生。为了尝试从工业发展历史经验和节能减排政策的角度来解释环境全要素生产率的变化以及相应的绿色工业革命，本文绘制出改革开放期间工业全行业和轻重工业基于模型 4 所估算的绿色全要素生产率（MLPI）、生产效率（MLECH）和技术进步（MLTCH）的平均发展速度趋势图（见图 2）。① 图 2 不仅通过轻重工业的划分使得各行业绿色生产率变化的异质性特征一目了然，而且生产率及其分解的时变模型也一清二楚。从图 2 还可以看出，由于重工业的权重较大，全行业的指数变化趋势更多受重工业的模式影响。

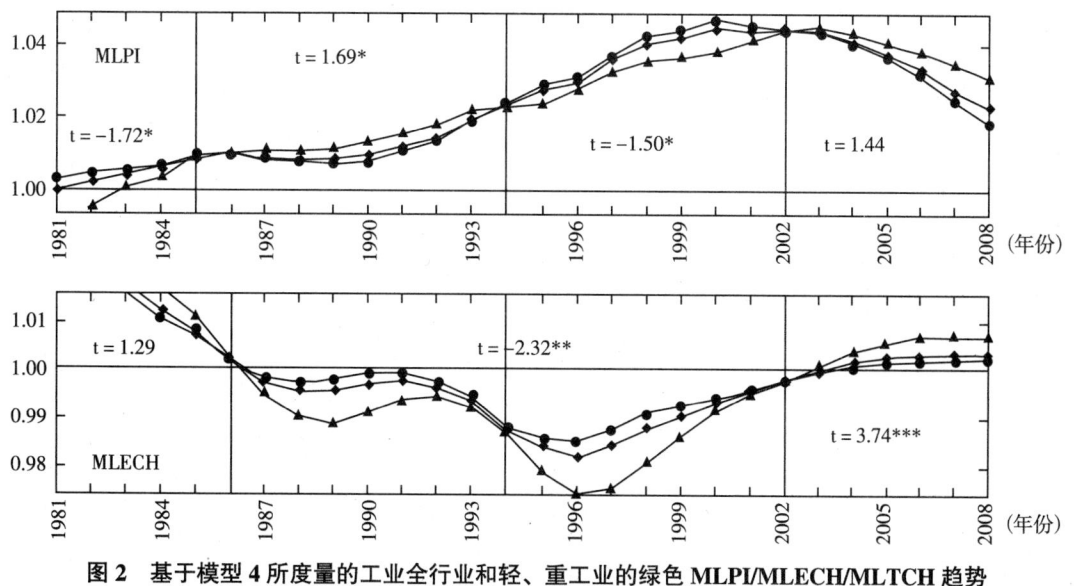

图 2 基于模型 4 所度量的工业全行业和轻、重工业的绿色 MLPI/MLECH/MLTCH 趋势

---

① 轻重工业的划分标准同表 1 一样，所有序列都是以各行业增加值份额为权重计算的加权平均算术平均数。

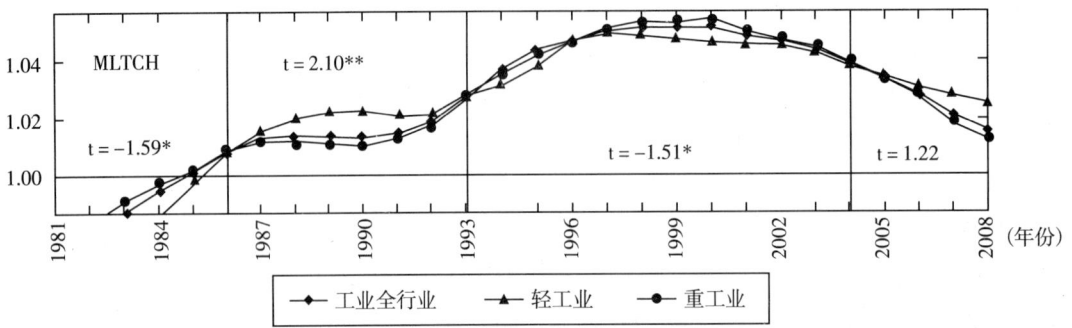

图 2　基于模型 4 所度量的工业全行业和轻、重工业的绿色 MLPI/MLECH/MLTCH 趋势（续）

由于共同的经济基本面因素几乎同时影响着所有而不是一部分工业行业的原因，轻重工业总体上都保持着与工业全行业相似的环境全要素生产率、生产效率和技术进步变动轨迹。即改革初期体现追赶效应的生产效率较高，但是代表创新能力的技术变化为负；然后技术进步持续较快增长，于本世纪初达到最高增长率 5.2%，对前沿技术吸收的追赶效应却消失，生产效率不断下降；21 世纪初以来，生产效率得到改善，技术进步却出现下降趋势。更多受技术变化而非生产效率的影响，中国工业的环境全要素生产率在 20 世纪 80 年代初期增长也很低，随后有一个较长时期的持续平稳提高，并于 21 世纪初达到最高 4.4% 的增长率，后转而一路下降，这与文献中对中国生产率所估计的变化模式基本一致（郭庆旺和贾俊雪，2005；Perkins & Rawski，2008；吴延瑞，2008；王小鲁等，2009；Zheng et al.，2009）。显然，在经历了 20 世纪 80 年代中前期的小幅增长和中后期的短暂停顿之后，从 20 世纪 90 年代初到 21 世纪初进入了绿色全要素生产率持续快速健康增长的时期，其产出贡献份额也在不断增加，特别是 20 世纪 90 年代后半程，绿色生产率增长最快并达到顶峰，充分说明中国确确实实发生了上述所定义的绿色工业革命，即改革以来中国所推行的节能减排政策在工业部门取得了积极的成果。然而，21 世纪以来，主要由于环境政策执行力度的下降以及工业再次急剧重型化，能耗和碳排放出现了图 1 所示的飙升局面，能源强度和碳强度的长期下降趋势亦转缓或出现回升，绿色全要素生产率在改革时期第一次出现下降局面，而且降幅不小，中国绿色工业革命的势头首次减弱，有违新型工业化的根本诉求。

进一步根据不同时期执行的节能减排政策来解释轻重工业生产率变化模式的差异。虽然从表 1 和表 4 可以得到轻工业生产率增长高于重工业的笼统结论，这似乎也与我们的直觉或者一些已有的研究相似（如 Wu，1995；Jefferson et al.，2000；李玉红等，2008；陈诗一，2009；张军等，2009），但是，如果按照图 2 进行跨期分析的话，这种结论并不必然。图 2 按照轻重工业表现的不同对趋势图进行了更具体的时期划分，该划分与表 3 中按照张军等（2009）标准进行的划分相似而不相同。图 2 并对轻工业相对于重工业的这种度量值差异是否在统计上显著进行了 t 检验。① 改革初期，即"六五"（1981~1985 年）期间，

---

① 各区间的 t 统计量在图上进行了标示，数值后的 *、**、*** 也分别代表在 10%、5% 和 1% 水平上显著。

虽然以乡镇企业为主体的轻工业开始蓬勃发展，轻工业的生产效率也高于重工业，但是这种优势并不显著，它的技术改善仍然显著慢于以国有工业为代表的重工业，重工业在该阶段的生产率增长还是高于轻工业。但是在接下来的"七五"和"八五"（1986~1995年）时期，工业发展战略从改革前重工业优先发展转为改革后轻重工业并重发展的优势开始得到显现，以乡镇企业、民营企业和外资企业为代表的非国有工业主要在轻工业的各个行业中得到了快速发展，非国有工业总产值比重也于 1993 年首次超过了国有工业，这也许可以解释图 2 所示的这段时期轻工业技术进步率和全要素生产率增长为什么显著优于重工业。当然为了缓解长期计划经济造成的能源短缺，国家在这个阶段对能源生产仍然采取了鼓励政策，如同这个时期的城市工业扩大企业自主权的改革一样，煤炭、石油、电力等重工业行业先后实行了以行业包干为特征的承包责任制改革，其中市场化最为彻底、竞争最为激烈的是煤炭产业，这也许是导致该时期重工业生产效率改善显著快于轻工业的主要原因。

20 世纪 80 年代鼓励能源生产的政策虽然缓解了中国的能源紧缺问题，但是小煤矿等的破坏性开采造成了煤炭资源的挥霍浪费和环境的严重污染，中国政府转而在整个 90 年代限制能源工业的发展。根据 1996 年、2001 年和 2007 年国务院批复的国家环境保护"九五"、"十五"和"十一五"计划以及 2006 年 6 月 5 日国务院新闻办公室发布的《中国的环境保护（1996~2005）》白皮书提供的资料，在工业污染防治方面，"九五"（1996~2000 年）期间，与国有企业抓大放小所有制改革相对应，中国政府第一次取缔、关停了 8.4 万家技术落后、高耗能、高污染的 15 种小型工业企业，使得以二氧化硫、化学需氧量为代表的 12 项主要污染物的排放总量比"八五"末期分别下降了 10%~15%。反映在表 4 所示的二氧化碳排放变化率上，相对于 1981~1995 年几乎全部为正的碳排放，"九五"期末 38 个样本行业中有 32 个行业二氧化碳排放下降了 5%~73% 不等。而"九五"期间工业增加值年均增长率却达到 12.7%，远高于"六五"至"八五"期间的 7.6%（1990 年可比价）。所以我们自然看到了图 1 所示的工业能耗和二氧化碳排放一改此前的上升趋势转而从 20 世纪 90 年代中期到 21 世纪初出现停顿甚至下降。而且从图 2 特别发现，在此期间重工业技术进步率明显超过了轻工业（t 统计量等于-1.51，在 5%的水平上显著），生产效率改善也仍然快于轻工业（t 值为-2132，高度显著），导致该阶段重工业的绿色全要素生产率增长也超过了轻工业，而且这种优势在 5%的统计水平上显著（t 统计量为-1150）。这个结论与大多数文献中轻工业生产率增长高于重工业的结论是不同的，① 这是本文的又一个主要发现，进一步展示了该期间的中国绿色工业革命风貌，显示出卓有成效的环境政策所产生的巨大经济成效。

为什么该期间节能减排政策会导致重工业生产率相对于轻工业更快提高呢？这些被关闭的小企业既涉及煤炭、电力、冶金、有色金属、石油化工和建材等重化工业行业，也包

---

① Zheng et al.（2003）的发现与此类似，在整个 20 世纪 80 年代，中国轻工业的生产率增长高于重工业，而从 90 年代初开始，重工业的生产率增长则高于轻工业了。

括轻工行业的小制浆厂、小制革厂、小酿造厂、小糖厂等。笔者计算发现,"九五"(1996~2000 年)期间如果二氧化碳排放减少 1 个百分点的话,轻工业和重化工业行业的劳动生产率将分别提高 0.05 万元/人和 2.20 万元/人(工业增加值为 1990 年可比价,下同),能源生产率将分别提高 0.02 万元/吨标准煤和 0.67 万元/吨标准煤,碳生产率将分别提高 0.04 万元/吨二氧化碳和 2.24 万元/吨二氧化碳。虽然这些单要素生产率与全要素生产率并不是一回事,但重工业单要素生产率相对于轻工业的更快提高,至少从一个侧面说明了该时期同样的二氧化碳减排力度更有助于改善重工业行业的微观效率,最终在宏观层面体现出重工业环境全要素生产率相对于轻工业改善更快的结果。但是,"九五"期间执行的卓有成效的节能减排政策并没有得到很好的坚持,上述同样来源的资料显示,"十五"(2001~2005 年)期间,国家虽然继续关停并转了 3.3 万多家污染严重的小企业,但是由于规模巨大的住和行所推动的消费结构升级和快速城市化极大地拉动了工业特别是重化工业行业的急剧膨胀,二氧化碳排放减少的行业由前期的 32 个锐减到"十五"期间的 9 个(见表 5),"十五"其他主要污染物减排指标也没有全部实现,比如工业二氧化硫排放量竟然比"九五"末还增加了 34.5%之多,该期间力图解决的一些深层次环境问题也没有取得突破性进展。表现在图 3 上,虽然体现追赶效应的生产效率又开始出现正增长,但是重工业增速显著低于轻工业,重工业技术进步率也没了前一阶段的起色,开始逐步小于轻工业,因此,重工业的环境全要素生产率增长转而也小于轻工业了,由此所带来的工业整体实际生产率首次恶化和绿色工业革命成效转而消退也就不奇怪了。① 表 4 也显示,21 世纪以来工业生产率平均增长式微,生产率贡献份额相比前一阶段大大降低了。当然,轻重工业间指数大小的逆转还不是根本性的,因为其差异并没有得到统计上的显著支持。可以想见,如果继续大力执行切实有效的环境政策的话,中国的绿色工业革命趋势应该依然可以持续,由此带来工业发展方式在一定时期内的根本转变也不是没有可能。

表 5 不同模型所测度的有效率行业变化

年 份	排放作为期望产出	排放作为非期望产出	年 份	排放作为期望产出	排放作为非期望产出
1980~1981	[ ]	[ ]	1994~1995	10, 33, 38	10, 33, 38
1981~1982	[ ]	[ ]	1995~1996	10, 33	10, 33
1982~1983	[ ]	[ ]	1996~1997	10, 33	10, 33
1883~1984	[ ]	[ ]	1997~1998	10, 19, 33	10, 33
1984~1985	32	32	1998~1999	10, 19, 33	10, 33
1985~1986	10, 32	10, 32	1999~2000	10, 19, 33	33
1986~1987	10, 32	10, 32	2000~2001	19, 33, 35	33
1987~1988	10	10	2001~2002	19, 33, 35	33

---

① Jeon & Sickles(2004)的跨国分析显示出与本文部分跨期分析相似的结论,芬兰、法国和瑞典等国家的二氧化碳减排政策引致了生产率的提高,而二氧化碳排放增加较快的国家如加拿大、日本、爱尔兰、意大利和西班牙的生产率增长率较低,即 TFP 与碳排放呈反方向变化。

续表

年 份	排放作为期望产出	排放作为非期望产出	年 份	排放作为期望产出	排放作为非期望产出
1988~1989	10	10, 12	2002~2003	19, 33, 35	33
1989~1990	10, 12	10, 12	2003~2004	10, 19, 33, 35	10, 33
1990~1991	10, 12	10, 12	2004~2005	10, 19, 33, 35	10, 33
1991~1992	12	10, 12	2005~2006	10, 19, 33, 35	10, 33
1992~1993	12, 33	12, 33	2006~2007	10, 19, 33, 35	10, 33
1993~1994	33	12, 33	2007~2008	10, 19, 33, 35	10, 33

注：根据本文两位数行业排序，行业10、12、19、32、33、35、38 依次为烟草加工业、服装业、石油加工及炼焦业、电气机械及器材制造业、计算机电子与通信设备制造业、电力热力生产和供应业和其他工业。[   ] 代表不存在有效率的行业。

参照 Fre et al.（2001）方法，本文也对那些技术进步显著或者说推动了生产技术前沿移动的创新型行业进行了识别。表5分别报告了基于模型3和模型4两种方法的两年跨期识别结果。按照模型4的最终识别结果，推动生产技术可能性边界移动的创新行业在早期主要是纺织服装业和电气机械及器材制造业，从1992~1993年开始，计算机、电子与通信设备制造业开始发挥持续不断的技术进步推动作用。从表1和表4已经知道，即使考虑了能耗和环境的制约因素，计算机、电子与通信设备制造业在所有的行业中产出、生产率、效率、技术进步的平均增长率都是最高的，其生产率对产出的贡献份额排名第二（达到44.48%），而且能源强度和碳排放强度最低，所有这些进一步说明了中国新型工业化必须由信息革命加绿色革命共同推进。而生产率增长贡献排名第一（47.67%）的烟草加工业除了少数几个年份外，一直在推动着中国工业的前沿技术进步。如果对比模型3和模型4的识别结果又会发现，不考虑污染排放的有害作用的话，石油加工及炼焦业和电力热力生产和供应业会被误看作有效率的单位，而有效率的单位诸如烟草加工业和纺织业却又会被漏掉，由此进一步显现环境因素在技术进步评估和创新单位识别中的重要作用。

五、结 论

本文对中国工业38个两位数行业从1980~2008年的绿色生产率指标及其分解进行了估算。本文第一个发现是，正确考虑了环境约束的DDF模型所估算的真实全要素生产率和技术进步率要比不考虑或者不正确考虑环境变量的估算值低很多，因此期待通过生产率的提高来实现工业发展方式的转变远没有不考虑资源和环境约束时那么乐观，通过合理的环境政策来推进工业实际生产率的持续改善就自然成为新型工业化的必由之路。本文第二个发现就是，改革以来中国政府推行的节能减排政策确实有效推动了绿色生产率的持续改善，特别是"九五"时期左右，与抓大放小的所有制改革相对应，中国关停并转了10多万家高能耗高排放的小企业，导致污染排放量历史上第一次急剧下降，这种卓有成效的环境政策把整个工业的真实生产率增长推向了一个前所未有的高位，而且重工业的全要素生产率、生产效率和技术进步率也首次全面超过了轻工业。这充分显示，伴随着改革开放，中国正在发生着新型工业化所必需的绿色工业革命，节能减排政策的这种绿色革命成效在20世纪90年代中期到21世纪初达到了最大。

然而，行之有效的节能减排政策并没能在"十五"期间得到继续有效的执行，中国工业再次出现重化工业化膨胀，刚刚出现起色的重工业生产率指标又落伍了，工业整体生产率首次恶化，令人欣喜的绿色工业革命进程似乎中断了，低碳趋势难以为继。当然这并没有得到统计上的显著支持。汇丰银行报告显示，在2008年底应对金融危机的4万亿元人民币总刺激投资中，中国投入绿色项目的资金占到了38%，仅次于韩国81%和欧盟59%的绿色投入深度，高于位于第六的美国（12%）；从绝对规模来看，中国的绿色投入更高居世界第一位，达到2210亿美元，是排在第二位的美国的两倍（Robins et al. 2009）。联合国环境规划署年度报告也指出，中国在2009年首次超过美国成为在可再生能源领域内投资最多的国家，投资额超过200亿美元。基于此可以预见，中国新一轮绿色工业革命为期不远，最终由绿色生产率所驱动的工业发展方式转变也指日可待。

参考文献

[1] 蔡昉、王德文、曲玥：《中国产业升级的大国雁阵模型分析》，《经济研究》2009年第9期。

[2] 陈诗一：《能源消耗、二氧化碳排放与中国工业的可持续发展》，《经济研究》2009年第4期。

[3] 陈诗一：《节能减排与中国工业的双赢发展：2009~2049年》，《经济研究》2010年第3期。

[4] 郭庆旺、贾俊雪：《中国全要素生产率的估算：1979~2004年》，《经济研究》2005年第6期。

[5] 胡鞍钢、郑京海等：《考虑环境因素的省级技术效率排名》，《经济学（季刊）》2008年第7卷第3期。

[6] 胡永泰：《中国全要素生产率：来自农业部门劳动力再配置的首要作用》，《经济研究》1998年第3期。

[7] 黄勇峰、任若恩：《中美两国制造业全要素生产率比较研究》，《经济学（季刊）》2002年第2卷第1期。

[8] 李玉红、王皓、郑玉歆：《企业演化：中国工业生产率增长的重要途径》，《经济研究》2008年第6期。

[9] 李小平、卢现祥、朱钟棣：《国际贸易、技术进步和中国工业行业的生产率增长》，《经济学（季刊）》2008年第7卷第2期。

[10] 刘伟、张辉：《中国经济增长中的产业结构变迁和技术进步》，《经济研究》2008年第11期。

[11] 刘小玄、吴延兵：《企业生产率增长及来源：创新还是需求拉动》，《经济研究》2009年第7期。

[12] 涂正革、肖耿：《中国的工业生产力革命——用随机前沿生产模型对中国大中型工业企业全要素生产率增长的分解及分析》，《经济研究》2005年第3期。

[13] 涂正革：《环境、资源与工业增长的协调性》，《经济研究》2008年第2期。

[14] 涂正革、肖耿：《环境约束下的中国工业增长模式研究》，《世界经济》2009年第11期。

[15] 王兵、吴延瑞、颜鹏飞：《中国区域环境效率与环境全要素生产率增长》，《经济研究》2010年第5期。

[16] 王小鲁:《农村工业化对经济增长的贡献》,载王小鲁、樊纲主编:《中国经济增长的可持续性(跨世纪的回顾与展望)》,经济科学出版社,2000年。

[17] 王小鲁、樊纲、刘鹏:《中国经济增长方式转换和增长可持续性》,《经济研究》2009年第1期。

[18] 吴延瑞:《生产率对中国经济增长的贡献:新的估计》,《经济学(季刊)》2008年第7卷第3期。

[19] 张军、陈诗一、Gary H. Jefferson:《结构改革与中国工业增长》,《经济研究》2009年第7期。

[20] 张军、施少华、陈诗一:《中国的工业改革与效率变化——方法、数据、文献和现有的结果》,《经济学(季刊)》2003年第3卷第4期。

[21] 郑京海、胡鞍钢:《中国改革时期省际生产率增长变化的实证分析(1979~2001年)》,《经济学(季刊)》2005年第4卷第2期。

[22] 中国能源和碳排放研究课题组:《2050中国能源和碳排放报告》,科学出版社,2009年。

[23] Borensztein, E. and Ostry, J. D., "Accounting for China's Growth Performance". American Economic Review, 1996, 86: 224–228.

[24] Bosworth Barry and Susan M. Collins, "Accounting for Growth: Comparing China and India". Journal of Economic Perspectives, 2008, 22 (1): 45–66.

[25] Boyd Gale A., George Tolley and Joseph Pang. "Plant Level Productivity, Efficiency, and Environmental Performance of the Container Glass Industry", Environmental and Resource Economics 23, 2002, 29–43.

[26] Chambers R., Y.H. Chung and R. Fre. "Benefit and Distance Function". Journal of Economic Theory 70, 1996, 407–419.

[27] Chen Kuan, Wang Hongchang, Zheng Yuxin, Gary H. Jefferson, Thomas G. Rawski. "Productivity Change in Chinese Industry: 1953–1985". Journal of Comparative Economics, Volume 12, Issue 4, December, 1988, 570–591.

[28] Chow, Gregory C.. "Capital Formation and Economic Growth in China". Quarterly Journal of Economics, 1993, 108, 3: 809–842.

[29] Chow Gregory, An-loh Lin. "Accounting for Economic Growth in Taiwan and Mainland China: A Comparative Analysis". Journal of Comparative Economics, Volume 30, Issue 3, 2002, Pages 507–530.

[30] Chung Y.H., Fre R., Grosskopf S.. "Productivity and Undesirable Outputs: A Directional Distance Function Approach", Journal of Environmental Management 51, 1997, 229–240.

[31] Collins Susan M. and Barry P. Bosworth. "Economic Growth in East Asia: Accumulation versus Assimilation". Brookings Papers on Economic Activity, 1996, 2: 135–203.

[32] Fre, R., E. Grifell_Tatje, S. Grosskopf and C. A. K. Lovell. "Biased Technical Change and the Malmquist Productivity Index". Scandinavian Journal of Economics 99, 1997, pp. 119–127.

[33] Fre, R., S. Grosskopf and Jr. C. A. Pasurka. "Accounting for Air Pollution Emissions in Measures of State Manufacturing Productivity Growth". Journal of Regional Science 41, 2001 (3): 381–409.

[34] Fre, Rolf, S. Grosskopf, M. Norris and Z. Zhang. "Productivity Growth, Technical Progress and Efficiency Change in Industrialized Countries". American Economic Review, 1994, 84: 66–83.

[35] Fisher-Vanden Karen and Gary H. Jefferson. "Technology Diversity and Development: Evidence from China's Industrial Enterprises". Journal of Comparative Economics, 2008, 36 (4): 658–672.

[36] Fisher-Vanden Karen, Gary H. Jefferson, Hongmei Liu, Quan Tao: "What is driving China's Decline in Energy Intensity?", Resource and Energy Economics, 2004, 26: 77–97.

[37] Fisher-Vanden Karen, Gary H. Jefferson, Ma Jingkui, Xu Jianyi, "Technology Development and

Energy Productivity in China". Energy Economics, 2006, 28: 690-705.

[38] Hailu A., Veeman T. S., "Environmentally Sensitive Productivity Analysis of the Canadian Pulp and Paper Industry, 1959-1994: An Input Distance Function Approach". Journal of Environmental Economics and Management, 2000, 40: 251-274.

[39] Holz C. A. "Measuring Chinese Productivity Growth, 1952-2005". Mimeo Social Science Division, Hong Kong University of Science and Technology, 2006.

[40] Jefferson Gary H., Thomas G. Rawski, Wang Li, Zheng Yuxin, "Ownership, Productivity Change, and Financial Performance in Chinese Industry". Journal of Comparative Economics, Volume 28, Issue. 2000, 4: 786-813.

[41] Jefferson Gary H., Thomas G. Rawski, Yifan Zhang. "Productivity Growth and Convergence across China's Industrial Economy". Journal of Chinese Economic and Business Studies, Volume 6, Issue 2, 2008: 121-140.

[42] Jeon Byung M. and Robin C. Sickles. "The Role of Environmental Factors in Growth Accounting". Journal of Applied Econometrics, Volume 19, Issue 5, 2004: 567-591.

[43] Jorgenson, Dale W. and Kevin J. Stiroh. "U. S. Economic Growth at the Industry Level". American Economic Review, May (Papers and Proceedings), 2000, 90 (2): 161-167.

[44] Kim Jong-II and Lawrence Lau. "The Sources of Economic Growth of the East Asian Newly Industrialized Countries". Journal of Japanese and International Economies, 1994, 8 (3): 235-271.

[45] Krugman Paul. "The Myth of Asia's Miracle". Foreign Affairs, 1994, 73 (6): 62-78.

[46] Kumar Surender."Environmentally Sensitive Productivity Growth: A Global Analysis Using Malmquist-Luenberger Index". Ecological Economics, Volume 56, Issue 2, 2006, 280-293.

[47] Lin, J. Y.. "Rural Reforms and Agricultural Growth in China". American Economic Review, 1992, 82: 34-51.

[48] Managi Shunsuke. "Are There Increasing Returns to Pollution Abatement? Empirical Analytics of the Environmental Kuznets Curve in Pesticides". Ecological Economics, 2006, 58 (3): 617-636.

[49] Mukherjee Anit and Xiaobo Zhang. "Rural Industrialization in China and India: Role of Policies and Institutions". World Development, 2007, 35 (10): 1621-1634.

[50] Nanere Marthin, Iain Fraser, Ali Quazi, Clare D. Souza. "Environmentally Adjusted Productivity Measurement: An Australian Case Study". Journal of Environmental Management, Volume 85, Issue 2, 2007, Pages 350-362.

[51] Perkins Dwight H.. "Reforming China's Economic System". Journal of Economic Literature, 1988, 26 (2): 601-645.

[52] Perkins Dwight H. and Thomas G. Rawski. "Forecasting China's Economic Growth over the Next Two Decades". Chapter 20 in Loren Brandt and Thomas G. Rawski, eds., China's Great Economic Transformation. Cambridge and New York: Cambridge University Press, 2008.

[53] Porter Michael E.. "America's Green Strategy". Scientific American 1991, 264 (4): 168.

[54] Robins N, R. Clover andC. Singh. "A Climate for Recovery: the Color of Stimulus Goes Green". HSBC Global Research 25 February 2009 issue, 2009, 1-45.

[55] Solow, Robert M. "Technical Change and the Aggregate Production Function". Review of Economics and Statistics, 1957, 39: 312-320.

[56] Watanabe M. and K. Tanaka. "Efficiency Analysis of Chinese Industry: a Directional Distance Function Approach". Energy Policy, 2007, 35 (12): 6323-6331.

[57] WuYanrui. "Productivity Growth, Technological Progress, and Technical Efficiency Change in China: A Three-Sector Analysis". Journal of Comparative Economics, Volume 21, Issue 2, October, 1995, 207-229.

[58] Young Alwyn. "The Tyranny of Numbers: Confronting the Statistical Realities of the East Asian Growth Experience". Quarterly Journal of Economics, 1995, 110: pp. 641-680.

[59] Young Alwyn. "Gold into Base Metals: Productivity Growth in the People's Republic of China during the Reform Period". Journal of Political Economy, 2003, 111 (1): pp. 1220-1261.

[60] Zheng Jinghai, Arne Bigsten, Angang Hu. "Can China's Growth be Sustained? A Productivity Perspective". World Development, Volume 37, Issue 4, April. 2009: 874-888.

[61] Zheng Jinghai, Xiaoxuan Liu and Arne Bigsten. "Efficiency, Technical Progress, and Best Practice in Chinese State Enterprises (1980-1994)". Journal of Comparative Economics, 2003: 31: 134-152.

[62] Zhou P., B. W. Ang and K. L. Poh, "A Survey of Data Envelopment Analysis in Energy and Environmental Studies". Journal of Operational Research, 2008, 189 (1): 1-18.

Green Industrial Revolution in China: A Perspective from the Change of Environmental Total Factor Productivity

Chen Shiyi

(Fudan University)

Abstract: This paper employs directional distance function to estimate environmental total factor productivity and its decomposition in Chinese industry between 1980 and 2008. The results reveal that the restriction of energy and emission hinders the improvement of productvitity and then calls for the implementation of strict but appropriate environmental policies. What the most important finding is that the environmental regulations implemented in China since the reform did substantially improve the real industrial productivity, especially between 1996 and 2002. We refer to this as green industrial revolution, necessary for productivity promotion, transformation of growth mode and Chinese industrialization.

Key Words: Green Industrial Revolution; Directional Distance Function; Environmental Total Factor Productivity

中国造林行动的就业效应分析*

柯水发 李 周 郑 艳 张 莹

【摘 要】 本文首先介绍了中国应对气候变化的林业行动框架、中国造林状况、造林就业特点以及一些造林就业实践,并基于造林用工量标准和投入产出法对造林及其后续管护活动的直接、间接和引致就业效应进行了测算,最后提出促进中国造林行动和农村林业就业的几点建议。研究表明,应对气候变化的造林行动能够创造出大量的绿色就业岗位,2005~2008年、2009~2020年累计可创造的植树造林短期标准直接就业岗位数(若植树造林以每人每年工作300天为基准)分别约为577万个和183万个;新增长期森林资源管护就业岗位数量为8.93万个~11.16万个和7.76万个~9.7万个;造林带来的间接和引致就业效应也较为可观。

【关键词】 气候变化;中国造林;就业;投入产出法

当前,经济衰退背景下的就业问题和气候变化背景下的林业可持续发展备受世人瞩目。受全球气候变化的影响,人们更加关注林业在应对气候变化中的作用。全球气候变化的压力可以成为林业长足发展的动力,控制或减排温室气体的阻力可以转换为植树造林和环境保护的推力。目前,国际上已经兴起了新的林业发展方向——固碳林业(Carbon Forestry)(刘世荣,2005)。同时受全球经济衰退影响,城里的失业农民工出现返乡潮,给原本已经过剩的农村剩余劳动力市场带来了新的压力。在此双重背景下,造林不仅有利于环境改善以更好地应对气候变化,同时也为农村剩余劳动力的转移就业和缓解就业压力提供了一个新的解决路径。

文献分析表明,一些学者已在林业就业方面开展了一些相关研究,如潘晨光、王翠槐(1999)、王志新(1999)、秦颖(1999)等就林业系统再就业存在的问题及对策进行了研究;罗丹杰(2005)、魏晓慧(2005)、吴友亮(2002)等就林业院校毕业生的就业问题进行了研究;杨素华(2007)较为系统地就新时期林业新定位下的林业人才就业的相关问题

---

* 本文选自《农业经济问题》(月刊) 2010年第3期。项目来源:中国社会科学院与国际劳工组织合作项目"低碳发展与就业影响研究"资助。
作者单位:柯水发:中国社会科学院农村发展研究所,北京:100732;北京林业大学经济管理学院,北京:100083;李周:中国社会科学院农村发展研究所,北京:100732;郑艳,张莹:中国社会科学院城市发展与环境中心,北京:100732。

进行了研究和分析;封加平(2002)就林业发展所带来的林业就业潜力进行了分析。然而,将气候变化背景下的造林行动与就业关联起来进行研究的成果尚不多见。因此,本文拟从中国的造林行动入手,基于经验数据和投入产出法测算造林的直接、间接与引致就业潜力,进而探讨中国的造林行动及其就业效应。

一、中国应对气候变化的造林行动与就业

(一)中国应对气候变化的造林行动

森林是陆地生态系统的主体,是陆地最大的碳贮库和最经济的吸碳器。林业活动已经成为各国致力温室气体减限排的最经济和最有效的措施之一。林业应对气候变化的行动框架主要包括:①林业碳增汇行动,是以充分发挥森林的碳汇功能、降低大气中二氧化碳浓度、减缓气候变暖为主要目的的林业活动。碳增汇活动包括造林、再造林、退化生态系统恢复、建立农林复合系统、加强森林可持续管理,以提高林地生产力等能够增加陆地植被和土壤碳贮量的措施。②林业碳贮存行动,即保护和维持现有的森林生态系统中贮存的碳,减少其向大气中的排放;通过森林可持续经营,采用一系列的碳管理措施,减少碳排放、增加碳汇,获取最大的固碳收益,主要措施包括加强现有生态系统的保护、减少毁林、改进采伐作业措施、提高木材利用效率,以及更有效的森林灾害(林火、病虫害)控制。③林业碳替代行动,即通过发展新兴低碳产业替代传统高碳林业产业,发展耐用木质林产品替代能源密集型材料,利用可更新的木质燃料(如能源人工林)和采伐剩余物回收利用作燃料。在应对气候变化的上述行动框架中,最主要的林业行动就是大规模的造林活动。据估计,2000~2050 年全球最大碳汇潜力为每年 15.3 亿~24.7 亿吨碳,其中造林约占 28%,再造林约占 14%(江泽慧,2003)。与工业直接减排相比,森林固碳投资少、代价低、综合效益大,更加具有经济可行性和现实操作性(刘羊旸等,2009)。国际社会越来越重视利用森林固碳实现间接减排。

为了促进生态环境建设,应对全球变暖,中国积极开展造林和再造林活动。1980 年以来,中国先后实施了十大林业重点工程,规划范围覆盖了全国 97%以上的县,规划造林任务超过 734 万公顷,植树造林取得了巨大成绩。第七次全国森林资源清查(2004~2008年)结果显示,全国森林面积 1.95 亿公顷,森林覆盖率 20.36%,活立木总蓄积 149.13 亿立方米,森林蓄积 137.21 亿立方米;天然林面积 1.2 亿公顷,天然林蓄积 114.02 亿立方米;人工林保存面积 0.62 亿公顷,蓄积 19.61 亿立方米,人工林面积继续保持世界首位。另据笔者统计,1949~2007 年累计完成造林总面积为 25819.07 万公顷。在六大工程的带动下,林业建设呈现出蓬勃发展的态势,对减缓气候变化做出了积极且显著的贡献。《中国应对气候变化国家方案》(2007)指出,1980~2005 年中国造林活动累计净吸收约 30.6 亿吨

二氧化碳。中国国家主席胡锦涛于 2009 年 9 月 22 日在联合国气候变化峰会开幕式上发表了题为《携手应对气候变化挑战》的重要讲话提出"大力增加森林碳汇,争取到 2020 年森林面积比 2005 年增加 4000 万公顷,森林蓄积量比 2005 年增加 13 亿立方米"。可见,林业行动特别是造林行动将在应对气候变化方面持续发挥重要作用。

(二) 造林就业特点及实践例证

(1) 造林就业特点。中国造林就业具有如下明显的特点:①劳动密集性,造林活动的农村劳动力吸纳能力强;②绿色性,造林活动是典型的有利于环境优化的碳增汇活动,对于低碳发展具有显著的贡献;③季节性,春季是植树造林的最佳季节,因此对于就业的影响多为短期效应;④关联性,造林与前向和后向活动关联密切,因此造林的就业效应不仅包括植树造林带动的短期直接就业,也包括造林产业链相关行业的间接就业。造林主要流程包括:编制造林作业设计、林地清理、整地、苗木准备、栽植及抚育等。造林活动的产业链可向前和向后延伸至种苗培育、销售运输、林木抚育管理、林木采运加工、林产品销售、消费及科技服务等,其延伸的产业链条也可促进农村的非农就业。由此可见,造林对于劳动力直接和间接就业具有积极意义。

(2) 造林促进就业的实践例证。放眼世界,美国历史上著名的 1935~1942 年"大草原各州林业工程"(通常称为"防护林带工程")也是一个生动的例证。F. D. 罗斯福(Franklin Delano Roosevelt)自始至终主持了这项工程的决策,所以又称"罗斯福防护林工程"。在 8 年期间共有近 300 万青年参加了森林护卫队。他们在军官和农林机构的指导下,为全国增加了 1700 万英亩林地,防止了许多场森林火灾。这一工程不仅缓解了当时经济严重萧条背景下的就业压力,同时也促进了美国大草原各州生态环境修复和改善。这一实践证实了林业发展巨大的就业吸收和生态累积潜力。

在中国,据 2009 年 2 月 24 日《人民日报》报道,江西省在外省务工人员 680 余万人,受全球金融危机影响回乡的近 120 万人,造林绿化工程为返乡人员创业提供了新的机遇。据统计,全省约有 1.8 万余造林大户是返乡人员,承包造林面积近 100 万亩,投入资金 6000 余万元;近 13 万返乡人员参与到整地、栽植等工程建设中,实现了家门口就业。据重庆市统计,从 2008 年 8 月该市森林工程全面启动至 2009 年 2 月 25 日,全市共有 228 万农民工参与"森林重庆"建设,投入工日 1185 万个,务工总收入 6.88 亿元,其中返乡农民工 45 万人,投入工日 275 万个,收入 9700 多万元。另据中国新闻网 2009 年 1 月 12 日报道,2009 年中国打算造林 8220 万亩,义务植树 25 亿棵,实现林业总产值 14000 亿元,为实现到 2010 年森林覆盖率达到 20% 的目标奠定基础。

实践证明,林业在中国是劳动密集型产业,吸引更多的农村剩余劳动力参与造林和经营林业不仅可以增加森林生态资源储备,获得一定的经济效益,而且还能安置大量人员就业,可以创造巨大的生态效益和社会效益。

二、中国造林行动的直接、间接和引致就业效应分析

(一) 造林行动的直接就业效应分析

根据国家林业局2008年发布的《防护林造林工程投资估算指标》中的造林用工定额标准，以一般山区，壤土和砂壤土、穴（块）状整地，初植密度为每公顷2500株（穴），整地规格40cm×40cm×30cm为基准，造林（林地清理+整地+苗木栽植+抚育，不包括日常管护）每公顷用工量为71~136个工日，平均为103.5个工日。因此，利用式（1）可以测算出2005~2008年历年中国造林用工量（见表1）。经测算可得，中国造林活动累计增加的短期就业为17.33亿个工日。如果以300工日/年作为一个标准就业岗位进行测算，则可累计增加577.49万人的短期就业。可见，造林行动的就业拉动效应非常可观。

表1 2000~2007年造林用工量核算

时 期	造林总面积（千公顷）	用工量（万工日）
2000	5105.14	52838
2001	4953.04	51264
2002	7770.97	80430
2003	9118.89	94381
2004	5598.08	57940
2005	3637.68	37650
2006	3838.79	39731
2007	3907.71	40445
2008	5354.77	55421
2003~2008	31455.92	325568
2005~2008	16738.95	173247

造林总用工量（L_d）= 单位造林面积用工量 × 年造林面积 　　　　　（1）

根据国家林业局2006年编制的《林业发展"十一五"和中长期规划》，我国林业发展的近期、中期和长期目标为：2010年森林覆盖率达到20%以上；2020年森林覆盖率达到23%以上；2050年森林覆盖率达到并稳定在26%以上。据此可推算为达到预期森林覆盖率目标所需增加的造林面积，为方便测算，假设造林保存率为100%，则新增的森林面积即为新增造林面积。未来随着技术进步和林业经营管理水平的提高，林业劳动生产率会随之提高，所需用工量将减少。在中国历年造林活动平均每公顷用工量的基础上，假设平均劳动生产率提高率为20.14%，则劳动生产率提高后的用工量修正系数为79.86%。利用式（2）估算未来造林活动带动的年新增就业岗位数（见表2）。

表 2 中国森林碳汇潜力及新增就业潜力

时　　期	森林覆盖率(%)	森林面积(亿公顷)	森林碳贮量(亿吨碳)	新增造林面积(千公顷)	新增造林用工量(百万工日)	新增就业岗位数(百万人)
2003	18.20	1.75	144.3	—		
2003~2010	20	1.92	158.5	17192.8	1779.45	4.74
2003~2020	23	2.21	182.3	46008.1	4761.84	12.68
2003~2050	26	2.5	206	74823.4	7744.22	20.62
2005~2008				16739.0	1732.47	5.77
2003~2008				31455.9	3255.68	10.85
2009~2020				14552.2	1506.16	1.83
2021~2050				28815.3	2982.38	7.94

注：1. 根据如下相关文献成果：王雪红（2003）、李顺龙（2005）、林德荣（2005）、李怒云（2007）、张坤（2007），可得出如下森林碳储量的测算公式：（1）林木生物量碳储量（C1）＝森林蓄积×扩大系数（1.9）×容积系数（0.5）×含碳率（0.5）＝0.475×森林蓄积；（2）森林全部碳储量（C2）＝林木生物量碳储量+林下植物固碳量+林地固碳量＝2.439×0.475×森林蓄积。2. 新增造林直接就业岗位数按每年每人工作 300 工日折算。

新增直接就业岗位数（E_D）＝［新增造林用工量（工日）/300（工日/人）］×79.86%　　（2）

（二）造林行动的间接与引致就业效应分析

间接就业指的是在生产过程中，其他行业通过向该行业提供生产要素的中间投入而带来的就业；引致就业是指在第一轮生产扩张后，随着产业链影响的逐渐扩大所带来的全部就业总数。由于造林活动在投入产出表中应隶属于"农业"部门下的"林业"子部门，根据 2005 年的投入产出表和《2006 年中国劳动统计年鉴》中所提供的分行业就业数据，利用投入产出法，基于如下公式（3）、式（4）和式（5）可以计算出农业行业的劳动力系数以及间接与引致就业系数分别为：0.0113、0.0059、0.0106。

$$L_i = M_i / X_i \tag{3}$$

其中，L_i 为第 i 行业的劳动力系数；X_i 表示 i 行业的总产出水平；产出乘数 M_i 表示的是当 i 行业增加 1 个单位的最终需求时将拉动国民经济各行业产出增加的总和。

$$I_i = L_1 a_{1i} + L_2 a_{2i} + K + L_n a_{ni} \tag{4}$$

其中，I_i 为间接就业影响系数；a_{ni} 为直接消耗系数，该系数表明在生产经营活动过程中第 i 种产品（或行业）的部门总产出直接消耗的第 n 产品部门货物或服务的价值量。

$$K_i = L_1 b_{1i} + L_2 b_{2i} + KL_j b_{ji} + K + L_n b_{ni} - I_i \tag{5}$$

其中，K_i 为引致就业影响系数；b_{ni} 为完全消耗系数，是指第 i 种产品（或行业）每提供 1 个单位最终使用时，对第 n 个产品（或行业）部门货物或服务的直接消耗和间接消耗之和。

利用上述系数可算出造林活动给经济整体所带来的间接与引致就业岗位数（见表3）。

表3 新增造林活动的间接就业与引致就业

单位：百万人

时　期	间接就业岗位数	引致就业岗位数
2005~2008	3.003	5.413
2009~2020	0.952	1.717
2021~2050	4.132	7.449

（三）造林后续管护行动的直接、间接和引致就业效应分析

除了每年造林季节带动的短期新增就业之外，造林的后续管理维护活动还能增加一些长期就业岗位。根据2010年、2020年和2050年的预测新增造林面积，基于《防护林造林工程投资估算指标》中的森林管护标准定额，"以一般山区、林地相对集中连片交通条件较好的地段为基准，每人每年管护150公顷"核算，可以估算未来新增的长期管护就业岗位数（见表4）。

表4 新增长期管护岗位的直接、间接和引致就业

单位：千公顷，千人

时　期	新增造林面积	新增长期管护岗位数	间接就业机会	引致就业机会
2005~2008	16738.95	89.27~111.59	11.88~14.85	17.02~21.28
2009~2020	14552.18	77.61~97.01	10.33~12.91	14.80~18.50
2021~2050	28815.3	153.68~192.10	20.45~25.56	29.31~36.63

注：长期管护岗位给出了一个预测范围，最大值是基于现有劳动生产率水平的预测值，最小值是基于劳动生产率和技术水平提高后的预测值。

根据《防护林造林工程投资估算指标》，我国防护林管护费用标准为48元/公顷，由于林业管护隶属于投入产出表部门中的水利、环境与公共设施管理业，该行业的劳动力系数以及间接和引致就业系数分别为0.0944、0.0126和0.018，由此可以估算出用于林业管护投资除了所带来的直接就业机会之外，还将具有表4所示的间接就业和引致就业效应。

通过上述测算可知，中国造林行动的直接、间接和引致就业效果明显。

三、结论及政策建议

林业通过碳增汇、碳储存和碳替代三种主要途径和系列行动，为减缓和适应全球气候变化做出了积极的巨大贡献。研究可知，应对气候变化的造林行动能够为农村剩余劳动力创造出大量的绿色就业岗位，对于应对全球气候变化、缓解金融危机背景下的就业难题具有重要的战略意义。

综合前文研究结果表明，2005~2008年、2009~2020年累计可创造的植树造林短期标准直接就业岗位数（若植树造林以每人每年工作300天为基准）分别约为577万个和183万个，新增长期森林资源管护就业岗位数量为8.93万~11.16万个和7.76万~9.7万个。2005~2008年，造林活动的间接和引致就业人数为841.6万人，造林后续管护活动间接和引致就业效应为2.89万~3.61万人；2009~2020年，造林活动的间接和引致就业人数为266.9万人，造林后续管护活动间接和引致就业效应为2.51万~3.14万人。

为了更好地促进中国造林行动，激励林业发展，创造出更多的绿色工作岗位，本研究提出如下政策建议：①大力鼓励和扶持林业发展，持续开展造林活动，创造更多的林业就业机会。当前中国林业还存在较大的发展空间，国家可以出台相关的激励和扶持政策，大力加快林业的发展，可以创造出更多的环境友好型绿色工作机会，一方面继续为适应和减缓全球气候变暖做出持续的贡献，另一方面也有助于减轻就业压力。②协调处理好政府调控和市场配置的关系。实行分类经营，创新林业投融资市场，引入社会资本，促进农村林业的大发展。如在碳汇造林方面，除了政府公共财政投入开展造林之外，还应积极建立和完善林业碳汇市场，优化碳排放权交易体系，充分运用市场杠杆的配置作用，实现潜在的碳汇市场价值，大力推进碳汇林业发展，促进碳汇林业领域就业。③完善各项社会保障体系，如劳动力林业技术培训体系、林业科技信息服务体系、林产品市场服务体系等，培育和提升劳动力参与造林、护林和从事林产品生产的能力与素质，促进林业就业市场的繁荣、稳定与发展。

参考文献

[1] 封加平. 解决我国就业问题的一项战略选择——试论林业的就业潜力. 林业经济，2002（10）：32-34.

[2] 国家发展和改革委员会组织编制. 中国应对气候变化国家方案，2007.

[3] 国家林业局. 林业发展"十一五"和中长期规划，2006.

[4] 国家林业局编. 2007中国林业统计年鉴. 中国林业出版社，2008.

[5] 国家林业局发布. 防护林造林工程投资估算指标：试行. 中国林业出版社，2008.

[6] 国家统计局和就业统计司，劳动和社会保障部规划财务司主编. 中国劳动统计年鉴. 中国统计出版社，2006.

[7] 胡锦涛. 携手应对气候变化挑战——在联合国气候变化峰会开幕式上的讲话. 人民日报，2009-09-23.

[8] 江泽慧. 气候变化与我国林业生态建设. 气候变化与生态环境研讨会论文集，2003.

[9] 李怒云. 中国林业碳汇. 中国林业出版社，2007.

[10] 李顺龙. 森林碳汇经济问题研究. 东北林业大学博士论文，2005.

[11] 林德荣. 森林碳汇服务市场化研究. 中国林科院博士论文，2005.

[12] 刘世荣. 固碳林业与碳贸易. http：//www.China-esc.org.cn/newsasp? id=431.2009-09-08.

[13] 刘羊旸，张辛欣. 应对气候变化林业在行动——访国家林业局局长贾治邦. 中国绿色时报，2009-12-07.

[14] 罗丹杰. 林业院校女大学生就业困难的原因及对策. 中国大学生就业，2005（2）：60.

[15] 潘晨光. 我国林业行业再就业的途径与对策. 中国农村经济, 1999（1）: 28-31.
[16] 秦颖, 田雨莹. 林业系统再就业存在的问题与对策. 林业机械与木工设备, 1999, 27（10）: 27.
[17] 王雪红. 林业碳汇项目及其在中国发展潜力浅析. 世界林业研究, 2003（8）: 7-12.
[18] 王志新. 林业再就业的潜力在山——吉林省通过实施森林资源综合开发安置职工再就业的启示. 吉林政报, 1999（4）: 45-46.
[19] 魏晓慧. 影响林业院校研究生就业因素的分析与对策. 中国林业教育, 2005（1）: 48-50.
[20] 吴友亮. 浅析林业院校毕业生就业问题. 湖南林业, 2002（4）: 14.
[21] 杨素华. 林业新定位下的林业高校就业问题研究. 东北林业大学博士论文, 2007.
[22] 张坤. 森林碳汇计量和核查方法研究. 北京林业大学硕士论文, 2007.

Analysis on the Effect of Employment from the Afforestation Action in China

Ke Shuifa   Li Zhou   Zheng Yan   Zhang Ying

Abstract: The paper firstly introduces the framework of forestry actions to tackle the climate change, the status and mechanism of afforestation in China, and some practices to show the effect on employment by afforestation; Then further calculate the direct, indirect and induced employment created by afforest and the following forestm anagement on the basis of the labor input standard and the input_output method; finally, it comes up with some suggestions to encourage the afforestation and employment the research results show that, the afforestation action to tackle climate change can create vast quantities of green jobs; from 2005 to 2008 and from 2009 to 2020, the total number of short-term standard direct employment created by afforestation are approximately 5.77 and 1.83 million respectively, the number of new jobs for forest resources management is 89.3-111.6 and 77.6-97 thousand respectively; Meanwhile, the effect of afforestation on indirect and induced employment is also significan.

Key Words: Climate Change; Afforestation in China; Employment; Input_output Method

基于净初级生产力的中国各地生态足迹均衡因子测算*

刘某承 李文华

【摘　要】 生态足迹作为一种非货币化的生态系统评估工具，是近年来国际上一种重要的判别可持续发展程度的生物物理量方法。均衡因子是生态足迹计算中的一个重要参数，其是否准确直接影响到计算结果的可靠性与可比性。随着生态足迹方法的广泛应用，其标准化和本地化研究成为迫切的需要。为便于区域水平上的生态足迹空间分析，采用中国2001年1千米MODIS数据，根据植被的净初级生产力（Net Primary Production，NPP），计算出全国和不同省份各种土地类型的均衡因子。结果表明，就中国平均均衡因子而言，农地和建筑用地为1.71，林地和能源用地为1.41，畜牧地为0.44，渔业水域为0.35；就不同省份而言，由于区域内不同土地利用类型的相对生产能力不同，因而均衡因子各不相同，但大体上呈现"农地＞林地＞畜牧地＞渔业水域"的规律。

【关键词】 生态足迹；均衡因子；净初级生产力（NPP）；中国

随着人口膨胀和经济增长，工业化和城市化进程在推动人类文明和社会经济发展的同时，也恶化了人与自然生态系统的关系。不断加剧的人地矛盾要求建立一系列重要指标来科学、客观地评估区域经济增长的可持续性，以便做出科学的决策和行动。[1] 生态足迹核算方法作为一种非货币化的生态系统评估工具，是近年来国际上一种重要的判别可持续发展程度的生物物理方法。[2-3] 它把生物生产性空间作为地球生态系统可更新能力的代名词，来度量进出社会经济系统的物能流，以刻画人类社会与自然之间的依存与支持关系。[4] 自1999年生态足迹方法引入国内以来，[5-8] 我国不少学者利用生态足迹模型就不同地区空间开展了大量基于土地供需的生态系统评估研究。在原有基本模型的基础上，不断发展、完善足迹核算方法，推动了时间序列生态足迹模型[9-11]、投入产出足迹模型[12-13]、成分法足迹模型[14-15] 等的形成，不同程度地增强了生态足迹作为生态系统评估工具指标

---

*本文选自：《生态与农村环境学报》，2010，26（5）。
基金项目：国家环境保护部专项（2008ZX002）。
作者简介：刘某承（1983—），男，陕西汉中人，中国科学院地理科学与资源研究所、中国科学院研究生院博士生，主要研究方向为生态经济。E-mail: liumoucheng@163.com；李文华，中国科学院地理科学与资源研究所。

的性能。总体而言，我国的生态足迹研究主要是回顾性评估全国、省域尺度的生态系统的压力与状态，但在生态足迹模型的改进和本地化以及计算结果的应用方面存在不足。

在生态足迹的计算中，不同类型的资源和能源消费均被折算为农地、畜牧地、林地、建筑用地、能源用地和渔业水域6种生物生产性用地类型的面积。但由于这6类用地的生物生产力不同，为便于加和比较，需将其面积转换为具有相同生物生产力的土地面积，其转换系数称为均衡因子（equivalence factor）[16]。然而，目前国内的研究只是简单地套用世界平均均衡因子，使得生态足迹模型在核算结果的可靠性等方面存在一定的缺陷。同时，由于我国幅员辽阔，不同经纬度的土地生产力水平差异较大，因此在比较分析不同地区的生态足迹时，简单地套用全国的平均均衡因子，也很难真实、准确地反映各地的消费情况。因此，笔者基于植被的净初级生产力（Net Primary Production，NPP）对中国的生态足迹均衡因子测算进行了初步探索，同时，针对我国这样一个幅员辽阔、生产力水平差异较大的国家，结合生态足迹模型计算的实际要求分别计算了各省不同用地类型的均衡因子。

一、全球均衡因子研究

生态足迹研究中通常把消费和供给的资源和能源转化为六种类型的生物生产性用地面积，为了精确而真实地将这六种类型的用地面积合计为生态足迹或区域生物承载力，需要将这些具有不同生物生产力的用地面积乘上一个均衡因子。某类生物生产性用地的均衡因子等于该类用地的平均生产力除以研究区域内所有各类用地的平均生产力。均衡处理后的6类生态系统的面积即为具有区域平均生物生产力的、可以相加的生物生产性用地面积。

对于全球均衡因子国外已有许多相关研究（表1）。其中，WACKERNAGEL 等[17]利用联合国粮农组织全球农业生态区（GAEZ）及国际应用系统分析研究所（IIASA）估算的土地最大潜在农作物产量的相关数据计算的各类用地均衡因子是最早的研究成果，应用也非常广泛。除此之外，比较有影响的是世界自然基金会（WWF）的"Living Planet Report"报告[18]，该报告不仅计算了全球和各主要国家历年的生态足迹和生物承载力，还提供了计算的各项参数。

中国有关均衡因子的系统研究则几乎没有，在生态足迹计算中基本上都是直接引用国外有关全球均衡因子的研究结果。刘建兴[22]基于《中国统计年鉴》和世界粮农组织网站的数据，用6类用地产品的平均产量代替其各自的生产力，粗略估算了我国六种生物生产性用地的均衡因子，得到农地和建筑用地的均衡因子为5.25，林地和能源用地为0.21，畜牧地为0.09，渔业水域为0.14。刘建兴的计算做了极有意义的尝试，但由于其采用单位面积的产量表征用地生物生产力，存在林地、畜牧地和渔业水域的平均产量偏小等缺陷，导致计算结果未能在国内推广。

表1 不同研究计算的全球生态足迹均衡因子

土地类型	主要用途	全球均衡因子				
		WACKER-NAGEL等[17]	WWF-2000[18]	WWF-2001[19]	WWF-2002[20]	CHAMBERS等[21]
农地	种植农作物	2.8	3.16	2.19/1.80	2.11	2.83
林地	提供木材或林产品	1.1	1.78	1.38	1.35	1.17
畜牧地	提供畜牧产品	0.5	0.39	0.48	0.47	0.44
渔业水域	提供水产品	0.2	0.06	0.36	0.35	0.06
建筑用地	人类建筑和道路用地	2.8	3.16	2.19	2.11	2.83
能源用地	吸收人类释放的CO_2	1.1	1.78	1.38	1.35	1.17

二、数据与方法

采用中国2001年分辨率为1千米的MODIS数据,根据植被的NPP对中国各省的均衡因子进行测算:首先,分别计算中国各地不同类型生态系统植被的平均NPP;其次,按照不同生态系统的面积比例加权得到全国和不同地区的平均NPP;最后,按照各自的NPP计算出中国各地的均衡因子。

(一)基于遥感的植被净初级生产力计算

近来许多研究对中国陆地生态系统的生产力进行了实测和模拟,采用的方法可以分为4类:实测产量法[23]、实测产量—生态因子回归法[24]、潜力模型评估法[25]和遥感评估法[26]。笔者采用基于陆地植被生产力的遥感估算方法。与其他方法相比,该方法获取数据的速度较快,测算覆盖的范围较广,同时耗费较低,其从得到植被光能利用效率(LUE)架构上实现植被NPP的计算,模型机理性较强,计算过程相对直接,适用空间范围更加广泛。

基于MODIS遥感数据、CASA模型等以月或更短时间为步长来估算陆地不同生态系统的净初级生产力,即通过植被吸收的光合有效辐射(APAR)和光能利用效率ε来计算[27]:

$$P_{NP}(x, t) = R_{APA}(x, t) \times \varepsilon(x, t) \tag{1}$$

式(1)中,t为时间,x为空间位置。x位置的年均NPP为各时间段$P_{NP}(x, t)$的总和除以365天的商。

光合有效辐射为太阳总辐射和植被对光合有效辐射的吸收比例乘积的一半:

$$R_{APA}(x, t) = R_x(x, t) \times R_{FPA}(x, t) \times 0.5 \tag{2}$$

式(2)中,$R_x(x, t)$为t月x像元处的太阳总辐射量,$MJ \cdot m^{-2}$;$R_{FPA}(x, t)$为植被对入射光合有效辐射的吸收比例;常数0.5表示植被所能利用的太阳有效辐射占太阳总辐射的比例。

光能利用效率是指植被把所吸收的入射光合有效辐射转化为生物量的效率,在自然生态系统中,主要受温度和水分的影响:

$$\varepsilon(x, t) = T_{\varepsilon 1}(x, t) \times T_{\varepsilon 2}(x, t) \times W_\varepsilon(x, t) \times \varepsilon^* \tag{3}$$

式(3)中,$T_{\varepsilon 1}$、$T_{\varepsilon 2}$为温度对光能转化率的影响程度;W_ε为水分胁迫影响系数,反映水分条件的影响;ε^*为理想条件下的最大光能转化率,单位是$g \cdot MJ^{-1}$,以C计,取值0.389。

农地、林地、畜牧地和渔业水域4类生物生产性用地的平均净初级生产力由各自植被覆盖类型的净初级生产力及其面积计算得到:

$$P_{NP} = \frac{\sum_j P_j \cdot A_j}{\sum_j A_j} \tag{4}$$

式(4)中,P_j为某种植被类型的净初级生产力($g \cdot m^{-2} \cdot a^{-1}$),以C计;$A_j$为某种植被类型的面积($m^2$)。

(二)基于植被净初级生产力的均衡因子测算

测算中国各地6种生物生产性用地的平均均衡因子时,由于能源消费足迹是通过吸收能源消费产生的CO_2所需要的林地面积来表征的,因此能源用地的均衡因子与林地相同;而城镇建设占用的多是农地,因此尽管城镇绿化用地表现出一定的生产力,但城镇建设用地的均衡因子仍用农地的均衡因子代替;对于农地、林地、畜牧地和渔业水域的均衡因子(r_j)计算,则通过某类生物生产性用地的净初级生产力除以这4种类型用地的平均净初级生产力得到:

$$r_j = \frac{P_i}{\overline{P}_{NP}} \tag{5}$$

式(5)中,P_i为某类生物生产性用地的净初级生产力,单位是$g \cdot m^{-2} \cdot a^{-1}$,以C计;$\overline{P}_{NP}$为这4类用地的平均净初级生产力($g \cdot m^{-2} \cdot a^{-1}$),以C计,参考式(4)计算得到。

三、结果与分析

(一)中国的植被平均净生产力

首先计算中国7种主要植被覆盖类型的平均NPP,再通过式(4)计算6类生物生产性用地的NPP。7种主要植被覆盖类型平均NPP的计算结果见图1。中国主要植被NPP差异明显,在森林植被中,以针阔混交林的NPP为最高,其次为落叶阔叶林,常绿针叶林的NPP最小;耕地NPP很高,这是由于在计算中考虑了复种的问题,一年两熟、水旱轮作和双季稻都有春秋两季收获；城镇建设用地也具备一定的NPP，这是城镇中的绿化用地表现出来的。就NPP均值而言，按耕地、森林、灌丛、草地、水域、城镇用地、荒漠的次序递减。荒漠NPP最低，这是因为荒漠地区植被稀疏，且高温干旱，植物的光合积累能力极低。

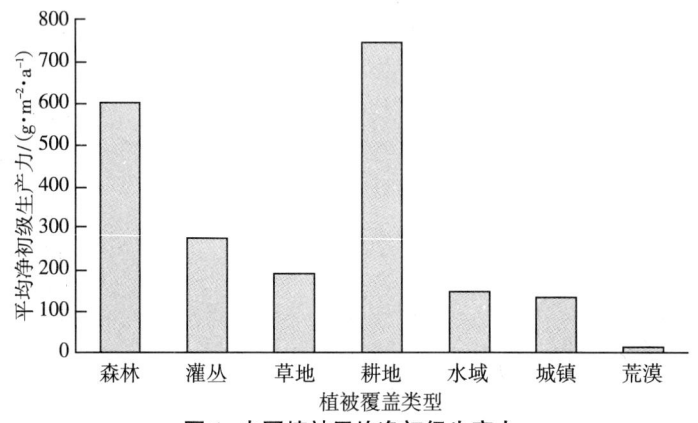

图1 中国植被平均净初级生产力

中国幅员辽阔，南北、东西跨度均5000千米左右。各地具有不同的气候和地形特征，不同生态系统的生产力不尽相同，陆地平均净初级生产力（图2）也随之不同。从图2可以看出，从东南沿海向西北内陆延伸，各地的NPP值大体呈逐渐减小的趋势。与其他地区相比，海南、福建、广东、广西、浙江、江西、云南、台湾的平均NPP值较高。与之相反，新疆、西藏、宁夏、内蒙古、甘肃、青海等地的NPP值较低，说明西北地区的土壤水分条件、植被覆盖等均较差。

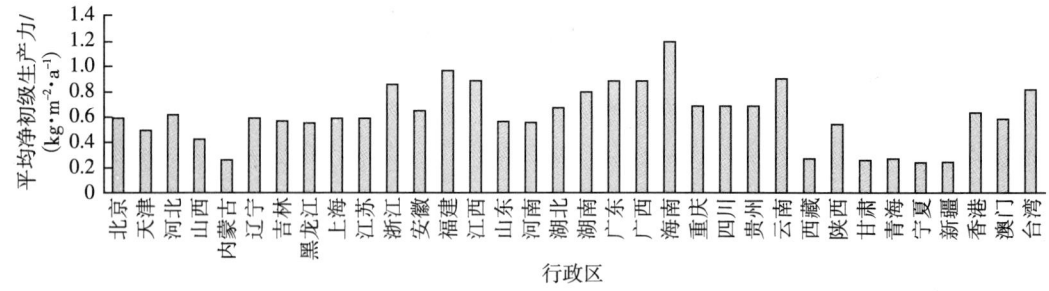

图2 中国各地平均净初级生产力

（二）中国均衡因子计算

通过对农地、林地、畜牧地和渔业水域均衡因子的计算，得到中国六类生物生产性用地的均衡因子（表2）。农地和建筑用地的均衡因子最高，为1.74；其次是林地和能源用地（1.41），渔业水域（0.35）最低。

表 2　中国生态足迹均衡因子

土地类型	净初级生产力/(g·m⁻²·a⁻¹)	均衡因子
农地	741.47	1.74
林地	598.96	1.41
畜牧地	188.89	0.44
渔业水域	148.23	0.35
建筑用地		1.74
能源用地		1.41
平均值	425.20	

（三）中国各地均衡因子计算

基于上述方法，可以分别计算出中国各地 6 类生物生产性用地的均衡因子（表 3）。虽然各地的平均 NPP 大致呈现从东南向西北方向递减的规律，但各地 6 类不同生物生产性用地的相对生产力各不相同，因而不同地区不同用地类型的均衡因子各不相同，但大体上呈现"农地 > 林地 > 畜牧地 > 渔业水域"的规律。需要指出的是，澳门特别行政区土地面积为 29.2km²，全区没有农地利用类型，因此在具体计算中，其农地均衡因子试用全国平均值代替。

表 3　中国各地生态足迹均衡因子

行政区	净初级生产力/(g·m⁻²·a⁻¹)					均衡因子					
	平均值	农地	林地	畜牧地	渔业水域	农地	林地	畜牧地	渔业水域	建筑用地	能源用地
北京	594.92	615.28	355.78	366.20	287.36	1.03	0.60	0.62	0.48	1.03	0.60
天津	494.16	483.73	424.88	312.38	245.13	0.98	0.86	0.63	0.50	0.98	0.86
河北	610.91	672.67	412.09	293.54	230.35	1.10	0.67	0.48	0.38	1.10	0.67
山西	419.00	355.59	337.86	265.10	208.03	0.85	0.81	0.63	0.50	0.85	0.81
内蒙古	255.88	384.98	406.97	202.25	158.71	1.50	1.59	0.79	0.62	1.50	1.59
辽宁	590.12	625.90	614.29	345.17	270.86	1.06	1.04	0.58	0.46	1.06	1.04
吉林	562.93	615.41	847.21	190.29	149.32	1.09	1.50	0.34	0.27	1.09	1.50
黑龙江	545.34	429.26	570.78	306.61	240.61	0.79	1.05	0.56	0.44	0.79	1.05
上海	585.32	601.08	987.98	383.00	300.55	1.03	1.69	0.65	0.51	1.03	1.69
江苏	582.12	952.89	363.46	351.40	275.75	1.64	0.62	0.60	0.47	1.64	0.62
浙江	853.99	586.30	386.49	529.37	415.41	0.69	0.45	0.62	0.49	0.69	0.45
安徽	655.69	756.63	570.78	316.50	248.36	1.15	0.87	0.48	0.38	1.15	0.87
福建	957.94	746.14	941.91	599.42	470.38	0.78	0.98	0.63	0.49	0.78	0.98
江西	882.78	992.85	634.77	395.00	309.96	1.12	0.72	0.35	0.35	1.12	0.72
山东	561.33	835.55	675.72	364.06	285.69	1.49	1.20	0.65	0.5l	1.49	1.20
河南	556.53	1009.35	586.14	353.50	277.40	1.8l	1.05	0.64	0.50	1.8l	1.05
湖北	665.28	739.66	552.86	418.22	328.19	1.11	0.83	0.63	0.49	1.11	0.83

续表

行政区	净初级生产力/(g·m^{-2}·a^{-1})					均衡因子					
	平均值	农地	林地	畜牧地	渔业水域	农地	林地	畜牧地	渔业水域	建筑用地	能源用地
湖南	799.62	1056.88	657.80	567.50	445.33	1.32	0.82	0.71	0.56	1.32	0.82
广东	897.17	1223.45	614.29	512.33	402.04	1.36	0.68	0.57	0.45	1.36	0.68
广西	877.98	2976.20	716.67	494.14	387.76	3.39	0.82	0.56	0.44	3.39	0.82
海南	1191.43	1109.66	1003.34	718.50	563.82	0.93	0.84	0.60	0.47	0.93	0.84
重庆	684.47	695.49	509.35	424.93	333.45	1.02	0.74	0.62	0.49	1.02	0.74
四川	684.47	772.07	601.49	405.77	318.42	1.13	0.88	0.59	0.47	1.13	0.88
贵州	687.67	387.42	606.61	425.95	334.25	0.56	0.88	0.62	0.49	0.56	0.88
云南	900.37	688.19	790.90	556.08	436.36	0.76	0.88	0.62	0.48	0.76	0.88
西藏	255.88	375.25	381.37	137.30	107.75	1.47	1.49	0.54	0.42	1.47	1.49
陕西	530.95	380.75	499.11	407.45	319.74	0.72	0.94	0.77	0.60	0.72	0.94
甘肃	254.28	266.79	401.85	238.17	186.89	1.05	1.58	0.94	0.73	1.05	1.58
青海	262.27	340.48	299.47	213.46	167.51	1.30	1.14	0.8	0.64	1.30	1.14
宁夏	230.29	410.10	463.28	143.01	112.22	1.78	2.01	0.62	0.49	1.78	2.01
新疆	244.68	551.21	578.46	102.25	80.24	2.25	2.36	0.42	0.33	2.25	2.36
香港	623.70	1223.45	614.29	512.33	402.04	1.96	0.98	0.82	0.64	1.96	0.98
澳门	577.32	0	614.29	512.33	402.04	0	0.68	0.57	0.45	0	0.68
台湾	809.21	746.75	601.49	509.56	399.86	0.92	0.74	0.63	0.49	0.92	0.74

(四) 与全球均衡因子的比较

与 WACKERNAGEL 等提出的全球均衡因子（表 1）相比，笔者计算的中国农地均衡因子偏小，林地和渔业水域偏高；另外，由于计算基于 2001 年的 MODIS 图像数据，因此与 WWF 给出的 2001 年全球均衡因子（表 1）相比较发现，本研究中农地均衡因子偏小，其他因子则相差不大。究其原因：一是中国各种类型生物生产性用地的生产能力与全球平均生产能力不同；二是三者的计算方法不同，各种方法各有优缺点，计算全球均衡因子时，大尺度上的计算存在着数据和计算手段等方面的限制，而计算单一国家的均衡因子时，则可以进行详细的分类。

四、结论与讨论

对中国 6 类生物生产性土地的平均均衡因子作了测算，并进一步计算不同地区各类用地的均衡因子，在生态足迹模型的标准化和本地化研究方面作了初步的探索。结果表明，就中国平均均衡因子而言，生产力水平最高的农地，其均衡因子最大（1.74），渔业水域最小（0.35）；就不同地区而言，由于区域内不同用地类型的相对生产能力不同，因而均衡因子各不相同，但大体上呈现"农地＞林地＞畜牧地＞渔业水域"的规律。鉴于在相邻年份中生态系统的生产力不会有太大变化，因此该研究的计算结果可以应用于20世纪90年代末至21世纪初中国各地的生态足迹计算中。若要进行长时间序列的计算，可以考虑用相同的方法分别计算每10a的生产力，然后得到相应年代的均衡因子。

就计算方法而言，与基于产量或土地最大潜在生产力计算均衡因子的方法相比，用生态系统NPP代表土地的生物生产力有其固有的优点。生态系统中的能量流动开始于绿色植物的光合作用，NPP是指绿色植物在单位面积、单位时间内积累的有机物数量，是从光合作用产生的有机质总量中扣除自氧呼吸后的剩余部分，它直接反映不同生态系统中植物群落在自然或人工环境条件下的真实生产能力。因此，用生态系统NPP代表土地的生物生产力，可以使均衡因子准确、直观、真实地反映各种用地类型的生产力差别，同时可以使得生态足迹的计算结果真实地反映人类对生态系统生产能力和供给能力的直接占用程度，从而更好地评估一个地区的生态持续性。但在实际计算过程中发现还存在一些细节方面的技术性问题，需要进一步研究和完善。尤其是对于水域的生产力与水产品生产，其生态足迹的计算涉及对鱼虾等水产品的消费，NPP计算的是浮游植物的生产力，虽然在自然条件下植物的初级生产力与鱼虾等种群的数量有直接的关系，但一方面当前淡水水产品的生产多依靠人工饲养；另一方面，过高的NPP则代表水华暴发等情况，对水生动物会产生负面的影响。

在生态足迹的研究中还应加强生态足迹模型的标准化和本地化研究。由于生态足迹核算假设排除了不可再生资源及其与可再生资源之间的替代性，没有统一的标准化核算体系，加上人类现有知识水平的限制，不同研究者对同一地区生态足迹的研究采用了不同的参数和生产力标准，使得生态足迹模型在核算的完整性、核算结果的可比性与可靠性等方面依然存在一定的不足，这在一定程度上弱化了生态足迹用作生态系统评估工具的效能，研究结果可比性差，无法判断资源供需矛盾是由于研究区的情况发生了变化，还是由于方法本身的不确定性产生的，这影响了生态足迹评价结果在决策中的有效性。今后，生态足迹核算方法仍需不断修正、完善及标准化，同时也需加强对淡水资源足迹、污染物足迹和资源替代的足迹效应的研究。

参考文献

[1] 李文华，刘某承. 关于中国生态省建设指标体系的几点意见与建议[J]. 资源科学，2007，29（5）：1-6.

[2] Wackernagel M., Onisto L., Bello P. et al. National Natural Capital Accouctiong with the Ecological Footprint Concept [J]. Ecological Economics, 1999, 29 (3): 375-390.

[3] Hereendeen R. Ecological Footprint Is a Vivid Indicator of lndirect Effects [J]. Ecological Economics, 2000, 32 (3): 357-358.

[4] 谢高地，鲁春霞. 生态足迹方法作为生态系统评估工具的潜力[J]. 资源科学，2006，28（4）：19-22.

[5] 徐中民，程国栋，张志强. 生态足迹方法：可持续性定量研究的新方法[J]. 生态学报，2001，21

（9）：1484-1493.

[6] 杨开忠，杨咏，陈洁. 生态足迹分析理论与方法 [J]. 地球科学进展，2000，15（6）：630-636.

[7] 李利锋，成升魁. 生态占用——衡量可持续发展的新指标 [J]. 自然资源学报，2000，15（4）：375-382.

[8] 张志强，徐中民，程国栋. 生态足迹的概念及计算模型 [J]. 生态经济，2000，16（10）：8-10.

[9] 刘宇辉. 中国1961~2001年人地协调度演变分析——基于生态足迹模型的研究[J]. 经济地理，2005，25（2）：219-222.

[10] 赵卫，刘景双，孔凡娥. 吉林省生态足迹时间序列计算与分析 [J]. 生态与农村环境学报，2006，22（2）：6-10.

[11] 陈成忠，林振山. 中国人均生态足迹和生物承载力构成的变动规律 [J]. 地理研究，2009，28（1）：129-142.

[12] 蒋依依，王仰麟，彭建等. 基于旅游生态足迹模型的旅游区可持续发展度量——以云南省丽江纳西族自治县为例 [J]. 地理研究，2006，25（6）：1134-1142.

[13] 尚海洋，徐中民. 甘肃省2002年生态足迹的投入—产出分析 [J]. 冰川冻土，2007，29（5）：837-844.

[14] 朱利群，陈长青，卞新民. 基于重金属污染的耕地生态承载力改进模型研究 [J]. 生态与农村环境学报，2009，25（3）：21-24.

[15] 闵庆文，余卫东，成升魁等. 商丘市居民生活消费生态足迹的时间序列分析 [J]. 资源科学，2004，26（5）：125-131.

[16] William E. R. Ecological Footprint and Appropriated Carrying Capacity：What Urban Economics Leaves Out [J]. Environment and Urbanization，1992，4（2）：121-130.

[17] Wackernagel M., Rees W. E. Our Ecological Footprint, Reducing Human Impact on the Earth [M]. Gabriela Island：New society Publishers.1996：192-210.

[18] World Wildlife Fund. Living Planet Report, 2000 [EB/OL]. 2000-10-10. [2009-11-01]. http：//www.panda.org/downloads/general/lpr_2000.pfd.

[19] World Wildlife Fund. Living Planet Report, 2002 [EB/OL]. 2000-06-10 [2009-11-01]. http：//www.panda.org/downloads/general/lpr_2002.pfd.

[20] World Wildlife Fund. Living Planet Report, 2004 [EB/OL]. 2004-10-10 [2009-11-01]. hap：//www.panda.org/downloada/general/lpr.2004.pfd.

[21] Chambers N., Simmons C., Wackernagel M. Ecological Footprint Analysis：Towards a Sustainabihty Indicator for Business [M]. London：Earthscan Publications ltd.，2001：154-158.

[22] 刘建兴. 中国生态足迹的时间序列与地理分布 [D]. 沈阳：东北大学，2004.

[23] Guillermo E. D., Rertiller M. B. Comparison of Four Methods of Grassland Productivity Assessment Based on Festuca Pallescens Phytomass Data [J]. Journal of Range Management，1991，44（3）：199-203.

[24] 田永中. 基于栅格的中国陆地生态系统食物供给功能评估 [D]. 北京：中国科学院研究生院，2005.

[25] 陈百明. 中国农业资源综合生产能力和人口承载能力 [M]. 北京：气象出版社，2001：112-118.

[26] 刘勇洪，牛铮，徐永明等. 基于MODIS数据设计的中国土地覆盖分类系统与应用研究 [J]. 农业工程学报，2006，22（5）：99-104.

[27] 李贵才. 基于MODIS数据和光能利用率模型的中国陆地净初级生产力估算研究 [D]. 北京：中国科学院研究生院，2004.

Calculation of Equivalence Factor Used in Ecological Footprint for China and Its Provinces Based on Net Primary Production

Liu Moucheng　Li Wenhua

Abstract: Ecological footprint (EF), being a kind of non-monetary tool for ecosystem evaluation, has been a major biophysical measuring method used recently worldwide to determine degrees of sustainable development, and has drawn much attention from both domestic and abroad since it was developed by Wackernagel and Rees in 1996. To sum up types of areas different in productivity, equivalence factor was introduced to relate average primary biomass productivities of lands different in land use (i.e. cropland, pasture, forest, fishery area) to regional average primary biomass productivity encompassing all types of lands in a given year. So, equivalence factor is an important parameter in EF calculation and its accuracy directly affects reliability and comparability of the calculation. To facilitate analysis of ecological footprint spatially at a regional scale, equivalence factors for various types of lands in different provinces and in the country were worked out based on net primary production (NPP) of the vegetation and the 1-km MODIS data of the country in 2001. Results show that in terms of the equivalence factor of the country, it was 1.71 for cropland and built-up land, 1.41 for forestarea and 'energy source' land, 0.44 for pasture and 0.35 for fishery area, while in terms of the equivalence factors of various provinces, it varied greatly because lands different in land use within a region were different in relative productivity. Generally, the equivalence factors followed the sequence of cropland > forestland > pasture > fishery area.

Key Words: Ecological Footprint; Equivalence Factor; Net Primary Production; China

中国出口贸易中隐含碳排放增长的结构分解分析[*]

李艳梅[1] 付加锋[2]

(1. 北京工业大学循环经济研究院，北京 100124；
2. 中国环境科学研究院气候影响研究中心，北京 100012)

【摘 要】作为出口贸易大国，中国的出口贸易中隐含碳排放总量相当可观，而且还呈现出不断增长的态势。采用投入产出分析方法，对1997年和2007年中国出口贸易中隐含碳排放进行了核算，结果分别为290.61Mt和940.69Mt，占中国生产活动碳排放总量的比重分别为28.47%和45.53%。进而构建结构分解分析模型，将影响出口贸易隐含碳排放变化的因素分解为4种：直接碳排放强度效应、中间生产技术效应、出口总量效应和出口结构效应。并以1997~2007年为样本期，进行了实证分析。结果显示，上述4个因素的贡献值分别为-638.95Mt、132.41Mt、1266.38Mt和-109.77Mt。可见造成出口贸易隐含碳排放增加的主要原因就在于出口总量的不断增长；其次是中间生产技术的变化。虽然直接碳排放强度下降和出口结构改善都产生了一定的减排效应，但是相对于巨大出口量所产生的增排效应，仍显得微不足道，因而中国的出口贸易隐含碳排放还是呈不断增长态势。

【关键词】出口贸易；隐含碳排放；投入产出；结构分解分析

全球气候变化已经成为国际社会关注的焦点。目前各国对温室气体排放核算系统边界的确定，主要是依据《联合国气候变化框架公约》(UNFCCC)所界定的"发生在国家主权管辖范围内的所有温室气体的排放和吸收"。但这种界定在国家主权范围内的"生产型"温室气体排放核算面临两大挑战，即忽视了国际贸易产品中的隐含碳排放和国际交通领域的碳排放。在对此进行批判的基础上，许多学者提出了基于最终消费的"消费型"国家温室气体排放核算，这更能体现国家温室气体排放核算的公平性。

中国是出口大国，被称为"世界工厂"，大量高能耗产品的出口，必然产生巨大的隐含碳排放。因此，核算"消费型"国家碳排放的关键问题之一就是核算出口贸易的隐含碳

---

[*] 本文选自《中国人口·资源与环境》2010年第20卷第8期。
基金项目：国家自然科学基金项目（No.40905062）和教育部人文社会科学研究项目（No.09YJC790015）。
作者简介：李艳梅，博士，讲师，主要研究方向为能源经济与低碳经济。

排放（Carbon Emissions Embodied in Exports），即为了生产出口产品，而在生产国的整个生产链中所直接和间接排放的碳。已有研究表明，中国的出口隐含碳排放不仅总量可观，在国家碳排放总量中所占比重巨大，而且正呈现出逐年增加的趋势。为了进一步分析中国出口隐含碳排放不断增长的原因，本文在投入产出方法的基础上，构建结构分解分析模型（Structural Decomposition Analysis，简称SDA模型），将导致出口隐含碳排放变动的因素分解为出口总量、出口结构、碳排放强度和中间生产技术4个因子，定量测算了各因子对出口隐含碳排放增长的贡献率，以期为中国制定减少出口隐含碳排放对策提供参考。

一、中国出口贸易中隐含碳排放核算

（一）核算方法

因出口贸易中隐含的碳排放既包括直接排放，也包括间接排放，因此本文利用投入产出方法，来核算中国出口贸易中由于直接和间接能源消费所产生的碳排放。

投入产出表的基本模型：中间使用+最终需求=总产出，即：

$$AX + Y = X \tag{1}$$

也可以写为：

$$X = (I - A)^{-1} Y \tag{2}$$

其中，最终需求Y又可以分为国内需求 Y^d 和出口需求 Y^e 两个部分，因此有：

$$X = (I - A)^{-1}(Y^d + Y^e) \tag{3}$$

令 $e_i = \dfrac{E_i}{X_i}$，E_i 为第 i 部门产生总产出 X_i 所直接产生的碳排放量，e_i 称为直接碳排放强度系数，表示第 i 部门生产单位产出所产生的碳排放量。所有 1×n 个 e_i 构成的矩阵为碳排放强度系数矩阵，记为 E。

则国内生产活动所产生的碳排放总量可以表示为：

$$C = E(I - A)^{-1}(Y^d + Y^e) \tag{4}$$

而其中由出口需求所产生的碳排放（出口隐含碳排放）可以表示为：

$$C^e = E(I - A)^{-1} Y^e \tag{5}$$

（二）资料来源

由于各年份间价格变动因素的影响，采用现价投入产出表（价值型）不能有效反映各部门碳排放强度系数的变化，不能反映各因素的影响效应。因此有必要将现价投入产出表转化为可比价投入产出表。本文采用指数缩减的方法，将2007年的现价投入产出表转换为1997年可比价投入产出表，相应数据来源于《中国统计年鉴2008》和《中国城市（镇）

生活与价格年鉴2008》。然后，以1997年40部门和2007年42部门可比价投入产出表为基础，结合相应年份的《中国统计年鉴》和《中国能源统计年鉴》中分行业能源消费表的部门分类，归并为28个部门（见表1）。

表1 投入产出表的28部门划分

代码	行业	代码	行业
1	农业	15	金属制品业
2	煤炭采选业	16	通用、专用设备制造业
3	石油和天然气开采业	17	交通运输设备制造业
4	金属矿采选业	18	电气机械及器材制造业
5	非金属矿采选业	19	电子及通信设备制造业
6	食品制造及烟草加工业	20	仪器仪表及文化办公用机械制造
7	纺织业	21	其他制造业
8	服装皮革羽绒及其他纤维制品制造业	22	电力及蒸汽热水生产和供应业
9	木材加工及家具制造业	23	煤气生产和供应业
10	造纸印刷及文教用品制造业	24	自来水的生产和供应业
11	石油加工及炼焦业	25	建筑业
12	化学工业	26	交通运输仓储邮电通信业
13	非金属矿物制品业	27	批发和零售贸易餐饮业
14	金属冶炼及压延加工业	28	其他行业

对合并后的行业部门以各种燃料的平均热值为标准，计算其固体、液体和气体燃料的消费量，相应数据来源于《中国能源统计年鉴2008》。然后根据固体、液体和气体燃料的平均碳排放系数（见表2），来计算各部门的直接碳排放量。计算公式为：

$$C_i = \sum^j C_{ij} = \sum^j m_{ij} \times \delta_j \tag{6}$$

其中，C_i为第i部门的直接碳排放总量，C_{ij}为i部门消费第j种燃料的碳排放量，m_{ij}为i部门对第j种燃料的消费量，δ_j为第j种燃料的碳排放系数。

表2 固体、液体和气体燃料的平均碳排放系数

项目	固体	液体	气体
系数（kg 碳/GJ）	25.54	19.90	15.15

（三）核算结果

以上述投入产出表为基础，根据式（5），计算出中国1997年和2007年的出口贸易隐含碳排放分别为290.61Mt和940.69Mt，占中国生产活动碳排放总量的比重分别为28.47%和45.53%。

二、出口贸易中隐含碳排放增长的结构分解

如上所述,样本期内中国出口贸易隐含碳排放总量和所占比重都呈现出逐步增长的态势。到底是什么原因导致这一现象的呢?本文利用 SDA 模型进行分析。

(一) 模型构建

(1) 出口隐含碳排放的影响因素。

将式 (5) 中的 Y^e 进一步展开,有:

$$Y^e = F^e S^e \tag{7}$$

其中,F^e 为出口总量,是一个总数。S^e 为出口结构矩阵,是 $n \times 1$ 的矩阵,其元素 $s_i^e = \dfrac{y_i^e}{F^e}$ 表示第 i 部门的出口占总出口量的比例。

将式 (7) 代入式 (5),则有:

$$C^e = E(I-A)^{-1} F^e S^e \tag{8}$$

由式 (8) 可见,出口隐含碳排放的影响因素,可以概括为表示能源效率和结构水平的直接碳排放强度系数 E,表示中间生产技术的列昂惕夫逆矩阵 $(I-A)^{-1}$ 和表示出口的 Y^e。而 Y^e 可以进一步分解为出口总量 F^e 和出口结构 S^e 的乘积。因此,可以将出口隐含碳排放的变化分解为 4 种效应,即直接碳排放强度效应、中间生产技术效应、出口总量效应和出口结构效应。

(2) 构建 SDA 模型。

SDA 是以投入产出表为基础的比较静态分析方法,其核心思想是将经济系统中某因变量的变动分解为有关各独立自变量各种形式变动的和,以测度各自变量对因变量变动贡献的大小。模型通常有四种形式:①保留交叉项;②不保留交叉项,将其以不同权重方式分配给各自变量;③加权平均法;④两极分解法或中点权分解法。方法①中由于交叉影响的存在,因此无法说明某个自变量对因变量的全部影响;方法②在合并交叉项时,存在权重不匹配问题;方法③在理论上比较完善,但是计算量较大;方法④是方法③的近似解,而且比较直观。因此本文采用方法④中的两极分解法进行结构分解分析。

以下标 1,0 分别表示计算期和基准期,为定量测算影响两个时期出口隐含碳排放变动因素的大小,在式 (8) 基础上,运用两极分解法对 ΔC^e 进行结构分解分析。如果从计算期 (即 1 期) 开始进行分解,有:

$$\Delta C^e = C_1^e - C_0^e = E_1[(I-A)^{-1}]_1 F_1^e S_1^e - E_0[(I-A)^{-1}]_0 F_0^e S_0^e = \Delta E[(I-A)^{-1}]_1 F_1^e S_1^e + E_0 \Delta[(I-A)^{-1}] F_1^e S_1^e + E_0[(I-A)^{-1}]_0 \Delta F^e S_1^e + E_0[(I-A)^{-1}]_0 F_0^e \Delta S^e \tag{9}$$

如果从基期 (即 0 期) 开始进行分解,有:

$$\Delta C^e = C_1^e - C_0^e = E_1 \left[(I-A)^{-1} \right]_1 F_1^e S_1^e - E_0 \left[(I-A)^{-1} \right]_0 F_0^e S_0^e = \Delta E \left[(I-A)^{-1} \right]_0 F_0^e S_0^e + E_1 \Delta (I-A)^{-1} F_0^e S_0^e + E_1 \left[(I-A)^{-1} \right]_1 \Delta F^e S_1^e + E_1 \left[(I-A)^{-1} \right]_1 F_1^e \Delta S^e \tag{10}$$

取式（9）和式（10）的算术平均值，可得：

$$\Delta C^e = \frac{1}{2} \{ \Delta E \left[(I-A)^{-1} \right]_1 F_1^e S_1^e + \Delta E \left[(I-A)^{-1} \right]_0 F_0^e S_0^e \} + \frac{1}{2} \{ E_0 \Delta (I-A)^{-1} F_1^e S_1^e + E_1 \Delta (I-A)^{-1} F_0^e S_0^e \} + \frac{1}{2} \{ E_0 \left[(I-A)^{-1} \right]_0 \Delta F^e S_1^e + E_1 \left[(I-A)^{-1} \right]_1 \Delta F^e S_0^e \} + \frac{1}{2} \{ E_0 \left[(I-A)^{-1} \right]_0 F_0^e \Delta S^e + E_1 \left[(I-A)^{-1} \right]_1 F_1^e \Delta S^e \} \tag{11}$$

令 $f(\Delta E) = \frac{1}{2} \{ \Delta E \left[(I-A)^{-1} \right]_1 F_1^e S_1^e + \Delta E \left[(I-A)^{-1} \right]_0 F_0^e S_0^e \}$ 表示直接碳排放强度 E 的变动对出口隐含碳排放变动 ΔC^e 带来的影响；

$f\left[\Delta (I-A)^{-1} \right] = \frac{1}{2} \{ E_0 \Delta (I-A)^{-1} F_1^e S_1^e + E_1 \Delta (I-A)^{-1} F_0^e S_0^e \}$ 表示列昂惕夫逆矩阵的变化对出口隐含碳排放变动 ΔC^e 带来的影响；

$f(\Delta F^e) = \frac{1}{2} \{ E_0 \left[(I-A)^{-1} \right]_0 \Delta F^e S_1^e + E_1 \left[(I-A)^{-1} \right]_1 \Delta F^e S_0^e \}$ 表示出口总量 F^e 的变动对出口隐含碳排放变动 ΔC^e 带来的影响；

$f(\Delta S^e) = \frac{1}{2} \{ E_0 \left[(I-A)^{-1} \right]_0 F_0^e \Delta S^e + E_1 \left[(I-A)^{-1} \right]_1 F_1^e \Delta S^e \}$ 表示出口结构 S^e 的变动对出口隐含碳排放变动 ΔC^e 带来的影响。

则式（11）可写为：

$$\Delta C^e = f(\Delta E) + f\left[\Delta (I-A)^{-1} \right] + f(\Delta F^e) + f(\Delta S^e) \tag{12}$$

式（12）右端共4个构成项，分别对应4个因素变化对出口隐含碳排放变动的影响。据此可得到各影响因素变化对出口贸易隐含碳排放变动贡献值及贡献率（见表3）。

表3 出口贸易隐含碳排放增长的原因（1997~2007）

影响因素	表征变量	贡献值（Mt）		贡献率（%）	
		表征变量	计算结果	计算公式	计算结果
直接碳排放强度	ΔE	$f(\Delta E)$	−638.95	$\frac{f(\Delta E)}{\Delta C^e}$	−98.29
中间生产技术	$\Delta (I-A)^{-1}$	$f\left[\Delta (I-A)^{-1}\right]$	132.41	$\frac{f\left[\Delta (I-A)-1\right]}{\Delta C^e}$	20.37
出口总量	ΔF^e	$f(\Delta F^e)$	1266.38	$\frac{f(\Delta F^e)}{\Delta C^e}$	194.81
出口结构	ΔS^e	$f(\Delta S^e)$	−109.77	$\frac{f(\Delta S^e)}{\Delta C^e}$	−16.89

（二）实证分析

根据上述构建的 SDA 模型，对 1997~2007 年出口贸易中隐含碳排放变化量 ΔC^e 进行结构分解，通过这种比较静态的投入产出分析方法，计算各个影响因素变动对 ΔC^e 的贡献值和贡献率。实证分析结果（见表3）显示，出口总量变化和中间生产技术变化是造成出口贸易隐含碳排放增加的因素；直接碳排放强度变化和出口结构变化是促使其减少的因素。

首先在 4 个影响因素中，出口总量的影响最为显著，其贡献值为 1266.38Mt，贡献率为 194.81%。说明如果其他因素保持不变，由于出口总量的增加将导致出口隐含碳排放增加 1266.38Mt，增长率为 194.81%。可见出口贸易隐含碳排放增加的主要原因在于出口总量的扩大。1997~2007 年，出口量年均增长 17101.49 亿元，其在总产出中所占的比重年均提高 1.56 个百分点。

其次是直接碳排放强度变化的影响，贡献值为-638.95Mt，贡献率为-98.29%。说明各部门直接碳排放强度的下降，使得在出口总量大幅增长的情况下，出口贸易隐含碳排放不至于增幅太大。尤其是煤炭采选业、石油和天然气开采业、石油加工及炼焦业、化学工业、金属冶炼及压延加工业、仪器仪表及文化办公用机械制造业、电力的生产供应业、煤气的生产供应业等部门的直接碳排放强度下降非常明显（见图1）。

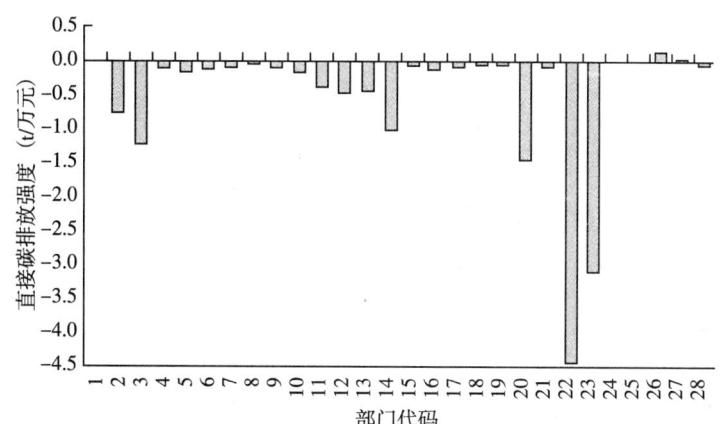

图1 1997~2007 年各部门直接碳排放强度变化

再次是中间生产技术变化的影响，贡献值为 132.41Mt，贡献率为 20.37%。可见中间生产技术的变化促进了出口隐含碳排放的增长。虽然各部门的直接碳排放强度下降已呈现减排效应，但是由于各部门之间存在普遍的技术联系，因此，只有各行业全面的技术进步才能使中间生产技术变化产生减排效应。

最后是出口结构的变化的影响，贡献值为-109.77Mt，贡献率为-16.89%。可见出口结构的改善也对出口贸易隐含碳排放的增长起到了一定的阻碍作用。由图2可以看出，1997~2007 年，高耗能高排放的石油加工及炼焦业、化学工业、金属冶炼及压延加工业等部门在出口总量中所占的比重都有所下降。而单位能耗和排放较低的通信设备、计算机及其他电子设备制造业以及仪器仪表及文化办公用机械制造业等部门的比重明显上升（如图2所示），因此出口结构的变化呈现出一定的减排效应。

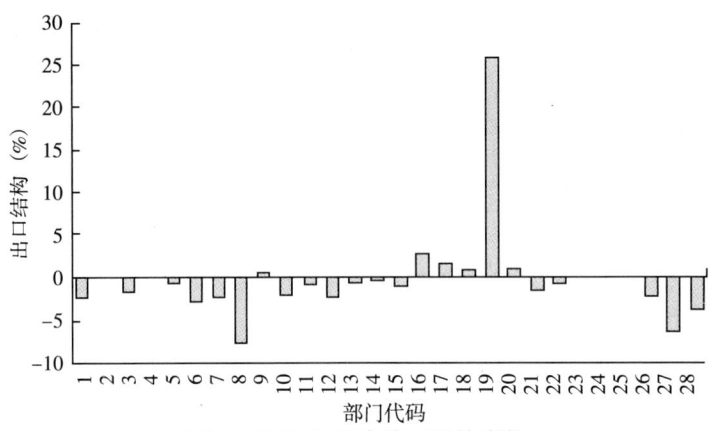

图 2 1997~2007 年出口结构变化

三、结论和讨论

（一）结论

第一，中国出口贸易隐含的碳排放在国家生产活动所产生的碳排放总量中所占比重很大，而且呈现出不断增加的态势。因此从理论上来讲，在国家温室气体排放清单中，有必要对中国的消费型温室气体排放进行研究。从现实角度来看，在制定减排目标和相应政策措施时，出口贸易部分不可忽视。

第二，中国出口贸易隐含的碳排放在国家生产活动所产生的碳排放，及其在碳排放总量中所占比重都呈不断增加的态势。1997~2007 年，出口贸易隐含碳排放总量年均增长 65.01 Mt，占中国生产活动碳排放总量的比重年均增长 1.71%。因此，遏制温室气体排放增长势头，不但要关注国内消费的节约，也要着眼于出口贸易的控制。

第三，结构分解分析模型的计算结果表明，促使中国出口贸易隐含碳排放增加的主要原因在于出口总量的不断增长，此外是中间生产技术的变化。虽然直接碳排放强度下降和出口结构改善都产生了一定的减排效应，但是相对于巨大出口量所产生的增排效应，仍显得微不足道，因而中国的出口贸易隐含碳排放还是在不断增长。由此可见，改变中国的"世界工厂"地位，恐怕是减少出口贸易隐含碳排放的最有效途径。但是近期由于受经济发展阶段和产业结构的制约，更为现实的选择是全面推进技术进步和改善出口结构，进一步强化其减排效应，以部分抵消巨大出口总量所产生的增排效应。

（二）讨论

基于最终消费的"消费型"国家温室气体排放核算和基于中间生产的"生产型"国家

温室气体排放核算的区别，主要在于前者涵盖了国际贸易和国际交通领域的碳排放。本文主要针对国际贸易的隐含碳排放进行了探讨，而没有分析如何将国际交通的船用燃料和航空燃料所产生的温室气体排放分派给每个成员国。对于后者的分析，有待于今后进一步研究。

由于中国生产出口产品时，有部分中间产品来自国外进口，因此从理论上讲，出口贸易隐含碳排放应包括国内出口排放和国外进口加工再出口排放两部分。但是由于数据的缺乏，无论采用何种方法，都难以将各部门总进口准确分解到中间投入和最终使用两个部分。因此，本文只对中国出口隐含碳排放总量增长进行了分析，而没有进一步区分国内出口排放和国外进口加工再出口排放。而对于进口部分隐含碳排放的分析，今后将另行撰文探讨。

参考文献

[1] Y. Kondo, Y. Moriguchi, H. Shimizu. CO_2 Emissions in Japan: Influences of Imports and Exports. Applied Energy, 1998, 59 (2-3): 163-174.

[2] Jesper Munksgaard, Lise-Lotte Pade, Jan Minx, et al. Influence of Trade on National CO_2 Emissions. International Journal of Global Energy Issues, 2005, 23 (4): 324-336.

[3] Glen P. Peters, Edgar G. Hertwich. Post-kyoto Greenhouse Gas Inventories: Production and Versus Consumption. Climatic Change, 2008, 86: 51-66.

[4] 魏本勇, 方修琦, 王媛等. 基于投入产出分析的中国国际贸易碳排放研究[J]. 北京师范大学学报: 自然科学版, 2009, 45(4): 413-419.

[5] Glen P. Peters, Edgar G. Hertwich. CO_2 Embodied in International Trade with Implications for Global Climate Policy [J]. Environ. Sci. Technol, 2008, 42 (5): 1401-1407.

[6] 齐晔, 李惠民, 徐明. 中国进出口贸易中的隐含碳估算 [J]. 中国人口·资源与环境, 2008, 18 (3): 8-13.

[7] 梁进社, 郑蔚, 蔡建明. 中国能源消费增长的分解——基于投入产出方法 [J]. 自然资源学报, 2007, 22(6): 855-864.

[8] 中国气候变化国别研究组. 中国气候变化国别研究 [M]. 北京: 清华大学出版社, 2009: 33-69.

[9] 李景华. SDA 模型的加权平均分解法及在中国第三产业经济发展分析中的应用 [J]. 系统工程, 2004, 22 (9): 69-73.

[10] 李艳梅. 中国城市化进程中的能源需求及保障研究 [D]. 北京交通大学博士学位论文, 2007: 65-84.

[11] Glen P. Peters. From Production-based to Consumption-based National Emission Inventories [J]. Ecological Economics, 2008, 65 (1): 13-23.

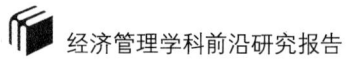经济管理学科前沿研究报告

Structural Decomposition Analysis on Carbon Emissions Growth Embodied in Exports in China

Li Yanmei[1]   Fu Jiafeng[2]

(1. Institute of Recycling Economy, Beijing University of Technology, Beijing 100124, China;
2. Impact Centre of Climate Change, Chinese Research Academy of Environmental Science, Beijing 100012, China)

Abstract: As a big country of exports trade, China's carbon emissions embodied in exports are comiderable and increasing continually. China's carbon emissions embodied in exports are evaluated using input-output analysis. Results show that carbon emissions embodied in exports are 290.61 Mt in 1997 and 940.69 Mt in 2007, accounting for 28.47% and 45.53% respectively of domestic production emissions. The paper uses structural decomposition analysis model to decompose carbon emissions embodied in exports growth in China from 1997 to 2007. The carbon emissions embodied in exports growth are decomposed into four parts: direct carbon intensity effect, intermediate technology effect, exports volume and structure effect. Results indicate that their contribution value is -638.95 Mt, 132.41 Mt, 1266.38 Mt and -109.77 Mt respectively. So exports volume effect is the key factor for carbon emissions embodied in exports growth. Intennediate technology effect also promotes carbon emissions embodied in exports increse. And direct carbon intensity and exports structure effect are factors for carbon emissions embodied in exports decrease, but their contribution value is less than exports volume's contribution value, so carbon emissions embodied in exports have increased continually.

Key Words: Exports Trade; Carbon Emissions Embodied in Exports; Input-output Analysis; Structural Decomposition Analysis Model

施用高效氮肥对农田 N_2O 的减排效果及经济效益分析 *

廖千家骅[1,2]　颜晓元[1]

(1. 中国科学院南京土壤研究所，土壤与农业可持续发展国家重点实验室，
江苏　南京　210008；2. 中国科学院研究生院，北京　100049)

【摘　要】收集高效氮肥 N_2O 排放资料，利用整合分析法分析高效氮肥对 N_2O 的减排效果，稳定性氮肥排放的 N_2O 是普通肥料的 0.66 倍，减排效果显著；包膜缓释氮肥 N_2O 排放量为普通氮肥的 0.95 倍，无显著减排效果。若将全国范围的普通氮肥替换为稳定性氮肥，且用 N 量不变时，稳定性氮肥在中国农田的 N_2O 减排潜力均值为 $1.03 \times 10^8 kgN/a$，碳排放交易收入为 16.86 亿元/a；根据现有市场上稳定性氮肥的价格，每亩地每季补贴 4.9 元，碳排放交易收入和稳定性氮肥成本增加量相抵，由于稳定性氮肥能有效提高 N 利用率，保证农作物吸 N 总量不变时减少用 N 量，稳定性肥料 N 利用率提高 8 个百分点时，N_2O 减排经济效益（即碳排放交易收入—稳定性氮肥成本增加量）为 94 亿元/a。

【关键词】稳定性氮肥；包膜氮肥；N_2O 减排；碳排放交易；经济效益

相对于普通氮肥而言，高效氮肥能减少氮在环境中损失从而提高氮肥利用率，高效氮肥可分为两类：一类是稳定性氮肥，指添加硝化抑制剂或脲酶抑制剂的氮肥或者施肥时添加一定比例的硝化抑制剂或脲酶抑制剂；另一类是包膜缓释氮肥，用半透性或不透性薄膜物质包裹速效性化肥颗粒，从而控制 N 释放速率。

施加高效氮肥能有效减少重要农业温室气体 N_2O 排放，IPCC 第四次评估报告指出了农业 N_2O 排放约占人为源总量的 42%，而中国是全球氮肥的重要消耗国，因此高效氮肥作为一种重要的 N_2O 减排手段，对中国农田 N_2O 的减排效果研究值得重视。据预测，2009 年中国高效肥料产能达到 250 万吨，产量约为 70 万吨，其中稳定性氮肥占总产量的绝大部分；而包膜缓释肥料由于成本相对较高、投资较大，发展速度相对缓慢。尽管高效肥料

---

* 本文选自《中国环境科学》2010，30（12）。
基金项目：国家自然科学基金资助项目（40621001）；中国科学院知识创新工程重要方向项目（KZCX2-YW-Q1-07）。
作者简介：廖千家骅（1984—），女，湖南邵阳人，中国科学院南京土壤研究所博士研究生，主要从事农业温室气体排放和减排对策研究，发表论文 5 篇。

发展迅速，但并未得到大规模应用。限制其推广的一个重要因素是价格偏高，因此评估高效肥料的经济效益能为决策者提供直接依据，以往研究人员在计算推广高效肥料的经济效益时，往往只考虑作物增产等直接经济效益，尚未考虑减少环境污染带来的经济效益。自《京都议定书》签订，碳排放交易随之开展，减少温室气体排放带来的经济效益也逐渐被量化，因此本研究试探讨施用高效氮肥减少 N_2O 排放的效果及经济效益研究。

一、高效氮肥对中国农田 N_2O 的减排效果分析

（一）N_2O 减排效果分析方法选择

利用整合分析法分析高效氮肥对农田 N_2O 的减排效果。整合分析法又名荟萃分析法或元分析法，基于现有研究成果，将众多研究结果合并进行分析得其普遍规律。由于中国数据太少，考虑亚洲地区与中国的气候相近，收集了亚洲地区有关高效氮肥的 N_2O 排放文献，将收集到的高效氮肥分成稳定性氮肥和包膜缓释氮肥两种类型。

减排效果计算方法是对一篇文献中，在同施氮量和相同管理方式下，添加高效肥料的 N_2O 排放量和添加普通肥料的排放量之比。利用 SPSS 统计软件中的 T 检验对结果进行统计分析。

（二）减排效果结果

共收集到来自 25 篇文献的 59 组减排效果，稳定性氮肥 40 组，包膜缓释氮肥 19 组。稳定性氮肥显著减少 N_2O 排放（T 检验，$P<0.001$），其减排效果均值及均值的 95% 置信区间分别为 0.66、0.59~0.73（图 1）。休闲地的减排效果最好，但由于结果仅来源于一篇文献，数量少结果可靠性不高。水田的减排效果均值 0.71 略高于旱地的 0.67，但不对称 T 检验显示两者无显著差异（$P>0.05$）。已知水稻田的水分管理方式对 N_2O 排放有较大影响，因此将水分状态分为持续淹水和间歇灌溉（表 1），结果显示前者高效氮肥的减排效果均值比后者低，但两者并未呈现显著差异（$P>0.05$）。

19 组包膜缓释氮肥减排效果均值为 0.95，95% 置信区间为 0.65~1.25，T 检验显示无显著差异（$P > 0.05$）。其中，水田均值看似有减排效果，但数量较少，95% 置信区间太大（–0.81~2.32），结果可靠性较差，旱地均值为 0.99，T 检验显示无显著减排作用。

Akiyama 等分析其他高效氮肥的 N_2O 减排数据，得含硝化抑制剂的高效氮肥减排效果均值为 0.62，包膜缓释肥料农田的减排效果均值为 0.9，与本结果相近。

（三）中国农田使用高效氮肥的 N_2O 减排效果

由于包膜缓释氮肥没有表现出显著的减排效果，因此仅考虑稳定性氮肥在中国范围的

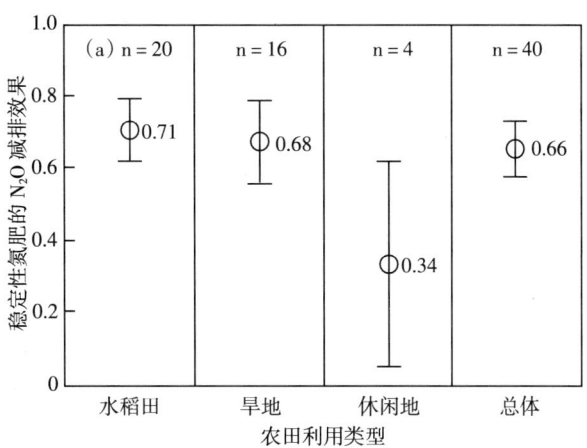

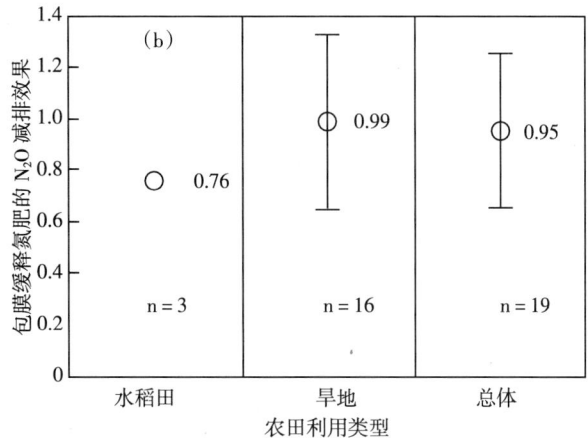

图 1　不同类型高效氮肥在不同农田利用类型中的 N_2O 减排效果

表 1　稳定性氮肥在不同水分管理方式水稻田的 N_2O 减排效果

浇灌方式	减排效果均值	均值95%置信区间	组数
持续淹水	0.63	0.43~0.84	6
间歇灌溉	0.77	0.68~0.86	14

N_2O 减排效应。假定中国范围内所有的普通氮肥均替换为相应的稳定性氮肥,根据 IPCC2006 指南和其他前人研究结果中的排放系数以及 1.2 节中所得到的减排效果,计算 N_2O 排放量和对应的减排量,详见式(1)和式(2):

$$稳定氮肥 N_2O 排放量 = \sum_i \sum_j N_{input} \cdot EF \cdot ME \cdot A \tag{1}$$

$$N_2O 减排量 = \sum_i \sum_j N_{input} \cdot EF \cdot (1 - ME) \cdot A \tag{2}$$

式中,i 表示省份;j 表示作物;N_{input} 表示单位面积用氮量,单位 kg/hm^2;EF 表示因

施加氮肥引起的 N_2O 直接排放系数；ME 表示稳定性氮肥的减排效果；A 表示播种面积，单位 hm^2。

各省的稻田和旱地的播种面积 A 参考 2009 年中国统计年鉴，各省稻田和旱地的单位面积用氮量 N_{input} 计算方法如下：由于豆类施氮量普遍较低，假定旱地中豆类单位面积用氮量（以 N 计）为 $50kg/hm^2$，由各省总用氮量减去豆类作物总用氮量后，除以其他作物总种植面积得其他作物的单位面积用氮量。

Monte-Carlo 方法能很好地应用于一些含不确定数值的计算，通过大量的随机数模拟得出更接近事实的不确定范围，因此，式（1）和式（2）中一些系数（如：ME、EF），通过 1.2 节结果和其他一些资料得到参数概率分布，利用基于 Matlab 编程的 Monte-Carlo 方法在概率区间内进行随机数取值，对每一个省的值进行 10000 次模拟，分别计算各省高效氮肥在稻田和旱地的 N_2O 减排潜力和不确定范围（其中减排潜力结果为 10000 次模拟均值）。表 2 表示减排系数和排放系数概率分布和取值范围。

表 2　不同作物类型的 N_2O 排放系数和减排系数

作物类型		减排系数	排放系数
稻田 *	持续淹水	取符合正态分布 N (0.63%, 0.08%) 95% 置信区间内的随机数	取符合正态分布 N (0.22%, 0.24%) 68% 置信区间内的随机数
	间歇灌溉	取符合正态分布 N (0.77%, 0.04%) 95% 置信区间内的随机数	取符合正态分布 N (0.37%, 0.35%) 68% 置信区间随机数
旱地		取符合正态分布 N (0.68%, 0.05%) 95% 置信区间内的随机数	取符合正态分布 N (1%, 2.8%) 位于区间 (0.3%~3%) 的随机数

注：* 持续淹水和间歇灌溉按 20% 和 80% 的可能性取值，利用 Monte-Carlo 取 0~1 内的均匀分布随机数，当随机数大于等于 0.2 取值为间歇灌溉，小于 0.2 为持续淹水。

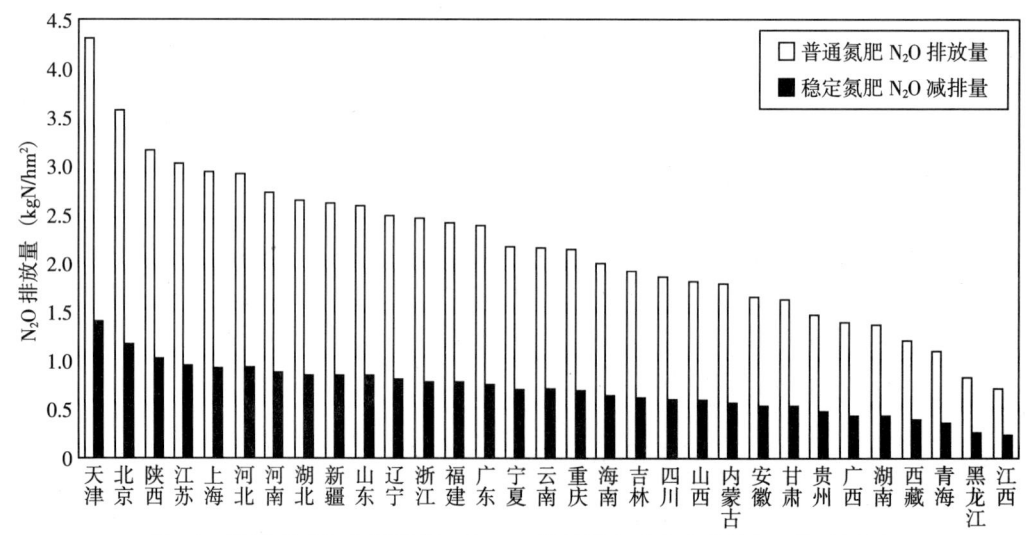

图 2　不同省份普通氮肥单位面积 N_2O 排放量和对应稳定性氮肥的减排量

若将全国范围内的普通氮肥替换为稳定性氮肥，且用 N 量不变时，得施用稳定性氮肥的 N_2O 减排均值为 $1.03×10^8 kgN/a$，95%概率区间为 $0.85×10^8$~$1.22×10^8 kg/a$；普通氮肥的 N_2O 排放总量为 $3.23×10^8 kg/a$，95%概率区间为 $2.7×10^8$~$3.74×10^8 kg/a$。图 2 为各省施加高效氮肥下的单位面积 N_2O 减排量和普通肥料下的排放量，两者呈正比关系，且增长趋势一致。经济较发达地区和旱地种植较多的省份 N_2O 排放量较高，减排量也较多，水稻大省江西、广西、湖南等地，豆类种植大省和经济欠发达省份单位面积的减排量也较低。

二、N_2O 减排潜力经济效益评估

（一）评估方法

评估经济潜力的方法有投入产出分析和 LCA 法等，由于本研究仅考虑温室气体排放部分带来的经济效益，故采用"收入—成本"分析法。

高效氮肥的使用能减少温室气体 N_2O 排放，而碳排放交易是将温室气体减排以经济效益的形式来衡量。碳排放交易是为促进全球温室气体减排放所采用的市场机制，合同的一方通过支付另一方获得温室气体减排额，买方可以将购得的减排额用于减缓温室效应从而实现其减排的目标。以每吨 CO_2 当量（tCO_2e）为计算单位，由于 N_2O 温室潜能是 CO_2 的 298 倍，因此每吨 N_2O 价格为每吨 CO_2 当量的 298 倍。本研究没有考虑粮食增产等直接经济效益，仅考虑高效氮肥的 N_2O 减排经济效益，即比较在全国范围内施加高效氮肥所减少的 N_2O 带来的温室气体经济收入和高效氮肥价格超过普通氮肥价格的成本增加费用，前面结果显示包膜缓释氮肥无减排作用，假定将全国范围内的普通氮肥替换成稳定性氮肥，N_2O 减排经济效益计算方法见式（3）~式（5）。

$$N_2O 减排经济效益 = ICETRN - ICSNF \tag{3}$$

$$ICETRN = 298 P_{CO_2} \cdot N_2O 减排量 \cdot 44/28 \tag{4}$$

$$ICSNF = \sum_i \sum_j \sum_k (a-1) \cdot (P/N)\% \cdot N_{input} \cdot A \tag{5}$$

式中，ICETRN 表示 N_2O 减排量的碳排放交易收入；P_{CO_2} 表示单位重量的碳交易价格；ICSNF 表示稳定性氮肥的成本增加费用；i 表示省份，j 表示作物类型，k 表示肥料类型，a 表示稳定性肥料价格和普通肥料价格的比值；P 表示现有普通氮肥的价格，元/kg；N%表示氮肥的含氮量；N_{input} 表示单位面积用氮量，单位是 kg/hm^2；A 表示播种面积，单位是 hm^2。

公式参数设置如下：北京环境交易所 2009 年 12 月发布的现有个人 CO_2 持股价 30 元/吨 CO_2，而且哥本哈根会议召开，低碳经济的呼声日益高涨，中国碳排放交易价格应该会上升。根据现有价格设置一个波动范围，因此设定 P_{CO_2} 为 30~40 元/吨 CO_2，在此区间取均

匀随机数。中国农田施加氮肥的主要类型为尿素和碳铵，假定全国的氮肥均为这两种，同时假定对应的稳定性肥料也只有稳定性尿素和稳定性碳铵。由于稳定性氮肥的抑制剂含量很少，认为稳定性氮肥的含氮量和对应的普通氮肥一致，肥料类型的使用比重和价格等具体数值见表3。设置不同水平的稳定性肥料价格和普通肥料价格比值［式（5）中a］，假定其变异系数为10%，取符合正态分布 N（a，0.1a）95%置信区间内的随机数，运用基于Matlab编程的Monte-Carlo方法对随机数取值，进行10000次模拟，得全国稳定性氮肥的N_2O减排经济效益。

表3　氮肥信息及来源

项　目	数　据	来　源
普通氮肥价格	尿素（含氮量46%），1750~1800 元/吨，价格在此区间取均匀随机数 碳铵（含氮量17.1%），500~600 元/吨，价格在此区间取均匀随机数	中国肥料网*
氮肥类型	水田（尿素∶碳铵＝0.8∶0.2） 小麦（尿素∶碳铵＝0.76∶0.24） 豆类（尿素∶碳铵＝0.8∶0.2） 其他旱地（尿素∶碳铵＝0.8∶0.2）	2009 中国农业统计年鉴； 中国成本网

注：* 为2010年3月报价。

（二）结果分析

若将中国农田的普通氮肥替换为稳定性氮肥，且氮肥施用量不变时，由前文中所计算的减排量得减少的全球变暖潜势均值（以CO_2计）为$4.83×10^8$kg/a，ICETRN 为16.86亿元/a。a 为1.018时，即每吨稳定性氮肥的价格超过普通肥料价格的1.8%，N_2O减排经济效益为0。

目前沈阳应用生态研究所研发的稳定性肥料占总量的85%以上，基本配置为：添加相当于普通尿素重量0.1%~0.3%的氢醌（HQ）和1%~3%的对苯二酚（DCD）；添加相当于普通碳铵重量0.4%的DCD。网上查得氢醌的报价为22000~42000 元不等，DCD 报价为10400~12100 元不等，由此计算得，目前市场上稳定性氮肥价格高出普通氮肥价格约15%，即a 为1.15。此时N_2O减排经济效益为-115亿元/年（图3中的B点），除以全国农作物播种面积，每亩地每季需补贴4.9 元。

稳定性肥料能有效提高氮肥利用率，从而降低氮肥施用量。目前我国普通氮肥当季 N 利用率为28%~41%，均值为33.7%；研究表明稳定性氮肥可提高 N 利用率2.23~16.8 个百分点。假定稳定性氮肥的效率平均提高8 个百分点，而作物的总需氮量不变，如果在全国范围内用稳定性氮肥替代普通氮肥，则氮肥总用量可减少19%，N_2O排放可减少$14.5×10^8$kgN/a，换算为碳排放交易价格为23.9亿元/年。当N_2O减排经济效益为0 时，施稳定性氮肥的增加费用为23.9亿元/年，此时稳定性氮肥的单位价格是普通氮肥的1.26 倍（图3中的A点）。当我们考虑稳定性氮肥 N 利用率提高5 个百分点时，即减少11%的用氮量，此时N_2O减排经济效益为0（图3中的C点）。而现今稳定性氮肥市场价格是普通氮肥的

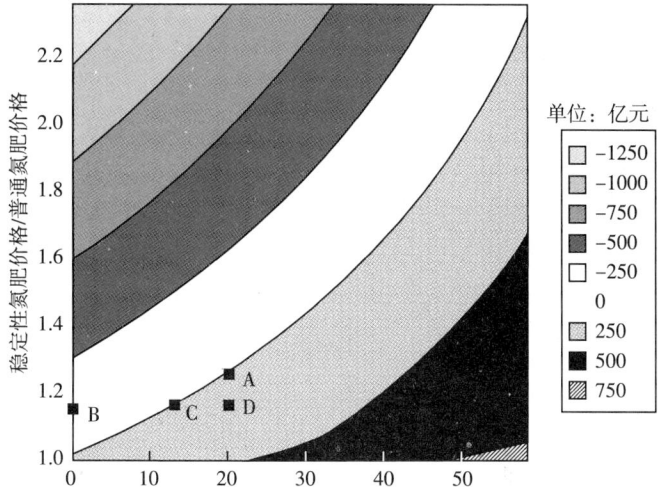

图3 稳定性氮肥和普通氮肥的价格比、因施稳定性氮肥减少的用氮量和 N_2O 减排经济效益关系

1.15 倍,且能提高 8 个百分点的氮利用率,即减少 19% 的用 N 量时, N_2O 减排经济效益为 94 亿元/年(图 3 中的 D 点),每亩地每季收入 4 元。在这 94 亿元中,约 24 亿元来源于 N_2O 减排量的碳排放交易收入,占总量的 26%,其余的 70 亿元来源于减少的肥料用量。

三、结　论

(1)采用整合分析法分析高效氮肥对农田 N_2O 的减排效果,稳定性氮肥的 N_2O 排放是普通肥料的 0.66 倍,有显著减排效果,其中水稻田和旱地的减排效果并无显著差异;包膜高效氮肥无显著减排效果。

(2)若将全国范围内的普通氮肥替换为稳定性氮肥,且施氮量不变时,稳定性氮肥 N_2O 减排潜力为 1.03×10^8 kg/a,平均减排系数为 0.68, N_2O 减排量的碳排放交易收入为 16.86 亿元/年。稳定性氮肥价格超过普通氮肥价格的 1.8%, N_2O 减排经济效益收支平衡。而现有稳定性氮肥价格是普通氮肥价格的 1.15 倍,每亩地每季需补贴 4.9 元。

(3)稳定性肥料能提高 N 利用率,保证农作物吸收 N 素总量不变,相应地减少施氮量,根据现有稳定性氮肥价格,当稳定性氮肥 N 利用率提高 5 个百分点时,即减少 12% 的用 N 量, N_2O 减排经济效益为 0。而现有稳定性氮肥一般能提高 8 个百分点的 N 利用率,此时 N_2O 减排经济效益为 94 亿元/年,每亩地每季收入 4 元,具有一定的经济潜力。

参考文献

[1] Grant C. Policy aspects related to the use of enhanced-efficiency fertilizers: viewpoint of the scientific community [M] // Mosier A., Galloway J. IFA International Workshop on Enhanced-Efficiency Fertilizers,

2005: 1-11.

[2] 李香兰, 徐华, 蔡祖聪. 氢醌、双氰胺组合影响稻田甲烷和氧化亚氮排放研究进展 [J]. 土壤学报, 2009, 46 (5): 917-924.

[3] Intergovernmental Panel on Climate Change (IPCC). Climate change 2007: the Physical Science Basis [C]. Cambridge, Unite Kingdom and New York, NY, USA: Cambridge University Press, 2007.

[4] 胡敏. 缓释之发展任重而道远——浅谈我国缓释肥行业发展现状与未来方向 [J]. 中国化肥信息, 2010 (19): 19-22.

[5] 王继光, 葛继勇. 荟萃分析的价值与意义 [J]. 中华高血压杂志, 2007, 15 (5): 355-357.

[6] 曹兵, 贺发云, 徐秋明. 南京郊区番茄地中氮肥的气态氮损失 [J]. 土壤学报, 2006, 43 (1): 62-68.

[7] Cao B., He F. Y., Xu Q. M., et al. Denitrification losses and N_2O emissions from nitrogen fertilizer applied to a vegetable field [J]. Pedosphere, 2006, 16 (3): 390-397.

[8] Yue J., Shi Y., Liang W., et al. Methane and nitrous oxide emissions from rice field and related microorganism in black soil, Northeastern China [J]. Nutrient Cycling in Agroecosystems, 2005, 73: 293-301.

[9] Ghosh S., Majumdar D., Jain M. C. Methane and nitrous oxide emissions from an irrigated rice of North India [J]. Chemosphere, 2003, 51: 181-195.

[10] Kumar U., Jain M. C., Pathak H., et al. Nitrous oxide emission from different fertilizers and its mitigation by nitrification inhibitors in irrigated rice [J]. Biol. Fertil. Soils, 2000, 32: 474-478.

[11] Majumdar D., Kumar S., Pathak H., et al. Reducing nitrous oxide emission from an irrigated rice field of North India with nitrification inhibitors [J]. Agriculture Ecosystems and Environment, 2000, 81: 163-169.

[12] Majumdar D., Pathak H., Kumar S. Nitrous oxide emission from a sandy loam Inceptisol under irrigated wheat in India as influenced by different nitrification inhibitors [J]. Agriculture, Ecosystems and Environment, 2002, 91: 283-293.

[13] Pathak H., Bhatia A., Prasad S., et al. Emission of nitrous oxide from rice-wheat systems of Indo-Gangetic plains of India [J]. Environmental Monitoring and Assessment, 2002, 77: 163-178.

[14] Malla G., Bhatia A., Pathak H. Mitigation nitrous oxide and methane emissions from soil in rice-wheat system of the IndoGangetic plain with nitrification and urease inhibitors [J]. Chemosphere, 2005, 58: 141-147.

[15] Abao E. B., Bronson K. F., Wassmann R., et al. Simultaneous records of methane and nitrous oxide emissions in rice-based cropping systems under rainfed conditions [J]. Nutrient Cycling in Agroecosystems, 2000, 58: 131-139.

[16] Cheng W., Nakajima Y., Sudo S., et al. N_2O and NO emissions from a field of Chinese cabbage as influenced by band application of urea or controlled-release urea fertilizers [J]. Nutrient Cycling in Agroecosystems, 2002, 63: 231-238.

[17] Akiyama H., Tsuruta H., Watanabe Takeshi. N_2O and NO emissions from soils after the application of different chemical fertilizers [J]. Chemosphere, Global Change Science, 2000, 2: 313-320.

[18] Jumadi O., Hala Y., Muis A. B. D. Influences of chemical fertilizer and a nitrification inhibitor on greenhousegas fluxes in a corn fields in Indonesia [J]. Microbes Environment, 2008, 23 (1): 29-34.

[19] Amitosh V., Larisha T. Attenuation of N_2O emission rates from agricultural soil at different dicyandi-

amide concentrations [J]. Environment Monitor Assess, 2008, 137: 287-293.

[20] Cheng W. G., Sudo S., Tsuruta H., et al. Temporal and spatial variations in N_2O emissions from a Chinese cabbage field as a function of type of fertilizer and application [J]. Nutrient Cycling in Agroecosystems, 2006, 74: 147-155.

[21] Chu H. Y., Hosena Y., Yagi K. N_2O, CH_4 and CO_2 fluxes in winter barley field of Japanese andisol as affected by N fertilizer management [J]. Soil Biology and Biochemistry, 2007, 39: 330-339.

[22] Li X. L., Zhang G. B., Xu H., et al. Effect of timing of joint application of hydroquinone and dicyandiamide on nitrous oxide emission from irrigated lowland rice paddy field [J]. Chemosphere, 2009, 75: 1417-1422.

[23] Mao X. Y., Sun K. J., Han W. D., et al. Controlled release fertilizer (CRF): A green fertilizer for controlling non-point contamination in agriculture [J]. Journal of Environmental Sciences, 2005, 7 (2): 181-184.

[24] Akiyama H., Tsuruta H. Effect of chemical fertilizer form on N_2O, NO and NO_2 fluxes from Andisol field [J]. Nutrient Cycling in Agroecosystems, 2002, 63: 219-230.

[25] Hou A. X., Tsuruta H. Nitrous oxide and nitric oxide fluxes from an upland field in Japan: effect of urea type, placement, and crop residues [J]. Nutrient Cycling in Agroecosystems, 2003, 65: 191-200.

[26] Shoji S., Delgado J., Mosier A., et al. Use of controlled release fertilizers and nitrification inhibitors to increase nitrogen use efficiency and to conserve air and water quality [J]. Communications in Soil Science and Plant Analysis, 2001, 32: 1051-1070.

[27] Yan X. Y., Hosen Y., Yagi K. Nitrous oxide and nitric oxide emissions from maize field plots as affected by N fertilizer type and application method [J]. Biology and Fertility of Soils, 2001, 34: 297-303.

[28] 李方敏, 樊小林, 刘芳等. 控释肥料对稻田氧化亚氮排放的影响 [J]. 应用生态学报, 2004, 15 (11): 2170-2174.

[29] 黄国宏, 陈冠雄, 张志明. 玉米田 N_2O 排放及减排措施研究 [J]. 环境科学学报, 1998, 18 (4): 344-349.

[30] 曹兵, 贺发云, 徐秋明. 露地种植大白菜的氮肥效应与氮素损失研究 [J]. 植物营养与肥料学报, 2007, 13 (6): 1116-1122.

[31] Cai Z. C., Xing G. X., Yan X. Y., et al. Methane and nitrous oxide emissions from rice paddy fields as affected by nitrogen fertilizers and water management [J]. Plant and Soil, 1997, 196: 7-14.

[32] Akiyama H., Yan X. Y., Yagi K. Evaluation of effectiveness of enhanced-efficiency fertilizers as mitigation options for N_2O and NO emissions from agricultural soils: meta-analysis [J]. Global Change Biology, 2009, doi: 10.1111/ j.1365-2486.2009.02031.x.

[33] Akiyama H., Yagi K., Yan X. Y. Direct N_2O emissions from rice paddy fields: Summary of available data [J]. Global Biogeochemical Cycles, 2005, 19, GB1005, doi: 10.1029/2004GB002378.

[34] Intergovernmental Panel on Climate Change (IPCC). 2006 IPCC guidelines for national greenhouse gas inventories, Inst. for global environ. Strategies [R]. Hayama, Japan: 2007.

[35] Bouwman A. F., Boumans L. J. M., Batjes N. H. Emissions of N_2O and NO from fertilized fields: Summary of available measurement data [J]. Global Biogeochemical Cycles, 2002, 16, doi: 10.1029/2001 GB001811.

[36] Yan X. Y., Akiyama H., Yagi K., et al. Global estimations of the inventory and mitigation potential

of methane emissions from rice cultivation conducted using the 2006 Intergovernmental Panel on Climate Change Guidelines [J]. Global Biogeochemical Cycles, Vol. 23, GB2002, 2009, doi: 10.1029/2008 GB 003299.

[37] 顾吉青, 金保升, 肖军等. 基于LCA的稻秸合成甲醇的环境经济成本分析 [J]. 中国环境科学, 2009, 29 (11): 1221-122.

[38] 蒋洪强, 牛坤玉, 曹东. 污染减排影响经济发展的投入产出模型及实证分析 [J]. 中国环境科学, 2009, 29 (12): 1327-1332.

[39] 王德忠, 曹承绵. 长效尿素的研制生产与应用 [J]. 土壤通报, 2003, 34 (2): 112-114.

[40] 杜欣, 张泰. 长效碳酸氢按理化特性及增产机理的研究 [J]. 辽宁化工, 1998, 27 (4): 208-211.

[41] 朱兆良, 文启孝. 中国土壤氮素 [M]. 南京: 江苏科学技术出版社, 1992.

[42] 李虎, 唐启源. 我国水稻氮肥利用率及研究进展 [J]. 作物研究, 2006, 20 (z1): 401-408.

[43] Rodger G. A., Penny A., Hewitt M. V. Effects of nitrification inhibitors on uptakes of mineralized nitrogen and on yields of winder cereals grown on sandy soil after ploughing old grassland [J]. Science Food Agriculture, 1985, 36: 915-924.

[44] Xu X. K., Zhou L. K., Cleemput O. V., et al. Fate of urea-^{15}N in a soil-wheat system as influenced by urease inhibitor hydroquinone and nitrification inhibitor dicyandiamide[J]. Plant and Soil, 2000, 220: 261-270.

[45] 何秋香. 硝化抑制剂的农业效应研究 [D]. 广州: 华南热带农业大学, 2004: 46-47.

N_2O Mitigation Effects and Economic Impacts from Enhanced-efficiency N Fertilizers from Fields in China.

Liao Qianjiahua[1,2], Yan Xiaoyuan[1]

(1. State Key Laboratory of Soil and Sustainable Agriculture, Institute of Soil Science, Chinese Academy of Sciences, Nanjing 210008, China;
2. Graduate University of Chinese Academy of Sciences, Beijing 100049, China).
China Environmental Science, 2010, 30 (12): 1695-1701

Abstract: Enhanced-efficiency N fertilizers, including stabilized N fertilizers with inhibitors and coated N fertilizers, can increase N utilization efficiencies. We collected data on N_2O emission of enhanced-efficiency N fertilizers from publications and analyzed their mitigation effects by meta-analysis. The average N_2O emission from stabilized N fertilizers was 0.66 times of that from corresponding common N fertilizers. The average mitigation effects was 0.95, with no significant roles (p>0.05). Using stabilized N fertilizers instead of common N fertilizers with the same N amount in China, combining with nitrogen fertilizer and crop data from Statistic Yearbook of China, we calculated the mitigation amount of stabilized N fertilizers from fields in China as 1.03×10^8 kg N in 2009 by Monte-Carlo simulation. Multiplying the current price of CO_2, the income from N_2O reduced emission with applying with stabilized N fertilizers was 16.86 million per year. For stabilized N fertilizers could promote N utilization efficiencies, the economic benefits were 94 million per year with N utilization efficiencies increased by 8 percent point in current level.

Key Words: Stabilized N Fertilizers; Coated N Fertilizers; N_2O Mitigation; CO_2 Emission Trading; Economic Impacts

环境保护、能源替代和经济增长[*]
——国内外理论研究综述

曹玉书　尤卓雅

(浙江大学，杭州　310027)

【摘　要】 20世纪70年代以来，很多学者基于增长模型的角度对能源消耗和经济增长的关系进行了研究，但所得到的结论都较为悲观。近年来，经济学者开始考虑通过政府管制、技术进步和能源替代来纠正污染问题和资源过度消费带来的经济扭曲。本文基于新经济增长理论的视角，从三个方面（不同环境管制工具的政策效果及其对经济体和能源系统的影响，能源技术创新对经济增长的影响，能源替代对实现可持续发展的作用）对国内外涉及能源、环境和经济增长的研究进行梳理。

【关键词】 污染管制；环境保护；能源替代；经济增长

一、引　言

工业革命以来，随着科技的进步，人类利用能源发展经济的能力越来越强，能源的大规模开发及利用对经济社会的发展尤其是工业化起到了重要的推动作用。然而，化石能源的不可再生性及其在生产和消费过程中带来的环境污染问题和温室效应问题，对生态和社会构成了巨大的挑战，引起了经济学者和政府决策者对经济增长的可持续性、资源和环境对增长的制约等诸多问题的质疑和讨论。相关的国内外文献将能源作为单独的必要的一种要素投入，考察能源与经济增长的关系，以及能源与其他要素的关系，但所得到的结论都较为悲观，即自然资源与经济发展之间存在负的相关关系。

为了弥补20世纪70年代以来增长模型关于能源耗竭、经济崩溃这一悲观结论，近年

---

[*] 本文选自《经济理论与经济管理》2010年第6期。
基金项目：国家社会科学基金项目（09CGJ013）；"211"工程三期重点学科建设项目"西部大开发与区域发展理论创新"。
作者简介：曹玉书（1949—），男，黑龙江双城人，浙江大学西部发展研究院院长，教授，博士生导师；尤卓雅（1984—），女，浙江宁波人，浙江大学经济学院博士研究生。

来相关学者沿着新增长理论方向进行了经济与能源协调发展条件的研究，即在内生增长模型中引入环保政策、节能技术和可再生能源等因素，通过政府管制、技术进步和能源替代来纠正污染问题和资源过度消费带来的经济扭曲。本文从环境管制工具、能源技术创新、替代能源的应用三个方面，对国内外的相关理论研究进行梳理，探讨如何在不削弱经济和社会发展的前提下，过渡到一个较安全、低碳的能源系统。

二、基于增长理论的国外研究进展

（一）能源消耗和环境管制

新古典增长模型的基本假设为生产要素的边际报酬递减，因此即使把环境污染或资源纳入考量，结论仍与原来模型相似，即经济增长由外生的技术进步来达成，无法分析政策对经济增长的影响。为了克服新古典增长模型的缺陷，1990年后出现了与环境保护相结合的内生增长模型。在真实的社会中，环境污染问题往往来自于不可再生资源的使用，许多文献指出，石油、煤炭等化石能源的使用是环境污染的主要来源，因此文献中关于环境污染的动态调整方程一般基于以下三种形式：

$$\dot{P} = Ex \tag{1}$$

$$\dot{P} = Ex - \xi P \quad \xi > 0 \tag{2}$$

$$\dot{P} = f(x_1, x_2, x_3, \cdots) \tag{3}$$

式（1）表示污染存量 $\dot{P}$ 完全来自于不可再生能源 Ex 的消耗。式（2）表示污染存量 $\dot{P}$ 和不可再生能源 Ex 有关以外，还与生态系统的自净率 ξ 有关。式（3）表示污染存量和众多原因相关，其中 $(x_1, x_2, x_3, \cdots)$ 可表示为能源消耗、政府政策等因素。索尔（Schou）的研究在环境管制文献中一直被奉为经典，我们通过考察该模型，可以对此类模型的特点有一个较为清晰的认识。

索尔（Schou）将治理污染的资金来源分为民间投入和政府投入，通过构建包括消费性生产部门、不可再生资源使用部门、人力资本部门的三部门增长模型，分析环境污染、资源消耗与经济增长的关系。生产函数、[①] 人力资本积累方程、污染方程[②] 分别表示为：

$$Y_t = B_1 K_t^{\theta_1} (u_t h_t N_t)^{\theta_2} Ex_t^{\theta_3} \quad (0 < B_1 < 1) \tag{4}$$

---

① 代表性家庭在每一时期的总时间为1单位，u_t 为代表性家庭在 t 期的劳动时间，$0 < u_t < 1$，θ_1，θ_2，θ_3 分别为实物资本、有效劳动力、能源的产出弹性，$\theta_1 + \theta_2 + \theta_3 = 1$。
② α_1 为代表性家庭生产者提供的治污支出的排放弹性，该值越大污染排放越少；α_2 为能源的污染排放弹性，该值越大排放量越多；α_3 为政府部门治污支出排放弹性，该值越大政府治理效果越显著。

$$\dot{h}_t = B_2 (1 - u_t - l_t) h_t \quad (0 < B_2 < 1) \tag{5}$$

$$\dot{P} = B_3 M_t^{-\alpha_1} E_{Xt}^{\alpha_2} G_{tt}^{-\alpha_3} \tag{6}$$

式中，Y_t、K_t、E_{Xt} 分别为 t 期的社会总产出、资本投入和不可再生资源投入；$\dot{h}_t$ 表示代表性家庭在第 t 期对人力资本的投资；$u_t h_t$ 为有效劳动时间；$u_t h_t N_t$ 为有效劳动力；$1 - u_t - l_t$ 为代表性家庭在 t 期从事学习活动的时间；$\dot{P}_t$ 为 t 期的排污总量；B_1、B_2、B_3 为排污的技术参数；M_t 为代表性家庭自愿提供的污染防治支出；G_t 表示政府提供的污染防治支出。研究结果表明，经济增长率可能为正也可能为负，要依据参数大小而定，但不存在正外部性的经济增长率必然小于存在正外部性的经济增长率的情况。如果不可再生资源对产出的影响越大，由于数量有限，人们会节约资源的使用量，致使经济增长率下降。当不存在人力资本的正外部性，且存在环境污染的负外部性时，政府干预对平衡增长路径没有影响，资源在没有使用成本的情况下，其边际生产率与负外部性的增长速度相同，跨期最优不受影响，环境管制没有必要。当存在人力资本的正外部性且污染的负外部性不存在时，存在政府干预的经济增长率及人力资本的增长率，将大于不存在政府干预的经济增长率及人力资本的增长率。

（二）管制工具和环保效果

环境政策工具包括污染税、排污标准、排污权交易、研发补贴、可再生能源生产补助、能源税等，其中污染税、排污标准、排污权交易、能源税属于事后管理，研发补贴和可再生能源生产补贴属于事前管理，不同的环保政策会对经济体产生不同的影响，目前从增长理论的角度对其进行研究的文献较少。波特（Peretto）认为，政府可以运用不同的税收方式为治污支出融资。他通过拓展索尔（Schou）的增长模型，分别探讨了征收所得税或征收污染税两种融资方式对能源强度和经济增长的影响，发现不同的融资方式对经济增长的影响存在差异。

多数将环境因素引入内生增长模型的研究表明，环保政策通常会使企业的生产成本增加，导致企业的投资意愿低落，因此不利于经济增长。杰森（Jensen）指出，得出此结论的主要原因是相关文献将关注点集中于政府的环保管制的事后效应，即环保政策对企业污染活动的限制，而没有考虑企业选择是否进入某行业时的事前环保投入对其行为的影响。他通过运用动态一般均衡模型，[①] 分析了事前的环保政策和事后的环境管理工具对经济增长的影响。其中最终产品部门的生产函数、中间产品部门的生产函数、污染的累积方程和政府部门的污染支出分别表示为：

$$Y = \left[\int_0^N y_i^\eta d_i \right]^{\frac{1}{\eta}} \tag{7}$$

---

① 该模型允许厂商可以自由选择是否进入市场，利用该特质可以讨论事前环境管理政策如何影响厂商进入市场的决策进而影响经济体的均衡。

$$y_t = Ak_i^{\theta_1} e_{xi}^{\theta_2} h_i^{\theta_3} h_i^{\theta_4} - \mu \qquad (8)$$

$$\dot{P} = (\int_0^N e_{xi}\,di/G) - \xi P \qquad (9)$$

$$G = \int_0^N \tau_e e_{xi}\,di - TR \qquad (10)$$

式中，Y 为最终产出；y_i 为各种中间产品；k_i，h_i 为中间产品生产过程中使用的资本和有效劳动；e_{xi} 表示当期第 i 个中间厂商使用的不可再生能源；τ_e 为排污税税率；μ 表示企业进入市场的前期环保投入；G 表示政府的治污支出，TR 表示政府的转移支付。

经过严格的数理分析和模型推导，得到以下结论：政府治污支出份额较小时，经济体存在唯一均衡，当政府的污染支出份额足够大时，经济体存在多重均衡。政府的污染防治支出不仅可以有效地减缓经济体系的平衡问题，而且能加速经济增长。污染税可以有效地降低污染存量，在一定条件下（环境负外部性大于污染的产出弹性时），污染税的征收可以促进经济增长。降低或是政府补贴进入企业的前期环保投入，将吸引更多的企业进入，进而促进经济增长。

（三）可再生能源和增长极限

从能源的发展历程看，能源的开发和利用随着人类历史的演进，不论是形态还是数量都是不断发展变化的。奥琳和萨洛（Olli and Salo）通过研究能源使用的历史路径，认为人类对能源的使用存在这样的动态演化过程：可再生能源—不可再生能源—可再生能源。格里茅迪和罗洁（Grimaud and Rouge）指出，关于能源系统和经济增长的研究，不能停留在对石油、煤炭等耗竭性能源的探讨上，而应将太阳能、生物质能、水电等新型、清洁的可再生能源纳入考察范围。

对于常规能源，经济学者在经济增长过程的研究中给予了重要的关注，而对于可再生能源，正是由于其"再生"性，人们对其存量的利用和增量的开发不像对不可再生能源那样重视，很少有文献考虑可再生能源在能源系统和经济增长中的作用。在增长模型中，处理不可再生能源和可再生能源的最大区别在于动态积累方程的设定：

$$\dot{S} = -Ex \qquad (11)$$

$$\dot{S} = \eta S - E_R, \quad \eta > 0 \qquad (12)$$

$$\dot{S} = \eta(S) S - E_R, \quad \eta'(S) > 0 \qquad (13)$$

式中，$\dot{S}$ 表示资源的存量；Ex 表示不可再生能源的消耗；E_R 表示可再生能源的消耗。

现有的文献，一般将不可再生能源的动态方程设定为式（11），表示石油、煤炭等常规能源的不可再生性，导致资源不可逆地减少；对于可再生能源动态方程的设定则有式（12）和式（13）两种形式，表示可再生能源的再生率分别为外生给定和内生给定。西蒙（Simone）和尼古（Nguyen）等人将能源分为不可再生能源和可再生能源，引入生产函数，在内生增长模型的框架下分析经济的动态过程，通过严格的数理推导，得出了经济体的平衡增长路径和稳态时鞍点的存在性。尼古和万（Nguyen and Van）认为，如果经济体中存在一个社会计划者，通过合理安排可再生能源和不可再生能源的消费比例，经济体可在最优路径实现持续发展。西蒙等人（Simone, et al.）的研究结果表明，实现经济持续增长的唯一路径是在使用不可再生能源的同时，加强可再生能源的替代投资，建立补偿机制，改善能源消费结构和消费曲线。上述模型中关于能源"再生性"的处理对维持社会福利、实现经济持续增长具有重大意义。

（四）节能技术和能源替代

新增长理论强调内生的研发和创新是促进技术进步和经济增长的决定性因素。通过研发推动能源技术进步，使得能源产品的数量和质量不断提高，促进能源效率和能源结构的改善。

阿佐玛豪等人（Azomahou, et al.）在增长模型中探讨了先进的节能技术和市场中原有的能源技术相互竞争和替代对能源消耗和经济增长的影响。模型中假定能源和资本在生产过程中存在一定的互补性，且得到同等产出时，使用节能技术的新设备比使用原有技术的设备消耗更少的能源。结果表明，节能技术研发补贴的作用很大程度上取决于能源的市场结构，经济增长率则取决于能源价格和资本贴现率。当能源市场为竞争性市场时，企业可以自由进入和退出，政府增加研发补贴，则企业会增加节能技术投资；反之，如果能源市场处于垄断状态，政府增加研发补贴则得不到上述结果。西蒙（Simone）在一个更为一般的模型下，考察了资源的可再生性、技术进步、实物资本的折旧、人口增长以及资源开采成本对经济可持续发展的影响。他指出，对于任何规模报酬不变的技术，当社会的贴现率超过技术进步所带来的资源增长率时，（消费/资本）的增长率为负，在长期人均消费必然减少，经济不能实现平衡增长。在西蒙的模型中，可再生能源对能源系统的补偿和技术进步是至关重要的，这也是消费维持平衡增长路径的关键因素。杰士泊（Giuseppe）考虑了不可再生能源和可再生能源在技术上替代程度的变化，考察技术变革对可再生能源的生产成本、经济增长率的影响。他的研究结果表明，如果可再生能源和不可再生能源在技术上不能实现完全替代，那么经济体就不能找到最佳的发展路径。如果可以消除不同形式能源间的技术壁垒，提高新能源对常规能源的替代程度，那么，这将有力地缓解经济体对资源的依赖，并且通过征收庇古税或实行废物循环再造，增加可再生能源的原料供给，就可以提高资源的使用效率，减少不可再生资源的开采量，对经济体产生积极的作用。

资源与环境经济学学科前沿研究报告

三、基于增长理论的国内研究进展

（一）能源消耗和经济增长

在增长理论模型中，考察经济增长与能源消耗关系的国内研究主要关注以下问题：能源消耗的环境外部性和经济增长之间的关系；如何通过技术进步跨越增长极限和能源耗竭的阀值。于渤等人建立了同时考虑能源资源耗竭、环境阀值限制与环境治理成本的内生增长模型，探讨可持续发展的必要条件，即能源耗竭速率、污染治理的投入比例与经济增长之间应满足的动态关系，其结论是，开发化石能源的替代产品是保障经济长期稳定增长的前提。张彬和左晖建立了一个在能源和环境双重约束下的内生增长模型，讨论环保投入在环境保护和经济增长中的作用。他们认为，在能源和环境的双重约束下，维持经济持续增长必须促进人力资本积累，提高环保投资效率及其对改善环境质量的贡献率，降低能源强度并加大可再生能源的开发。只有依靠能源节约和循环经济，促进技术进步和增长方式的转变，保护自然环境和生态平衡，我国才能实现可持续发展。彭水军扩展了基于水平创新的四部门增长模型，探讨人口增长、资源耗竭、技术进步与经济增长的关系。他认为，分权体制下的市场均衡往往是非帕累托最优的，因为分权体制会导致垄断定价和外部性，造成效率损失。政府对经济的适当干预是必要的，政府对中间产品的购买及研发补贴，可以提高平衡增长路径上的增长率。较高的人力资本积累以及 R&D 产出效率，一定程度上可以补偿资源消耗、人口增长的负效应，进而维持经济发展。邵帅将一个被动接受技术外溢的劳动密集型的自然资源开采部门引入增长模型，认为资源开发对技术创新有挤出效应。优越的资源禀赋和较高的资源价格会吸引人力资本从事简单的初级资源开采活动，从而减少了制造业和研发部门的人力资本配置，抑制了技术创新和经济增长。

（二）技术进步和可再生能源

国内将环境保护、能源替代和经济增长相结合的研究起步较晚，从内生增长理论模型的角度来阐述可再生能源对经济系统影响的相关研究更是凤毛麟角。杨宏林等人建立了一个包含可再生能源的增长模型，在一定参数条件下，通过数学推演，得到了经济系统消费路径的显式解。他们的研究结果表明，效用贴现率、能源再生率、生产函数中的技术参数都对消费路径有影响。贴现率越小、能源再生率越大或技术水平越高，消费峰值就越大，所需时间就越长，消费路径就越平缓，经济增长也就越平稳。杨宏林等人认为，政府应通过经济和行政调控，调节模型中的参数，以实现经济的持续增长。政府应利用财税政策、金融政策，调节消费者的效用贴现率；加强对新能源技术的支持和投入，提高能源的再生率；加强 R&D 投入和人力资本开发。陶磊等人认为，可再生资源有其自身的特性，不同于化石燃料等耗竭性资源。他们通过假设技术进步取决于研发投入，建立了一个包含可再生资源的内生增长模型，并得到如下结论：可持续增长不能单方面强调技术进步，对可再生资源的合理利用也是实现可持续增长的有效途径。后勇等人在内生增长模型框架下考察了能源需求、温室气体（GHG）排放、可再生能源在能源结构中所占比例等因素对经济发展的影响。他们提出了3个政策建议：一是通过行政和财政的手段，引导国民经济系统按最优动态投资策略对可再生能源进行持续投入，确保可再生能源对化石能源的替代比例按平衡增长路径上升，以减缓温室气体和环境退化问题。二是将化石能源的市场价格维持在适当的高位，使替代能源产业有利可图并稳定发展。三是对替代能源产业予以减免税等财政支持。

四、简 评

本文涉及的关于能源、环境和经济关系的研究基本上是围绕以下两个问题展开的：一是如何通过环境政策来纠正能源消耗产生的污染问题；二是如何通过节能技术进步和可再生能源开发来突破能源约束和增长极限。目前在新增长理论框架下，探讨能源替代对经济增长影响的文献还很少。鉴于可再生能源所具有的各项特性，分析其在经济增长和能源系统中所扮演的角色，将为经济增长理论提供新的研究课题，这不仅有助于可再生能源研发的经济性分析，而且亦有助于掌握经济增长的动态过程。关于资源消耗、环境管制、能源替代和经济增长的相关研究尚未形成完整的理论体系，有待不断深入和拓展。国内对于经济增长中的能源安全、环境安全的研究起步较晚，运用增长模型来阐述能源、环境与经济发展的文献更是有限，还谈不上理论发展和创新。在我国工业化进程中，对能源的大量消耗不可避免，引进和消化国外研究成果，对促进我国能源结构的调整，积极开发和应用可再生能源，推进可持续发展具有重要的理论和现实意义。

参考文献

[1] P. Schou. Polluting Non-renewable Resources and Growth [J]. Environmental and Resource Economics, 2000, 16 (2).

[2] P. Peretto. Energy Taxes and Endogenous Technological Change [J]. Journal of Environmental Economics and Management, 2008, 45 (4).

[3] H. Jensen. Energy Taxes, Voluntary Agreements and Investment Subsidies-A Micro Panel Analysis of the Effect on Danish Industrial Companies' Energy Demand [J]. Resource and Energy Economics, 2002, 24 (2).

[4] T. Olli, S. Salo. Economic Growth and Transitions between Renewable and Nonrenewable Energy Resources [J]. European Economic Review, 2001, 45 (8).

[5] A. Grimaud, L. Roug'e. Polluting Non-renewable Resources, Innovationand Growth: Welfare and

Environmental Policy [J]. Resource and Energy Economics, 2005, 27 (4).

[6] M. H. Nguyen, P. N. Van. Growth and Convergence in a Model with Renewable and Nonrenewable Resources [EB/OL]. http://www2.toulouse.inra.fr/1erna/travaux/cahiers, 2010-03-06.

[7] B. Simone, R. M. Pulselli, F. M. Pulselli. Models of Withdrawing Renewable and Non-renewable Resources Based on Odum's Energy Systems Theory and Daly's Quasi-Sustainabitity Principle [J]. Ecological Modelling, 2009, 22 (6).

[8] T. Azomahou, B. Raouf, N. Phu. Promoting Clean Technologies: The Energy Market Structure Crucially Matters [EB/OI]. http://ideas.repec.org/p/dgr/unumer/2008032.html, 2010-03-06.

[9] V. Simone. Sustainable Development, Renewable Resources and Technological Progress [J]. Environmental and Resource Economics, 2005, 30 (3).

[10] D. V. Giuseppe. Natural Resources Dynamics: Exhaustible and Renewable Resources, and The Rate of Technical Substitution [J]. Resources Policy, 2006, 31 (9).

[11] 于渤, 黎永亮, 迟春洁. 考虑能源耗竭, 污染治理的经济持续增长内生模型 [J]. 管理科学学报, 2006 (4).

[12] 张彬, 左晖. 能源持续利用、环境治理和内生经济增长 [J]. 中国人口·资源与环境, 2007 (5).

[13] 彭水军. 自然资源耗竭与经济可持续增长: 基于四部门内生增长模型分析 [J]. 管理工程学报, 2007 (4).

[14] 邵帅. 资源输出型地区的技术创新与经济增长—— 对"资源诅咒"现象的解释 [J]. 管理科学学报, 2009 (2).

[15] 杨宏林, 田立新, 丁占文. 能源约束下的经济可持续增长 [J]. 系统工程, 2004 (4).

[16] 陶磊, 刘朝明, 陈燕. 可再生资源约束下的内生增长模型研究 [J]. 中南财经政法大学学报, 2008 (1).

[17] 后勇, 徐福缘, 程纬. 可再生能源替代的整体最优动态投资策略 [J]. 商业研究, 2008 (5).

Environmental Protection, Energy Substitution and Economic Growth
—A Review of Theory Studies in and Abroad

Cao Yushu, You Zhuoya

(Zhejiang University, Hangzhou 310027, China)

Abstract: Many studies based on growth model have explored the relationship between energy consumption and economy development since 1970s, but their results were depressing. Recently, some scholars consider reforming the "distorted economy", which resulted from pollution and extra consumption of energy, by measures such as government management, advanced technology and alternative energy. Based on modern growth model, this paper analyzes and summarizes the research development and findings in energy, environment and economy growth in and abroad in the following three aspects: the efficiency of different management tools and their influence on energy system and economy; the influence of technology development on economic growth; and the influence brought by the application of renewable energy to energy alternative and sustainable development.

Key Words: Pollution Management; Environment Protection; Energy Substitution; Economic Growth

资源与环境经济学学科前沿研究报告

环境公共治理、区域森林资源管护与本地居民福利*

——基于中国省际数据与 GLMMs 模型的经验研究

石明明　刘向东　张小军

（中国人民大学商学院，北京　100872）

【摘　要】本文基于中国可获得数据与广义线性混合效应模型，通过经验研究发现，区域森林资源对本地居民的福利具有较为重要的影响，地方政府应将环境公共治理政策纳入政府目标函数中，地方环境公共治理与国家或全球范围内的相关政策目标具有一定的兼容性和一致性，需要构建一种以森林资源管护为子目标的公共治理绩效评估机制，以推进这一政府行政职能当代转型的可实施性与可观测性。

【关键词】公共治理；碳经济；面板数据；广义线性混合效应模型

在资源环境公共治理中，森林资源管护是一个值得关注的焦点，一方面由于全球碳收支不平衡，森林资源承担了 CO_2 重要的源汇功能，其对全球碳循环起到至关重要的作用，因此具有全球公共品的特征；另一方面，森林生态系统对于本地环境质量、碳循环、污染控制、生态环境修复等也具有关键意义。因此，也会对本地居民福利产生重大而持久的影响。因此，几个重要的问题是：①森林资源管护的本地与全球价值诉求是否可以构成一组公共组织行为的激励相容条件？②如何评估森林资源对本地居民社会福利的影响进而为地方政府的公共政策提供依据？③怎样确立一种规范从而使得政府在多目标行政函数中一致性地最大化自身与本地居民长期利益？合理评估森林资源因素对人类福利的影响是上述几个问题的技术性基础。

---

* 本文选自《经济理论与经济管理》2010 年第 4 期。
作者简介：石明明（1983—），女，江苏南通人，中国人民大学商学院博士研究生；刘向东（1966—），男，江苏南通人，中国人民大学商学院教授，博士生导师；张小军（1981—），男，陕西榆林人，中国人民大学商学院博士研究生。

一、简要的文献述评

在理论上,学者们普遍认为环境生态问题与人类的公共福利紧密相关,其中包含了复杂的生物、物理、化学与社会的互动过程。基于这一认识,帕克斯等人(Parkes, et al.)对1985年以来环境治理与居民福利和健康的相关文献与研究脉络做了良好的综述,并构建了一个相对全面的研究框架,提出生态系统、社会系统、二者的驱动力量(发展、治理与权利)、人类健康共同构成了一个相互支持、相互影响的体系,这4个因素分别形成一个菱形的4个端点,边与对角线代表了它们之间的作用机制,如图1所示:

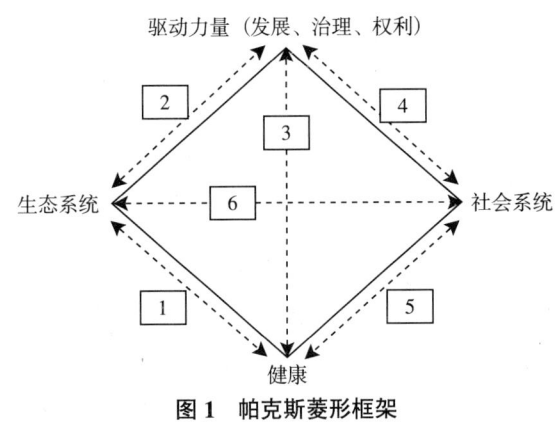

图1 帕克斯菱形框架

"帕克斯菱形"边与对角线分别代表:①生态系统与人类健康之间的直接关联机制;②自然资源与生态系统管理;③健康服务与基础设施;④公平的社区和社会发展;⑤社会网络、凝聚力、健康宣传与教育;⑥作为教育与可持续发展基础的生态系统与社会系统的关联机制。帕克斯菱形理论框架为研究生态系统与社会系统的互动及其利益相关者提供了一个良好的基准。

与帕克斯等人的研究思路类似,格尔克和波特尔(Gohlke and Portier)通过构建一个多元互动网络,建议我们采用一种系统方法来研究社会、生态、物理等方面的互动。他们认为,只有通过充分综合的系统分析方法,将人类社会研究、生态系统研究以及应用这些研究的有效策略联系起来,才能为科学合理和可持续的环境决策提供支撑。

上述研究的一个显著特征是强调人类与环境之间的互动关系。正如格尔克和波特尔提出的,人类良好的适应性来自于修正环境的能力,但是,一个问题是,我们究竟可以在怎样的程度上使得环境转变为适于人类生存?一个基本的要点是进行环境问题干预综合评估。从环境问题干预的角度看,一个核心是中央政府对地方政府、跨地区的环境共同治理问题。许多环境问题由于同各地自然、经济和技术状况密切相关,因此具有显著的地域性特征，从而引发公共健康地理学与环境公共治理难题。

作为生态系统重要的组成部分之一，森林资源具有极强的区域性和外部性，同时受到人类活动的干预。例如，劳伦斯（Laurence）研究了人类活动造成的森林资源片段化现象对区域森林—气候互动机制的影响。而生态和气候环境的变化又会引发流行疾病和社会环境的变动，进而对人类福利产生重要影响。格尔克和波特尔发现，一些国家的居民预期寿命低于上一代人，原因主要在于身处环境的变化；而尚利和卢兹（Shanley and Luz）则指出，80%以上的发展中地区仍然依赖于传统药物和主要植物。

与国外的研究相比较，当前中国大多数研究环境治理政策与居民福利变化关系的文献主要集中于对"库兹涅茨曲线"的经验研究，还有一部分非经济学研究文献对"资源环境变化对人类福利的影响"进行了研究。总体而言，中国经济学界对资源环境对人类福利综合影响的研究，仍然处于方兴未艾的阶段。

二、方 法 论 与 数 据 处 理

（一）研究思路方法

本文的研究基于帕克斯、格尔克等人的思路。依据帕克斯菱形框架，直接和人类福利或健康水平相关的变量包括生态系统、社会体系与二者的驱动力量，它们的关联关系是：①生态系统与人类健康的直接关系；②健康服务与基础设施的关系；③社会网络、凝聚力、健康宣传与教育的关系（如图1所示）。参考格尔克等学者的研究思路，将社会经济系统与人类健康的作用机制理解为人均国民收入与工业发展对居民福利的支持作用或服务产业的发达程度。本文的研究首先在于评估森林资源管控因素对人类福利的影响，即政府环境干预评估。在方法论上以经济计量的经验研究为基础，然后提出相关的政策建议。

在当代世界中，衡量人类综合福利进展的指标有很多种，例如真实进步指标、社会进步指数、人类发展指数等。在这些指数中，大多数都将预期寿命列为人类幸福长度的重要指标变量，因此，在本文的讨论中，笔者使用居民预期寿命作为衡量居民福利的主要参数。对应于社会系统、生态系统二者驱动力量对人类福利的作用机制，笔者采用森林资源、社会经济发展水平、当地医疗基础设施建设三类指标，同时控制其他因素。理论预期上述因素将对居民福利产生正的影响。

根据理论预期与研究目的，本文关心的估计模型是：LE=f (R, x)，其中，R为森林资源的代理参数，是我们集中讨论的变量；x为影响本地预期寿命的其他因素矩阵。将上述模型展开为线性形式，采用不同的假定，就可以构建我们所要估计的数量模型。

(二) 数据处理与数据描述

1949年以来,中国已经进行了5次全国性人口普查,我们能够得到的有价值的、完整的数据来源于第四次和第五次人口普查,即1990年和2000年,本文的相关数据来源于1992年和2001年的《中国统计年鉴》。森林资源的数据来源于中国"林业科学数据中心"(CFSDC)。迄今为止,中国已经进行了7次全国森林资源清查工作,其中第7次清查数据仍在汇总中。1978年之后进行的清查活动与人口普查数据的交集为第4次(1989~1993年)与第6次清查(1999~2003年)。在森林资源代理变量选择上有两个重要指标:森林资源人均蓄积(立方米/人)与覆盖率(%)。出于适用性等原因,笔者选用森林覆盖率来代理各地区的森林资源状况。

在医疗基础设施建设和经济发展水平下,笔者分别设置了3个子变量。前者包括人均医疗机构数、人均床位数和人均卫生人员数,根据相关《中国统计年鉴》中的指标计算得出;后者包括人均国民收入与第二产业和第三产业占GDP的比重,其中后两组数据来源于对应年份的《中国统计年鉴》,1990年的人均收入来源于1992年的《中国统计年鉴》,而2000年人均数据则根据2001年的《中国统计年鉴》数据中国民总收入、资产折旧、生产税净额、人口数等近似计算得出。

根据上面的数据说明可知,笔者采用的数据是一个两年期的面板数据结构,这一数据集各个变量的混合描述统计量,① 见表1:

表1 相关变量描述统计量

变量	样本量	均值	标准差	最小值	最大值
预期寿命	60	69.65433	3.74172	59.64	78.14
森林覆盖率	60	22.68233	16.11799	0.35	62.96
人均国民收入	60	3565.005	3228.173	654	16773.71
第二产业比重	60	55.00268	14.92727	19.7597	86.68
第三产业比重	60	24.31001	14.93474	5.75	58.3066
人均床位	60	0.002847	0.000949	0.001662	0.005525
人均医疗机构	60	2.598068	1.073554	1.003122	5.751683
人均医护人员	60	0.005679	0.004846	0.002883	0.038182

根据本文的研究目的,笔者将考察居民预期寿命与各个影响因子之间的关系,理论预期上述指标都与居民预期寿命存在着强弱不同的正相关关系,但笔者发现,按照东部9省市、中部11省市、西部10省市排列的区位—预期寿命散点图显示为负相关关系,由于我国社会经济发展程度在地理区位分布上存在东高西低的格局,这意味着我们必须对各种影

---

① 笔者对四川省与重庆市的数据进行了合并,同时基于数据可得性原因,笔者剔除了中国台湾、中国香港和中国澳门的数据。

响因素进行有效识别或者有效分离上述因子之间的相互影响,这也意味着我们需要采用不同的计量模型假设、针对不同的代理变量建立进行多次估计,并最后评估与选择最佳的结果。

三、模型选择与参数估计

(一)混合普通最小二乘模型

根据以上的分析,笔者首先进行一个基础估计,即对混合数据集进行混合普通最小二乘回归,然后对这一估计进行"异方差—稳健性"统计检验。基本的模型是:

$$LE = \beta_0 + \beta_1 R + \gamma_2 X_2 + \theta_3 X_3 + X_4 D + \mu \quad (1)$$

式(1)中,R 为森林覆盖率;X_2 为医疗基础设施建设;X_3 为经济发展水平。考虑到它们均随时间的变化而变化,笔者设置 D 为时间哑变量,令 2000 年时,D=1;否则,D=0,这一哑变量同时也体现了社会技术水平的发展变化。这个模型的关键假定是:①误差项 μ 与各个参数间不存在内生性,这意味着我们把地理因素(例如海拔、气候等)理解为一种可能的异方差性,由于无法确认这种异方差的分布与函数形式,笔者采用异方差—稳健性检验来评估异方差对不同估计方程的影响强弱。②本模型的另一个关键假定是:其他地区的森林资源对地区 i 的外部性表现为与 R_i 无关的随机变量,这意味着尽管其他地区的森林资源可能对地区 i 的居民预期寿命有一定影响,但由于这种影响与 R_i 独立,因此并不影响 $\dot{\beta}_1$ 估计的一致性,但可能会令估计值 β_1 的 t 统计量具有接受原假设的倾向。

根据上述关键计量模型假设,笔者进行了混合普通最小二乘回归与稳健性检验,不同模型的估计结果与相关统计量见表 2,其中圆括号内为普通 t 统计量,方括号内为异方差—稳健性 t 统计量。

表 2 本地森林资源对居民预期寿命的影响

森林资源	医疗基础设施建设水平			社会经济发展水平			技术发展
森林覆盖率	人均机构	人均床位	人均卫生人员	人均收入	第二产业比重	第三产业比重	时间变量
混合普通最小二乘估计							
0.0346596 (0.0219806)** [0.0204111]**	−0.344418 (−0.3366735) [0.4697882]	—	—	9.36297 (1.425779)* [1.294618]*	—	—	−0.873106 (−0.92184) [0.9351415]
0.0448265 (0.0234633)** [0.0245596]**	0.3765534 (0.356189) [0.3414712]	—	—	—	0.2125463 (0.037467)* [0.036937]*	—	7.418151 (1.097342)* [1.177092]*
0.029823 (0.0295246) [0.0264299]	0.0141889 (0.4968585) [0.6729569]	—	—	—	—	0.0166969 (0.1084739) [0.1671763]	2.477016 (3.104204) [4.470182]

续表

森林资源	医疗基础设施建设水平			社会经济发展水平			技术发展
		混合普通最小二乘估计					
森林覆盖率	人均机构	人均床位	人均卫生人员	人均收入	第二产业比重	第三产业比重	时间变量
0.0398778 (0.0224832)** [0.0216266]**	—	84.87723 (447.7798) [470.2383]	—	8.924024 (1.703064)* [1.466235]*	—	—	−0.8895637 (1.015515) [0.960144]
0.0486501 (0.0232004)* [0.0229231]*	—	701.388 (412.2783)** [493.1744]	—	—	0.182553 (0.0389477)* [0.0460796]*	—	6.999147 (1.117512)* [1.233012]*
0.464281 (0.0274619)** [0.0264072]**	—	1515.799 (478.4033)* [491.5481]*	—	—	—	−0.774318 (0.0938016) [0.1204884]	5.198402 (2.805153)** [3.428753]**
0.0418923 (0.0223402)** [0.0229077]	—	—	44.63958 (75.39712) [50.89567]	8.895515 (1.454838)* [1.170807]	—	—	−0.8423536 (0.9472237) [0.8935539]
0.0463424 (0.0234933) [0.0238446]	—	—	96.0949 (77.664)*** [85.10029]	—	0.1995064 (0.0372224)* [0.0412814]	—	7.436911 (1.091679)* [1.187878]*
0.03912 (0.0291553) [0.0275773]	—	—	164.1057 (98.87485)*** [156.3]	—	—	−0.0285146 (0.0983546) [0.1523853]	3.908079 (2.964427) [4.288682]

说明：* 表示置信度高于95%，** 表示置信度高于9%，*** 表示置信度高于85。

根据表2，笔者发现，尽管我们对医疗基础设施建设、社会经济发展水平采用了不同的代理参数，但森林资源（覆盖率）的估计参数始终维持在 [0.030, 0.049] 这一相对稳定的区间，而医疗基础设施建设水平、社会经济发展水平、时间哑变量等则由于采用不同的代理参数而出现一定程度的不稳健。例如，以森林覆盖率、人均卫生人员、第二产业比重、时间等为变量，人均卫生人员出现了普通 t 统计量在85%置信度上显著，而相关稳健性 t 统计量则不显著；以人均卫生机构数为代理参数的方程出现了与理论预期不符的正负符号逆转。

综合考虑各种因素，笔者发现，在前述模型假定下，以人均卫生床位数、第二产业比重为代理参数的模型无论是普通 t 统计量，还是稳健性 t 统计量都具有较好的统计性质，森林资源、社会经济发展水平、时间哑变量的相关参数在95%以上的置信度下均表现出良好的统计显著性，而医疗基础设施建设（人均床位数）的估计参数的置信度也高于90%。根据这一模型，森林覆盖率对居民预期寿命的影响系数为0.0486501，其经济含义是：控制其他变量，森林覆盖率每高出一个百分点，则预计居民预期寿命高出0.0486501岁，即17天（365天×0.0486501≈17.757天）。

（二）随机效应或固定效应模型

上述模型的关键假设是误差项 μ 与各个参数间不存在内生性，将地理因素理解为一种未知其特征的异方差性，通过稳健性检验来刻画它对各个参数的影响。但是没有强有力的证据表明这是一个很好的假定，由于地理因素中的海拔高度（气候、光照等）、亚文化、消费习惯等非观测效应在时间上可能保持稳定或只有微弱变化，因此我们有可能通过设置个体效应参数来更好地刻画部分残差；同时，由于在同一时期内，森林资源外部性、社会整体技术水平可能会对所有地区都有一个类似的影响，因此，我们也有可能通过社会时间效应参数来更好地刻画这一事实，即笔者假定：①地理因素在时间序列上保持不变（个体效应假设）；②时间因素对各个地区的影响具备统一的影响（时间效应假设）。在这两个关键假设的基础上，我们可以建立面板数据模型。由于完全采用最小二乘哑变量（LSDV）模型会占用大量的自由度，所以笔者采用误差成分模型（ECM）予以处理。根据这些分析，笔者建立如下线性模型：

$$LE_{it} = \beta_0 + \beta_1 R_{it} + \gamma_2 X_{2it} + \theta_3 X_{3it} + u_i + v_t + e_{it} \tag{2}$$

由于只有两期时间效应，通过设置时间哑变量，我们可以进一步简化模型为：

$$LE_{it} = \beta_0 + \beta_1 R_{it} + \gamma_2 X_{2it} + \theta_3 X_{3it} + \chi_4 D_i + u_i + e_{it} \tag{3}$$

通过回归分析，笔者发现，对于上述假定下的面板数据模型，无论采用固定效应模型还是随机效应模型（尽管对于9个待选估计方程，所有豪斯曼检验结果都否定了原假设，笔者推荐使用固定效应模型），都无法消除变量之间的相互影响，大多数估计除了部分重要变量不显著外，另一个直接的表现是，森林覆盖率的影响因子出现了负数，这二者都与理论预期不符。可以推测，这可能是因为中国森林资源较丰富的省份往往由于经济地理的特殊性而经济发展水平较低，从而预期寿命较低；同时，经济发展水平高、森林覆盖率低的地区，也往往可能享受到其他地区森林的外部性；当然也可能存在其他不可观测的原因。无论如何，估计结果显示，采用固定效应或随机效应假定，可能过分简化了上述参数之间的相互关系，以至于使得森林覆盖率的福利效应发生逆转。

（三）广义线性混合效应模型

基于以上两种模型的问题，笔者进一步修正假设，采用更能反映上述变量之间相互关系的广义线性混合效应模型（GLMMs）进行估计。广义线性混合效应模型法包含了固定效应与随机效应两部分，模型的一般形式为：

$$y = \beta'X + u'Z + e \tag{4}$$

建模的思想是将影响 y 的效应分为两个部分：$\beta'X$ 为固定效应部分，描述所有个体的共性；X 为固定效应设计矩阵；β 为固定效应；$u'Z$ 为随机效应部分，刻画所有个体之间的差异；Z 为随机效应设计矩阵；u 为随机效应，刻画不可观测因子引起的、类间的交互影响和同一类内的相关性；参数 e 为误差项矩阵。u 和 e 为服从：

$$\begin{bmatrix} u \\ e \end{bmatrix} : N\left(0, \begin{bmatrix} G & 0 \\ 0 & \sigma I \end{bmatrix}\right) \tag{5}$$

根据以上分析，笔者设定的估计模型为：

$$LE_{it} = \beta_0 + \beta_1 R_{it} + \gamma_2 X_{2it} + \theta_3 X_{3it} + u_i i + u_j j + e_{it} \tag{6}$$

我们使用 R，x_2，x_3 作为固定效应设计矩阵，用它们的估计系数来描述森林覆盖率、医疗设施建设水平、社会经济发展水平对居民预期寿命的固定影响；用地理参数 i 和时间参数 j 来作为随机效应的设计矩阵，通过他们的系数来刻画各个参数之间在地理与时间上的差异性与相互影响（外部性等）。根据以上的设定，我们得到的估计参数和统计量见表 3：

表 3 本地森林资源对预期寿命的影响

广义线性混合效应模型								
固定效应参数							随机效应参数	
森林覆盖率	人均机构	人均床位	人均医务人员	人均收入	第二产业比重	第三产业比重	区位	时间
0.0505713 (0.0271054)**	0.4640742 (0.2651859)**	—	—	5.341563 (0.7126618)*	—	—	2.543624 (0.4102632)	1.128572 (130.5747)
0.0479146 (0.0375057)	0.3744123 (0.2721254)	—	—	—	−0.0996543 (0.0165313)*	—	3.975812 (0.559359)	0.9694733 (24.92618)
0.0149031 (0.0328085)	0.1844185 (0.2423281)	—	—	—	—	0.1017638 (0.012539)	3.331172 (0.469806)	0.8606886 (26.454)
0.0561848 (0.0273432)**	—	406.1456 (475.7994)	—	5.676598 (0.7534228)*	—	—	2.344959 (0.3966647)	1.249446 (112.7982)
0.0602821 (0.0366775)**	—	852.698 (637.764)	—	—	−0.1066554 (0.0172671)*	—	3.760312 (0.5603258)	1.041257 (113.3454)
0.0232931 (0.0323923)	—	505.7055 (535.0521)	—	—	—	0.1049403 (0.0124132)*	3.200506 (0.470853)	0.8945284 (58.76325)
0.0531102 (0.0264177)**	—	—	53.67972 (52.69881)	5.780213 (0.7471758)*	—	—	2.33283 (0.3943903)	1.249235 (137.0072)
0.0540049 (0.0367903)***	—	—	74.09141 (47.19169)***	—	−0.1082801 (0.0165624)*	—	3.953883 (0.5548753)	0.9652752 (23.56317)
0.0166717 (0.0320871)	—	—	64.97286 (40.66796)**	—	—	0.1067083 (0.0120804)*	3.280717 (0.4611041)	0.8443853 (26.97896)

说明：同表 2。

根据表 3，笔者发现，在广义线性混合效应模型中，所有具有显著性的森林资源的福利效应参数都在 [0.0505713, 0.0602821] 之间，明显高于混合普通最小二乘模型的估计。其中，以森林覆盖率、人均医疗机构数、人均收入为固定效应设计矩阵的方程对居民预期寿命具有较好的解释性，在置信度为 90% 或 95% 的水平上，三者都呈现出较好的统计显著性；其区位与时间的随机效应估计量分别为 2.543624 和 1.128572。根据这一估计方程，我们所关心的 $\beta_1 = 0.0505713$，这意味着，在控制其他变量保持不变的条件下，森林覆盖率每提高 1 个百分点，我们预计居民预期寿命将提高 0.0505713 岁，即 18 天（365 天 × 0.0505713 = 18.4585245 天 ≈ 18 天）。这一福利效应高于混合普通最小二乘模型的相关估计，这说明，当我们在一定程度上控制了森林资源的交互影响后，它对居民福利的影响更为突出。

四、总结与建议

在上述模型分析中,由于笔者控制了其他变量,因此森林覆盖率作为自然资源的一部分,同时也可以理解为政府环境干预公共政策评价的依据之一,即各个地区森林覆盖率的差异,一方面体现为初始资源禀赋的差异,另一方面也体现为森林资源管护政策的差异。由于各地初始资源禀赋较为确定,森林覆盖率的变化则主要表现为森林资源管护政策的一种绩效。由于森林资源直接影响本地居民的福利状况(如居民预期寿命),因此森林资源管护政策作为一种公共治理方式应该直接进入地方政府的目标函数,这也充分说明我国和谐社会理论作为一项重要的理论创新具有鲜明的时代内涵,与我国政府行政职能转型具有内在的一致性和协调性。近年来我国环境公共治理政策的完善也充分体现了政府转型的内在要求,区域森林资源与本地居民福利的显著相关性,也表明地方政府的公共政策价值与中央政府的诉求具有基本的兼容性和正反馈性。

对于未来的改革,政府需要进一步改进其行政的目标函数结构,强化本地环境公共治理理念与职能。森林资源具有广泛的生态功能,同时也承载着人类的许多共同价值,内在地影响着人们的社会福利。本文估计结论支持了将环境公共治理政策纳入到政府目标函数的合理性,同时也表明以经济增长为主要目标的传统政府目标函数需要进行一种结构性转换,即政府理念从统治到治理的转变,以居民社会福利最大化为目标,进一步加大环境公共治理权重。同时,作为一种激励机制,要求构建一种以森林资源管护为子目标的公共治理绩效评估机制,以进一步体现、促进与维护政府行政职能当代转型的可实施性与可观测性。

参考文献

[1] M. Parkes, R. Panelli. P. Weinstein. Converging Paradigms for Environmental Health Theory and Practice [J]. Environmental Health Perspectives, 2003, 111 (5).

[2] J. M. Gohlke, C. J. Portier. The Forest for the Trees: A Systems Approach to Human Health Research [J]. Environmental Health Perspectives, 2007, 115 (9).

[3] W. F. Laurence. Forest-climate Interactions in Fragmented Tropical Landscapes [M]. Philosophical Transactions: Biological Sciences, 2004 (359).

[4] P. Shanley, L.Luz. The Impacts of Forest Degradation on Medicinal Plant Use and Implications for Health Care in Eastern Amazonia [J]. Bio Science, 2003, 53 (6).

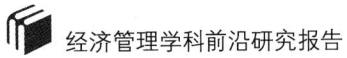
经济管理学科前沿研究报告

Environmental Public Governance, Regional Forest Protection and Local Resident Welfare
—Empirical Evidence Based on General Linear Mixed-effects Models

Shi Mingming, Liu Xiangdong, Zhang Xiaojun

(School of Business, Renmin University of China, Beijing 100872, China)

Abstract: Based on empirical research on China's available data and General Linear Mixed-effects Modecs, this paper finds that regional forest resource has a significant effect on local resident welfare; and the local government should bring public governance policy into its objectives. This paper also indicates that local and global public governance are compatible and consistent. A mechanism should be constructed to appraise the governance performance of forest resource protection and promote the transformation of government's administrative function in contemporary China.

Key Words: Public Governance; Carbon Economy; Panel Data; General Linear Mixed-effects Models

论环境政策分析的一般模式

宋国君　徐　莎

(中国人民大学环境学院，北京 100872)

【摘　要】环境政策是国家（不仅指政府）为保护环境所采取的一系列控制、管理、调节措施的总和。环境政策分析是为了解决环境政策问题，采用定性和定量的方法，对环境政策实施过程、效果等内容进行的规范性和实证性分析。环境政策分析的一般模式包含8个要素：①干系人责任机制分析；②环境政策问题识别和确认；③环境政策目标分析；④环境政策框架分析；⑤环境政策手段分析；⑥决策机制分析；⑦管理机制分析；⑧环境政策评估和建议。同时，通过对每一要素及其分析方法的深入探讨，以指导研究人员开展相关的工作。环境政策分析的具体模式可以依据一般模式细化或简化，目的是使环境政策分析本身更有效率。

【关键词】环境政策；分析；一般模式

一、环境政策分析及其特点

（一）环境政策

环境政策是国家（不仅指政府）为保护环境所采取的一系列控制、管理、调节措施的总和。从内容上看，环境政策最终目的是保护环境的，它是包括国家颁布的法律、条例，中央政府各部门发布的部门规章等和省人大颁布的地方条例、办法等的总称；从范围上看，环境政策包括环境污染防治政策、生态保护政策和国际环境政策。环境政策的本质是价值或利益分配，体现国家为了保护环境而作出的各种制度安排、改进与创新。环境政策

---

* 本文选自《环境污染与防治》2010 年第 32 卷第 6 期。
　基金项目：2008~2009 年国家软科学研究计划"环境政策评估的理论、方法和一般模式研究"（No. 2008GXS5B086）。
　作者简介：宋国君，男，1962 年生，博士，教授，博士生导师，研究方向为环境政策分析与评估、环境规划、环境管理、环境经济学和可持续发展评估。

本身的利益相关性或利益牵动性决定了其也是一种利益调整和平衡的工具，只不过环境政策作为公共政策的一部分，它所调控的利益主要是与环境保护相关的干系人的成本和效益。

(二) 环境政策分析及其目标

环境政策分析是为了解决环境政策问题，采用定性和定量的方法，对环境政策实施过程和效果等内容进行的规范性和实证性分析。通过环境政策分析，促进其实现社会环境保护的公平与效率。包括以下具体目标：

（1）分析环境政策实施存在的问题。虽然制定环境政策会在当前的认识条件下，考虑到多种可能出现的情形和问题，但是环境政策的制定基本上是单向的，各利益主体的博弈还是制定层面的。环境政策实施后，新一轮的博弈又开始了，这会使原定环境政策的实施效果充满不确定性，因此在环境政策实施一段过程后进行环境政策分析是必需的。

（2）对问题进行定性和定量分析。对环境政策分析中识别的问题进行定性和定量分析，为解决问题奠定基础。在环境政策分析中将决策中存在的问题加以消除，确保制定的环境政策是优化的。同时，环境政策分析还可对环境政策实施的计划和资源的配置提出正确的建议，从而减少执行的失误。

（3）提供问题解决方案和环境政策实施改进的修改建议。问题解决方案和环境政策实施改进的修改建议一般可以从效率和公平方面来考虑。效率是在政治和技术可行性前提下经济收益最大化。通常情况下，效率是指较以前或其他环境政策有更高的效率，也就是效率的改进。环境政策的效率应当是解决问题区域内全社会的效率。对公平性的考虑既要分析代内公平，还要考虑代际间的公平问题。通常情况下，环境政策分析不是正面设计指标来判断公平性，而是通过公众参与、信息公开程度或满意度等判断公平是否可以改进。

二、环境政策分析的一般模式

一般模式是为理论研究和实践提供的范式，是多数研究人员所认同的一套成文或默许的程序或系统，包括公认的学科术语、理论假设、操作程序和价值逻辑等。环境政策分析的一般模式是指根据环境政策构成要素、政策过程及它们之间的联系而总结并提炼的分析方法、思维模式、逻辑框架和一般流程。笔者介绍的环境政策分析的一般模式主要是针对部门环境政策分析（如水环境保护政策分析、大气环境保护政策分析等），单项环境政策分析（如排污收费政策分析等）可以参考该一般模式，但该一般模式基本上不适合环境政策体系分析（如中国环境政策体系分析等）。

环境政策分析一般模式见图1，主要由8个要素构成：①干系人责任机制分析；②环境政策问题识别和确认；③环境政策目标分析；④环境政策框架分析；⑤环境政策手段分析；⑥决策机制分析；⑦管理机制分析；⑧环境政策评估和建议。其中，干系人责任机制分析是各项机制分析的前提和基础。

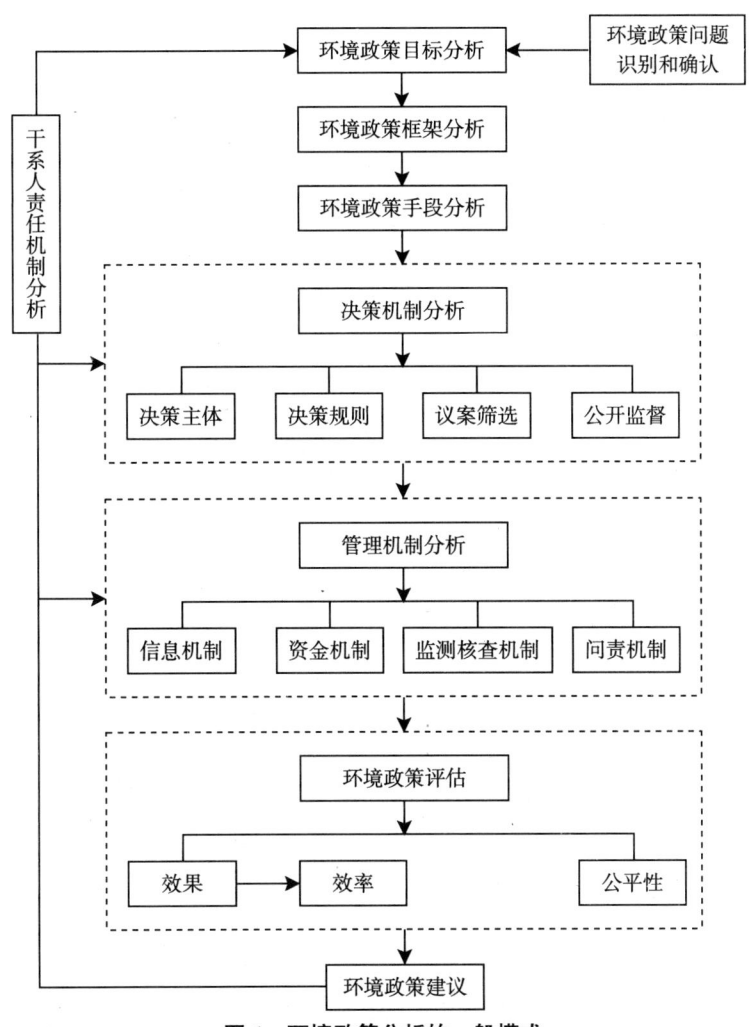

图1 环境政策分析的一般模式

（一）干系人责任机制分析

干系人是指在某项事务中所涉及的所有利益主体，包括法人和自然人。干系人责任机制分析是干系人在环境政策各环节中所扮演角色的分析，一般是依据已有法律法规识别和确认各干系人，分析干系人的具体责任。干系人一般包括决策机构、执行机构、守法者、公众等。干系人责任机制分析是一种基本的思想和方法，不能脱离其他7个要素而单独存在，并且是其他7个要素的基本分析环节。

（二）环境政策问题识别和确认

环境政策问题可以被定义为某种条件或环境，这种条件或环境引起社会上某一部分人的需要或不满足，并为此寻求援助或补偿。环境政策问题是各干系人按照自己的价值标准对环境现状满意程度的判断。这就要求在构建环境问题时找出环境现状与社会需求之间的差距，并将差距进行界定，并进一步转化为环境政策问题。

环境政策问题须是该政策的目标与现实的差距，并应具体到可以指导后续分析为准，过于概括和抽象都不利于后续分析。分析的内容包括确认差距的根源是属于政治方面的问题（政府失灵、政策失灵、政策缺位）、经济方面的问题（市场失灵、效率问题、产权问题）、社会方面的问题（观念问题、文化问题、社会结构问题）、管理方面的问题（体制问题、管理能力问题、管理手段问题）等。进而再确定该问题是属于哪个层次的（全国性、区域性、地方性）。问题的不同层次和根源决定了由哪级政府来负责解决。在此基础上，依照公众需求原则和"费用—效益"原则等对问题进行排序，按照排序的优先性依次解决问题。正确构建环境政策问题比提出问题的解决方案更加重要，它是环境政策分析的主要目标之一，也是进行有效环境政策分析的基础。

（三）环境政策目标分析

环境政策目标是决策机构依据所有干系人的期望所制定的，可以划分为短期与长期目标、定性与定量目标、单一与多元目标、总体和环节或阶段目标等。

环境政策目标应当是问题导向的，以解决政策问题为最终目的。目标是建立指标体系和行动方案的依据，因此目标一定要清晰和可测量。一般来说，清楚地描述环境政策目标需要明确 4 个维度的变量，即何环境要素在何时、何地、达到何种保护程度。

环境政策目标必须是合适的。"合适"包括 3 层含义：环境政策目标必须要能够满足主要干系人的需求；环境政策目标不能逾越政治、经济、技术发展的现状；环境政策目标要有一定的弹性。环境政策目标分析的内容包括：①环境政策目标的体系分析，包括总目标、环节目标、行动目标等。总目标一般用文字表达，一般只明确环境政策的直接和最终目标。环节目标一般为总目标的一级分解。行动目标则指大气环境保护的具体行动目标。②环境政策目标的清晰程度分析。"清晰"的含义包括何处、何时、何环境要素、达到何标准指标的监测方法、统计范围、代表性以及数据处理综合方法等。③环境政策目标的系统性和一致性分析，体现为各层次目标之间是否是方向一致的。一般来说，更具体层次的目标应当反映上层目标的主要方面。④环境政策目标的确定机制分析。分析环境政策目标的确定是否有确定的程序和标准，是否是按照确定的程序和标准确定的，一般不分析其本身是否合理。⑤环境政策目标修改建议的提供。

（四）环境政策框架分析

环境政策框架分析包括政策体系清单、颁布机构、颁布时间等内容。一般来说，环境政策包括一系列的政策法规和规范，因此列出所有相关政策体系清单是环境政策分析的第一步。政策体系清单也表明了环境政策分析的范围。颁布机构反映了该政策的级别与权威程度，颁布机构级别越高，该政策的权威性就越强。同时，一定级别的颁布机构要与该政策的目标和管理对象相适应，如处理跨部门环境问题的环境政策需要由国务院颁布，处理跨行政区域环境问题的政策需要由所跨行政区的上级政府或各行政区联合颁布，否则环境政策就很难达到预期目标。颁布时间反映了该政策的时代背景与政策所处理环境问题的紧迫程度。环境政策框架分析主要包括以下问题：①环境政策体系的完整性分析。一般来说，环境政策体系包括4个层次，即法律、行政法规、部门规章及标准。法律是最高层次的，也是制定行政法规、部门规章和标准的最基本依据。下一层次的环境政策要求应当要服从并且严格于上一层次的环境政策要求，环境政策体系应当是统一的整体。②明确环境政策的颁布机构、颁布时间及其合理性分析。尤其要识别中央政府是否在跨区域、跨流域的环境问题解决上颁布了相应的环境政策。③颁布时间的及时性和可行性分析。

（五）环境政策手段分析

环境政策手段评价的标准有确定性标准、经济效率标准、持续改进标准和公平性标准。确定性标准是衡量环境政策手段实现环境政策目标的程度及速度。经济效率标准是通过"费用—效益"分析的方法来判断一项环境政策手段是否用尽可能少的投入产生尽可能多的环境效益。持续改进标准是衡量一项环境政策是否能持久地影响环境政策对象的思想意识、行为方式等，从而不断地带来改善环境的动力。公平性标准是用来评价环境政策手段是否在政策主体间产生了公平负担的主要依据，它要综合考虑横向和纵向公平。进行环境政策手段分析时需要考虑以下问题：①明确所采取的环境政策手段或环境政策手段组合所属的类别；②环境政策手段或环境政策手段组合在多大程度上符合以上4类标准；③提出环境政策手段改进或重新组合的建议。

（六）决策机制

笔者所指的决策机制是指环境政策实施过程中的具体决策机制，不包括政策制定过程的决策，分析的目标是确定决策机制的合适性、程序性等，包括以下内容：①决策主体分析：明确决策主体，是单一主体还是多元主体，以及各主体在决策中发挥的作用。科学合理的决策机制应当是多元主体参与的，包括政府、企业、NGO、公众和科研机构等，政府应当在决策的全过程中起到主导作用。②决策规则分析：常见的决策规则有完全一致规则、意见一致规则、协商一致规则和多数票规则。从环境政策解决问题的复杂性及费用有效性的角度考虑，应当采用协商一致规则，寻求使所有干系人都基本满意的方案。③议案筛选分析：依据环境质量标准、排放标准及"费用—效益"等决策准则，通过法定或正常程序，拟定各种可行的备选议案，并对各种备选议案进行可行性评价，按照一定的决策规则，从各种备选议案中筛选出最优方案。④公开监督分析：环境政策制定和执行是一个不断试错的过程，需要建立公众监督机制和政策回应度分析。需要建立满意度的评价，并为公众建立反馈渠道。反馈应当尽可能减少信息传递层次，引入公众论证会和听证会的形式，建立起决策失误的责任追究机制。

（七）管理机制分析

管理机制是指环境政策的执行机制，是管理组织在实现管理目标过程中的活动或运作方式，包括静态的保障机制和动态的实施机制。

（1）信息机制。信息不对称是环境外部性产生的重要结果，也是环境政策要解决的主要问题之一。对于信息不对称，环境政策的一个重要作用就是降低干系人获取信息和传递信息的成本。而监测制度、信息披露以及排污者申报等制度就是信息机制的主要手段，监测机构是信息机制中的主导干系人。信息机制包括信息收集、传递、处理、存储、利用、评估的过程和标准。信息机制属于保障机制，环境政策的制定、实施、分析和评估需要信息支持。信息机制分析包括：①主要信息源和信息收集机制。②信息需求方和信息供给方，信息的供给是否能够满足需求。③信息处理、存储、更新及传递机制分析。是否建立起统一的数据库对信息源的数据以及综合处理的数据进行存储、更新、维护。明确信息公开的渠道，尤其要了解弱势群体的意见是否及时、准确地传递给决策者。

（2）资金机制。资金机制是环境政策能否有效实施的基本保证，包括资金供需平衡机制及资金使用、管理机制。资金机制与干系人的责任机制关系密切，其必须包含干系人的出资和利益分析，出资机构作为主要干系人，主导着资金来源和供给。资金机制是保障机制，稳定而又充分的资金来源是环境政策有效实施的主要保障，而资金机制得以合理实施的基础是污染者付费原则。资金机制分析所有资金的需求、来源、使用、效果、平衡状况，包括：①资金需求方及需求量，资金需求是否合理，是否存在降低需求的途径；②资金供给方及供给能力，供给能否满足需求；③资金收支、管理机制是否完善；④给出建立持续、稳定、有效的资金管理机制意见。

（3）监测核查机制。监测核查机制是在环境政策实施过程中，执法者获取守法信息、判定执法情况的过程。分析的目标是确定守法的状况、监测指标设计的科学性和可靠性，以及改进建议，具体包括：①监测方面，主要分析监测机构、点位、频率和指标等合理性和合适性。一般来说，监测指标、断面的选择要具有代表性，能较准确地反映环境质量、排放控制、管理行动等状况。②核查方面，主要分析是否有明确的核查方案，包括核查主体、对象、频率、方式（抽查或是公开检查）、反馈等内容。

（4）问责机制。问责是确保环境政策有效执行的关键步骤，问责机制分析的关键是明确责任主体、责任内容和处罚机制。对公众参与的途径和方式的分析也非常重要。问责机制是与干系人的责任机制密切联系的，应当根据不同的外部性，对于不同的干系人设定不同的评价体系和程序，如中央政府、地方政府及守法者等不同干系人在环境政策的实施过程中具有不同的权力和责任，要根据权责一致的标准实施有针对性的问责机制。

问责机制的分析标准包括是否有确切的问责、问责的严格程度是否合适、问责的执行能力是否匹配、问责的效果是否好等。

(八) 环境政策评估

环境政策评估是利用各种社会科学等研究方法和技术，系统地收集与环境政策的执行及其效果等相关的信息，依据既定的程序和标准，对环境政策的效果或效率、公平性进行评估，并根据评估结果给出有价值的建议，从而促进环境政策更有效地发挥预期作用的研究过程。在环境政策分析中，环境政策评估主要是围绕环境政策目标的实现程度展开，主要从环境政策效果、效率和公平性方面着手，目的是为了总结经验和教训并致力于信息公开。

(1) 效果和效率。环境政策效率评估是评估环境政策的投入与产出的比率关系。环境政策效率的高低，既可反映环境政策本身的优劣，也能体现执行机构的综合能力和管理水平。确定效率标准的目的是要衡量环境政策达到某种水平的产出所需的资源投入量或是一定量的资源投入所能达到的最大价值。环境政策效率评估包括环境政策效果评估。环境政策效果主要衡量规划实施后产生的各种直接结果与影响。环境政策效果评估包括：①政策目标的实现状况，包括总目标、各环节目标等的完成状况；②主要行动的费用效果分析；③总体行动的费用效果分析；④环境政策的"费用—效益"分析等。

环境政策分析中的环境政策评估主要还是用事实说明环境政策目标的实现程度。如果数据不足或难以获得，也可采用逻辑分析和证明的方式说明环境政策的效果或效率。有时可以分析环境政策改进的环节和程度，判断已有环境政策是否存在效果或效率改进的可能。

(2) 公平性。公平性标准是指在环境政策执行后导致与该政策有关的社会资源、利益及成本分配的公平程度，一项好的环境政策应该是公平合理地分配社会价值。某项环境政策也许符合了上面所讲的效果、效率等标准，但却造成了不公平的利益分配，那么这项环境政策就不能称之为一项成功的环境政策。公平性的评估包括信息共享或对称状况、参与决策情况等考察和分析。一般在进行环境政策分析时，可以通过访谈、问卷等形式直接了解干系人的感觉以及提高公众满意度的方式来评估环境政策的公平性。

(九) 环境政策建议

环境政策建议是环境政策分析成果的集中体现。对不同的对象要给出不同的建议。对国家各部委应以方针性、导向性的建议为主，指出今后一段时间的发展方向和注意问题；对各地方行政管理部门的建议则以具体的实施方案和行动计划为主，以利于更好地执行。在进行环境政策建议时，分析人员应当考虑成本、制约因素、外部性、时间、风险及不确定性等问题，提出有针对性、可行的建议，按照建议的重要程度依次列出，并注重建议的层次性。总体的分析结论至少应当包含以下内容：①环境政策的有效性方面，包括环境政策实施的效果或效率；②环境政策的合理性方面，包括环境政策问题界定的合理性（是否符合客观事实），环境政策目标设定的合理性（能否达到）、干系人的责任机制和资金机制的合理性等；③环境政策明晰性方面，包括环境政策问题、管理对象、干系人界定的明晰性，环境政策行动的明晰性；④环境政策协调性方面，包括环境政策实施机构之间的协调和该政策与其他相关政策的协调；⑤环境政策的稳定性方面，包括环境政策资金来源的稳定性、环境政策主体行为（环境政策执行）的稳定性；⑥环境政策的公平性方面，包括该政策对资源和利益在干系人之间的分配是否公平、责任承担是否公平；⑦环境政策的回应性方面，包括环境政策满足目标群体需要、偏好或价值观的程度。

三、结　语

环境政策的具体性、费用有效性、适时性和多样性等特点，决定了环境政策是复杂和庞大的，也对环境政策分析的模式提出了需求。环境政策分析的一般模式提出了包括干系人责任机制分析、环境政策问题识别和确认、环境政策目标分析、环境政策框架分析、环境政策手段分析、决策机制分析、管理机制分析、环境政策评估和建议这 8 个要素在内的环境政策分析的一般模式，便于环境政策分析的规范化和具体化。

环境政策分析的目标和深度取决于用户的需求，可以根据用户的需求确定分析的重点和分析的详细程度。但是，环境政策分析的最终目标仍然是环境政策的效率和公平。

环境政策分析的具体模式可以依据一般模式细化或简化，目的是使环境政策分析本身更有效率。同时，还要根据具体的环境政策将一般的问题转化为分析对象的具体问题，这样才能搜集分析对象的具体数据。

参考文献

[1] 夏光. 环境政策创新：环境政策的经济分析 [M]. 北京：中国环境科学出版社，2001.
[2] 宋国君，马中，姜妮. 环境政策评估及对中国环境保护的意义 [J]. 环境保护，2003（12）.
[3] Aaderson J. E. 公共决策 [M]. 唐亮译. 北京：华夏出版社，1990.
[4] 宋国君. 环境政策分析 [M]. 北京：化学工业出版社，2008.
[5] Dunn W. N. 公共政策分析导论 [M]. 谢明译. 2 版. 北京：中国人民大学出版社，2002.

中国的生态服务消费与生态债务研究*

谢高地[1]　曹淑艳[1,2]　鲁春霞[1]　肖　玉[1]　章予舒[1]

（1. 中国科学院地理科学与资源研究，北京 100101；2. 北京石油化工学院，北京 102617）

【摘　要】 人类无节制的消费正在耗尽自然生态资本，危及未来繁荣。1980~2005年，尽管生物生产力提高途径使中国人均生物承载力倍增至1.15ghm²，但由于社会经济代谢对生态服务需求的强烈增长特别是化石能源消费的快速增长，人均生态债务持续扩大，2005年达到1.02ghm²。我们的生态足迹已经超出生物更新能力的89%。省份尺度上，中国85%以上的省份长期处于生态负债状态，目前仅海南、福建与西藏三省是生态盈余的。中国其大多数省份的生态债务本质上属于软债务，主要系生态服务供需存在空间的、时间的以及组分结构的矛盾造成的。这部分债务可通过跨区贸易及跨时占用的途径得以缓解。土地资源赋存约束与经济旺盛增长耦合作用，致使生态信贷紧缩已成为中国的一个全国性挑战。在自然资本普遍成为世界各国发展限制因子的背景下，中国全面推行科学发展观，积极扭转生态信贷紧缩，遏制生态衰退。

【关键词】 生态足迹；生态债务；生态服务消费；生态信贷紧缩

20世纪人类社会的快速发展、经济的全球化和运输能力的显著提升，以及人口增长和个人消费的不断增加，导致人类对资源的需求超出了地球的供应能力。人类正在消耗至少超出地球可更新能力30%的资源。全球生态超载意味着人类正在耗竭人类所依赖的生物资本，并造成其退化。21世纪将与以往不同，全球生态超载将持续卷入人类日常生活，生态信贷紧缩成为全球性的挑战。全球大多数地区都在通过利用或者日益透支异地生态资本，来维持现有的生活方式和经济增长。人类生存与发展均依赖于地球自然系统所提供的生态服务。正如无节制的支出造成经济衰退，无节制的消费也在耗尽世界的资本，进而危及未来的繁荣。目前，中国消耗全球生物承载力的15%，在21世纪的生态背景下，提高生物承载力和降低生态足迹，维护一个可接受的生态环境基础，是中国面临的一个严峻挑

---

* 本文选自《自然资源学报》第25卷第1期2010年1月。
基金项目：国家重点基础研究发展计划项目（2009CB421106）；国家自然科学基金资助项目（30770410）；国家科技支撑计划项目（2006BAC 18B01）。
作者简介：谢高地（1962—），男，甘肃西和人，研究员，博士，中国自然资源学会会员（S300000180M），研究方向为资源生态学与生态服务。E-mail: xiegd@igsnrr.ac.cn。

战。本文采用生态足迹方法,评估中国 25 年来对生态服务的消耗,进而度量所形成的生态债务,揭示生态债务的本质,提出扭转生态信贷紧缩、遏制不可逆转的生态衰退的方法。

一、方法与数据来源

(一)改进的生态足迹核算模型

生态系统是一个由有限资源构成的服务能力有限的地球生命支持系统。只有把人类社会经济代谢的生态服务需求限制在地球生命系统的环境容纳量和资源最大可持续产出量范围内,才能保证人类持久地从自然获得生态服务。

在本文的生态足迹模型中,在生产端以生物承载力为指标度量研究区拥有的生物生产性空间的多少。由于地球生命系统的大多数生态系统服务都与 NPP 密切相关,并具有面积依赖的特征,所以,以生物生产性空间为媒介度量的生物承载力在本质上可以反映研究区供给生态系统服务的能力。基于全球平均生物生产力度量的研究区生物承载力(BC)是区域生物资本的产品流 Q^p、全球平均生物净初级生产力 $\bar{Y}$ 与 "区域产品—生物资源" 转化系数 k 的函数,且它与 Q^p 成正比,与 $\bar{Y}$ 成反比,其中 Q^p 是区域不同土地利用的净初级生产力 Y 与面积 A 的乘积的和函数[式(1)]。在消费端以生态足迹为指标度量生产一定人口消费的生物资本及吸纳社会经济代谢排放的废弃物所需的生物生产性空间的面积。根据区域社会经济代谢对生态服务的需求本质,研究将之分解为"实态"生态足迹与"虚态"生态足迹两大类[式(2)],前者系指区域社会经济代谢真实占用的区域生物承载力空间,包括耕地、草地、生产性水域、林地与建筑用地等 5 类组分;后者指化石能源足迹,这是一种基于生态服务利用权利与保护义务完全对等的假想下专门用于吸收生产、生活部门燃烧化石能源产生的温室气体的碳足迹。地球上碳循环的全球性特征客观上决定碳足迹具有"公地"属性。

$$BC = \sum \frac{(A_i \cdot Y_i) \cdot k_i}{\bar{Y}} \tag{1}$$

$$TEF = SEF + VEF = \sum \frac{C_{i,m} \cdot k_i}{\bar{Y}} + w \cdot \sum \frac{C_{i,n}}{r_n} \tag{2}$$

式中,i 为土地利用产品类型的编号;TEF、SEF 与 VEF 分别表示研究区的综合生态足迹、"实态"生态足迹与"虚态"生态足迹;C 为产品表观消费量;r 为化石能源的比能源足迹,即每一全球公顷(ghm²)每年可吸收相当于由燃烧 1450 升汽油产生的二氧化碳量;w 为化石能源用地的均衡因子,等于全球林地平均净初级生产力与 $\bar{Y}$ 之比;下标 m、n 分别是消费的生物资源与化石能源产品的标号。本研究采用 1997 年全球平均生物生产力。

化石能源足迹可以基于碳排放发生地原则核算，也可以基于碳消费目的地原则核算。本研究拟核算社会经济代谢的总生态服务消费需求，采用碳排放发生地原则核算碳足迹。

如果研究区的生态足迹大于其生物承载力，则区域处于生态负载即生态赤字状态，生态负债的程度用二者的差值表示，该值越大，生态债务越多。反之，则区域处于生态盈余状态，表明区域生态系统提供的生态服务在满足地区社会经济代谢所需的生态消费后还有所富余。

狭义上，研究区生态系统的压力主要来自"实态"生态足迹。对于大城市及其他从界外大量输入产品的区域，其"实态"生态足迹远小于综合生态足迹，这类区域的相当一部分生态服务消费压力溢出给贸易伙伴方与全球公地，这是贸易（包括区际贸易与代际贸易）的生态外部性造成的。由于贸易作用，一些所谓的高生态债务地区的生态系统可能并非真正超载了，而所谓的生态盈余区可能面临诸多生态退化问题。鉴此，研究将生态债务区分为软债务与硬债务，前者指研究区生物承载力小于其综合生态足迹但大于其"实态"生态足迹的情形，后者指研究区生物承载力小于其"实态"生态足迹进而也小于其综合生态足迹的情形。

（二）研究基本单元与数据来源

研究以省（包括省、直辖市与自治区，下同）为基本单元，国家尺度的生物承载力与生态足迹计算采用自下而上的方法加权计算，权重系各省人口数量占全国总人口的比重。

研究所需的各省基本数据（生产量、消费量、贸易量、人口、土地利用面积及生产力）主要来自各省统计年鉴，全球平均生产力来自 FAO 数据库。

二、结果与分析

（一）生态足迹的时空格局变化

1980~2005 年中国生态服务消费倍增有余，人均生态足迹由 0.98ghm² 增长至 2.17ghm²，年均指数增长率 312%，是同期世界增长水平的 3 倍。旺盛的增长势头使中国人均生态足迹与世界平均水平的差距缩小了 55%，2005 年为 0.5ghm²，照此趋势，中国将在 2015 年前后达到世界人均生态足迹平均水平。从图 1、表 1 描述的中国人均生态足迹的组分构成变化可以看出，自 1995 年起 CO_2 吸收用地已占去中国综合生态足迹的一半以上，而且日益成为决定中国生态服务消费大小与增长速度的首要要素。1995~2000 年中国能源消费总量变化不大，增幅仅为 $0.6×10^8$ tec（吨标准煤），其间中国人均生态足迹水平也基本一致（图 1）；2000~2005 年中国能源消费总量增长了 63%，2005 年达到 $22.5×10^8$ tec，同期中国人均生态足迹增长了约 0.7ghm²，其中 75%的新增生态足迹源于化石能源消费。

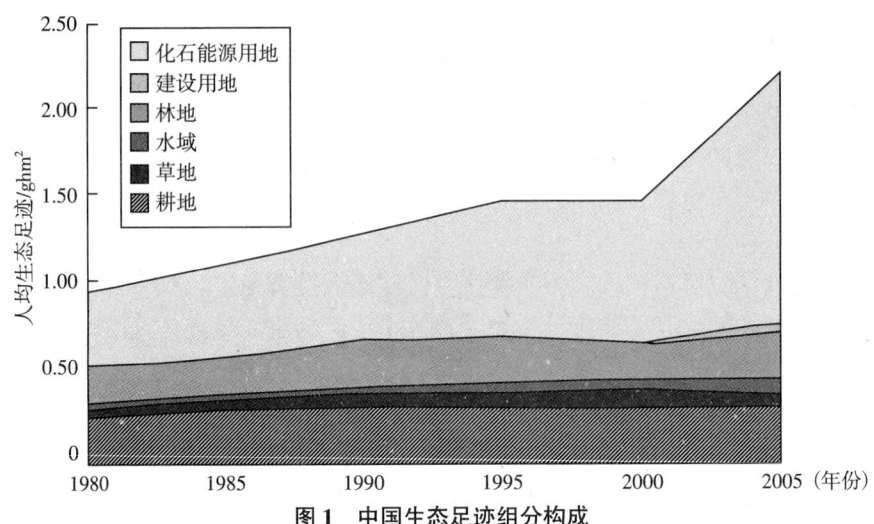

图1 中国生态足迹组分构成

表1 主要年份中国人均综合生态足迹的百分构成

年 份	1980	1985	1990	1995	2000	2005
生物质消费	56.3	54.6	54.9	48.6	46.4	33.3
化石能源消费	43.7	45.4	45.1	51.4	53.6	63.9
总计	100	100	100	100	100	100

中国幅员辽阔，社会经济发展水平和消费习惯不一，人均生态占用存在明显的区域差异。1980~2005年，尽管各省人均综合生态足迹的大小不同，但总体表现为增大趋势（表2），而且分布格局发生了明显的变化。期初，人均生态足迹分布的高值区主要集中在东北地区与京、津、沪三个直辖市，由于人均生态足迹的不均衡增长与高值区的不断扩展，人均生态足迹目前呈"华北、东北高，华东、华南居中，华中、西北与西北低"的整体格局。

1980~2005年，中国各省的能源足迹总体呈增长趋势。2000年及以前，除华北、东北省份和上海外，其他省的人均能源足迹普遍低于0.8ghm²。2005年，只有江西、广西和海南三省的人均能源足迹低于0.8ghm²，北京、天津、上海、宁夏、山西、内蒙古的人均能源足迹高达2.5ghm²及以上。与国家尺度的情形类似，化石能源消费也日益成为决定各省生态足迹增长幅度与速度的主要因素。2000年及以前，能源足迹占总生态足迹的百分份额在50%以上的区域主要是华北省份和上海，截至2005年，只有江西、广西、海南、重庆四省的能源足迹百分份额低于50%。该年，北京、上海、天津、山西、内蒙古、河北、辽宁、山东、江苏、宁夏、青海11个省份的能源足迹百分份额超过70%。

（二）生物承载力的时空格局变化

1980~2005年，中国总生物承载力空间"扩增"了1.5倍，由 5.8×10^8 ghm² 扩大到 15×10^8 ghm²，人均生物承载力增长了近1倍，由0.59ghm²增长到1.15ghm²，同期世界人

均生物承载力呈萎缩状态。但是,中国仍是一个低生物承载力的国家,目前人均生物承载力仅为世界平均水平的1/2。用全球1/11的耕地支撑全球近1/4人口的客观现实决定未来中国的人均生物承载力依然相对较低。

由于生物资源分布与生产力的地域性,中国省际间人均生物承载力具有明显的地域差异。人均生物承载力结算结果(表2)可以表明,1980~2005年中国省际间人均生物承载力分布区间由0.17~8.25ghm²逐渐减缩为0.32~7.06ghm²,高极值发生于西藏,低极值发生在天津或上海。其间,除上海与大部分西部省份的人均生物承载力或略有增长或有所下降外,其他省份的人均生物承载力均明显增长,尤以东部省份与西部地区的新疆增幅为最,人均增幅0.6~1.3ghm²,是全国同期人均水平的2~4倍多。总量水平上,山东、广东、福建、内蒙古、河南与辽宁6省份提供了全国1/3左右的生物承载力,而北京、上海、宁夏、天津、青海、山西6省份提供的生物承载力不足全国总量的5%;人均水平上,生物承载力的差异高达1个数量级(表2),省际空间分布的总特点是:高值区主要分布在西南、西北与东北的沿边或邻沿边省份,而低值区集中在中部与东部地区。

表2 主要年份中国各省份人均总生态服务供需变化

单位:ghm²

省区	1980年			1990年			1995年			2000年			2005年		
	TEF	BC	ED/ES	TEF	BC	ED/ES	TEF	BC	ED/ES	TEF	BC	ED/ES	TEF	BC	ED/ES
北京	2.2	0.2	-2.0	2.3	0.4	-1.9	2.9	0.4	-2.6	3.3	0.3	-3.0	3.2	0.4	-2.8
天津	1.7	0.2	-1.6	2.2	0.3	-1.9	2.5	0.4	-2.1	2.4	0.5	-2.0	3.4	0.7	-2.7
河北	0.9	0.4	-0.6	1.2	0.5	-0.7	1.4	0.7	-0.8	1.5	0.7	-0.8	2.6	1.0	-1.7
山西	1.5	0.5	-1.0	1.3	0.5	-0.8	1.7	0.6	-1.2	1.6	0.5	-1.1	3.1	0.5	-2.6
内蒙古	1.1	3.1	2.1	1.6	2.4	0.8	1.5	2.4	0.8	1.8	2.1	0.4	3.9	3.3	-0.6
辽宁	1.9	0.6	-1.3	2.1	0.8	-1.3	2.3	1.1	-1.2	2.2	1.3	-0.9	3.3	1.8	-1.5
吉林	1.3	0.7	-0.6	1.8	1.0	-0.8	1.9	1.0	-0.9	1.6	0.9	-0.7	2.4	1.3	-1.1
黑龙江	1.3	1.2	-0.2	1.7	1.4	-0.3	1.9	1.5	-0.4	1.8	1.4	-0.4	2.5	1.6	-0.9
上海	2.0	0.3	-1.6	2.9	0.4	-2.5	3.1	0.4	-2.7	3.0	0.3	-2.7	4.0	0.3	-3.6
江苏	1.0	0.3	-0.6	1.2	0.5	-0.6	1.5	0.7	-0.8	1.5	0.7	-0.7	2.2	1.0	-1.2
浙江	1.0	0.7	-0.4	1.4	0.8	-0.6	1.9	1.3	-0.7	2.0	1.4	-0.6	2.6	1.5	-1.1
安徽	0.8	0.3	-0.5	0.9	0.5	-0.4	1.2	0.6	-0.6	1.2	0.8	-0.4	1.5	0.9	-0.6
福建	0.7	0.8	0.2	1.5	1.1	-0.4	1.7	1.5	-0.2	1.8	2.1	0.8	2.1	2.4	0.4
江西	0.7	0.6	-0.1	1.2	0.7	-0.5	1.2	0.8	-0.3	1.0	0.8	-0.2	1.5	1.0	-0.5
山东	0.8	0.4	-0.4	1.0	0.6	-0.4	1.2	1.1	-0.1	1.2	1.4	0.2	2.2	1.6	-0.7
河南	0.7	0.3	-0.4	0.8	0.4	-0.4	0.9	0.5	-0.4	1.0	0.6	-0.3	1.6	0.8	-0.8
湖北	1.0	0.4	-0.6	1.2	0.6	-0.6	1.3	0.8	-0.5	1.5	0.9	-0.6	2.0	1.1	-0.8
湖南	1.2	0.5	-0.7	1.5	0.6	-0.9	1.5	0.7	-0.9	1.3	0.7	-0.6	2.0	0.9	-1.1
广东	0.9	0.6	-0.4	1.1	0.9	-0.2	1.7	1.0	-0.7	1.7	1.0	-0.6	2.2	1.2	-1.1
广西	0.8	0.7	-0.1	1.1	0.7	-0.4	1.1	0.9	-0.2	1.2	1.0	0.0	2.0	1.4	-0.6
海南										1.5	1.6	0.1	1.6	2.7	1.1
重庆										1.6	0.4	-1.2	2.2	0.6	-1.6

续表

省区	1980年			1990年			1995年			2000年			2005年		
	TEF	BC	ED/ES	TEF	BC	ED/ES	TEF	BC	ED/ES	TEF	BC	ED/ES	TEF	BC	ED/ES
四川	1.0	0.4	−0.5	1.1	0.6	−0.5	1.3	0.6	−0.6	1.2	0.7	−0.4	1.6	0.8	−0.8
贵州	0.9	0.5	−0.4	1.4	0.5	−0.9	1.2	0.5	−0.7	1.6	0.5	−1.1	2.3	0.5	−1.8
云南	0.9	1.2	0.2	1.5	1.1	−0.4	1.5	1.0	−0.5	1.3	0.9	−0.4	1.8	1.0	−0.7
西藏	1.1	8.3	7.1	1.4	7.8	6.4	1.3	7.3	5.9	1.7	6.4	4.7	2.3	7.1	4.7
陕西	0.8	0.7	−0.1	1.2	0.7	−0.5	1.2	0.7	−0.5	1.1	0.6	−0.5	1.5	0.7	−0.8
甘肃	0.9	0.6	−0.3	1.2	0.7	−0.5	1.3	0.7	−0.5	1.4	0.6	−0.8	1.4	0.7	−0.7
青海	1.1	1.6	0.5	1.6	1.5	−0.1	2.2	1.6	−0.6	2.1	1.3	−0.7	2.2	1.8	−0.5
宁夏	1.0	0.4	−0.6	1.5	0.7	−0.9	1.5	0.7	−0.8	1.7	0.8	−0.9	3.2	1.1	−2.1
新疆	1.7	0.7	−1.0	2.0	1.2	−0.8	2.0	1.4	−0.6	2.0	1.4	−0.6	2.1	1.9	−0.2

注：2000年以前海南数据计入广东，重庆数据计入四川；能源足迹计算以产生地为准则；TEF 与 BC 见式（1）、式（2）ED/ES 表示生态债务/盈余；由于版面限制，1985 年结果未列出。

（三）生态债务的时空格局变化

中国人均生物承载力空间天然偏低，而且既要保障新增人口的生活需求，又要满足不断增长的经济发展与人民福利提高的需要，生态服务的供需矛盾十分突出。1980~2005年，中国人均生态债务由 0.21ghm^2 扩增到 1.02ghm^2（表3）。土地资源的天然赋存约束使中国长期以来面临着较世界平均水平更为严重的生态债务问题（图2）。作为世界经济增

表3 中国人均生态盈余/债务组成

单位：ghm^2

年份	1980	1985	1990	1995	2000	2005
生物质消费	0.09	0.05	0.02	0.14	0.27	0.44
化石能源消费	−0.30	−0.38	−0.54	−0.76	−0.79	−1.46
总计	−0.21	−0.33	−0.52	−0.62	−0.52	−1.02

注：化石能源消费债务 =（林地承载力 − 林产品消费的林地足迹）− 化石能源足迹。

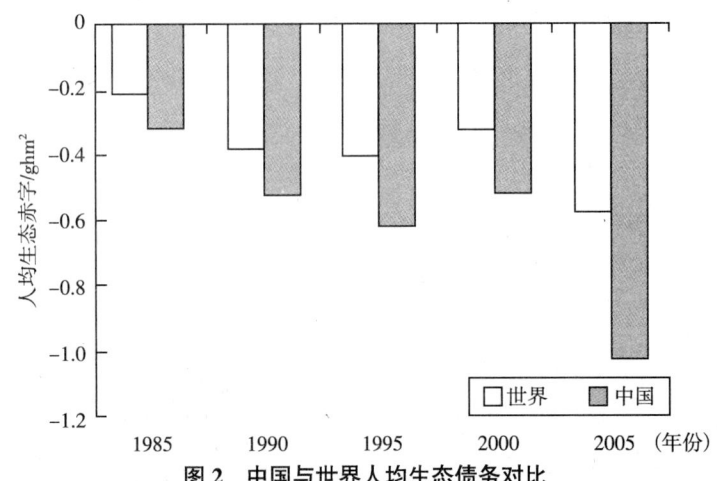

图2 中国与世界人均生态债务对比

长的引擎，中国正处于能源消费快速扩增的时期，由之导致的生态债务增长在未来一段时期内难以改变。

生态服务供需矛盾是中国各省普遍面临的矛盾。1980~2005年，85%以上的省份长期处于生态债务状态，且大多数省份的生态债务是波动扩大的。2005年，中国仅海南、福建与西藏三省是生态盈余的。该年，有40%的省份需要2倍于自己的生物生产性空间才能达到生态服务供需平衡，研究将这类省份划分为A、B、C三组，其中A组包括北京、天津、上海、重庆四大直辖市，B组包括贵州、宁夏、四川、陕西4个经济落后的西部省份，C组包括河北、江苏、河南、湖南4个人口稠密的中东部省份。它们的生态债务形成的主要原因有所区别，A组与C组主要是发展规模与资源约束矛盾造成的，而B组是生态环境脆弱与经济发展能力不足共同作用造成的。有40%的省份需要1.5~2倍于自己的生物承载力空间方能满足生态服务消费需求。与1980年相比，全国有11个省份的生物承载力与生态足迹之比有所下降，说明它们的生态供需差距虽然可能拉大了，但相对矛盾有所缓解。

本质上，中国的生态债务属于软债务。从表4可见，1980~2005年中国生态系统供给生物承载力的能力持续高于生物质消费的需求，就"实态"生态服务供需关系而言，是生态盈余的。中国生态债务的形成及不断扩大主要系林地资源天然匮乏，难以抵消化石能源消费导致的碳足迹增长的结果。这部分债务主要由现在及未来的全球公地共同承担。同时，非再生资源替代与贸易生态服务转移也发挥了重要的作用。就满足"实态"生态服务消费需求而言，2005年中国仅有北京、上海、湖南、贵州与重庆5省有生态债务（表4）。据此视角，将各省份划归为持续生态硬负债区（Ⅰ区）、生态硬负债扭盈区（Ⅱ区）和持续生态盈余区（Ⅲ区）三类。其中，Ⅰ类区包括北京、上海、湖南、贵州与重庆5省，人均硬生态赤字0.1~0.6ghm^2；Ⅱ类区在研究期初的一段时间内存在过生态硬赤字，目前是生态盈余的，包括天津、辽宁、河北、江苏、安徽、江苏、河南、广东、四川与新疆；Ⅲ类区在研究期间一直是生态盈余的，且其人均生态盈余幅度总体较Ⅱ类区大。

表4 主要年份中国各省的"实态"生态足迹（SEF）与真实生态债务/盈余（SED/SES）

单位：ghm^2

省区	1980年		1985年		1990年		1995年		2000年		2005年	
	SEF	SED/SES	SEF	SED/SES	SEF	SED/SES	SEF	SED/SES	SEF	SED/SES	SEF	SED/SES
北京	0.6	-0.3	0.6	-0.2	0.6	-0.2	0.7	-0.3	0.7	-0.5	0.8	-0.4
天津	0.5	-0.3	0.5	-0.2	0.6	-0.3	0.6	-0.1	0.7	-0.2	0.7	0.0
河北	0.5	-0.1	0.5	0.1	0.5	0.0	0.5	0.2	0.5	0.2	0.6	0.3
山西	0.4	0.1	0.3	0.3	0.3	0.2	0.5	0.1	0.4	0.1	0.6	0.0
内蒙古	0.6	2.5	0.7	2.6	0.7	1.7	0.7	1.6	0.7	1.5	1.1	2.2
辽宁	0.7	-0.1	0.7	0.1	0.7	0.1	0.6	0.5	0.7	0.7	0.7	0.9
吉林	0.7	0.0	0.8	0.3	0.8	0.2	0.8	0.2	0.7	0.2	0.8	0.5
黑龙江	0.6	0.6	0.6	0.7	0.7	0.7	0.8	0.7	0.6	0.7	1.0	0.6
上海	0.6	-0.3	0.6	-0.3	1.2	-0.8	0.7	-0.3	0.8	-0.5	0.8	-0.5

续表

省区	1980年 SEF	1980年 SED/SES	1985年 SEF	1985年 SED/SES	1990年 SEF	1990年 SED/SES	1995年 SEF	1995年 SED/SES	2000年 SEF	2000年 SED/SES	2005年 SEF	2005年 SED/SES
江苏	0.5	−0.2	0.5	0.1	0.6	−0.1	0.7	0.0	0.7	0.0	0.6	0.3
浙江	0.7	0.0	0.8	0.1	1.0	−0.2	1.2	0.1	1.2	0.2	0.9	0.6
安徽	0.5	−0.2	0.6	−0.1	0.6	−0.1	0.7	−0.1	0.6	0.1	0.7	0.2
福建	0.5	0.4	0.6	0.5	1.1	−0.1	1.2	0.3	0.8	1.3	0.9	1.6
江西	0.6	0.0	0.6	0.3	0.9	−0.2	0.8	0.0	0.7	0.2	0.8	0.2
山东	0.4	0.0	0.5	0.1	0.5	0.2	0.5	0.6	0.5	0.9	0.6	1.0
河南	0.3	−0.1	0.4	0.1	0.4	0.0	0.4	0.2	0.4	0.2	0.5	0.3
湖北	0.7	−0.2	0.7	0.0	0.8	−0.2	0.8	0.0	0.8	0.1	0.8	0.4
湖南	0.8	−0.3	0.8	−0.1	1.0	−0.4	0.9	−0.2	0.9	−0.2	1.0	−0.1
广东	0.7	−0.1	0.6	0.2	0.7	0.2	0.9	0.0	0.8	0.2	0.9	0.3
广西	0.7	0.0	0.8	0.1	0.9	−0.1	0.8	0.1	0.8	0.4	1.3	0.1
海南									1.1	0.5	0.9	1.8
重庆									0.7	−0.3	1.2	−0.6
四川	0.6	−0.1	0.6	0.0	0.7	−0.1	0.7	−0.1	0.6	0.1	0.7	0.1
贵州	0.6	−0.1	0.7	0.0	1.0	−0.5	0.6	−0.1	0.7	−0.2	1.2	−0.6
云南	0.7	0.4	0.8	0.6	1.1	0.0	1.1	0.0	0.8	0.1	0.8	0.2
西藏	0.8	7.5	1.3	7.1	1.3	6.4	1.3	6.0	1.6	4.8	0.7	6.3
陕西	0.5	0.2	0.6	0.3	0.7	0.0	0.5	0.2	0.5	0.1	0.7	0.0
甘肃	0.5	0.1	0.5	0.2	0.5	0.2	0.5	0.2	0.5	0.1	0.6	0.1
青海	0.7	0.9	1.1	0.6	1.1	0.4	1.6	0.2	1.0	−0.1	1.4	0.4
宁夏	0.4	0.1	0.4	0.2	0.5	0.2	0.5	0.2	0.6	0.1	0.6	0.5
新疆	1.2	−0.5	0.9	0.1	1.2	0.1	0.9	0.5	0.8	0.6	0.8	1.1

注：2000年以前海南数据计入广东，重庆数据计入四川；能源足迹计算以产生地为准则。

上述分析表明，中国国家及省份尺度上的生态服务供需矛盾主要系结构性矛盾，表现在空间结构、时间结构与组分结构三个方面。其中，空间结构矛盾的缓解主要依靠区际贸易途径解决，时间结构矛盾的缓解以占用未来全球公地为主要途径，而组分结构矛盾的解决可能依靠跨区占用，也可能依靠跨代占用或二者的结合。

三、结论与讨论

（一）主要结论

生态服务具有面积依赖特征，区域社会经济代谢对生态服务的消费及消费的满足程度可以借助生态足迹、生物承载力与生态债务3个指标来衡量。研究表明，由于社会经济代谢对生态服务需求的不断增加，1980~2005年中国生态服务消费倍增有余，人均生态足迹由0.98ghm²增长至2.17ghm²，同期尽管通过生物生产力提高途径中国取得了人均生物承载力由0.59ghm²增至1.15ghm²，但由于化石能源消耗的快速增长，人均生态债务持续扩大，2005年已经达到1.02ghm²。我们的生态足迹已经超出生物承载更新能力的89%。省份尺度上，中国85%以上的省份长期处于生态负债状态，目前仅海南、福建与西藏三省是生态盈余的。中国及大多数省份的生态债务在本质上属于软债务，主要系生态服务供需存在空间的、时间的以及组分结构的矛盾造成的。这部分债务可通过跨区贸易与跨时（超前）占用的途径得以缓解。与全球大多数国家与地区一样，中国"处理"生态债务的主要途径也是占用全球现在及未来的公地，这也是发展的外部不经济性导致的一种必然结果。

土地资源天然赋存约束与世界经济增长引擎的发展驱动共同作用，使生态信贷紧缩已成为中国的一个全国性挑战。在未来相当长的一段时期内，中国将面临较世界平均水平更为严重的生态债务问题。这意味着我们日益透支未来的生态资本来维持现有生活方式和经济增长。在全球化时代，中国生态赤字持续增加，使国家更加依赖国外的生物承载力，面临更多的国际环保舆论压力，也使本国生态系统面临退化和崩溃的风险。在自然资本普遍成为世界各国发展限制因子的背景下，向外国生态借贷的可能日益缩减，而"向子孙生态借贷"的发展方式也是不可持续的和不负责任的。中国政府已经深刻意识到这一问题，明确将可持续发展列入全面建设小康社会的奋斗目标，提出和全面推进科学发展观。在增强可持续发展能力、改善生态环境、提高资源利用效率等多领域积极行动，以促进社会层面的循环经济体系的建立与发展，促进节约型社会建设，推动整个社会走生态文明的发展道路。

（二）模型性能评价

用生态足迹模型度量生态系统服务具有许多优点，主要表现为：①用面积单位直观度量区域生态系统服务的供给和消费；②以物理量度量生态系统服务收支的合理性，判断生态负债大小；③有效度量区域社会经济代谢的对外界（包括跨地与跨时的）生态系统服务的依赖与占用程度，识别生态负债的本质。

同时，生态足迹模型在核算生态系统服务收支时也存在一定的局限性，主要表现为：①模型对生态系统服务的核算是不完全的；②由于数据来源等的限制，核算结果具有一定的不确定性；③基于核算的生产力基准直接决定不同研究结果的可比性。

参考文献

[1] WWW. Living Planet Report 2008 [EB/OL]. http：//assets pandaorg/downloads/living_p lanet_re-port_2008. pdf, 2008.

[2] Wackernagel M., Rees W. Our Ecological Footprint：Reducing Human Impact on the Earth [M]. Philadelphia：New Society Publishers, 1996.

[3] Rees W. E. Eco-footprint analysis Merits and brickbats [J]. Ecological Economics, 2000 (32): 371-374.

[4] Richmond A., Kaufmann R. K., Myneni R. B. Valuing ecosystem services: A shadow price for net primary production [J]. Ecological Economics, 2007, 64 (2): 454-462.

[5] Habel H., Wackernagel M., Krausmann, et al. Ecological Footprints and Human Appropriation of Net Primary Production A Comparison [J]. Land Use Policy, 2004 (21): 279-288.

[6] 中国21世纪议程中心可持续发展战略研究小组. 发展的基础：中国可持续发展的资源、生态基础评价 [M]. 北京：社会科学文献出版社，2004.

[7] 陈丽萍，杨忠直. 中国进出口贸易中的生态足迹 [J]. 世界经济研究，2005 (5): 8-11.

[8] 谢高地，鲁春霞，成升魁等. 中国的生态占用研究 [J]. 资源科学，2001, 23 (6): 19-22.

[9] 谢高地，鲁春霞，甄霖等. 生态赤字下非再生资源对生态空间的替代作用 [J]. 资源科学，2006, 28 (5): 1-6.

Human's Consumption of Ecosystem Services and Ecological Debt in China

Xie Gaodi[1]　Cao Shuyan[1,2]　Lu Chunxia[1]　Xiao Yu[1]　Zhang Yushu[1]

(1. Institute of Geographic Sciences and Natural Resources Research, CAS, Beijing 100101, China; 2. Beijing Institute of Petrochemical Technology, Beijing 102617, China)

Abstract: Human's reckless consumption is depleting the world's natural capital to a point where we are endangering our future prosperity. Accounting ecological footprint, bio-productive capacity and ecological debt of China during 1980-2005 shows that China has encountered an increased ecological debt with its value of 1.02 ghm^2 in 2005 due to increased demand for ecological service of socio-economic metabolism especially on fossil fuels though its bio-productive capacity per capita doubled to 1.15ghm^2. Dem and for ecological service, or ecological footprint, in 2005 exceeded China's earth's regenerative capacity by 89%. At the provincial level, 85% of China's provinces have been in ecological debt in the long term and now only three provinces of Hainan, Fujian and Xizang are in ecological surplus. China and most of its provinces are in soft ecologicaldefic it due to the contradictions between ecological service supply and dem and in spatial, temporal and components structural dimensions. Such a type ecological debt might be mitigated or eliminated by appropriating the current or future global commons or buying hidden ecological service through international or interregional trade channel China is heading for an ecological credit crunch as the integrated consequence of its natural constraint of land use base to bio-capacity and rapid economic growth. Against the backdrop that natural capital has been among the limiting factors to world's economic development, China earnestly established the scientific development concept and implemented multiple effective activities to reverse ecological credit crunch, and curb ecological recession.

Key Words: Ecological Footprint; Ecological Deficit; Consumption of Ecosystem Services; Ecological Credit Crunch

四川丘区猪肉生产生命周期资源消耗和环境污染研究*

白　林[1]　李学伟[1]　何佳果[2]　岳铁军[1]

(1. 四川农业大学动物科技学院，四川雅安 625014；
2. 四川省汉源县畜牧局，四川汉源 625300)

【摘　要】 采用生命周期方法学和情景分析法相结合的方式，对四川丘区 3 种典型的养猪生产情景进行了猪肉生产的生命周期资源消耗和环境污染分析。结果表明，设定参数下不同的生产系统具有不同的环境影响方式：情景 A（散养模式）具有最大的气候变暖潜势（4.8128 $kgCO_2$-eqv·FU^{-1}）；情景 B（适度规模养猪）具有土地占用最多（12.13m^2·FU^{-1}）、不可更新能源消耗最大（18.2MJ·FU^{-1}）、酸化效应（0.0643665$kgSO_2$-eqv·FU^{-1}）和富营养化（1.81695kgO^2-eqv·FU^{-1}）最严重等；情景 C（集约化养猪）水资源消耗（1942.69kg·FU^{-1}）最大。此研究揭示了四川丘区主要养猪模式中的污染物排放和资源消耗差异及其影响因素，为养猪业可持续发展规划提供了一定的参考依据。

【关键词】 猪肉生产；生命周期；情景分析；资源；污染物排放

由于自然和社会环境的复杂性，在四川形成了复杂多样的养猪生产模式，而目前对各种养猪模式的具体环境影响和资源利用效率尚不清楚，使得养猪业可持续发展规划缺乏必要的科学依据。国际标准草案"ISO14040—97 环境管理—生命周期评估—原则与框架"中定义的生命周期评估（Life Cycle Assessment，LCA）方法是一种可以彻底、全面、综合地了解各类生产过程的资源消耗和环境影响的方法。然而，由于农产品生产过程十分复杂，并受到各种不确定因素影响，采用单一的 LCA 方法开展环境影响评估的难度很大。因此，为了不受生产过程的细节束缚并避开不确定因素影响，本文把生命周期分析（LCA）方法和情景分析法结合起来，分析四川丘区主要养猪模式中的污染物排放和资源消耗，以提供环境友好养猪业的决策依据。

---

* 本文选自《农业环境科学学报》2010，29（5）。
基金项目：四川省科技厅"丘区射洪县循环经济型现代农业科技集成研究与示范"；四川省农业厅"国家现代农业产业技术体系四川创新团队建设项目"。
作者简介：白林（1970—），男，四川汉源人，副教授。E-mail：blin16@126.com；李学伟：四川农业大学动物科技学院；何佳果：四川省汉源县畜牧局；岳铁军：四川农业大学动物科技学院。

资源与环境经济学学科前沿研究报告

一、方　法

采用 LCA 方法和情景分析法结合进行研究。

情景分析法是在对经济、产业或技术的重大演变提出各种关键假设的基础上，通过设定一系列情景，进而对比分析各情景下的人类行为和相应的环境状况，来评价不同情景下的环境影响，分析区域内不同时段、不同组合的人类行为对环境影响的贡献。但是，情景分析法只是建立了一套进行环境影响评价的框架，分析每一情景下的环境影响还必须依赖于其他一些更为具体的评价方法，需要与其他评价方法结合使用。LCA 是指汇总和评估一个产品（或服务）体系在其整个生命周期间的所有投入及产出对环境造成的潜在影响的方法，其实施步骤分为目标和范围定义、清单分析、环境影响评估、解释 4 个部分。其主要思路是：通过收集与产品相关的环境清单数据，应用 LCA 定义的一套计算方法，从资源消耗、人体健康和生态环境影响等方面对产品的环境影响做出定性和定量的评估，并进一步分析和寻找改善产品环境表现的时机与途径。在 LCA 分析中，生产过程的不确定性对数据质量有很大影响，为了对某种生产模式有定量的评估，需要引入情景分析，在可能的取值范围内对特定情况进行假设。这就是说，LCA 方法与情景分析结合起来，就能获得不确定性的生产过程中特定情景的评估结果，以建立某种生产模式环境影响状况的参考指标。

（一）研究范围

本研究分析了猪肉生产过程主要阶段的环境影响，包括原料生产、运输和养猪生产过程。但没有包括猪舍修建、屠宰、加工、包装等过程。

（二）情景设定

（1）三种养猪生产系统的情景描述和参数设定。

以下设定的情景参数来源于抽样调查和专家咨询，部分是对未来可能情况的估计，但不代表同种养猪模式下的所有类型。

情景 A： 以四川丘陵区农户养猪方式为背景（金华镇和广兴镇 20 个农户），将其主要情景状态和参数设定为：①饲料以自种玉米、蔬菜和其他农副产物为主，浓缩料（豆粕 70%、菜籽粕 10%）的添加量平均为 50 千克·头$^{-1}$；耕地面积假设为 0.168 平方百米·户$^{-1}$，青饲料生产中自己种植的农资消耗为谷物生产消耗的 1/4。②出栏猪数量平均 3 头·户$^{-1}$，品种为地方母猪与外种猪杂交生产，屠宰率平均为 68%。③饲养管理方式粗放，饲养期长，猪平均饲养 270 天左右，出栏重平均为 110 千克。④粪便处理和利用：粪尿直接扫入沼气池存贮（太脏时用少量水清洗，污水入池），80% 还田，其中 48% 在农忙季节直接还田，长期存贮量占 32%（不定时还田）；20% 粪水在粪池中或还田时渗漏，渗出水化学耗氧量（COD）为 50mg·L⁻¹。

情景B：丘陵区专业户适度规模饲养（金华镇和广兴镇6个养猪大户，平均年出栏猪100头左右）。这种养猪情景的主要情景状态和设定参数为：①饲料来源：能量饲料为本省玉米为主的谷物，蛋白饲料以购买浓缩饲料为主。谷物全部本省购买，运输距离假设为100千米。饲料原料生产的能量消耗和化肥、农药、地膜等使用量按《中国统计年鉴（2006）》计算四川平均水平。饲养期160天左右，出栏平均重量为85千克。②品种50%为洋二元杂猪（两品系外种猪间杂交后代），屠宰率73%，50%为洋三元（如杜长大，DLY），屠宰率76%，全程料肉比3.6:1。③粪便处理及利用：部分粪便干清，部分冲入贮粪池，80%直接还田，20%贮存后利用，还田后渗漏污水COD为300 mg·L⁻¹。

情景C：丘陵区集约化饲养（射洪两个场为背景，平均年出栏猪10000头左右）。提供了丘区大约0.6%的商品猪，在丘区养猪业中起着主要的现代养猪示范作用。这种养猪情景的主要情景状态和设定参数为：①能量饲料以玉米等谷物为主，全部饲料原料从全国各地购买，饲养期175天左右，出栏平均为100千克；饲料原料生产的能量消耗和化肥、农药、地膜等使用量按《中国统计年鉴（2006）》计算全国平均水平作为相关参数，运输距离平均按1000千米计算。②品种多数为DLY或PIC猪，屠宰率76%，全程料肉比3.4:1。③粪便处理及利用：采用干清粪和水冲清粪结合工艺，粪便和污水分别进行厌氧发酵处理。85%运出还田，长期存贮量占15%，排出水COD为200 mg·L⁻¹。

（2）边界限制。本研究没有包括养猪设备、机械和建筑方面，并按照ISO14041中关于物质材料舍弃原则的规定，对小于总量5%或环境关联性小的材料进行了剔除。设定浓缩料中含豆粕70%、菜籽粕10%，全价饲料中玉米为主的谷物70%，豆粕25%，其余成分的资源消耗数据不清楚，没有加以考虑。

（三）功能单元（Functional Unit）

本研究中功能单元（FU）定义为"一千克猪胴体"。

（四）物流、能流和排放分配

根据环境毒物学与化学学会（SETAC）提出的对等分配法，本文中饲料作物不再单独考虑如何分配污染物排放，全部按土地占用对等分配（根据饲料原料使用量和该原料平均单产，计算土地面积；根据作物种植对资源的消耗和污染排放的统计数据或文献报道结果，计算平均数据，再按面积分配）。在情景A中，农户自种的玉米、蔬菜和其他农副产物50%用于养猪，故按此比例分担相应的物质消耗和污染物排放。

（五）清单分析及资源消耗估算

清单分析首先对饲料原料生产过程中饲养每头猪的饲料生产占用土地面积，每功能单元的产品所需农资投入量，不可更新能源消耗及浓缩饲料加工和运输中的能源消耗进行了计算；然后对养猪生产过程中粪便和尿液养分的产生量、主要的温室气体排放量（氧化亚氮和甲烷)、NH_3的排放量均进行了估算，并确定研究系统的资源消耗与污染物排放及其对外部环境的影响。

二、结果与分析

根据四川丘区猪肉生产的生命周期清单分析，可得出各种情景下的资源消耗和污染排放环境类型参数估计量。

（一）资源消耗

本文主要分析3种情景的水资源消耗、不可更新能源消耗和土地占用。

（1）水资源消耗。按中国统计年鉴（2006）中2005年的全国和四川有效灌溉面积和农业用水量数据计算饲料作物生产部分的用水量，动物生产部分的用水量分为猪的平均饮水量和冲洗水量两部分，猪的平均饮水量参考《养猪大全》计算。特别说明：水量计算在清单分析中有详细说明，作物生产是按主要饲料原料的土地占用面积当量和平均用水量计算，动物生产的用水量是以粪池或污水处理池容积、出水量和动物饮用水量推算。

在动物生产的水消耗量构成中，冲洗水量占的比重较大，由于情景A中冲洗水量少，水的消耗量最少，而情景C中冲洗水量大，造成水资源消耗最大。从表1可以看出，饲料生产是猪肉生产生命周期中水消耗最大的环节。在情景C的饲料原料生产中和动物生产中水消耗比情景A分别高出29.38%和13.04%，而还田水量则少55.39%，导致最终水消耗比情景A高出29.55%。特别说明：这里的用水量差异是因情景设定或实测参数不同而引起，与规模大小不一定相关。

表1 三种情景下水消耗量

单位：$kg \cdot FU^{-1}$

项　　目	情景A	情景B	情景C
饲料作物生产	1464.60	1759.67	1894.92
动物生产	44.57	55.17	50.83
还田水量	6.86	6.60	3.06
合计	1499.57	1808.24	1942.69

（2）不可更新能源消耗。每功能单元不可更新能源消耗的计算根据王明新等的计算方法（$91.63MJ \cdot kg^{-1} N$）得出氮肥生产的能耗，其余农资根据李震钟的能量折算系数计算。结果如图1所示。

从图1可以看出，总的不可更新能源消耗量最大的是情景B，最小的是情景A。能量消耗中占比重最大的是氮肥生产，达50%左右，其次为电力、运输、煤炭、柴油和饲料加

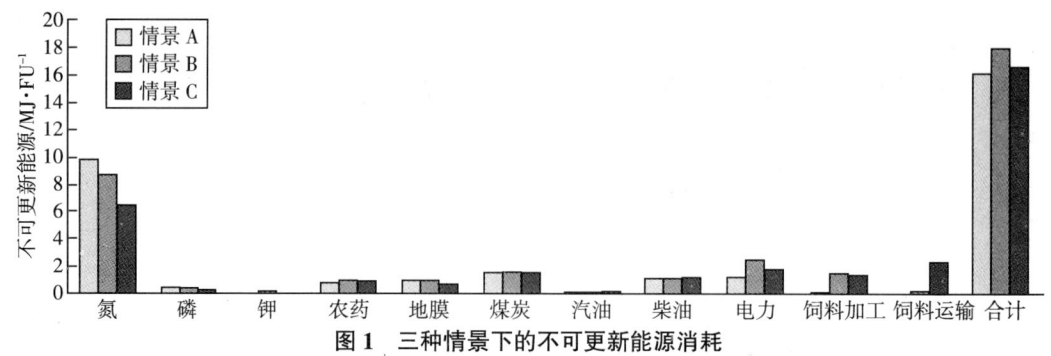

图1 三种情景下的不可更新能源消耗

工等。从2005年统计数据中发现，四川的农业生产氮肥投入远高于全国平均水平（485.595kg·hm^{-2}对405.105kg·hm^{-2}），因此饲料生产对能源的消耗较大。3种情景中差异最大的是氮肥生产、电力、运输和饲料加工过程，与国外相关文献报道基本一致。由于我国的饲料原料以本土生产为主，饲料运输不是主要的不可更新能源消耗过程，而氮肥投入过多是饲料生产中能源消耗高的主要原因。因此，通过养猪生产过程的有机废物还田是降低猪肉生产能耗的重要措施。

（3）土地占用。在情景A中土地占用面积为调查的实际用地面积平均值与浓缩料主要原料生产面积之和，而情景B和情景C中主要考虑了大宗饲料原料如玉米和豆粕生产的土地面积。动物生产中占用土地面积参数为：情景A中3平方米·头$^{-1}$，情景B和情景C中2平方米·头$^{-1}$。结果见表2。

表2 三种情景下土地占用

项 目	情景A	情景B	情景C
每头饲料生产面积/m^2·头$^{-1}$	721.38	701.36	841.24
每功能单元土地占用/m^2·FU^{-1}	10.35	12.13	11.68

综合来看，每功能单元土地占用面积为10.35~12.13m^2，低于Cederberg C等对瑞典平均每功能单元土地占用面积为12.4 m^{2}的水平，这主要与国外室外养猪占用土地较多有关。3种情景之间比较，情景A的土地占用最少，主要原因在于情景A中猪的饲料原料多样化，野草替代了部分饲料，虽然猪的饲养期较长，但节省了较多的精料。情景C由于集约化程度高，饲养管理科学，猪的饲料转化率高于情景B，因而土地资源消耗比情景B低0.45m^2·FU^{-1}。

（二）温室气体（GHG）排放

本文中作物生产释放的温室气体量参考王明新等对冬小麦的生命周期环境影响研究，养猪生产中猪的CO_2排放按赵书广等《养猪大全》中每头猪平均CO_2排放量计算，粪便贮存过程的CO_2排放量按模拟试验结果估算（将猪粪自然堆放于铺有塑料纱网的小红砖上，以薄膜覆盖,在 1 个月内每日 3 次测定顶部 $2cm^2$ 出口处 CO_2 浓度和气流大小,以平均数计算当日 CO_2 气体产生总量,然后根据每种模式的粪便量和贮存时间估算。结果变异较大,全部以平均数计算),其余部分按清单分析结果计算。生产过程的温室气体排放通过 IPCC(1997)确定的当量系数(CH_4、N_2O 分别为 21 和 310)转化为 CO_2 当量,从而实现数据特征化(见表 3)。

表 3 三种情景下的全球变暖潜势(GWP)

单位:$kgCO_2-eqv·FU^{-1}$

项目	情景 A	情景 B	情景 C
CO_2	1.0600	1.3200	0.9700
CH_4	3.6680	2.5582	1.9780
N_2O	0.0848	0.1189	0.0863
合计	4.8128	3.9971	3.0343

本文研究结果与 Stern S 等的结果比较,总的 GHG 排放量除了情景 A 明显高于各研究报告结果,其他两种情景的结果基本一致。在国外的研究报告中,一般是 N_2O 的排放比例最高,这主要是由于饲料中蛋白水平较高的原因。Atakora 等和 Misselbrook 等研究表明,与常规饲料(CP16.3%)相比,低蛋白日粮(13.0%)可使育肥猪的 GHG 总生成量减少 25%,其中 N 排泄减少 24%,可极大地降低 N_2O 的排放量。国内的养猪生产中饲料蛋白水平通常偏低,有利于降低 N_2O 的排放,但由于粪便污水处理方式落后,以厌氧消化处理为主,因而增大了 CH_4 气体的排放(实际利用沼气作燃料的养猪户或养猪企业比例较少)。

三种情景之间比较表明,情景 A 由于饲养期长,废弃物在粪池中发酵时间长,造成 CH_4 排放量较高,这说明鼓励农户修建沼气池并利用沼气作燃料具有极其重要的意义。而情景 B 的 CH_4 和 N_2O 排放分别比情景 C 高出 29.3% 和 37.8%,原因主要是情景 B 管理不善,饲料效率低,废物处理方式也比情景 C 落后。3 种情景中 CH_4 气体排放量均比发达国家报道的结果高,因而在养猪业中一方面应当收集沼气作为燃料,另一方面应当积极推广堆肥技术,通过好氧发酵处理固体废物,减少 CH_4 的排放。

(三)富营养化

由于缺乏我国农资生产的污染排放数据,作物生产的污染物排放参考王明新等的研究结果进行相应推算得到。动物生产的富营养化特征化数据根据清单分析结果和 Lindfors 等研究的各种富营养化物质的特征化因子(NO_x、NH_3、NO_3、PO_4^{3-} 分别为 6、16、4.4、46)进行特征化(见表 4)。

表 4 三种情景下富营养化潜势

单位:$kgO_2-eqv·FU^{-1}$

项目	情景 A	情景 B	情景 C
挥发到空气中的 NO_x(NO_x to Air)	0.01968	0.01973	0.01901

续表

项 目	情景A	情景B	情景C
挥发到空气中的 NH_3（NH_3 to Air）	0.35376	0.47518	0.35934
进入水体的 NO_3（NO_3 to Water）	0.35015	0.60174	0.67671
进入水体的 PO_4^{3-}（PO_4^{3-} to Water）	0.11960	0.69966	0.22839
COD（Chemic Oxygen Demand）	0.00033	0.02064	0.00442
合　计	0.84352	1.81695	1.28787

从富营养化特征化数据可以看出，情景B对水体的污染情况十分严重，应当重点进行治理。情景A由于基本上是污水"零排放"，富营养化效应最小，而情景C则因处理废水的方式过于简单导致水体富营养化效应也较大。特别说明：这里的结果是因情景设定而产生差异，主要原因与规模无关，也许说明规模大小不是直接导致环保问题的主要因素。

（四）酸化潜势

酸化效应物质NO_x和NH_3的特征化因子分别为0.71和1.9，采用与富营养化特征化数据相同的计算方法得出酸化效应结果（见表5）。

表5　三种情景下酸化效应结果

单位：$kgSO_2-eqv·FU^{-1}$

项 目	情景A	情景B	情景C
挥发到空气中的 NO_x（NO_x to Air）	0.0023277	0.0023335	0.0022484
挥发到空气中的 NH_3（NH_3 to Air）	0.0420803	0.0565236	0.0427442
挥发到空气中的 SO_2（SO_2 to Air）	0.0054971	0.0055094	0.0052926
合　计	0.0499052	0.0643665	0.0502852

根据以上结果，情景B酸化效应最严重，主要原因是NH_3的排放量较大。

三、讨　论

本文通过生命周期分析，揭示了四川养猪业中各种环境影响的主要原因。每功能单元的土地占用比例偏大主要与四川人均耕地少有关，此外，饲料作物生产水平和养猪生产效率较低也间接造成土地占用的增加。富营养化的影响主要产生于作物生产中施肥方法不当造成的养分渗滤流失和养猪生产过程中废物处理和利用少而直接向水体排放，其中规模化、集约化养猪生产的废物处理和利用少是最重要的因素。水资源消耗大主要是由于作物生产的灌溉用水量过大，规模化、集约化养猪生产的冲洗水量过大也是一个原因。气候变暖潜势较大的主要原因是废物处理中以厌氧消化处理为主而未对处理产生的甲烷加以充分利用。石化能源耗竭指数大的主要原因是饲料作物生产的氮肥使用量偏高，动物生产中饲料效率较低则是间接造成石化能源耗竭指数增大的重要原因。

四、结　论

对四川丘区三种典型的养猪生产情景进行猪肉生产的生命周期资源消耗和环境污染分析反映出，设定参数下不同的生产系统具有不同的环境影响方式：情景A（散养模式）具有最大的气候变暖潜势（4.8128kgCO_2-eqv·FU^{-1}）；情景B（适度规模养猪）具有土地占用最多（12.13m^2·FU^{-1}），不可更新能源消耗最大（18.2MJ·FU^{-1}），酸化效应（0.0643665kg-SO_2-eqv·FU^{-1}）和富营养化（1.81695kgO_2-eqv·FU^{-1}）最严重等；而情景C（集约化养猪）水资源消耗（1942.69kg·FU^{-1}）最大。

参考文献

[1] 岳珍，赖茂生. 国外"情景分析"方法的进展 [J]. 情报杂志，2006（7）：59-61.

[2] 曾忠禄，张冬梅. 不确定环境下解读未来的方法：情景分析法 [J]. 情报杂志，2005（5）：14-16.

[3] 中国统计年鉴-2006 [Z]. 中国国家统计局，2006，10.

[4] Cederberg C., Flysjo A. Life cycle inventory of 23 dairy farms in south-western sweden [R]. Swedish Institute for Food and Biotechnology (SIK), Goteborg, Sweden, 2004.

[5] 杨建新，王寿兵，徐成. 生命周期清单分析中的分配方法 [J]. 中国环境科学，1999，19（3）：23-24.

[6] 白林，李学伟，龚兰芳等. 四川丘区猪肉生产情景的清单分析 [J]. 四川农业大学学报，2009，27（2）：234-238.

[7] 赵书广. 养猪大全 [M]. 北京：中国农业出版社，2001：851.

[8] 李震钟. 家畜生态学 [M]. 北京：中国农业出版社，1995：127.

[9] Cederberg C., Flysjo A. Environmental assessment of future pig farming systems-quantifications of three scenarios from the FOOD 21 synthesis work [R]. Swedish Institute for Food and Biotechnology (SIK), Goteborg, Sweden, 2004：723-777.

[10] 王明新，包永红，吴文良等. 华北平原冬小麦生命周期环境影响评价 [J]. 农业环境科学学报，2006，25（5）：1127-1132.

[11] Lindfors L. G., Christiansen K., Hoffman L., et al. Nordic guidelines on life-cycle assessment [R]. Copenhagen (Denmark), 1995：224.

[12] Stern S., Sonesson U., Gunnarsson S., et al. Sustainable development of food production: A case study on scenarios for pig production [J]. Ambio. Royal Swedish Academy of Sciences, Stockholm, Sweden, 2005, 34：402-407.

[13] Mohn S., Atakora J. K. A., McMillan D. J., et al. Low protein diets reduce greenhouse gas production by sows [R]. Progress in research on energy and protein metabolism. International Symposium, Rostock-

Warnemunde, Germany, 13–18 September, 2003. Wageningen Academic Publishers, Wageningen, Netherlands, 2003: 425-427.

[14] Misselbrook T. H., Chadwick D. R., Pain B. F., et al. Dietary manipulation as a means of decreasing N losses and methane emissions and improving herbage N uptake following application of pig slurry to grassland [J]. Journal of Agricultural Science, 1998, 130: 2, 183-191.

Resource Depletion and Pollution in Life Cycle of Pork Production at Foothill of Sichuan Province

Bai Lin[1], Li Xuewei[1], He Jiaguo[2], Yue Tiejun[1]

(1. College of Science and Technology, Sichuan Agricultural University, Ya'an 625014, China; 2. The Bureau of Livestock Industry, Hanyuan 625300, China)

Abstract: The Scenario Analysis and Life Cycle Assessment (LCA) methods were combined to conduct a Life Cycle resource depletion and pollution analysis on three typical pork production scenarios at foothill of Sichuan Province, so that serious environment issues underlying the different systems of pork production could be profoundly understood. The results showed that global warming potential was maximum in scenario A (focusing on farmer family backyard breeding, $4.8128 kgCO_2-eqv \cdot FU^{-1}$), but land use and unrenewable resources depletion, eutrophication potential and acidification potential were maximum in scenarioB (focusing on 100-head size farm, $12.13 m^2 \cdot FU^{-1}$, $18.2 MJ \cdot FU^{-1}$, $0.0643665 kgSO_2-eqv \cdot FU^{-1}$, $1.81695 kgO_2-eqv \cdot FU^{-1}$, respectively), water use was maximum in scenario C (intensive farm, $1942.69 kg \cdot FU^{-1}$). The profiles of pollutants emission and resource efficiency were discovered so that an important foundation of environmental impact assessment for current pork production was set up.

Key Words: Pork Production; Life Cycle; Scenario Analysis; Resource; Pollutant Emission

中国化石能源以生物质能源替代的潜力及环境效应研究*

陈雅琳 [1,2,3]　高吉喜 [1,3]　李咏红 [1,2]

(1. 中国环境科学研究院，北京 100012；
2. 国家环境保护区域生态过程与功能评估重点实验室，北京 100012；
3. 北京师范大学水科学研究院，北京 100875)

【摘　要】 基于 1953~2007 年的统计数据，根据消耗能值相等的原则，计算了中国化石能源能值消耗量及农作物残余物可替代能值量。结果表明，新中国成立初期，化石能源资产消耗的能值量基本可以用农作物残余物来替代；随着化石能源消耗量的与日俱增，化石能源能值消耗与农作物残余物可补偿能值之间的差距越来越大，2007 年，我国农作物残余物可替代能值量仅为化石能源能值消耗量的 10.35%。对生物质能替代可减少的环境价值损失估算可知：1990~2007 年，由于生物质能替代可以减少因煤炭开采造成的环境治理费用 773.91 亿元；减少因能源消费而造成的环境污染价值损失 11311.76 亿元，其中由于减少 SO_2 排放而减少的环境经济损失量占环境污染经济损失量的 56.93%，减少 NO_x 和灰分排放分别占环境污染经济损失量的 33.13% 和 9.94%。

【关键词】 化石能源；生物质能；能源替代；能值；环境效应

生物质能是仅次于煤炭、石油、天然气的第四大能源，作为重要的可再生能源，其在整个能源系统中占有重要地位[1]。开发和利用生物质能已成为当今世界工业化国家节约能源和保护环境的重要手段[2]，各领域的相关学者们均致力于生物质能的研究[2-9]，以提高利用生物质能的效率[3]，实现全球能源的可持续发展。

我国是一个农业大国，生物质能源潜力很大，有学者提出，如果在不适于种粮棉油的边际性土地种植薯类（特别是木薯）、甜高粱等能源作物，估计每年可替代相当于近 1 亿吨原油的潜能[10]，约占我国原油年产量的 50%[11]。同时，化石能源的生产过程中产生

---

* 本文选自《中国环境科学》2010，30（10）。
基金项目：环境保护公益性行业科研专项（200709029）。
作者简介：陈雅琳（1981—），女，山东莱阳人，北京师范大学博士研究生，主要从事区域生态研究，发表论文 20 余篇。

地面塌陷、泥石流、滑坡等一系列地质灾害；煤燃烧所释放的SO_2占到全国总排放的85%、CO_2占85%、NO_x占60%、粉尘占70%[12-13]，由酸化物排放引发的酸雨灾害，以上环境问题的预防与治理，均造成难以估算的经济损失。在这种背景下，本研究利用已有的统计资料和研究结果，定量评估了我国发展生物质能替代化石能源的环境价值损失量，为我国能源安全及环境保护与可持续发展提供理论依据。

一、生物质能替代化石能源的分析

（一）能值的计算方法

能值的计算公式如式（1）[14]：

$$EM = M \cdot EN \cdot EM_t \quad (1)$$

式中，EM为煤炭消耗的能值，sej/a，其中sej为太阳能焦耳；M为每年消耗煤炭的载能量，t/a；EN为单位质量煤炭所含能量，取值为3.18×10^{10} J/t [14]；EM_t为能值转化率，取值4×10^4 sej/J [14]。

由于所采用的能源消耗量数据单位均为万吨标煤，式（1）是计算原煤能值消耗量的，因此，在计算过程中，根据"标煤：原煤＝0.7143"的比例关系，将能源消耗量换算成原煤进行计算。

（二）化石能源能值消耗

化石能源消耗除了本身所包含的能量以外，在其开采、运输过程中还要消耗额外的能源，虽然这部分能源相对于化石能源本身的量来说较小，但考虑到化石能源资产每年巨大的消费量，这部分额外能耗量的绝对值不可忽视。因此，在化石能源能值消耗的计算中，采用的均是化石能源资产的载能量，其中，1吨标煤的载能量为1.037吨标煤，由于油气田企业往往是既开采石油又开采天然气，因此，将石油和天然气一起考虑，开采1吨标煤当量的石油或天然气的能源消耗量为81.4千克标煤，即开采1吨标煤当量的石油或天然气的载能量为1.081吨标煤[15]，由此得出我国化石能源载能量如表1所示，并由此计算1953~2007年我国化石能源能值消耗量。

表1 1953~2007年中国化石能源载能量分析

单位：万吨标煤

年份	能源消耗量	载能量	年份	能源消耗量	载能量	年份	能源消耗量	载能量
1953	5411	5513.64	1972	37273	37570.59	1991	103783	103329.26
1954	6234	6334.23	1973	39109	39044.94	1992	109170	108593.91
1955	6968	7081.87	1974	40144	40082.54	1993	115993	115055.78

续表

年份	能源消耗量	载能量	年份	能源消耗量	载能量	年份	能源消耗量	载能量
1956	8800	8916.05	1975	45425	45457.66	1994	122737	121065.69
1957	9644	9720.75	1976	47831	48010.89	1995	131176	128845.66
1958	17599	18025.63	1977	52354	52711.47	1996	138948	137374.69
1959	23926	24582.55	1978	57144	57894.76	1997	137798	135376.89
1960	30188	30896.48	1979	58588	59215.59	1998	132214	129298.55
1961	20390	20715.53	1980	60275	60636.17	1999	133831	131633.25
1962	16540	16640.55	1981	59447	59468.82	2000	138552.6	135625.12
1963	15567	15697.34	1982	62067	61794.09	2001	143199.2	138367.93
1964	16637	16746.92	1983	66040	65449.54	2002	151797.3	147011.71
1965	18901	19242.67	1984	70904	70542.32	2003	174990.3	170979.61
1966	20269	20506.61	1985	76682	76273.98	2004	203226.7	198054.48
1967	18328	18435.27	1986	80850	80594.59	2005	224682	218805.44
1968	18405	18560.61	1987	86632	86343.08	2006	246270	239609.95
1969	22730	22892.04	1988	92997	92686.86	2007	265583	258015.74
1970	29291	29512.70	1989	96934	96409.68			
1971	34496	34820.19	1990	98703	97947.03			

（三）农作物有效残余物能值分析

（1）农作物有效残余物计算。由于我国生物质能源开发利用尚处于起步阶段，完善的生物质资源的评价方法尚未建立。农作物残余物未列入国家有关部门的统计范围，一般根据农作物的产量和当地农作物的草谷比大致估算各种农作物残余物的产量，同时，在我国农村，农作物残余物中有些在收集过程中散落在地里，运输及储存时也有部分损失。因此，作为替代能源的可利用农作物残余量主要取决于总的农作物产量、农作物草谷比（表2），农作物残余物收集效率及用在其他部门的数量，单位农作物所产生的可用于替代化石能源的有效残余物（$CRA_{eff,i}$）量可表达为式（2）：[4]

表2 我国农作物草谷比 [5]

农作物	草谷比	农作物	草谷比
小麦	1.1	棉花	3
大豆	2	油菜籽	3
玉米	2	甜菜	0.1
稻谷	2	麻类	1.7
花生	2	芝麻	3
红薯	1.2	甘蔗	0.1

$$CRA_{eff,i} = RC_i (1-\alpha_i)(1-\beta_i) \quad (2)$$

式中，RC_i为第i类农作物的草谷比；α_i为农作物残余物在收集、运输及储存等环节损失量占总量的比率；β_i 为保留下来的农作物残余物作为其他用途的比率。

因此，每年我国总的可用于替代能源的有效残余物量（GRA_{eff}）可表示为：

$$GRA_{eff} = \sum_{i=1}^{m} Y_i GRA_{eff,i} \tag{3}$$

式中，Y_i 为第 i 类农作物的产量，i=1，2，3，…，m。

将农作物残余物在收集、运输及储存等环节损失量占总量的比率设为 0.10，[10] 保留下来的农作物残余物作为其他用途的比率设为 0.15，[4,7] 由此计算出 1953 年以来我国各年份可用于替代化石能源的农作物有效残余量如图 1 所示。

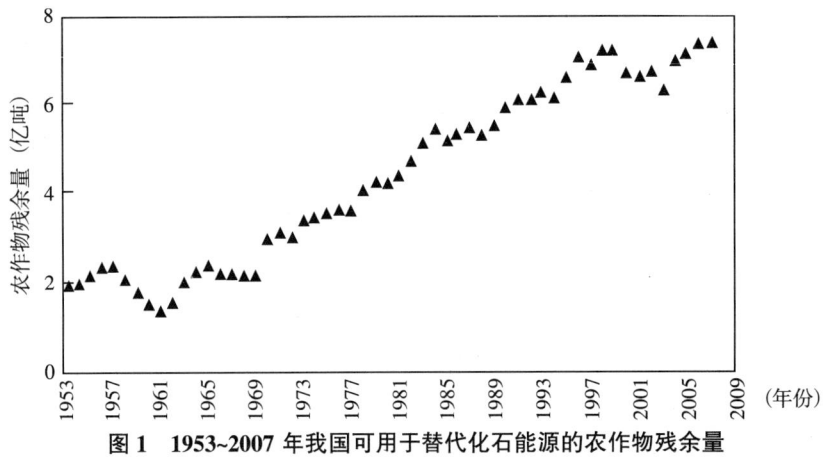

图 1　1953~2007 年我国可用于替代化石能源的农作物残余量

由图 1 可见，1953 年以来，农作物残余物量呈波动增加趋势。20 世纪 70 年代以前，波动最为明显；20 世纪 70~90 年代，波动较小，基本是逐步增加，仅 2000 年农作物有效残余量比 1999 年明显减少；但此后增幅迅速，2007 年达到最大值。1953~2007 年，农作物有效残余物总量达 238.42 亿吨。

（2）农作物有效残余物能值分析。取玉米秸秆上部、中部、下部热值的平均值 16536.33J/g 作为农作物残余物的单位能量数值，[1] 估算出各年份农作物残余物可补偿的能值，由于参考资料的限制，以玉米残余物的能值转化率 3.9×10^4 sej/J 作为农作物残余物总的能值转化率。

对比 1953~2007 年我国化石能源能值消耗与农作物残余物可替代能值可以发现（图 2），新中国成立初期，我国化石能源消耗的能值量基本可以用农作物残余物来替代，可随着社会经济的不断发展，我国耗用的化石能源量与日俱增，虽然农作物残余量也有所增加，但化石能源消耗能值与农作物残余物可补偿能值之间的差距越来越大，对化石能源的需求已无法用生物质能（农作物残余物）所替代，2007 年，我国农作物残余物可替代能值量仅为化石能源能值消耗量的 10.35%。54 年间，我国仅化石能源消耗而损耗的能值累加量就达 7.84×10^{25} sej，这些不可再生资源的消耗，将降低我国经济社会自我发展的潜力，从而加剧对国际市场的依赖。

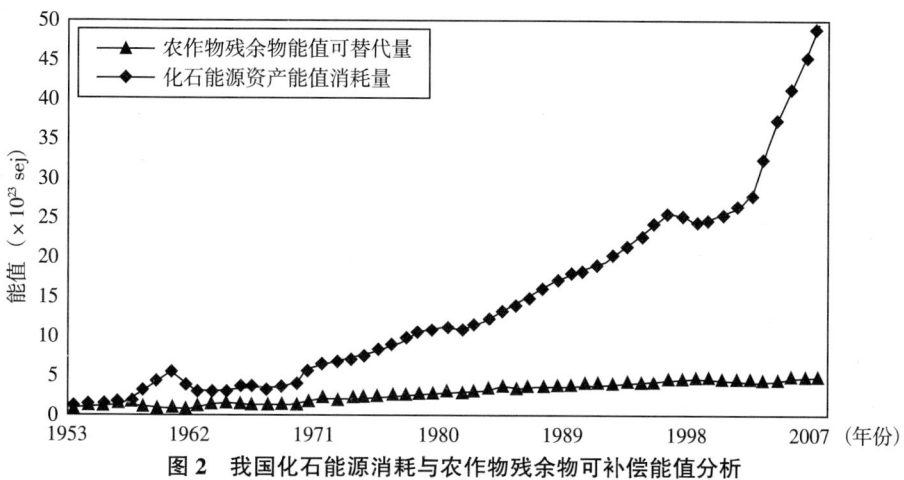

图2 我国化石能源消耗与农作物残余物可补偿能值分析

（四）生物质能替代化石能源分析

将式（1）进行转换，得出农作物残余物所能补偿的化石能源量的计算公式为：

$$M = \frac{E_m}{EN \cdot EM_t} \tag{4}$$

式中，M为农作物残余物所能补偿的煤炭资源量；E_m为农作物残余物所能补偿的能值量；EN为单位质量煤炭所含能量，本文取值为3.18×10^{10} J/t；EM_t为能值转化率。

根据式（4）计算出1953~2007年中国农作物残余物所能补偿的化石能源量见表3。50多年来，农作物残余物所能替代的化石能源量逐渐增加，1953年所能替代的化石能源量为9648万吨，20世纪60年代初期农作物残余物所替代化石能源量有所减少，这与当时的自然灾害密切相关，60年代初期的三年自然灾害影响了农作物的生长，直接导致了农作物残余物的减少。随后，农作物残余物所能替代的化石能源量迅速增加，1963年突破1亿吨，随后仍呈现逐年增加趋势。

表3 1953~2006年中国农作物残余物所能补偿的化石能源量

年份	煤炭（万吨）	年份	煤炭（万吨）	年份	煤炭（万吨）
1953	9648.00	1972	15128.82	1991	30671.76
1954	9825.17	1973	16807.02	1992	30793.43
1955	10812.92	1974	17326.06	1993	31571.23
1956	11672.99	1975	18003.80	1994	31118.76
1957	11799.22	1976	18164.47	1995	33207.85
1958	10105.50	1977	18193.85	1996	35536.31
1959	8687.13	1978	20179.29	1997	34720.43
1960	7357.46	1979	21359.22	1998	36523.24

续表

年 份	煤炭（万吨）	年 份	煤炭（万吨）	年 份	煤炭（万吨）
1961	6526.73	1980	21104.98	1999	36380.88
1962	7476.41	1981	22061.40	2000	33681.47
1963	10019.37	1982	23773.61	2001	33373.79
1964	11169.61	1983	25590.99	2002	33709.76
1965	11744.44	1984	27277.68	2003	31808.10
1966	10825.03	1985	25957.77	2004	35150.41
1967	10836.38	1986	26722.95	2005	36006.23
1968	10783.50	1987	27664.61	2006	37028.40
1969	10691.32	1988	26756.32	2007	37263.30
1970	14912.77	1989	27831.83	总计	1208825.65
1971	15606.09	1990	29875.62		

二、生物质能源替代化石能源的环境效应分析

（一）可减少化石能源开采的治理费用

根据苏立功等[17]的研究，目前采煤塌陷区地面沉降治理费应为6.11元/吨原煤，矸石排放治理费应为5元/吨原煤，煤矿矿井水排放治理费用为1.61元/吨原煤，采煤造成了地下漏水、地表径流减少或干涸使土地质量下降、农作物减产、草原干枯等。目前采煤漏水土地治理费用为0.85元/吨原煤。再结合鞠美庭等[18]的研究结果（表4），计算出2007年各省区因煤炭开采造成的环境破坏及治理费用如表5所示。

由表5可以看出，1990~2007年，中国由于生物质能替代可以减少因煤炭开采造成的地面沉降121684.19hm^2、煤矸石排放量79094.73万吨、矿井水排放量2652715.43万吨。近20年来，共可以减少环境治理费用773.91亿元，其中，地面沉降治理费用371.75亿元、矸石治理费用304.21亿元、矿井水治理费用97.96亿元。2000年由于生物质能替代可减少的环境治理费用为42.84亿元，占本年度国家环境治理投资的4.22%，随着国家对

表4 煤炭开采的环境影响估算

环境影响	环境影响损失估算
地表塌陷或下沉	平原地区每采1吨煤地表塌陷0.2平方米
矿井瓦斯爆炸	根据一定技术条件下的事故率计算
露天开采占地	根据区域及煤矿特点估算
煤矸石占地、自燃及浪费运力	全国平均开采1吨煤排放矸石0.13吨
酸性矿井水	平均1吨煤排放4.36吨矿井水；华北地区开采1吨煤破坏地下水资源10.1吨

注：根据文献[18]整理而来。

表5 生物质能替代减少的开采破坏及治理费用投入

年 份	环境破坏			治理费用（亿元）			
	地面沉降(hm²)	矸石排放量(万吨)	矿井水排放量(万吨)	地面沉降	矸 石	矿井水	合 计
1990	5975.12	3883.83	130257.69	18.25	14.94	4.81	38.00
1991	6134.35	3987.33	133728.86	18.74	15.34	4.94	39.01
1992	6158.69	4003.15	134259.36	18.81	15.40	4.96	39.17
1993	6314.25	4104.26	137650.55	19.29	15.79	5.08	40.16
1994	6223.75	4045.44	135677.79	19.01	15.56	5.01	39.58
1995	6641.57	4317.02	144786.24	20.29	16.60	5.35	42.24
1996	7107.26	4619.72	154938.30	21.71	17.77	5.72	45.20
1997	6944.09	4513.66	151381.08	21.21	17.36	5.59	44.16
1998	7304.65	4748.02	159241.34	22.32	18.26	5.88	46.46
1999	7276.18	4729.51	158620.64	22.23	18.19	5.86	46.28
2000	6736.29	4378.59	146851.22	20.58	16.84	5.42	42.84
2001	6674.76	4338.59	145509.71	20.39	16.69	5.37	42.45
2002	6741.95	4382.27	146974.54	20.60	16.85	5.43	42.88
2003	6361.62	4135.05	138683.34	19.43	15.90	5.12	40.46
2004	7030.08	4569.55	153255.78	21.48	17.58	5.66	44.71
2005	7201.25	4680.81	156987.17	22.00	18.00	5.80	45.80
2006	7405.68	4813.69	161443.84	22.62	18.51	5.96	47.10
2007	7452.66	4844.23	162467.98	22.77	18.63	6.00	47.40
总 计	121684.19	79094.73	2652715.43	371.75	304.21	97.96	773.91

环境保护的加强，环境治理投资逐年增加，但2006年由于生物质能替代可减少的环境治理费用仍占当年国家环境治理投资的1.84%。

（二）可减少环境价值的损失

根据我国每吨标煤当量化石能源消耗对环境的影响[19]（表6），计算化石能源消耗对大气环境的污染。

表6 煤炭、石油、天然气燃烧排放物比较

单位：千克

排放物	1tce 煤	1tce 油	1tce 天然气
SO_2	21	14	
NO_x	7.7	4.2	2.8
灰分	154		

从减少的污染物排放量来看，1990~2007年，中国由于生物质能替代而减少的3种污染物排放量在时间尺度上均呈波动增加（图3）。其中，减少的SO_2和NO_x的排放量均未超

过 1000 万吨，减少的灰分排放量明显偏高，1990 年灰分减少量为 4600.84 万吨，2007 年增加到 5738.55 万吨。1990~2007 年，中国由于生物质能替代而减少的 SO_2 排放量为 12776.84 万吨，减少的 NO_x 和灰分的排放量分别为 4684.84 万吨和 93696.83 万吨。

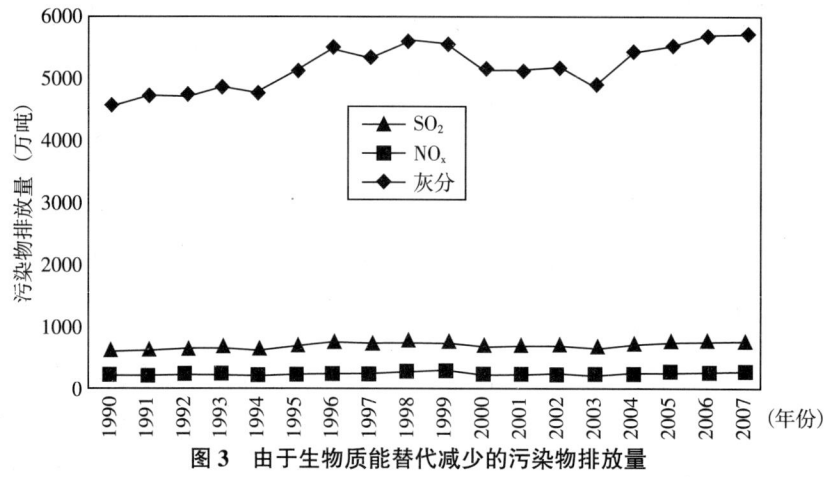

图3 由于生物质能替代减少的污染物排放量

据有关专家估计，中国每年由于环境污染和环境资源的破坏所造成的经济损失至少为 2000 亿元，而根据我国排污费征收标准计算，每年排污收费为 500 亿元，仅占环境价值的 25%。[20] 也就是说，排污收费对污染损失的补偿度仅为 25%。

准确计算出污染物的环境价值对于制定科学合理的环境管理政策具有重要的意义，尽管环境和经济工作者一直致力于准确计算出污染物的环境价值，但一直未取得突破性的进展。本研究根据污染物的收费标准与补偿度的比值估算出污染物的环境价值。污染物环境价值的估算可以按照式（5）求得：

$$V_e = \frac{F}{\beta} \tag{5}$$

式中，V_e 为环境价值估算值，元/千克；F 为污染物收费标准，元/千克；β 为对污染损失的补偿度，%。由此，估算出我国污染物的环境价值如表 7 所示。

表7 污染物环境价值估算

污染物	收费标准（元/千克）	补偿度（%）	环境价值估算（元/千克）
SO_2	1.26	25	5.04
NO_x	2.00	25	8.00
灰分	0.03	25	0.12

1990~2007 年，中国由于生物质能替代而减少环境经济损失 11311.76 亿元，其中由于减少 SO_2 排放而减少的环境经济损失为 6439.53 亿元，占环境经济损失量的 56.93%；由于减少 NO_x 和灰分排放而减少的环境经济损失分别为 3747.87 亿元和 1124.36 亿元，分别占

环境经济损失量的 33.13% 和 9.94%。1990 年由于生物质能替代而减少环境经济损失 555.45 亿元,是当年全国企业事业单位污染治理(治理废水、废气、固废、噪声)资金使用量的 12.22 倍,占 1990 年国内生产总值的 3.14%;2000 年由于生物质能替代而减少环境经济损失增加到 626.21 亿元,是当年工业污染源治理投资的 2.62 倍,占全国环境污染治理投资总额的 61.70%,但占国内生产总值的比重却降到 0.63%;虽然 2007 年由于生物质能替代而减少的环境经济损失量仍有所增加,但由于国家耕地面积基本不变,这也注定了其不可能无限制地增加(图 4)。

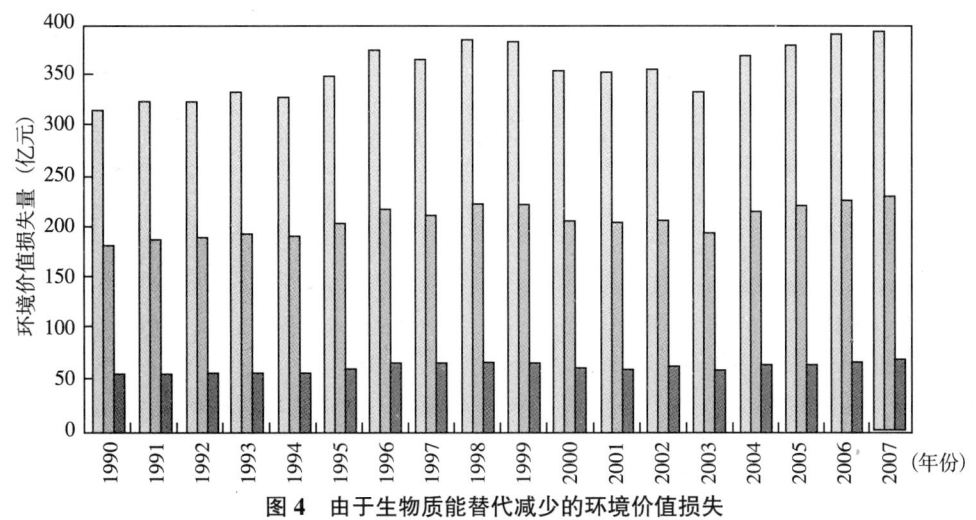

图 4　由于生物质能替代减少的环境价值损失

三、结　论

(1) 1953~2007 年,中国化石能源能值消耗量整体呈增加趋势,大致可以分为 3 个时期:20 世纪 60 年代以前的快速增加阶段;20 世纪 60 年代初至 90 年代末的平稳增加阶段;21 世纪以来的高速增加阶段。

(2) 新中国成立初期,中国消费的化石能源基本可以由生物质能替代。虽然农作物残余物可替代的化石能源量逐年增大,但由于耕地面积的限制,其与化石能源消费量之间的差距日益增大,2007 年,农作物残余物可替代的化石能源量仅为当年中国化石能源消费量的 10.35%。

(3) 1990~2007 年,中国仅由于生物质能替代就可以减少化石能源开采环境治理成本 773.91 亿元;可减少化石能源消费环境经济损失 11311.76 亿元。

(4) 生物质能燃料的使用不仅涉及收集、运输和存储,还有可能涉及加工转化过程,但由于其加工转化方法各异,导致其加工转化率也差异较大,且目前生物质能加工转化仍处于初级阶段，缺少这方面的数据，因此，本文的研究中忽略生物质能加工转化过程中的损失。同时，在计算生物质能替代所减少的污染物排放时，也忽略了生物质能消耗所产生的污染。

参考文献

［1］岳建芝，张杰，徐桂转等.玉米秸秆主要成分及热值的测定与分析［J］.河南农业科学，2006，9：30-32.

［2］魏可迪，吕建燚.河北省农林生物质能资源量估算及开发应用［J］.中国资源综合利用，2008，7：11-14.

［3］陈徐梅，马晓微，范英.世界主要国家生物质能战略及对我国的启示［J］.中国能源，2009，31（4）：37-39.

［4］Purohit P., Tripathi A. K., Kandpal T. C. Energetics of Coal Substitution by Briquettes of Agricultural Residues［J］. Energy 2006：31（8/9）：1321-1331.

［5］钟华平，岳燕珍，樊江文.中国作物秸秆资源及其利用［J］.资源科学，2003，25（4）：62-67.

［6］NPC. Report on Improvement of Agricultural Residues and Agro-industrial by-products Utilization［R］. New Delhi：National Productivity Council（NPC）：1987.

［7］Pallav Purohit. Economic Potential of Biomass Gasification Projects under Clean Development Mechanism in India［J］. Journal of Cleaner Production, 2006, 17：181-193.

［8］王芳，黎夏，SHI Xun.农作物生物质能的遥感估算——以广东省为例［J］.自然资源学报，2006，21（6）：870-878.

［9］陈甲斌.我国农村能源与环境协调发展分析及其策略［J］.可再生能源，2003（6）：45-47.

［10］石元春.解决中国石油与"三农"两大心腹之患的战略思考［N］.科技日报，2008-06-08.

［11］程序.生物质能与节能减排及低碳经济［J］.中国生态农业学报，2009，17（2）：375-378.

［12］Xu Minghou, Yan Rong, Zheng Chuguang, et al. Status of Trace Elements Emission in a Coal Combustion Process：a Review［J］. Fuel Processing Technology, 2004, 85（2/3）：215-237.

［13］Tao S., Ma Y. The Environmental Monitoring in Thermal Power Plant in China［C］.//Proceedings of International Conference on Environmental Protection of Electric Power. Nanjing：Southeast University Press，1996，65-73.

［14］蓝盛芳，钦佩，陆宏芳.生态经济系统能值分析［M］.北京：化学工业出版社，2002.

［15］韩文科，刘强，姜克隽等.中国进出口贸易产品的载能量及碳排放量分析［M］.北京：中国计划出版社，2009.

［16］Odum H. T. Energy Analysis Evaluation of Santa Fe Swamp［C］.//Report to Georgia Pacific Corporation. Gainesville：Center for Wetlands, Univ. of Florida, 1984.

［17］苏立功.关于完善煤炭成本核算框架的构想［J］.煤炭经济研究，2006（6）：4-10.

［18］鞠美庭，张裕芬，李洪远.能源规划环境影响评价［M］.北京：化学工业出版社，2006.

［19］董志强，马晓茜，张凌等.天然气利用对环境影响的生命周期分析［J］.天然气工程，2003，23（6）：126-130.

［20］王金南，杨金田，曹东等.中国排污收费标准体系的改革设计［J］.环境科学研究，1998，11（5）：1-7.

Potential of Bio-energy Substitute Fossil Energy and Environmental Effects

Chen Yalin[1,2,3] Gao Jixi[1,3] Li Yonghong[1,2]

(1. Chinese Research Academy of Environmental Sciences, Beijing 100012;
2. State Environmental Protection Key Laboratory of Regional Eco-process and Function Assessment, Beijing 100012;
3. College of Water Sciences, Beijing Normal University, Beijing 100875, China).

Abstract: Emergy wastage of fossil energy and the emergy that agricultural residues can substitute were calculated based on the statistical data during 1953 to 2007. The emergy of agricultural residues could almost compensate for that of fossil energy consumption in the early China. However, the disparity of emergy between wastage of fossil energy and agricultural residues supply was getting huger along with the society and economic development. The emergy that supplied by agricultural residues only accounted for 10.35% of which that the fossil energy consumption in 2007. It could reduce much environmental value loss if fossil energy were substituted by bio-energy. The reduced environmental governance cost was 773.91×10^8 yuan because of reducing coal mining and the environmental value loss because of fossil energy consumption was 11311.76×10^8 yuan from 1990 to 2007. Among them, the environmental value loss because of reducing sulfur dioxide emission was the most, which accounted for 56.93%. The environmental value loss because of reducing nitrogen oxides and ashemission respectively accounted for 33.13% and 9.94%.

Key Words: Fossil Energy Sources; Bio-energy; Energy Substitution; Emergy; Environmental Effects

中国栎林生态服务功能评估*

郭 浩[1] 汪玉如[2] 王 兵[1]

(1. 中国林科院森林生态环境与保护研究所，国家林业局森林生态环境重点实验室，
北京 100091；2. 江西科技师范学院，江西南昌 330013)

【摘 要】 森林生态服务功能评估是科学认识森林，实现人与森林和谐发展的基础。虽然国内外研究已有30多年历史，但至今还未有多数人认可的评估指标体系和评估方法。为此在2008年国家林业局颁布的中华人民共和国林业行业标准《森林生态系统服务功能评估规范》（LY/T1721—2008）标准的框架下，采用中国森林生态系统定位研究网络（CFERN）台站多年连续观测数据和森林资源清查数据及公共数据对中国栎林生态服务功能物质量和价值量进行了详细的动态评估。结果表明："九五"期间中国栎林生态系统服务功能年均总价值为1.4758万亿元，年均单位面积价值为7.9872万元·hm^{-2}；"十五"期间生态服务功能年均总价值1.3971万亿元，年均单位面积价值为7.6689万元·hm^{-2}，年均涵养水源706.81亿立方米，固土5.82亿吨，固碳0.94亿吨，生产有利于人体健康的负离子$1.85×10^{13}$亿个，吸收二氧化硫15.86亿千克，滞尘3839.1717亿千克。在中国栎林分布的27个省份中，生态服务功能物质量受益最大的省份是黑龙江省，收益最小的省份是青海省。生态服务功能总价值最大的省份是云南省，最小的是陕西省。

【关键词】 生态服务功能；栎林；物质量；价值；评估

森林，这个陆地最复杂的生态系统，对地球上的生物界特别是人类的生存有着至关重要的意义。它不仅为人类提供食品、医药和其他工农业生产的原料，更重要的是支撑与维持地球的生命支持系统，维持生命物质的生物地化循环与水文循环，维持生物物种与遗传多样性，净化环境，维持大气化学的平衡与稳定，森林生态系统的这些作用即是其生态服务功能。

近些年来，服务功能价值评估成为生态系统研究的热点之一，也取得了众多成果。1978年，日本林野厅利用数量化理论多变量解析方法对日本七种类型的森林生态效益进

---

* 本文选自《中山大学学报》（自然科学版）2010年第49卷第3期。
基金项目：科技部"十一五"科技支撑计划资助项目（2006BAD03A0702，2006BAD19B0103）；林业公益性行业科研专项资助项目（200804022）；国家林业局重点资助项目（2006-67）；江西大岗山国家级森林生态站资助项目。
作者简介：郭浩（1962年生），男，博士，研究员；E-mail: guohaomail@163.com。

行了经济价值的评估；1997 年，Costanza 等开展了对全球生物圈生态系统服务价值的估算，成为此研究方向的里程碑。随后许多学者从不同角度对不同类型生态系统服务功能及价值评估进行了研究。我国自 20 世纪 80 年代开始对森林生态系统服务功能进行评价工作，大多数研究是借鉴国外的一些方法。1983 年，侯元兆等首次全面地对中国森林资源涵养水源、保育土壤、固碳释氧价值进行了评估；1998 年，中国生物多样性国情研究报告编写组评估了中国生物多样性的经济价值；随后欧阳志云、蒋延玲、陈仲新、张颖、赵同谦、毕晓丽、靳芳、余新晓对我国陆地生态系统或森林生态系统的服务功能进行了评估，其他学者在区域角度开展了评估研究。

纵观国内外研究不难发现，森林生态系统服务功能评估尚处于探索阶段，评估指标体系多样，评估方法有别，评估公式不统一，导致评估结果之间相差较大，难以进行比较。虽然近些年来在深度和广度上有所进展，但尚未形成多数人认可、较为完善的评估标准，特别是基于单一树种服务功能详细评估方面还鲜有报道。2006 年以来，国家林业局开始着手森林生态系统服务功能评估规范标准制定工作，2008 年 3 月 31 日发布实施，成为国内外第一部森林生态系统服务功能评估标准，为本文研究奠定了坚实的基础。

一、中国栎林概况

栎林为壳斗科栎属（Quercus）组成的落叶或常绿乔木阔叶树种林分统称，在世界上分布较广，是温带气候区主要植被类型。我国栎树种类多、分布广，从南到北几乎都有分布，北起内蒙古自治区大兴安岭，西至青海省，南至广西壮族自治区，东达黑龙江，在全国 27 个省（直辖市、自治区）有其自然分布。栎树是世界上很多国家的造林树种，也是我国的重要造林树种。目前，我国栎林面积为 1821.77 万 hm^2，27 个省（直辖市、自治区）的栎林面积见表 1。

表 1　中国栎林面积

单位：hm^2

省份（直辖市、自治区）	北京	天津	河北	山西	内蒙古	辽宁	吉林	黑龙江	江苏
九五	55700	2400	422800	387000	2148000	685400	1285300	2477200	6000
十五	51900	2000	410200	344300	2071800	656700	1370000	2800300	6800
省份（直辖市、自治区）	浙江	安徽	福建	江西	山东	河南	湖北	湖南	广西
九五	158200	113500	170800	717000	25600	820800	630400	323400	730100
十五	125200	126100	216400	691300	14400	714900	655900	345800	807100
省份（直辖市、自治区）	重庆	四川	贵州	云南	西藏	陕西	甘肃	青海	宁夏
九五	149200	138380000	429100	2341900	471600	1963800	308800	300	9600
十五	0	1276800	374600	3109100	44800	1924800	328900	0	6800

栎属包括500多个树种。据Mitchell估计，包括自然杂种在内，栎属有800多个树种。原来在温带气候区，而后又在热带山区相继发现栎属的不同种。在这个属中的各个不同树种分别能耐干旱、盐碱、洪涝、酷暑和严寒。多数属种为深根性树木。

栎树有多种经济用途和良好的改土防蚀功效，是一类多用途珍贵树种。栎树作为木材、食物、饲料和其他产品的来源已有6000年的历史。栎树可用来制材，作为木质燃料和各种其他产品。栎树木材通常坚硬而富有韧性、耐久性和弹性。它常被用来作为建筑用材、地板、表面镶饰板、家具等，在历史上也曾流行地应用于造船业。有些栎树的树皮可以用来作为绝缘材料、酒瓶塞等。

二、研究方法

采用森林生态系统服务功能评估标准中的评估指标体系和评估公式开展中国栎林生态服务功能评估。首先把中国栎林按其分布省份划分为27个单元，每个单元分别计算"九五"和"十五"期间栎林生态服务功能物质量和价值量，然后汇总为中国栎林总物质量和总价值量。

（一）评估指标体系

栎林服务功能评估指标和评估公式采用中华人民共和国林业行业标准《森林生态系统服务功能评估规范》（LY/T 1721—2008）的评估指标体系中的涵养水源、保育土壤、固碳释氧、积累营养物质、净化大气环境、保护生物多样性六项功能中调节水量、净化水质、固土、减少土壤中N损失、减少土壤中P损失、减少土壤中K损失、减少土壤中有机质损失、固碳、释氧、林木积累N、林木积累P、林木积累K、提供负离子、吸收二氧化硫、吸收氟化物、吸收氮氧化物、滞尘16个指标。

（二）基础资料收集

（1）中国森林生态系统定位研究网络（CFERN）台站多年长期连续观测数据；
（2）第五次（1994~1998年）和第六次（1999~2004年）森林资源清查数据；
（3）国家权威部门发布的社会公共数据。

（三）评估公式

中国栎林生态服务功能评估公式见中华人民共和国林业行业标准《森林生态系统服务功能评估规范》（LY/T 1721—2008）。

本文根据Shannon-Wiener指数计算物种保育价值，共划分为6级：
①当指数≤1时，$S_{生}$年均为5000元·hm^{-2}；

② 当 1≤指数<2 时，$S_{生}$年均为 10000 元·hm^{-2}；
③ 当 2≤指数<3 时，$S_{生}$年均为 20000 元·hm^{-2}；
④ 当 3≤指数<4 时，$S_{生}$年均为 30000 元·hm^{-2}；
⑤ 当 4≤指数<5 时，$S_{生}$年均为 40000 元·hm^{-2}；
⑥ 当指数≥5 时，$S_{生}$年均为 50000 元·hm^{-2}。

（四）社会公共数据及其来源

本文共采用权威部门的 15 个社会公共数据，其主要来源见中华人民共和国林业行业标准《森林生态系统服务功能评估规范》(LY/T1721—2008)。

三、结果与分析

把相关数据带入以上评估公式得到中国栎林生态服务功能物质量和价值量，其主要结果如下。

（一）栎林生态所提供的服务功能物质量评估结果

（1）总物质量。"九五"和"十五"期间的栎林森林生态服务功能的物质量见表 2。两期相比，生态服务功能总物质量正在减少。其中涵养水源方面涵养水源减少了 8.84%；固土保肥方面，固土减少了 0.81%，保持 N 能力减少了 2.15%，保持 P 能力减少了 1.53%，保持 K 能力增加了 0.08%，保持有机质能力减少了 0.01%；固碳释氧方面，固碳减少了 2.23%，释氧减少了 3.54%；积累营养物质方面，林木积累 N 减少了 5.07%，积累 P 减少了 15.14%，积累 K 减少了 6.19%；净化大气环境方面，生产负离子能力减少了 1.07%，吸收二氧化硫减少了 1.44%，吸收氟化物增加了 3.32%，吸收氮氧化物减少了 7.30%，滞尘减少了 2.04%。其主要原因在于"十五"比"九五"期间栎林面积减少了 1.40%所导致。

表 2 中国栎林森林生态服务功能年均提供的物质量

评估时期	涵养水源/亿 m^3	固土/亿吨	保肥/万吨				固碳/亿吨	释氧/亿吨
			N	P	K	有机质		
九五	775.3121	5.8564	135.4107	46.2832	943.3850	2218.2553	0.9593	2.3019
十五	706.8117	5.8092	132.5046	45.5767	944.1686	2218.1185	0.9379	2.2205

评估时期	林木营养积累/万吨			生产负离子/10^{12}亿个	吸收二氧化硫/亿千克	吸收氟化物/亿千克	吸收氮氧化物/亿千克	滞尘/亿千克
	N	P	K					
九五	179.3380	51.3934	98.4489	1.87E+13	16.0880	1.1056	4.0621	3919.2900
十五	170.2462	43.6115	92.3515	1.85E+13	15.8560	1.0689	3.7655	3839.1717

(2) 单位面积物质量。"九五"期间中国栎林平均每公顷年均所提供的服务功能单位面积物质量分别如下：调节水量为 4196.12 立方米；固土量为 31.70 吨，保育土壤作用减少 N 损失为 0.0733 吨，减少 P 损失为 0.0250 吨，减少 K 损失为 0.5160 吨，减少有机质损失 1.2006 吨；固碳 5.1919 吨，释氧 12.4580 吨，林木积累 N 0.0971 吨，积累 P 0.0278 吨，积累 K 0.0533 吨；生产负离子 1.01×10^6 亿个，吸收二氧化硫 87.07 千克，吸收氟化物 5.98 千克，吸收氮氧化物 21.98 千克，滞尘 21211.84 千克。

"十五"期间中国栎林平均每公顷年均所提供的服务功能单位面积物质量如下：调节水量为 3879.81 立方米；固土量为 31.89 吨，保育土壤作用减少 N 损失为 0.0727 吨，减少 P 损失为 0.0250 吨，减少 K 损失为 0.5183 吨，减少有机质损失 1.2176 吨；固碳 5.1482 吨，释氧 12.1886 吨，林木积累 N 0.0935 吨，积累 P 0.0239 吨，积累 K 0.0507 吨；生产负离子 1.01×10^6 亿个，吸收二氧化硫 87.04 千克，吸收氟化物 5.87 千克，吸收氮氧化物 20.67 千克，滞尘 21073.86 千克。

"九五"与"十五"期间相比，单位面积调节水量减少了 7.54%，固土量增加了 0.60%，保育土壤作用减少 N 损失减少了 0.82%，减少有机质损失增加了 1.42%，固碳减少了 0.84%，释氧增加了 2.16%，林木积累 N 减少了 3.71%，积累 P 减少了 14.03%，积累 K 减少了 4.88%，吸收二氧化硫减少了 0.03%，吸收氟化物减少了 1.84%，滞尘减少了 0.65%，生产负离子能力没有变化。可以看出，只有固土能力略有增加，其他指标都在减少。

(3) 生态服务功能物质量在各省分布。从"十五"期间全国栎林分布的 27 个省（直辖市、自治区）涵养水源量上来看，云南省位于第 1 位，占全国总量的 32.08%；四川省位于第 2 位，占 11.91%；黑龙江省位于第 3 位，占 7.07%。其中，第 4 名至第 27 名分别是：江西、广西、内蒙古、陕西、湖北、吉林、辽宁、湖南、河南、贵州、福建、西藏、河北、甘肃、浙江、山西、重庆、安徽、北京、山东、江苏、宁夏、天津和青海（表 3）。

其他服务功能物质量各省（直辖市、自治区）排序见表 3。可以看出，在 16 项中黑龙江省有 11 项排在第 1 位，为栎林生态服务功能产生的物质量最大的省份；青海省有 15 项排在最后一位，为栎林生态服务功能产生的物质量最小的省份。

（二）栎林生态服务功能价值量评估结果

(1) 总价值。"九五"期间中国栎林生态服务功能年均总价值为 14764.1879 亿元，年均单位面积价值为 7.9906 万元·hm^{-2}。其六大功能所占比例见图 1，其中涵养水源功能价值最大，在总价值占 43%；固碳释氧功能位于第 2 位，占 23%；保护生物多样性功能位于第 3 位，占 21%；固土保肥功能位于第 4 位，占 6%；净化大气环境功能列于第 5 位，占 4%；积累营养物质功能价值最少，占 3%。

"十五"期间中国栎林生态服务功能年均总价值为 13977.30 亿元，年均单位面积价值为 7.6724 万元·hm^{-2}。其六大功能所占比例见图 2，其中涵养水源功能价值最大，占总价值 42%；固碳释氧功能位于第 2 位，占 24%；保护生物多样性功能位于第 3 位，占 21%；固

表 3 "十五"期间各省（直辖市、自治区）栎林生态服务功能提供物质量排序

省份（直辖市、自治区）	涵养水源 调节水量	固土保肥				固碳释氧		积累营养物质			净化大气环境			滞尘
		固土	N	P	K	有机质	固碳	释氧	N	P	K	生产负离子	吸收二氧化硫	吸收氟化物	吸收氮氧化物	
黑龙江省	3	1	1	1	1	1	1	1	1	4	4	1	1	1	2	2
云南省	1	2	5	4	4	3	2	2	3	1	1	2	2	4	4	5
内蒙古	6	3	3	3	2	2	3	3	2	3	2	3	4	2	5	1
四川省	2	4	10	5	6	9	4	4	11	5	7	5	5	7	7	7
陕西省	7	5	6	10	3	6	7	6	12	11	8	4	3	5	6	6
吉林省	9	6	4	2	5	4	6	10	4	10	13	6	6	3	3	3
河南省	12	7	8	7	20	8	9	8	16	17	10	7	7	8	8	8
辽宁省	10	8	9	8	7	10	8	5	5	13	14	10	10	9	10	11
广西	5	9	7	9	9	5	5	5	6	7	5	8	8	6	1	4
西藏	15	10	12	6	8	12	13	13	14	8	16	12	12	11	12	13
山西省	19	11	11	13	10	7	14	14	9	6	20	15	15	14	15	16
贵州省	13	12	14	16	21	11	17	17	21	9	18	13	13	12	13	14
湖北省	8	13	2	17	12	16	11	11	10	14	9	11	11	10	11	12
江西省	4	14	16	11	14	14	10	9	7	2	3	9	9	19	9	10
甘肃省	17	15	13	14	11	13	15	16	19	19	15	17	17	16	17	19
河北省	16	16	18	18	18	17	12	12	8	15	6	14	14	13	14	15
重庆市	20	17	19	12	16	18	19	19	22	12	21	20	20	17	20	18
湖南省	11	18	20	19	17	20	16	15	17	20	12	16	16	15	16	17
浙江省	18	19	15	15	15	19	20	20	13	16	11	19	19	22	19	21
安徽省	21	20	21	20	13	22	21	21	15	18	19	27	21	18	21	9
福建省	14	21	17	21	19	15	18	18	20	23	22	18	18	21	18	20
北京市	22	22	22	23	22	21	22	22	18	22	17	21	22	20	22	22
山东省	23	23	24	25	24	24	23	23	23	24	24	22	23	25	23	24
宁夏	25	24	23	22	25	23	24	24	26	25	26	23	24	23	24	23
江苏省	24	25	25	24	26	25	25	25	24	21	23	24	25	24	25	25
天津市	26	26	26	26	27	26	26	26	25	26	25	25	26	26	26	26
青海省	27	27	27	27	27	27	27	27	27	27	27	26	27	27	27	27

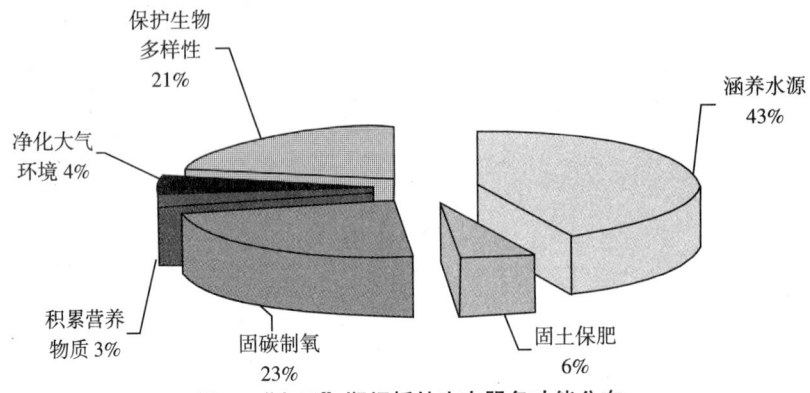

图1 "九五"期间栎林生态服务功能分布

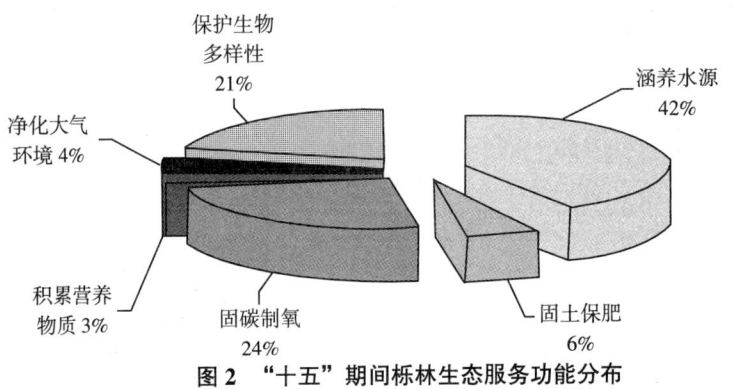

图2 "十五"期间栎林生态服务功能分布

土保肥功能列于第4位，占6%；净化大气环境功能位于第5位，占4%；积累营养物质功能价值最少，占3%。

两期相比，栎林生态服务功能总价值减少了5.33%，单位面积价值减少了3.98%。在六大功能中，涵养水源功能下降了1%，固碳制氧功能增加了1%，其他四大功能比例没有变化，说明中国栎林生态服务功能有较好的稳定性。

（2）价值量在各省（直辖市、自治区）的分布。"九五"与"十五"期间栎林生态服务功能总价值在各省直辖市、自治区的分布情况见图3。可以看出，位于第1位的是云南省，在"九五"和"十五"期间分别占26.8%和21.3%；位于第2位的是黑龙江省，第3位是四川省，第4位是内蒙古自治区，其他由大到小的顺序分别是广西壮族自治区、吉林省、山西省、江西省、辽宁省、湖北省、河南省、湖南省、西藏自治区、河北省、山西省、贵州省、福建省、甘肃省、浙江省、重庆市、安徽省、北京市、山东省、宁夏回族自治区、江苏省、天津市和青海省。从各省（直辖市、自治区）两期最大的单位面积服务功能价值上看（见表4），云南省年均为12.72万元，排在第1位；广西壮族自治区年均为12.41万元，排在第2位；福建省年均为11.37万元，排在第3位；江西省年均为10.89万元，排在第4位；安徽省年均为9.78万元，排在第5位。其他从大到小的顺序分别是湖北省、湖南省、辽宁省、浙江省、四川省、重庆市、江苏省、黑龙江省、吉林省、山东省、山西省、西藏自治区、甘肃省、北京市、天津市、河北省、宁夏回族自治区、内蒙古自治区、贵州省、青海省、河南省和陕西省。

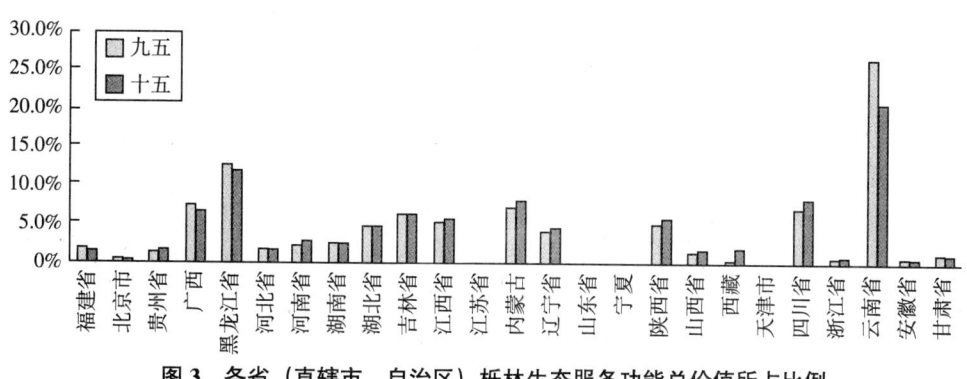

图3 各省（直辖市、自治区）栎林生态服务功能总价值所占比例

表4 "十五"期间各省（直辖市、自治区）栎林生态服务功能年均单位面积价值及排序

省份（直辖市、自治区）	云南省	广西	福建省	江西省	安徽省	湖北省	湖南省	辽宁省	浙江省
价值/万元	12.72	12.41	11.37	10.89	9.78	9.74	9.68	9.48	9.16
排序	1	2	3	4	5	6	7	8	9
省份（直辖市、自治区）	四川省	重庆市	江苏省	黑龙江省	吉林省	山东省	山西省	西藏	甘肃省
价值/万元	8.50	8.01	7.87	6.68	6.64	6.57	6.16	5.96	5.79
排序	10	11	12	13	14	15	16	17	18
省份（直辖市、自治区）	北京市	天津市	河北省	宁夏	内蒙古	贵州省	青海省	河南省	陕西省
价值/万元	5.74	5.64	5.45	5.28	5.25	4.82	4.59	4.36	4.04
排序	19	20	21	22	23	24	25	26	27

四、结论和讨论

（一）结论

森林生态服务功能评估是当前国内外研究热点之一，评估指标体系和评估方法的统一是大势所趋，十分必要。采用统一标准开展森林生态服务功能具有较好的可比性，可大大促进评估研究。

中国栎林生态服务功能物质量和价值量评估的动态研究结果表明：

（1）中国栎林生态服务功能强大，其物质量和价值量从"九五"到"十五"期间呈减少态势。"九五"和"十五"两期计算结果表明：栎林是中国森林生态服务功能的主要提供者，每年均都产生较大的物质量和价值量。"十五"期间年增总价值达 13977.30 亿元，年均涵养水源 706.81 亿立方米，固土 5.82 亿吨，固碳 0.94 亿吨，释氧 2.22 亿吨，生产有利于人体健康的负离子 $1.85×10^{25}$ 亿个，吸收二氧化硫 15.86 亿千克，滞尘 3839.17 亿千克。

（2）中国栎林生态服务功能不同省份之间存在着差异。由于地理位置差异，栎树的生长状况和面积不同，不同省份的栎林发挥的生态服务功能有较大差异。两期计算结果证明：在中国栎林分布的 27 个省份中，生态服务功能物质量受益最大的省份是黑龙江省，受益最小的省份是青海省。生态服务功能总价值最大的省份是云南省，最小的是陕西省。

（二）讨论

中国栎林生态服务功能评估建立在森林生态系统定位研究网络台站多年长期连续观测海量数据基础上，评估指标体系和评估方法采用了经过多次专家论证而颁布的标准框架，社会公共数据采用了权威部门发布的数据，因此其评估结果具有一定的准确性，能比较真实反映当前中国栎林生态服务功能的状况。

与此同时也应该看到，栎林生态服务功能所包含的内容十分广泛，此次采用的 6 个方面 11 个指标只是其中一部分内容，难以反映栎林生态服务功能全部。本文是在评估方法"成熟一个、计算一个"的指导思想下进行的，如森林防护作用的计算存在较大争议，因此本文就未采用，目的在于最大限度地提高评估精度和水平。不能因为一个指标不准确而使整个评估结果遭到质疑。

本文的栎林生态服务功能评估是采用统一标准的初步尝试，未考虑栎林年龄、世代、起源等因素影响，因此评估指标体系和方法的进一步完善及评估因素的进一步细化是未来森林生态服务功能评估应逐步解决的问题。

参考文献

［1］陈仁利，余雪标，黄金城. 森林生态系统服务功能及其价值评估［J］. 热带林业，2006，34（2）：15–18.

［2］和爱军. 浅析日本的森林公益机能经济价值评价［C］. //CAF & ITTO. 森林环境价值核算国际研讨会论文集. 北京：中国林业出版社，2001.

［3］Costanza R., d Arge R., Rudolf de Groot, et al. The Value of the Worldps Ecosystem Services and Natural Capital［J］. Nature, 1997, 387: 253–260.

［4］Bolund P., Hunhammar S. Ecosystem Services in Urban Areas［J］. Ecological Economics, 1999, 29: 253–268.

［5］Bjorklund J., Limburgk, Rydberg T. Impact of Production Intensity on the Ability of the Agricultural Landscape to Generate Ecosystem Services: An Example from Sweden［J］. Ecological Economics, 1999, 29: 269–291.

［6］Holmund C., Hammer M. Ecosystem Services Generate by Fish Population［J］. Ecological Economics,

1999, 29: 253-268.

[7] Pimentel D., Harvey C., Resosudarmo P. Environmental and Economic Costs of Soil Erosion and Conservation Benefits [J]. Science, 1995, 267: 1117-1123.

[8] 侯元兆, 王琦. 中国森林资源核算研究 [J]. 世界林业研究, 1995, 3: 51-56.

[9] 中国生物多样性国情研究报告编写组编. 中国生物多样性国情研究报告 [M]. 北京: 中国环境科学出版社, 1998.

[10] 欧阳志云, 王效科, 苗鸿. 中国陆地生态系统服务功能及其生态经济价值的初步研究 [J]. 生态学报, 1999, 19 (5): 607-613.

[11] 蒋延玲, 周广胜. 中国主要森林生态系统公益的研究 [J]. 植物生态学报, 1999, 23 (5): 426-432.

[12] 陈仲新, 张新时. 中国生态系统效益的价值 [J]. 科学通报, 2000, 45 (1): 17-22.

[13] 张颖. 中国森林生物多样性评价 [M]. 北京: 中国林业出版社, 2002.

[14] 赵同谦, 欧阳志云, 郑华. 中国森林生态系统服务功能及其价值评价 [J]. 自然资源学报, 2004, 19 (4): 480-491.

[15] 毕晓丽, 葛剑平. 基于IGBP土地覆盖类型的中国陆地生态系统服务功能价值评估 [J]. 山地学报, 2004, 22 (1): 48-53.

[16] 靳芳, 鲁绍伟, 余新晓等. 中国森林生态系统服务功能及其价值评价 [J]. 应用生态学报, 2005, 16 (8): 1531-1536.

[17] 余新晓, 鲁绍伟, 靳芳. 中国森林生态系统服务功能价值评估 [J]. 生态学报, 2005, 25 (8): 2096-2102.

[18] 薛达元著. 生物多样性的经济价值评估——长白山自然保护区案例研究 [J]. 北京: 中国环境科学出版社, 1997.

[19] 肖寒, 欧阳志云, 赵景柱等. 海南岛森林生态系统服务功能及其价值: 以海南岛尖峰岭热带雨林为例 [J]. 应用生态学报, 2000, 11 (4): 481-484.

[20] 成克武, 崔国发, 王建中等. 北京喇叭沟门林区森林生物多样性经济价值评价 [J]. 北京林业大学学报, 2000, 22 (4): 66-71.

[21] 谢高地, 张钇锂, 鲁春霞等. 中国自然草地生态系统服务价值 [J]. 自然资源学报, 2001, 16 (1): 47-53.

[22] 王兵, 杨峰伟, 郭浩等. LY/T 1721—2008 中华人民共和国林业行业标准《森林生态系统服务功能评估规范》[S]. 北京: 中国标准出版社, 2008.

[23] 郑万钧. 中国树木志 [M]. 北京: 中国林业出版社, 1985.

[24] 王良民, 任宪威, 刘一樵. 中国落叶栎树的地理分布 [J]. 北京林学院学报, 1985 (2): 57-69.

[25] 王长福. 德国柞树培育技术的借鉴 [J]. 东北林业大学学报, 1994, 22 (3): 83-87.

[26] 中国树木志编委会. 中国主要树种造林技术 [M]. 北京: 农业出版社, 1978.

[27] 周仲景译. 温带气候区的多用途树——栎树 [J]. 国外林业, 1996, 26 (4): 21-23.

[28] 赵荣慧, 胡承海, 孔祥君等. 中国辽西地区油松针阔混交林生态效益的研究 [J]. 生态学报, 1983, 3 (4): 341-348.

[29] 崔建国, 崔文山, 白瑞兴等. 辽西半干旱地区栎树人工造林技术的研究 [J]. 林业科学, 2003, 39 (6): 68-76.

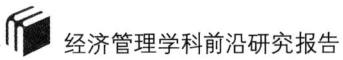经济管理学科前沿研究报告

The Oakery Forest Ecosystem Services Evaluation in China

Guo Hao[1] Wang Yuru[2] Wang Bing[1]

(1. Research Institute of Forest Ecological Environment and Protection of CAF//Key Lab of Forest Ecological Environment of State Forestry Adm instration, Beijing 100091, China;
2. Jiangxi Science & Technology Normal University, Nanchang 330013, China)

Abstract: The forest ecosystem services evaluation is basis that knows better forest and harmonious development that human being with forest So far there is not unitary evaluation indices system and evaluation method, though the history of forest ecosystem services evaluation research has more than 30 years. Base on the evaluation criterion of forest ecosystem services that is promulgate by State Forestry Administration, P. R. China, and observation data of Chinses Forest Ecosystem Research Network (CFERN) stations that continuous observed with many years and inventory data, the detailed and dynamic evaluation of Chinese pine forest ecosystem services in China on quantity in kind and value were done. The results showed that the total value of Chinese pine forest ecosystem services in China in the period of "The Ninth Five Plan" was 1.48×10^{12} Yuan (RMB) a year, the average value was 79872 Yuan·hm^{-2}·a^{-1}. The total value of Chinese pine forest ecosystem services in China in the period of "The Tenth Five Plan" was 1.40×10^{12} Yuan (RMB) a year, the average value was 76689 Yuan·hm^{-2}·a^{-1}. In the period of "The Tenth Five Plan", the oakery forest ecosystem services in China conserved water 7.07×10^{10}m^3, protected soil 5.82×10^8 t, fixed carbon 0.94×10^8 t, produced an ion 1.85×10^{21} absorbed SO$_2$ 1.59×10^9kg, retarded dustfall 3.84×10^{11}kg. A long 27 provinces that have oakery forest, the maximum quantity in kind benefit province from oakery forest ecosystem services is Heilong jiang province, the minimum quantity in kind benefit province from oakery forest ecosystem services is Qinghai province; Them aximum at total value is Yunnan province, the minimum is Shanxi province.

Key Words: Forest Ecosystem Service; Oakery Forest; Quantity in Kind; Value; Evaluation

中国农业虚拟水国际贸易影响因素研究*
——基于引力模型的分析

刘红梅 李国军 王克强

【摘 要】本文基于国际贸易理论和引力模型,构建了中国农业虚拟水国际贸易影响因素的时空引力模型,以中国与40个贸易伙伴国1994~2008年面板数据为样本,进行了实证检验。检验结果表明:与中国农业虚拟水国际贸易正相关的因素为农业劳动力要素禀赋、技术水平、农业规模经济、需求方收入水平、汇率水平及加入WTO等,负相关的因素包括土地和水资源要素禀赋、全国GDP水平、价格水平及区域性经济组织(东盟自由贸易区);农业虚拟水国际贸易的空间效应弱于其时间效应,时间效应明显。文章最后给出了政策启示。

【关键词】农业虚拟水贸易;引力模型;空间动态面板数据(SDPD)模型

一、引 言

国际虚拟水贸易为解决国际水资源短缺和分布失衡、贸易和环境等问题提供了新的视角。农业用水占到国民经济总用水的70%左右,农产品是水资源密集型产品。以农产品贸易为载体的农业虚拟水贸易联结了水—粮食—贸易,因此,农业虚拟水贸易研究可以为水安全、粮食安全及环境保护等问题提供思路(Wichelns,2001;程国栋,2003;Hoekstra,2005;Zhao,2005;Chapagain et al.,2006;Yang et al.,2007;Novo,2008;Liu et al.,2009a)。

中国农业虚拟水国际贸易对中国水资源平衡与安全有重要意义。改革开放以来,中国

---

* 本文选自《中国农业虚拟水国际贸易影响因素研究·中国农村发展论坛》,《管理世界》(月刊)2010年第9期。
本文得到国家社会科学基金(04CZZ015)、上海市教育委员会科研创新项目(09YS177)、上海财经大学"211工程"三期重点学科建设项目和"国家、地方重大战略问题研究项目"、上海师范大学重点学科建设项目和青年学者项目资助。
作者简介:刘红梅,上海师范大学商学院;李国军,上海财经大学公共经济与管理学院;王克强,上海财经大学公共经济与管理学院。

农产品贸易经历了持续增长（1979~1993 年）、波动徘徊（1994~2001 年）和稳定发展阶段（2001 年加入 WTO 至今）三个阶段。尽管世界农产品贸易额占全部商品贸易额的比例由 1994 年的 11.8%下降到 2008 年的 8.5%，但中国农产品贸易额占世界农产品贸易额的比例却由 2.4%上升为 4.7%（其中，出口增加 1.1%，进口增加 3.2%）。[①] 中国投入产出学会课题组（2007）指出，2002 年农业部门在用水总量和新鲜水用量上，都比国民经济其他部门总和还多（其中，用水总量占 68%，新鲜用水占 84%）。由此可见，农产品国际贸易引致的水资源跨国界流动对于维持中国水资源的动态平衡和水安全具有重要意义。

中国农业虚拟水国际贸易影响因素值得深入研究。研究中国农产品贸易的文献中对资本、劳动和土地等要素的分析较多，而专门针对商品或服务贸易中水要素的分析则相对较少。引致中国农业虚拟水国际贸易的因素有哪些？其发展和变化是否体现了水资源比较优势？本文以贸易理论为指导，结合中国国情，在引力模型框架下深入考察影响中国农业虚拟水国际贸易的因素，从而甄别可用于政策制定的控制变量，为更好地利用国际虚拟水贸易战略提供参考。

本文后续结构如下：第二部分是文献回顾；第三部分在引力模型框架下对影响中国农业虚拟水国际贸易的因素进行理论分析；第四部分构建中国农业虚拟水国际贸易影响因素时空引力模型，提出基本假设并给出变量说明；第五部分进行中国农业虚拟水国际贸易影响因素实证检验与分析；第六部分是结论和启示。

二、文 献 综 述

（一）虚拟水贸易文献综述

虚拟水（Virtual Water）是指生产商品和服务所需要的水资源数量（Allan，1997）。虚拟水含量计算方法是虚拟水定量研究的基础，文献中存在两种计算方法。第一种是按照产品树的方法，对分类后的产品单独计算其虚拟水含量后进行汇总（Zimmer，2003）。这种方法综合考虑了产品生产过程中投入使用的水资源数量，既包括能够统计的经济用水（也称蓝水），也包括没有进入统计的自然用水（也称绿水）。第二种方法是仅考虑进入统计的经济用水，利用投入—产出方法计算产品生产中水的投入量。这种方法将水作为一种基本生产要素，从经济角度对其进行考察（Dietzenbacher and Velazquez，2007，Lenzen，2009；Wang et al.，2009；Zhao et al.，2009）。本文是将水资源作为一种经济资源加以考察，因此采用第二种方法。

现有虚拟水贸易相关研究集中于区域间虚拟水流量研究（Chapagain and Hoekstra，

[①] 数据来源：WTO 贸易统计数据库（http：//www.wto.org/cng-lish/res_e/statis_e/statis_e.htm）。

2005，马静等，2008)、水足迹研究 (Chapagain and Hoekstra, 2007; Chapagain and Orr, 2009; Ridoutt, 2009)、虚拟水资源约束下的经济增长研究 (刘红梅等, 2009) 以及虚拟水战略可行性研究 (邹君等, 2009) 等方面。而对于虚拟水贸易影响因素的研究尚偏重于定性分析，如 Yegnes-Botzer (2001) 对以色列虚拟水贸易的影响因素进行了分析，认为影响虚拟水贸易的因素包括历史和社会原因、政治安全、粮食安全、经济机制、环境因素及其特有的农业部门在政府中的发言权等; 刘红梅等 (2008) 认为影响虚拟水贸易的因素可分为政治、经济、社会和生态 4 大类。对影响中国虚拟水国际贸易的因素进行定量分析的文献还没看到，这正是本文要探讨的。

(二) 国际贸易理论及实证研究文献综述

国际贸易理论及实证研究为进行中国农业虚拟水国际贸易影响因素分析提供了借鉴。国际贸易理论从对完全竞争市场环境下贸易产生原因的静态分析扩展到对不完全竞争市场环境下贸易模式演进的动态分析，将决定国际贸易的因素从外生比较优势发展为内生比较优势。基于劳动价值论的古典贸易理论家认为比较优势来源于劳动生产率差异 (Ricardo, 1823); 新古典贸易理论家认为要素禀赋差异是产生比较优势的首要因素 (Ohlin, 1968); 新贸易理论家认为规模经济可以构成贸易的直接驱动力 (Helpman and Krugman, 1946); 从动态角度进行国际贸易研究的新增长理论认为内生的技术进步是比较优势的直接来源 (Dixit and Norman, 1980; Krugman, 1987; Grossman and Helpman, 1991a)。从某种意义上讲，众多国际贸易理论的主要目标是探寻驱动国际贸易的比较优势的来源 (Oniki and Uzawa, 1965; Vanek, 1968; Findlay, 1970; Leamer, 1984; Grossman and Helpman, 1991b)。

实证中，国际贸易理论的标准模型并不能很好地拟合现实的贸易数据 (Bowen et al., 1987)。这是由于国际贸易理论在一般均衡框架下展开分析，其所设定的前提假设与现实世界存在较大的偏离。因此，很多学者往往对标准模型加以修正 (Trefler, 1993、1995; Davis and Weinstein, 1998; Hakura, 1999; Schott, 2003; Debaere, 2003 等)，放松其严格的假设条件，实证检验的结果与数据拟合的程度得到较大改善。

国际贸易理论对贸易成因的研究可以为本文进行中国农业虚拟水贸易影响因素的分析提供指导。然而，基于分析上的便利，理论研究往往在假定满足同位偏好 (homothetic preference) 及忽略贸易摩擦的前提下，从供给方面考察国际贸易的影响因素 (或称驱动力)，这使得单一理论无法完美地对现实加以诠释。而在实证研究中广泛使用的引力模型则往往可以将影响国际贸易的各种因素一并考察，为本文的研究提供了基本框架。

20 世纪 60 年代发展起来的引力模型 (Gravity Equation or Gravity Model) 是一种局部均衡分析的方法，用于解释影响国家或地区间贸易流量的诸多因素，成为计量经济学中最具活力的发现之一 (Leamer and Levinsohn, 1995; 史朝兴、顾海英, 2005)。自 Tinbergen (1962)、Poyhonen (1963) 和 Linneman (1966) 将引力模型用于国际贸易影响因素的分析以来，采用引力模型进行贸易实证研究的文献数量逐步上升 (Brainard, 1997; Rose,

2000; Baier and Bergstrand, 2001; Anderson, 2002; Siliverstovs, 2007; Vollrath, 2009)。引力模型也在农产品国际贸易和以农产品为基础的食品国际贸易的实证研究中得到了应用 (Otsuki et al., 2001; Paiva, 2005; Olper, 2008)。Vollrath 等（2006）在一般形式的引力模型框架下，对影响食品业中的两类商品即原料和制成品贸易的影响因素进行了分析，认为要素禀赋、需求方的需求结构以及其他社会地理政治因素都会对食品贸易产生影响；Olper 等（2007）对影响国际食品贸易成本的因素进行了分析；Chen 等（2008）测量了中国农产品出口对粮食安全水平的影响；刘璐和李慧慧（2007）的研究结果表明经济总量、人均 GDP、空间距离和区域贸易安排都对中国与东盟间的农产品贸易造成显著的影响；胡求光和霍学喜（2008）研究发现经济规模、地理距离与制度安排（是否为亚太经合组织成员）是影响中国水产品出口贸易的主要因素；高颖和田维明（2008）研究表明大豆进口价格、贸易伙伴国的产业政策、中国大豆市场开放程度对中国的大豆贸易格局变化有显著影响；朱海霞和顾海英（2008）对中美农产品贸易边境效应进行了检验；赵雨霖和林光华（2008）采用引力模型分析了中国与东盟 10 国农产品贸易的状况，得出影响中国与东盟 10 国双边农产品贸易流量的因素主要有 GDP 总量、人口数量、空间距离和制度安排等。这些研究应用引力模型，以不同农产品贸易为对象，探讨了影响国家间贸易的因素。到目前为止，应用引力模型对中国虚拟水国际贸易影响因素的实证研究还没有看到，这正是本文要探讨的。

三、中国农业虚拟水国际贸易影响因素分析

在实证研究中，贸易引力模型从 3 个方面来分析影响国际贸易流量的因素：表征出口国供给潜力的因素、表征进口国需求潜力的因素以及表征两国之间贸易成本的因素（Linneman, 1966）。下面分别从供给、需求和贸易成本 3 个方面分析影响中国农业虚拟水国际贸易的因素。

（一）影响中国农业虚拟水国际贸易的供给因素

新古典贸易理论认为要素禀赋差异是农产品贸易的重要驱动因素（Ohlin, 1968），众多学者也对其进行了实证检验（Leontief, 1953; Baldwin, 1971; Balassa, 1979、1986）。农业虚拟水贸易的载体是农产品贸易，因此，应对影响农产品贸易的要素禀赋差异进行分析。农产品是劳动密集型和资源密集型产品，除资本外，农业生产中主要的投入要素包括劳动力、土地、水等。借鉴相关文献，本文将对单位资本所结合的农业劳动力数量、农业用地面积及水资源量这 3 个变量对农业虚拟水贸易的影响加以检验。中国是农业劳动力资源丰富的国家，而（人均）土地和水资源却相对匮乏，按照比较优势理论，中国农业虚拟水贸易（此处指净出口额，在下面的分析中，除非特别说明，均如此）应与农业劳动力、

土地和水资源禀赋正相关。

古典贸易理论和新增长理论中格外关注技术进步对贸易的促进作用（Ricardo，1823；Dixit and Norman，1980）。Schultz（1964）指出新的生产要素投入是农业生产发展的重要原因，而新生产要素是技术进步的产物；Dixit 和 Norman（1980）指出技术进步是贸易的重要驱动力。本文选择谷物单位面积产量作为衡量农业生产技术水平的指标，其与农业虚拟水贸易应呈正相关关系。

强调规模收益递增的新贸易理论则将规模经济视为驱动国际贸易的关键因素（Krugman，1987）。在非完全竞争的市场环境下，由于本国存在较大的需求使得某产业因具有规模经济效应而发展起来，从而在国际贸易中具有优势（Helpman，1981，Ciark and Stanley，1999；Fontagne and Freudenberg，2002；Kandogan，2003）。相关研究表明，近年来中国农产品产业内贸易有所发展，尤其是"入世"以后（韩婉玲，2008；连春霞，2008；何立春，2009）。本文选择衡量经济总体规模的 GDP 和衡量农业产业规模的农业增加值占 CDP 的比重两个变量来对规模经济进行度量。农业产业规模应体现规模收益递增原则，与中国农业虚拟水国际贸易正相关；而整个经济体规模与农业虚拟水贸易的关系则不确定，这是由于非农产业对经济的拉动作用更大，因此经济总体规模的增长速度与农业产业部门的发展并不同步，尚待检验。

价格是农产品"供给响应"（Supply Response）研究中着重考虑的因素（Nerlove，1958，Hossein，1977；Eckstein，1985；Lopez，1985；Rahji，2008）。文献中存在两种截然相反的观点：一种观点认为农民对价格反应并非完全理性，如 Lipton（1968）、Schluter 等（1976）认为传统农业中的农民对农产品价格反应不敏感，农民为规避风险并没有追求高收入；另一种观点认为传统农业中农民的生产行为是理性的，农民会根据价格波动来调整其种植面积和总产量（Schultz，1964；Hopper，1965）。国内相关研究主要集中于 20 世纪 90 年代后，多数研究表明价格机制对粮食生产具有调节作用，但研究结果存在分歧。在研究双轨制下生产对价格反应的文献中，柯炳生（1995）、Lu（2002）认为粮食生产对市场价格反应敏感，计划订购价格没有影响；金和辉（1990）、郑毓盛（1993）、杜为长等（1997）、王德文等（2001）、温厉等（1997）认为国家订购价格对农户的生产行为具有影响；蒋乃华（1998）、陆文聪（2004）关于粮食生产对市场价格反应的研究结果均支持农户行为理性的假说。鉴于数据可得性，本文选取消费者价格指数作为价格度量指标，反映了市场上农产品的价格水平，逻辑上讲，其与中国农业虚拟水国际贸易应为负相关。

（二）影响中国农业虚拟水国际贸易的需求因素

收入是影响需求的直接因素。按照消费者理论，收入增加是居民消费行为改变的直接驱动力，对农产品需求的研究集中于各种食品的收入弹性和支出弹性。如 Lewis 等（1989）分别对中国城镇居民和农村居民的支出和价格弹性进行研究，结果表明当农村和城镇居民收入增加时，食品消费支出增加份额均相对较低，并且价格将发挥更大的作用从而决定商品的需求；Halbrendt 等（1994）采用 AIDS（Almost Ideal Demand System）模型在对广东省1990年农村家庭消费情况进行的研究中,发现大多数食品缺乏价格弹性,当收入增加时农民会增加肉类的消费以替代谷物;Zhuang(2007)估计了中国大米、小麦、玉米、猪肉和家禽的价格弹性和支出弹性,除猪肉外,其结果均与相关学者的研究保持一致;陆文聪等(2008)通过实证发现浙江省城乡居民的畜产品消费结构会随着收入增加而改变。本文选取贸易伙伴国的人均国民收入作为衡量国外需求方收入的指标,其与中国农业虚拟水国际贸易应为正相关。

(三)贸易成本

引力模型在对贸易成本的分析中得到了广泛的应用(Anderson and Wincoop, 2004)。Aitken(1973)、Caporale等(2009)分别将区域贸易协定纳入模型并分析了其对欧共体和欧洲自由贸易联盟双边贸易的影响;Atici(2008)的研究验证了东盟(ASEAN, Association of Southeast Asian Nations)贸易协定对印尼、马来西亚、菲律宾及台湾地区之间农产品贸易流量的显著影响;其他一些经济变量如开放度(Lawrence, 1987)、边境(Mccallum, 1995)、货币联盟(Tesar and Werner, 1995)、贸易管制(Wall, 1999)及汇率和金融管制(Tamirisa, 1999)等制度因素也纷纷被纳入回归方程。本文拟考察汇率(度量金融因素)、经济距离(度量运输成本)及世界贸易组织(WTO)和区域性经济组织(东盟)对中国农业虚拟水国际贸易的影响。汇率水平表征了一国货币的相对价格,汇率水平高,表示该种货币相对其他货币贬值,有利于出口,其与农业虚拟水贸易应为正相关;经济距离一定程度上代表了运输成本,因而成为阻碍贸易的因素之一,其与农业虚拟水贸易应为负相关;加入WTO有利于促进各成员国间贸易,但由于对各产业的影响不同,其对中国农业虚拟水贸易的影响有待检验;中国与东盟之间农产品贸易问题得到了较多的关注(吕玲丽,2004;孙林,2005;荣静、杨川,2006等),东盟成员国间的贸易协定有利于打破贸易壁垒、降低关税成本、利于贸易往来、形成规模效应、扩大对外出口,其与中国农业虚拟水国际贸易应为负相关。①

四、模型、假定与数据

(一)模型设定

引力模型来源于物理学中的万有引力定律。引力定律是指两物体之间的相互吸引力与两者的质量成正比,而与两者之间的距离(的平方)成反比。Tinbergen(1962)和

---

① 本文考察其"共同有效普惠关税"(CEPT)计划对中国农业虚拟水国际贸易的影响。CEPT计划被认为是东盟实现自由贸易区的最重要措施,经过不断加速,2000年开始,大部分农产品已被该计划所覆盖。

Poyhonen（1963）最早将引力模型运用于国际贸易流量的研究，认为一国向另一国的贸易流动主要取决于两个国家的经济规模和两国间的地理距离。引力模型的基本形式为：

$$T_{i,j} = k \times Y_i Y_j / D_{i,j} \tag{1}$$

式（1）中，k为常数，$T_{i,j}$为两国/地区间贸易额，Y_i和Y_j分别为两国/地区的经济规模，通常采用GDP来衡量，$D_{i,j}$为两国/地区间的距离，一般指两国/地区经济中心或主要港口之间的距离。在实证检验中往往采取对数形式将模型（1）转换为线性形式（2）：

$$Y = X \times \beta + \varepsilon, \quad \varepsilon: (0, \sigma^2) \tag{2}$$

模型（2）被称为经典引力模型。式中，被解释变量Y代表贸易流量；X为解释变量向量，表示影响贸易流量的各种因素，其中包含3部分内容：影响（被分析产品）供给的变量、影响需求的变量及影响贸易双方贸易阻力（或推力）的变量；β为系数向量，ε为误差项。

随着可获得数据量的增加和计量技术的发展，更多基于引力模型的实证研究从使用截面数据转而使用面板数据进行研究，并不断对基本模型进行扩展和调整。若模型（2）的因变量和自变量的样本均采用面板数据，则称该模型为静态面板数据模型。其基本假设之一是模型中的误差项为独立同分布，然而，经济理论分析和实证研究证明，地区间经济发展并非相互独立，而是相互影响；同一地区各期之间也存在相关关系；表征各经济变量的数据不能被看作是从独立同分布的同一总体中产生的（Anselin，1988；Porojan，2001）。即地区间贸易本身在时间序列上及在不同地区间也存在着相关关系，即存在时间自相关和空间自相关。计量方法的不断发展使得用于实证检验的模型愈加符合实际，为了表示这种时间及空间差异性，静态面板数据模型通常引入两个虚拟变量μ_i和v_t（Hausman，1981）。其中，μ_i用来表征不随时间改变的个体固定效应，v_t用来表征只随时间而变化的时点固定效应，有学者也在引力模型中考虑了这两种效应（Matyas，1997；Harris，1998；Bun，2002；Egger，2003）。但这种做法只能反映该差异性的共性部分，却无法全面反映每个地区独特的个体差异性（Arbia et al.，2005）。事实上，将空间计量技术引入传统引力模型中以使其更具有解释力的尝试已经开始（Porojan，2001）。尽管有学者指责Porojan对数据和虚拟变量的处理存在问题（Johnston et al.，2003），但没有人针对其对于引力模型的扩展进行质疑，这是由于计量经济学家所取得的共识是只有将时间自相关和空间自相关分解出来以后，误差项才可成为独立同分布的白噪声随机变量（或随机过程）。为了将因变量的时间和空间自相关效应分离出来，计量经济学家将传统计量模型中的误差项进行了分解，如模型（3）：

$$Y_{n,t} = \lambda_0 W_n Y_{n,t} + \gamma_0 Y_{n,t-1} + \rho_0 W_n Y_{n,t-1} + X_{n,t} \beta_0 + c_{n,0} + \alpha_{t,0} l_n + V_{n,t} \quad t=1, 2, \cdots, T \tag{3}$$

式（3）中，$Y_{n,t} = (y_{1,t}, y_{2,t}, \cdots, y_{n,t})'$和$V_{n,t} = (v_{1,t}, v_{2,t}, \cdots, v_{n,t})'$是$n \times 1$列向量；$V_{j,t}$是地区j在t期独立同分布的误差项（j=1, 2, $\cdots$, n），其均值为0，方差为σ_0^2；W_n是

n×n空间权重矩阵，反映地区之间的空间相关性；[①] $X_{n,i}$是n×k解释变量矩阵（k为解释变量的个数）；$c_{n,0}$是n×1列向量，用以反映地区固定效应，$α_{t,0}$是反映时间效应的常数，l_n是n×1单位列向量。该实证模型针对经典引力模型［模型（2）］中的误差项ε进行了扩展，将其分解为时间和空间自相关项以及独立同分布的白噪声。其中，$W_n Y_{n,t}$为空间自相关项，表示当期地区j的邻近地区对它的影响，$Y_{n,t-1}$为时间自相关项，表示地区j滞后一期对其当期的影响；$W_n Y_{n,t-1}$综合了时空效应，为时空自相关项，表示滞后一期的地区j的邻近地区对地区j当期的影响，表明经济系统固有的周期性特点。模型（3）即为本文将要用于实证分析的引力模型基本框架，由于模型中分别考虑了空间和时间效应，我们称其为时空引力模型，理论上属于空间动态面板数据（Spatial Dynamic Panel Data，SDPD）模型。

模型（3）中将因变量的一阶滞后项引入模型，用以解释因变量在时间上的自相关性；将因变量的一阶空间滞后项引入模型，用以解释因变量自身的空间相关性。由于模型由静态面板数据模型变为动态面板数据模型，因而要求采用新的估计方法对模型中的参数进行估计（Lee and Yu，2007，Yu et al.，2008；张征宇，2008）。本文采用Lee和Yu（2007）的方法，估计参数$γ_0$、$ρ_0$、$β_0$和$λ_0$。

本文以国家为单位，选取中国与40个贸易伙伴国的面板数据为样本，采用模型（4）进行中国农业虚拟水国际贸易影响因素的分析。

$$Y_{n,t} = λ_0 W_n Y_{n,t} + γ_0 Y_{n,t-1} + ρ_0 W_n Y_{n,t-1}$$
$$+ β_1 × AlabK_{n,t} + β_2 × AlandK_{n,t} + β_3 × WaterK_{n,t}$$
$$+ β_4 × Cyeld_{n,t} + β_5 × Avalu_{n,t} + β_6 × GDP_{n,t} + β_7 × CPI_{n,t}$$
$$+ β_8 × GNI_{n,t} + β_9 × EXP_{n,t} + β_{10} × DIST_{n,t} + β_{11} × AFTA_{n,t}$$
$$+ β_{12} × WTO_{n,t} + c_{n,0} + α_{t,0} l_n + V_{n,t}$$
$$t = 1, 2, \cdots, T \qquad (4)$$

式（4）中，因变量$Y_{n,t}$为中国到贸易伙伴国的农业虚拟水净出口额。[②] $AlabK_{n,t}$为中国与贸易伙伴国农业劳动力资本比的比，计算公式为$(Alab/K)_c / (Alab/K)_j$（c指中国，j指贸易伙伴国），代表两国农业劳动力禀赋的差异；$AlandK_{n,t}$、$WaterK_{n,t}$分别表示中国与贸易伙伴国在农业用地和水资源禀赋方面的差异，处理方法同上；$Cyeld_{n,t}$为两国谷物单位面积产量之比，代表两国技术水平的差别；$Avalu_{n,t}$为两国农业增加值占GDP的比重之比率，代表农业在国民经济中的地位上的差异，$GDP_{n,t}$为两国国内生产总值之比，$Avalu_{n,t}$、$GDP_{n,t}$分别用来表示农业产业规模的差异和经济规模的差异；$CPI_{n,t}$为消费者价格指数之比，表示两国市场农产品价格水平的差异；[③] $GNI_{n,t}$为贸易伙伴国人均国民收入，代表该国的需求

[①] 本文分析采用6-近邻空间权重矩阵（即6-Nearest Neighbors），分析距离国家j最近的6个国家对国家j的影响。
[②] 借鉴中国投入产出学会课题组（2007）和Liu等（2009），利用中国投入产出表和历年农业用水量统计数据，计算中国农业用水投入产出系数A_w，乘以中国与贸易伙伴国农产品净出口额Net export$_{c,j}$；得到中国农业虚拟水净出口额，公式为$Y_{n,t} = A_w × Net expor_{c,j}$；此处假定中国及贸易伙伴国的农业用水投入产出系数相等。
[③] 在忽略通货膨胀的情况下，该变量一定程度反映了国内市场与国际市场需求水平的差异。

水平；$EXP_{n,t}$为两国汇率之比，代表币值水平；$DIST_{n,t}$为经济距离，表示国家j距离中国的远度，计算公式为$(GDP_j/\sum_j GDP_j)\times dist$①（借鉴Soloaga，2001）；$AFTA_{n,t}$表示东盟的虚拟变量；②$WTO_{n,t}$为表示中国加入世界贸易组织的虚拟变量。③

（二）基本假定

本文利用模型（4），检验中国向贸易伙伴国的农业虚拟水贸易与影响其供给、需求及贸易成本各因素之间的关系。所检验的经济变量及预期结果如表1所示。

表1 各变量预期结果

变量及系数	意义	预期符号	备注
$Y_{n,t}$	农业虚拟水净出口额		$Y_{n,t} = A_w \times Net\ export_{c,j}$
$\hat{\alpha}_1 (AlabK_{n,t})$	农业劳动力资源禀赋差异	+	农业劳动力优势对中国农业虚拟水国际贸易有促进作用
$\hat{\alpha}_2 (AlandK_{n,t})$	农业用地资源禀赋差异	+	农业用地优势对中国农业虚拟水国际贸易有促进作用
$\hat{\alpha}_3 (WaterK_{n,t})$	水资源禀赋差异	+	水资源优势对中国农业虚拟水国际贸易有促进作用
$\hat{\alpha}_4 (Cyeld_{n,t})$	技术水平	+	技术进步对贸易具有正的促进作用
$\hat{\alpha}_5 (Avalu_{n,t})$	农业产业规模	+	规模经济
$\hat{\alpha}_6 (GDP_{n,t})$	经济规模	待定	规模经济、农业与非农业产业竞争
$\hat{\alpha}_7 (CPI_{n,t})$	市场价格水平	−	国内市场与国际市场需求差异
$\hat{\alpha}_8 (GNI_{n,t})$	国际需求水平	+	需求是收入的函数
$\hat{\alpha}_9 (EXP_{n,t})$	汇率水平	+	高的汇率水平表示货币贬值
$\hat{\alpha}_{10} (DIST_{n,t})$	经济距离		高运输成本对贸易产生阻碍作用
$\hat{\alpha}_{11} (AFTA_{n,t})$	东盟经济组织	−	东盟内部形成规模效应，利于其出口
$\hat{\alpha}_{12} (WTO_{n,t})$	世界贸易组织	待定	WTO有利于成员间贸易，但互利是双向的

（三）数据说明

本文选取1994~2008年中国与40个贸易伙伴国的农产品贸易量及各个解释变量的面板数据为样本进行中国农业虚拟水国际贸易影响因素的实证分析④。为了计算包含于农产品

---

① dist为国家j到中国的物理距离，为两国几何中心间的直线距离。
② 东盟成员国2000年后为1，其他为0。
③ 2001年以后为1，否则为0。
④ 鉴于数据可得性，按照"分国家/地区中国农产品出口额"排序，选取所占份额较大的国家，包括日本、美国、韩国、德国、俄罗斯、马来西亚、荷兰、印度尼西亚、菲律宾、英国、意大利、加拿大、泰国、越南、印度、西班牙、澳大利亚和法国等40个国家；研究期间内平均来看，中国与所选取的国家间农产品出口额占中国全部农产品出口额的95%以上。

贸易中的水要素含量，本文借鉴了中国投入产出学会课题组（2007）对中国水投入产出系数的计算方法及 Liu 等（2009b）对中国生产性用水影子价格的计算方法。数据来自世界银行世界发展指标数据库和联合国粮食及农业组织数据库及历年《中国农业年鉴》；个别年份缺失的数据根据该指标历年数据进行了估计；价格相关变量均按可比价进行了换算。

五、中国农业虚拟水国际贸易影响因素实证检验

本部分是模型（4）的检验结果。为了保证面板数据的平稳性及防止伪回归，对各变量进行面板单位根检验及协整检验（白仲林，2008），在此基础上利用拟极大似然法（Quasi-maximum Likelihood Estimation）进行参数估计。为了区分不同贸易理论所指出的各种因素对农业虚拟水贸易的影响，分别控制各解释变量，将其分组后分别进行回归。$Eq_1 \sim Eq_3$ 考察影响供给的因素：Eq_1 考察要素禀赋差异的影响，Eq_2 添加了技术的影响，Eq_3 中加入了规模经济变量；Eq_4 同时考察了供给、需求及贸易成本等因素的影响（见表5）。

（一）面板单位根检验

借鉴相关文献（黄静等，2009；Pedroni，1999；Choi，2001，Levin，2002；Im，2003；Pedroni，2004），同时采用 LLC、IPS、ADF-Fisher 和 PP-Fisher 方法分别对模型（4）各变量进行面板单位根检验。检验结果如表 2 所示。

表2 模型（4）各变量单位根检验结果

变量	LLC	IPS	ADF	PP
$Y_{n,t}$	−6.426*** (0.00)	−4.955*** (0.00)	163.088*** (0.00)	185.047*** (0.00)
$AlabK_{n,t}$	−8.042*** (0.00)	−4.111*** (0.00)	142.434*** (0.00)	161.820*** (0.00)
$AlandK_{n,t}$	−7.707*** (0.00)	−4.167*** (0.00)	144.182*** (0.00)	183.448*** (0.00)
$WaterK_{n,t}$	−9.301*** (0.00)	−4.49792*** (0.00)	148.858*** (0.00)	207.481*** (0.00)
$Cyeld_{n,t}$	−3.915*** (0.00)	−1.480*** (0.07)	151.454*** (0.00)	158.837*** (0.00)
$Avalu_{n,t}$	−5.726*** (0.00)	−1.259* (0.10)	102.697*** (0.00)	135.072*** (0.00)
$GDP_{n,t}$	−4.509*** (0.00)	0.049 (0.52)	100.219* (0.06)	101.824** (0.05)
$CPI_{n,t}$	−126.865*** (0.00)	−38.4401*** (0.00)	175.213*** (0.00)	281.249*** (0.00)
$GNI_{n,t}$	−7.228*** (0.00)	−2.502*** (0.00)	130.525*** (0.00)	83.0946 (0.38)
$EXP_{n,t}$	−30.753*** (0.00)	−10.699*** (0.00)	155.331*** (0.00)	157.747*** (0.00)
$DIST_{n,t}$	−6.948*** (0.00)	−3.482*** (0.00)	147.975*** (0.00)	142.169*** (0.00)

注：①所有检验方法的原假设 H_0 为：存在单位根；②检验方法均为含截距和时间趋势；③括号内报告了估计量的 p 值；④符号 ***、** 和 * 分别表示在 1%、5% 和 10% 的显著水平下拒绝原假设。

结果汇总如表3所示。

表3 单位根检验结果汇总

变量	$Y_{n,t}$	$AlabK_{n,t}$	$AlandK_{n,t}$	$WaterK_{n,t}$	$Cyeld_{n,t}$	$Avalu_{n,t}$
检验结果	I(0)	I(0)	I(0)	I(0)	I(0)	I(0)
变量	$GDP_{n,t}$	$CPI_{n,t}$	$GNI_{n,t}$	$EXP_{n,t}$	$DIST_{n,t}$	
检验结果	I(0)	I(0)	I(0)	I(0)	I(0)	

注：表中，I(0)和I(1)分别表示零阶单整和一阶单整。

（二）面板协整检验

从表3单位根检验结果来看，除$DIST_{n,t}$和$GDP_{n,t}$外，其他变量均平稳；由于存在两个一阶单整的变量，因此变量间有可能存在协整关系。但由于变量太多，样本数量不足以支持列所有变量一次性进行协整检验，因此，分组进行变量间协整检验。第一组检验$Y_{n,t}$与$AlabK_{n,t}$、$AlandK_{n,t}$、$WaterK_{n,t}$、$Cyeld_{n,t}$的协整关系；第二组检验$Y_{n,t}$与$Avalu_{n,t}$、$GDP_{n,t}$、$CPI_{n,t}$的协整关系；第三组检验$Y_{n,t}$与$GNI_{n,t}$、$EXP_{n,t}$、$DIST_{n,t}$的协整关系。表4是分别采用Pedroni的7个统计量、Kao的ADF统计量和Johansen Fisher统计量进行面板协整检验的结果。

表4 模型（4）变量间协整检验结果

检验方法		$Y_{n,t}$与$AlabK_{n,t}$、$AlandK_{n,t}$、$WaterK_{n,t}$、$Cyeld_{n,t}$	$Y_{n,t}$与$Avalu_{n,t}$、$GDP_{n,t}$、$CPI_{n,t}$	$Y_{n,t}$与$GNI_{n,t}$、$EXP_{n,t}$、$DIST_{n,t}$
Pedroni	Panel v	−3.19*** (0.00)	−2.27** (0.03)	−1.96* (0.06)
	Panel rho	3.45*** (0.00)	1.87* (0.07)	1.33 (0.17)
	Panel PP	−6.93*** (0.00)	−5.61*** (0.00)	−7.65*** (0.00)
	Panel AD	−5.62*** (0.00)	−7.31*** (0.00)	−8.76*** (0.00)
	Group rho	5.46*** (0.00)	4.60*** (0.00)	3.49*** (0.00)
	Group PP	−11.46*** (0.00)	−5.59*** (0.00)	−9.63*** (0.00)
	Group ADF	−7.06*** (0.00)	−6.72*** (0.00)	−9.15*** (0.00)
Kao		1.71** (0.04)	3.54*** (0.00)	3.20*** (0.00)
Johansen Fisher		73.68*** (0.00)	1111*** (0.00)	1220*** (0.00)
样本容量		600	600	600

注：①表中Pedroni的7个检验和Kao、Johansen的原假设H_0为：不存在协整，在零假设下统计量服从渐近正态分布；②括号中报告了p值；③符号***、**和*分别表示在1%、5%和10%的显著水平下拒绝原假设；④Pedroni和Kao检验设定中，没有时间趋势，使用SIC标准选择滞后阶数，Newey-west窗宽选择使用的是Bartlett核函数；Johansen Fisher检验，有时间趋势。

从表4可以看出，大部分检验方法的结果在1%显著水平下拒绝原假设，因此可以认为各变量间存在协整关系（即长期和稳定的均衡关系）。

(三) 模型(4)的参数估计

对模型(4)进行回归的结果如表5所示。

表5 模型(4)的回归结果

	Eq_1	Eq_2	Eq_3	Eq_4
β_1 ($AlabK_{n,t}$)	16.045*** (4.78)	15.232*** (4.67)	11.879*** (3.57)	10.633*** (3.11)
β_2 ($Alandk_{n,t}$)	−12.530*** (−3.37)	−12.501*** (−3.47)	−10.834*** (−3.00)	−12.843*** (−3.26)
β_3 ($WaterK_{n,t}$)	−2.240** (−1.98)	−3.899*** (−3.56)	−3.536*** (−3.23)	−2.729** (−2.40)
β_4 ($Cyeld_{n,t}$)		1.249*** (9.83)	1.199*** (9.39)	1.183*** (9.26)
β_5 ($Avalu_{n,t}$)			7.890*** (5.48)	6.216*** (4.06)
β_6 ($GDP_{n,t}$)			−1.501*** (−3.41)	−1.151*** (−2.51)
β_7 ($CPI_{n,t}$)				−0.223*** (−2.95)
β_8 ($GNI_{n,t}$)				2.220 (1.32)
β_9 ($EXP_{n,t}$)				6.597*** (3.46)
β_{10} ($DIST_{n,t}$)				−0.944 (−1.26)
β_{11} ($AFTA_{n,t}$)				−3.432*** (−3.49)
β_{12} ($WTO_{n,t}$)				8.321 (1.03)
λ_0 ($W_n Y_{n,t}$)	0.089 (1.28)	0.109** (1.95)	0.099* (1.75)	0.089 (1.47)
γ_0 ($Y_{n,t-1}$)	1.418*** (50.48)	1.393*** (44.77)	1.415*** (45.38)	1.410*** (45.31)
ρ_0 ($W_n Y_{n,t-1}$)	0.310*** (2.63)	1.030*** (10.01)	1.096*** (11.02)	1.036*** (10.32)
R-Adj	0.7351	0.7525	0.7535	0.7563
log-likelihood	−1270.3	−1251.7	−1250.7	−1247.9
样本容量	560	560	560	560

注：①采用拟极大似然法进行估计；②原假设 H_0 为：$\beta_1=\beta_2=\cdots=\beta_{12}=0$；③括号中报告了t统计量值；④符号***、**和*分别表示在1%、5%和10%的显著水平下拒绝原假设。

Eq_1~Eq_3列的结果表明国际贸易理论所指出的驱动贸易的因素（要素禀赋差异、技术进步和规模经济）同样影响了中国农业虚拟水国际贸易。Eq_4列为在时空引力模型框架下综合考虑供给、需求和贸易成本因素后的回归结果。可以看出，模型的解释力增加了（变大了）。列中各变量回归系数及其解释如下。

（1）$Y_{n,t}$（中国农业虚拟水国际贸易净出口额）与农业劳动力资源禀赋变量 $AlabK_{n,t}$ 正相关（相关系数为10.633）。该结果说明在劳动力资源方面，中国农业虚拟水国际贸易体现了比较优势原理。

（2）$Y_{n,t}$ 与土地资源禀赋变量，$AlandK_{n,t}$ 负相关（相关系数为−12.843）。该结果说明在农业用地资源方面，中国农业虚拟水国际贸易没有按照比较优势进行，实质上反映了单位土地上出产（进而贸易）的农产品少了。造成该结果可能的原因：一是由于中国农业用地存在过度开发利用的状况，有些生产条件差的土地也被开发利用了，如陡坡地被开发利用、贫瘠地被开发利用、干旱水量不足地被开发利用；二是土地利用效率低；三是在农用地转为建设用地后，没有达到耕地占补平衡的要求，使得农业用地面积统计数据高于实际值。

（3）$Y_{n,t}$与水资源禀赋变量$WaterK_{n,t}$负相关（相关系数为-2.729）。该结果同样说明在水资源方面，中国农业虚拟水国际贸易没有按照比较优势进行。可能的原因：一是不合理的水价使得价格机制没有发挥作用，过度用水；二是由于农业用水效率低下。

（4）$Y_{n,t}$与技术水平变量$Cyeld_{n,t}$正相关（相关系数为1.183）。这在一定程度上证明了古典贸易理论和新增长理论所持的技术进步是贸易驱动力的结论，技术进步在增加农产品供给的同时，推动了贸易的发展。中国农产品出口到了技术水平低下的国家，而技术水平更高国家的农产品则进口到了中国，由此可见，技术进步是农产品贸易（以及农业虚拟水贸易）的重要驱动力。

（5）$Y_{n,t}$与代表农业产业规模的变量$Avalu_{n,t}$正相关（相关系数为6.216）。说明规模经济是贸易的驱动因素之一，中国农业生产具备了一定程度的规模经济效应。$Y_{n,t}$与代表经济总体规模的变量$GDP_{n,t}$负相关（相关系数为-1.151）。这是由于伴随着经济规模的扩大，农业部门对经济的拉动作用更多地被非农业部门所替代，农业部门的增长（进而农产品贸易）反而与经济体规模的增长负相关，由此可见，规模经济具有产业差别效应，不可一概而论。

（6）$Y_{n,t}$与市场价格水平变量$CPI_{n,t}$负相关（相关系数为-0.223）。表明当国内市场需求旺盛，价格水平上升时，更多的农产品在国内进行了交易，使得净出口减少。

（7）从需求方看，$Y_{n,t}$与贸易伙伴国的人均国民收入变量$GNI_{n,t}$正相关（相关系数为2.220）。这是由于该国收入水平的提高，引致其对农产品的需求增加；另外，由于消费结构的改变，农产品中富含虚拟水的畜牧产品的消费增加，从而使得对农业虚拟水的需求增加（Liu and Savenije，2008）。但由于农产品消费的基础性，随着收入水平的提高其增长量的增速逐渐减小，因此在0.1水平下不显著。

（8）在影响农业虚拟水贸易成本的因素中，$Y_{n,t}$与汇率水平变量$EXP_{n,t}$正相关（相关系数为6.597），说明货币贬值有利于出口；$Y_{n,t}$与经济距离变量$DIST_{n,t}$负相关（相关系数为-0.944），说明运输成本是阻碍贸易的因素之一，但在0.1水平下不显著，可能的原因：一是影响国际贸易的成本不仅是以距离为代表的运输成本，还有关税等其他贸易成本；二是农产品贸易的贸易路径往往不是直线距离，直线距离的假定太简单。①

$Y_{n,t}$与东盟经济组织虚拟变量$AFTA_{n,t}$负相关（相关系数为-3.432）。这是因为东盟CEPT计划的实施，降低了成员国间贸易成本，促进了其贸易发展，在东盟内部形成规模效益，增加了对外出口，同样增加了向中国的出口；而从水资源角度看，这种状况有利于农业虚拟水的流入。

$Y_{n,t}$与中国加入WTO的变量$WTO_{n,t}$正相关（相关系数为8.321）。说明加入WTO扩大

---

① 随机选取的2006年、2007年中国农业虚拟水净出口额，其空间分布跟中国与贸易伙伴国间的距离没有遵循一定的模式。

了中国与各成员国之间的贸易量,但这种效应不显著。可能的原因是加入WTO后,贸易壁垒的降低使得政府对农业的支持力度下降,中国农业面临全球性竞争,尽管出口增加了,但进口也大幅增加;加入WTO后,中国非农产品的国际出口量加大,国家的出口战略发生了适当转移(向非农产品转移),对农业出口的依赖度和重视程度下降。

(9) 从回归结果看,农业虚拟水贸易的时间效应强于空间效应。时间相关项系数 γ_0 的回归系数为1.410,时空相关项系数 ρ_0 的回归系数为1.036,均在1%水平下显著。而空间相关项系数 λ_0 的回归系数为0.089,在0.1水平下不显著。这与各国间在贸易战略及政策方面具有相对独立性,而国内政策具有相对连续性的事实是相吻合的。

六、结论及政策启示

(一) 结论

本文基于中国与40个贸易伙伴国的面板数据,在中国农业虚拟水国际贸易时空引力基本模型框架下,实证地考察了影响中国农业虚拟水国际贸易的因素。

实证结果表明:①中国农业虚拟水国际贸易符合中国农业劳动力资源比较优势,但却没有按照农业用地和水资源比较优势进行,本文分析了可能的原因。②技术进步是促进农业生产及其贸易的关键因素,而且中国农业生产具备了一定的规模经济效应;而中国经济总体规模的扩大没有促进中国农业虚拟水的国际贸易。③价格因素、需求因素及贸易成本等因素中,对中国农业虚拟水国际贸易起到促进作用的因素包括价格水平、贸易伙伴国收入水平、汇率水平及加入WTO;而对其起到阻碍作用的因素包括运输成本及加入地区性贸易联盟(东盟)。④中国农业虚拟水国际贸易具有显著的时空相关性,即中国与各贸易伙伴国间的贸易行为具有"惯性",相邻贸易伙伴国之间具有相互"示范"效应,从而有利于形成中国农业虚拟水贸易(即农产品贸易)的规模效应。

(二) 政策启示

上述结果所带来的政策启示从供给、需求、贸易成本和时空效应几方面归纳如下。供给方面:①为了巩固、提升劳动力比较优势竞争力,中国应加大劳动密集型产品出口,与此同时,应加强对农业劳动力的教育投入,使其由数量型向质量型人力资本转变。②为了保护土地资源,中国应加大退耕还林实施力度、切实实施耕地占补平衡并努力提高统计质量。③为了保护水资源,中国应加强水市场建设、理顺价格机制、加强节水宣传,大力提升用水效率。④调整农产品贸易战略,不鼓励水资源密集型产品出口,而代之以鼓励技术密集型高附加值产品的出口。⑤应加大农业科技投入,不断提高农业生产的技术水平,将农产品比较优势由资源密集型向技术密集型转化。⑥为了利用规模经济,需要政府对农业产业内具有规模经济优势（或潜力）的地区或产品给予必要的支持。需求方面：①积极根据国际需求结构变化加大出口。②国内农产品价格上涨使农产品国内消费比例上升，这符合一般发展规律，说明我国农产品生产消费正在走扩大内需之路，应重视国内需求，加强市场建设，利用好价格机制，为贸易发展创造良好环境。贸易成本方面：①货币贬值有利于出口，在制定贸易政策时应兼顾货币政策的灵活运用，以使其有利于贸易发展。②东盟CEPT计划的实施，扩大了其成员国出口竞争力，因比，中国应根据自身比较优势，积极推动 C-AFTA（中国—东盟自由贸易区），以分享贸易成本较低所带来的好处。③中国加入 WTO 后对农业的影响需要特别关注。一方面，政府需要在 WTO 规则下，给予农业必要的支持；另一方面，中国农业需要改变增长方式，从资源密集型向技术密集型转变。时空效应方面：农业虚拟水具有时空相关性的特点对于制定贸易战略具有指导意义。一方面应巩固与现有贸易伙伴国的关系，扩大贸易量；另一方面，利用贸易伙伴国之间的示范效应，将市场扩大到与贸易伙伴国相邻的国家。这都有利于形成我国相关产业的规模效应。

参考文献

[1] Aitken. N. D., 1973, "The Effect of the EEC and EFTA on European Trade: A Temporal Cross-section Analysis", American Economic Review, 63, pp.881-892.

[2] Allan, J. A., 1997, "Virtual Water: A Long Term Solution for Water Short Middle Eastern Economics?", 1997 British Association Festival of Science University of Leeds.

[3] Anderson, J. E. and Mareouiller, D., 2002, "Inseurity and the Pattern of Trade: An Empirical Investigation", Review of Economics and Statistics, 84 (2), pp.342-352.

[4] Anderson, J. E. and Wincoop, E. V., 2004, "Trade Costs", Journal of Economic Literature, 42, pp. 691-751.

[5] Anselin, L., 1988, Spatial Econometrics: Methods and Models, Dordrecht: Kluwer Academic Publishers.

[6] Arbia, G., Basile, R. and Piras, G., 2005, 'Using Spatial Panel Data in Modeling Regional Growth and Convergence", ISAE Working Paper No.55.

[7] Alici, C. and Furuya, J., 2008, "Regional Blocs and Agricultural Trade Flow: The Case of ASEAN", Japan Agricultural Research Quarterly, 42 (2), pp.115-121.

[8] Baier, S. L. and Bergstrand, J H., 2001, "Do Free Trade Agreements Actually Increase Members' International Trade?", Journal of International Economics, 71.pp.72-95.

[9] Balassa, B., 1979, "The Changing Pattern of Comparative Advantage in Manufactured Goods", Review of Economics and Statistics, 61, pp.259-266.

[10] Balassa, B., 1986, "Comparative Advantage in Manufactured Goods: A Reappraisal", Review of Economics and Statistics, 68, pp.315-319.

[11] Baldwin, R. E., 1971, "Determinants of the Commodity Structure of US Trade", American Economic Review, 61, pp.126-146.

[12] Bowen, H. P., Leamer, E. F., and Sveikauskas, L., 1987, "Multi-country, Multifactor Tests of the Factor Abundance Theory", The American Economic Review, 77, pp.791-809.

[13] Brainard, S.L., 1997, "An Empirical Assessment of the Proximity Concentration Trade-off Between Multinational Sales and Trade", American Economic Review, 87 (4), pp.520-544.

[14] Bun, M. J. G. B. and Klaasaen, F. J. G. M., 2002, "The Importance of Dynamics in Panel Gravity Models of Trade", Working Paper.

[15] Caporale, G. M., Rault, C., Sova, R. and Sova, A., 2009, "On the Bilateral Trade Effects of Free Trade Agreements Between the EU-15 and the CEEC-4 Conutries", Review of World Economics, 145 (2), pp.189-206.

[16] Chapagain, A. K. and A. Y. Hoekstra, 2005, "The Global Component of Freshwater Demand and Supply: An Assessment of Virtual Water Flows Between Nations as A Result of Trade in Agricultural and Industrial Products" Water International, 33 (1), pp.19-32.

[17] Chapagain, A. K., Hoekstra, A. Y. and Savenije, H. H.G., 2006, "Water Saving Through International Trade of Agricultural Products", Hydrology and Earth System Sciences, 10 (3), pp.455-468.

[18] Chapagain, A. K. and A. Y. Hoekstra. 2007, "Water Footprints of Nations: Water Use by People as A Function of Their Consumption Pattern", Water Resource Manage, 21, pp.35-48.

[19] Chapagain, A. K. and S. Orr, 2009, "An Improved Water Footprint Methodology Linking Global Consumption to Local Water Resources: A Case of Spanish Tomatoes", Journal of Environmental Management, 90 (2), pp.1219-1228.

[20] Chen, C., Yang, J. and Findley, C., 2008, "Measuring the Effect of Food Safety Standards on China's Agricultural Exports", Review of World Economics, 144 (1), pp.83-106.

[21] Choi, I., 2001. "Unit Root Tests for Panel Data", Journal of International Money and Finance, 20, pp.249-272.

[22] Clark, D. P. and Stanley, D. L., 1999, "Determinants of Intra-Industry Trade Between Development Countries and the United States", Journal of Economics Development, 24 (2): pp.79-95.

[23] Davis, D. R. and Weinstein. D. E., 1998, "An Account of Global Factor Trade", NBER Woking Paper Series No.6785.

[24] Debaere, P., 2003, "Relative Factor Abundance and Trade", Journal of Political Economy, 88 (5), pp.589-610.

[25] Dietzenbacher, E. and Velazquez, E., 2007. "Analyzing Andalusian Virtual Water Trade in an Input-Output Framework", Regional Studies, 41 (2), pp.185-196.

[26] Dixit, A.K. and Norman, V., 1980, Theory of International Trade, Cambridge University Press.

[27] Eckstein. Z., 1985, "The Dynamics of Agriculture Supply: A Reconsideration", Agricultural & Applied Economics Association, 67 (2), pp.204-214.

[28] Egger, P. and Pfaffermayr, M., 2003, "The Proper Panel Econometric Specification of The Gravity Equation: A Three-way Model with Bilateral Interaction Effects", Empirical Economics, 28.pp.571-580.

[29] Findlay, R., 1970, Trade and Specialization, Harmonds Worth: Penguin.

[30] Fontagne, L. and Freudenberg, M., 2002, "Long-term Trends in Intra—industry Trade", In Grubel. H. and Hyun-Hoon Lee, eds, Frontiers of Research in Intra-induszry Trade, Palgrave, London, pp. 131-158.

[31] Grossman, G.and E. Helpman, 1991a, Innovation and Growth in the Global Economy, Cambridge: MIT Press.

[32] Grossman, G. M. and Helpman, E., 1991b, "Dynamic Comparative Advantage", Innovation and Growth in the Global Economy, The MIT Press.

[33] Hakura, D., 1999, "A Test of the General Validity of the Heckscher-Ohlin Theorem for Trade in the European Community", IMF Working Paper WP/99/70.

[34] Halbrendt, C., Tuan, F., Gempesaw, C. and Dolk-Etz.D., 1994, "Rural Chinese Food Consumption: The Case of Guangdong", American Journal of Agricultural Economics, 76 (4), pp.794–799.

[35] Harris, M. and Matyas, L., 1998, "The Econometrics of Gravity Models", Melbourne Institute Working Paper No.5/98.

[36] Hausman, J.and Taylor. W., 1981, "Panel Data and Unobservable Individual Effects", Econometrica, 49 (6), pp.1377–1398.

[37] Helpman, E. and Krugman, P.R.: 《市场结构和对外贸易：报酬递增、不完全竞争和国际经济》 (尹翔硕、尹翔康译), 上海人民出版社, 2009年。

[38] Helpman, E., 1981, "International Trade in the Prosence of Product Difierentiation, Economics of Scale and Monopolistic Competition", Journal of International Economics, 11.pp.305–340.

[39] Hoekstra, A.Y.and Hung, P.Q., 2005, "Globalization of Water Resources: International Viirtual Water Flows in Relation to Crop Trade", Global Environment Change-Human and Policy Dimensions, 15 (1): pp.45–56.

[40] Hopper, W. D., 1965, "Allocation Efficiency in Traditional Lndian Agriculture", Journal of Farm Economics, 47 (3), pp.611–624.

[41] Hessein, A.and Cummings, J.T., 1977, "Estimating Agricultural Supply Response with the Nerlove Model: A Survey", International Economic Review, 18 (2), pp.257–292.

[42] Im, K.S., Pesaran, M.H. and Shin, Y., 2003, "Testing for Unit Roots in Heterogeneous Panels", Journal of Econometrics, 115, pp.53–74.

[43] Johnston, R., Hepple, L., Hoare. T., Jones. K. and Plummer, P., 2003, "The Mistreated Model: Some Technical Comments on Porojan's Paper on Trade Flows and Spatial Effects", Open Economies review, 14, pp.11–14.

[44] Kandogon, Y., 2003, "Intra-industry Trade of Transition Countries: Trends and Determinants", Emerging Markets Review, 4, pp.273–286.

[45] Krugman, P. R., 1987. "Is Free Trade Passé?", The Journal of Economic Perspectives, 1 (2), pp. 131–144.

[46] Lawrence, R. Z., 1987, "Does Japan Import too Little: Closed Minds or Markets?", Brookings Papers on Economic Activity, 2, pp.517–554.

[47] Leamer, E. E. and J. Levinsohn, 1995, "International Trade Theory: The Evidence", Handbook of International Economics, 3, pp.1339–1394.

[48] Leamer, E. E., 1984, Sources of International Comparative Advantage: Theory and Evidenee, MIT Press.

[49] Lee L. F. and Yu, J. H., 2007, "A Spatial Dynamic Panel Data Model with Both Time and Individual Fixed Effects", Working Paper.

[50] Lenzen, M., 2009, "Understanding Virtual Water Flows: A Multiregion Input-output Case Study of Victoria", Water Resources Research, 45.

[51] Leontief, W.W., 1953, "Domestic Production and Foreign Trade: the American Capital Position Re-examined". Proceedings of the American Philosophical Society, September, 97 (4), pp.332-349.

[52] Levin, A., Lin, C. F. and Chu, C., 2002, "Unit Root Tests in Panel Data: Asymptotic and Finite-sample Properties", Journal of Econometrics, 108, pp.1-24.

[53] Lewis, P. and Andrews, N., 1989, "Household Demand in China", Applied Economics, 21 (6): pp.793-807.

[54] Linnemann, H., 1966, An Econometric Study of International Trade Flows, Amsterdam: North-Holland.

[55] Lipton, M., 1968, "The Theory of Optimizing Peasant", Journal of Development Studies, 4 (3): pp.26-50.

[56] Liu, J. and Savenije, H. H. G., 2008, "Food Consumption Patterns and Their Effect on Water Requirement in China", Hydrology and Earth System Sciences, 12 (3), pp.887-898.

[57] Liu, J., Zehnder, A. J. B. and Yang, H., 2009a, "Global Consumptive Water Use for Crop Production: The Importance of Green Water and Virtual Water", Water Resource Research, 45, W05428, doi: 10.1029/2007WR006051.

[58] Liu, X. I., Chen, X. K. and Wang, S.Y., 2009b, "Evaluating and Predicting Shadow Prices of Water Resources in China and Its Nine Major River Basins", Water Resource Manage, 23, pp.1467-1478.

[59] Lopez, R. E., 1985, "Supply Response and Investment in the Canadian Food Processing Industry", American Journal of Agricultural Economics, 67 (1): pp.40-48.

[60] Lu, W. C., 2002, "Effects of Agricultural Market Policy on Crop Production in China", Food Policy, 27 (5), pp.561-573.

[61] Matyas, L., 1997, "Proper Econometric Specification of the Gravity Model", The World Economy, 20, pp.363-368.

[62] Mccallum, J., 1995, "National Borders Matter: Canada U.S. Regional Trade Patterns", American Economic Review, 85, pp.615-623.

[63] Nerlove. M. and Addison, W., 1958, "Statistical Estimation of Long-run Elasticities of Supply and Demand", Journal of Farm Economics, 40, pp.861-880.

[64] Novo, P., Garrido, A. and Varela-Ortega, C., 2008, "Are Virtual Water 'Flows' in Spanish Grain Trade Consistent with Relative Water Scarcity?", Ecological Economics, 68, pp.1454-1464.

[65] Ohlin, B.:《区际贸易与国际贸易》(杜文田译), 中国台湾银行, 1977年。

[66] Olper, A. and Raimondi, V., 2007, "Patterns and Determinants of International Trade Costs in the Food Industry", LlCOS Discussion Papers.

[67] Olper, A. and Raimondi, V., 2008, "Agricultural Market Integration in the OECD: A Gravity-border Effect Approach", Food Policy, 33 (2), pp.165-175.

[68] Oniki, H. and Uzawa, H., 1965, "Patterns of Trade and Investment in Dynamic Model of International Trade", Review of Economic Studies, 32, pp.15-37.

[69] Otsuki, T., Wilson, J. S. and Sewadeh, M., 2001, "Saying Two in A Billion: Quantifying the Trade Effect of European Food Safety Sandards on African Exports", Food Policy, 26 (5), pp.495-514.

[70] Paiva, C., 2005, "Assessing Protectionism and Subsides in Agriculture: A Gravity Approach", IMF Working Paper No.05/21.

[71] Pedroni, P., 1999, "Critical Values for Cointegration Tests in Heterogeneous Panels with Multiple Regressors", Oxford Bulletin of Economics and Statistics, 61, pp.653-670.

[72] Pedroni, P., 2004, "Panel Cointegration: Asymptotic and Finite Sample Properties of Pooled Time Series Tests with An Application to PPP Hypothesis", Econometric Theory, 20, pp.597-625.

[73] Porojan, A., 2001, "Trade Flows and Spatial Effects: the Gravity Model Revisited", Open Economies Review, 12 (3), pp.265-280.

[74] Poyhonen, P., 1963, "A Tentative Model for the Flows of Trade Between Countries", Weltwirtschatfiliches Archiv, 90 (1).

[75] Rahji, M. A. and Adewummi, M. O., 2008. "Market Supply Response and Demand for Local Rice in Nigeria: Implications for Self-sufficiency Policy", Journal of Central European Agriculture, 9 (3), pp.567-574.

[76] Ricardo, D.：《政治经济学及赋税原理》(周洁译)，华夏出版社，2005 年。

[77] Ridoun, B. G., Eady, S. J., Sellahewa, J., Simons, L. and R. Bektash, 2009, "Water Footprinting At the Product Brand Level: Case Study and Future Challenges", Journal of Cleaner Production, 17 (13), pp.1228-1235.

[78] Rose, A.K., 2000, "One Money, One Market: the Effect of Common Currencies on Trade", Economic Policy, 15 (30), pp.9-45.

[79] Schluter, M. G. and Mouni, G., 1976, "Some Management Objectives of the Peasant Fanner: An Analysis of risk Aversion in the Choice of Cropping Pattern, Surat District, India", Journal of Development Studies, 12 (3), pp.246-262.

[80] Schott, P. K., 2003. "One Size Fits All? Heckscher-Ohlin Specialization in Global Production", American Economic Review, 93 (3), pp.686-708.

[81] Schultz, T.W., 1964, Transforming Traditional Agriculture, Haven: Yale University Press.

[82] Siliverstovs, B. and Sehumacher, D., 2007, "Using the Gravity Equation to Differentiate Among Alternative Theories of Trade: Another Look", Applied Economics Letters, 14, pp.1065-1073.

[83] Soloaga, I. and L. A. Winters, 2001, "ReGionalism in the Nineties: What Effect on Trade?", North American Journal of Economics and Finance, 12, pp.1-29.

[84] Tamirisa, N.T., 1999, "Exchange and Capital Controls as Barriers to Trade", IMF Staff Papers, 46 (1), pp.69-88.

[85] Tesar, L. L, and Werner, I., 1995, "Home Bias and High Turnover", Journal of International Money and Finance, 4, pp.467-492.

[86] Tinbergen, J., 1962, "Shaping the World Economy: Suggestion for An International Economic Policy", New York: The Twentieth Century Fund.

[87] Trefler, D., 1993, "International Factor Price Differences: Leontief was Right!", Journal of Political Economy, 101 (6), pp.961-987.

[88] Trefler, D., 1995, "The Case of the Missing Trade and Other HOV Mysteries", American Economic Review, 85, pp.1029-46.

[89] Vanek, J., 1968, "The Factor Proportions Theory: the N-factor Case", Kyklos, 21, pp.749-754.

[90] Vollrath, T. L., Hallahan, C. B. and Gehlhar, M. J., 2006, "Consumer Demand and Cost Factors Shape the Global Trade Network in Commodity and Manufactured Foods", Canadian Journal of Agricultural Eco-

nomics, 54, pp.497-511.

[91] Wall, H. J., 1999, "Using the Gravity Model to Estimate the Costs of Protection", The Federal Reserve Bank of St.Louis Review, pp.33-40.

[92] Wang, Y., Xiao, H. L. et al., 2009, "Water Scarcity and Water Use in Economic Systems in Zhangye City, Northwestern China", Water Resources Management, 23 (13), pp.2655-2668.

[93] Wichelns, D., 2001, "The Role of 'Virtual Water' in Efforts to Achieve Food Security and Other National Goals with An Example From Egypt", Agricultural Waler Management, 49 (2), pp.131-151.

[94] Yang, H., Wang, L.and Zehnder, A. J. B., 2007, "Water Scarcity and Food Trade in the Southern and Eastern Mediterranean Countries", Food Policy, 32 (5-6), pp.585-605.

[95] Yegnes-Botzer, A., 2001, "Virtual Water Export from Israel-quantities, Driving Forces and Consequences, Thesis for the Degree of Master of Science," Water Resources Management, IHE-Delft.

[96] Yu, J., R.de Jong and Lee, L.F., 2008, "Quasi-Maximum Likelihood Estimators for Spatial Dynamic Panel Data with Fixed Effects When Both N and T are Large", Journal of Econometrics, 146, pp.118-134.

[97] Zhao, J., Liu, W. and Deng, H., 2005, "The Potential Role of Virtual Water in Solving Water Scarcity and Food Security Problems in China", International Journal of Sustainable Development & World Ecology, 12, pp.419-428.

[98] Zhao, X., Chen, B., et al., 2009, "National Water Footprint in An Input-output Framework-A case study of China 2002", Ecological Modeling, 220 (2), pp.245-253.

[99] Zhuang, R.N.and Abbott, P., 2007, "Price Elasticities of Key Agricultural Commodities in China", China Economic Review, 18 (2), pp.155-169.

[100] Zimmer, D.and Renault, D., 2003, "Virtual Water in Food Production and Global Trade: Review of Methodological Issues and Preliminary Results", In: Hoekstra, A.Y. (Ed.). Virtual Water Trade: Proceedings of the International Expert Meeting on Virtual Water Trade, Research Report Series No.12., IHE Delft, Netherlands.

[101] 白仲林：《面板数据的计量经济分析》，南开大学出版社，2008年。

[102] 程国栋：《虚拟水——中国水资源安全战略的新思路》，《中国科学院院刊》，2003年第4期。

[103] 杜为长、科尔曼：《中国农作物播种面积对价格变化反应的实证分析》，《中国农村观察》，1997年第2期。

[104] 高颖、田维明：《基于引力模型的中国大豆贸易影响因素分析》，《农业技术经济》，2008年第1期。

[105] 韩婉玲：《我国农产品产业内贸易的实证分析》，《新疆农垦经济》，2008年第1期。

[106] 何立春：《中日农产品产业内贸易实证研究》，《黑龙江对外经贸》，2009年。

[107] 胡求光、霍学喜：《中国水产品出口贸易影响因素与发展潜力》，《农业技术经济》，2008年第3期。

[108] 黄静、屠梅曾：《基于非平稳面板计量的中国城市房价与地价关系实证分析》，《统计研究》，2009年第7期。

[109] 蒋乃华：《价格因素对我国粮食生产影响的实证分析》，《中国农村观察》，1998年第5期。

[110] 金和辉：《计划、市场和中国农民的粮食供给行为》，《经济研究》，1990年第9期。

[111] 柯炳生：《中国粮食市场与政策》，中国农业出版社，1995年。

[112] 连春霞：《中美农产品产业内贸易实证分析》，《产业与科技论坛》，2008年第7期。

[113] 刘红梅、李国军、王克强：《中国农业虚拟水"资源诅咒"效应检验：基于省际面板数据的实证研究》，《管理世界》，2009年第9期。

[114] 刘红梅、王克强、刘静：《虚拟水贸易及其影响因素研究》，《经济经纬》，2008年第2期。

[115] 刘璐、李慧慧：《中国与东盟农产品贸易影响因素分析——基于引力模型的研究》，《云南财经大学学报》，2007年第1期。

[116] 陆文聪、梅燕：《收入增长中城乡居民畜产品消费结构趋势实证研究——以浙江省为例》，《技术经济》，2008年第2期。

[117] 陆文聪、叶建：《粮食政策市场化改革与浙江农作物生产反应：价格、风险和定购》，《浙江大学学报》（人文社会科学版），2004年第3期。

[118] 吕玲丽：《中国与东盟农产品比较优势分析》，《中国农村经济》，2004年第9期。

[119] 马静、张红旗、李慧娴、张秋溪：《粮食国际贸易对我国水土资源利用的影响分析》，《资源科学》，2008年第11期。

[120] 荣静、杨川：《中国与东盟农产品贸易竞争和贸易互补实证分析》，《国际贸易问题》，2006年第8期。

[121] 史朝兴、顾海英：《贸易引力模型研究新进展及其在中国的应用》，《财贸研究》，2005年第3期。

[122] 孙林：《中国与东盟农产品贸易竞争关系——基于出口相似性指数的实证分析》，《国际贸易问题》，2005年第11期。

[123] 王德文、黄季焜：《双轨制度下中国农户粮食供给反应分析》，《经济研究》，2001年第12期。

[124] 温厉、温铁军：《中国粮食供给周期与价格比较分析》，《管理世界》，1997年第4期。

[125] 张征宇：《空间计量经济模型参数估计方法研究》，上海财经大学博士学位论文，2008年。

[126] 赵雨霖、林光华：《中国与东盟10国双边农产品贸易流量与贸易潜力的分析——基于贸易引力模型的研究》，《国际贸易问题》，2008年第12期。

[127] 郑毓盛：《中国农业生产在双轨制下的价格反应》，《经济研究》，1993年第1期。

[128] 中国投入产出学会课题组：《国民经济各部门水资源消耗及用水系数的投入产出分析——2002年投入产出表系列报告之五》，《统计研究》，2007年第3期。

[129] 朱海霞、顾海英：《基于引力模型的中美农产品贸易边境效应研究》，《财贸研究》，2008年第3期。

[130] 邹君、杨玉蓉、毛德华：《虚拟水战略优势度及其评价》，《冰川冻土》，2009年第3期。

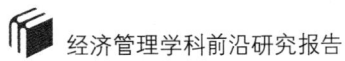
经济管理学科前沿研究报告

A Study on the Determinants of the Agricultural Virtual Water Trade between China and other Countries
—Based on the internation trade and the gravity model

Liu Hongmei, Li Guojun, Wang Keqiang

Abstract: Based on the international trade theory and the gravity model, we have, in this article, constructed a spatiotemporal model of the influencing factors of China's international trade in agricultural virtual water (CITIAVW), and, taking as our specimen the panel data of 1994–2008 on the trade between China and her 40 partners, carried out a test by a case study. The results indicate that the positive factors correlated to CITIAVW are the endowment of the factors of agricultural labor, technology, the agricultural scale economy, the income of demanders, the exchange rate, and the accession to WTO, while the negative ones are the endowment of agricuhural land, water, the level of the national GDP, the price level, and the regional economic organization of the Association of Southeast Asian Nations, and that the spatial effect of CITIAVW is less significant and obvious than the time effect thereof. Finally, we have given enlightenment for policymaking.

Key Words: Virtual Water Spatiotemporal model

第二节

英文期刊论文精选

一、通过做好事来做好？绿色办公楼
Doing Well by Doing Good? Green Office Buildings

作　者：皮特·艾彻豪茨，尼尔斯·考克，约翰·M.奎格利
　　　　Piet Eichholtz, Nils Kok, and John M. Quigley

来　源：美国经济评论，2010年12月
　　　　American Economic Review, December 2010

摘　要：本文首次系统分析了环境可持续建筑实践对市场经济效果的影响。本文专门针对商用房，研究设计与建造中能源效率投资与房屋租金、有效租金（即随建筑物面积而调整的租金）以及出售价格的联系。通过约10000个样本数据，本文研究了合同租金、有效租金以及出售价格与一系列建筑物客观舒适性特征之间的联系，后者与房屋的坐落地特征保持一致。本文发现，与同类建筑物相比（办公楼的质量与位置均一致），拥有绿色评级的建筑物，每平方尺租金约高出3%。有效租金的差额更大，超过7%。而绿色建筑的出售价格更高出普通建筑的16%。在小城市、住房成本低的地区以及大城市的低价区，绿色建筑租金与价格增加的百分比更高。在经过绿色认证的建筑中，研究发现市场价值的波动与建筑物的能源效率系统相关。有深入证据表明，房屋市场价值的上升，更多地收益于"绿色"效果的证明，而不是无形的标签效应。

关键词：环境可持续建筑；租金；能源效率

Abstract: This paper provides the first systematic analysis of the impact of environmentally-sustainable building practices upon economic outcomes as measured in the marketplace. We concentrate on commercial property, and we investigate the relationship between investments in energy efficiency in design and construction and the rents, the effective rents (that is, rents adjusted for building occupancy levels), and the selling prices commanded by these properties. For some 10000 subject and control buildings, we relate contract rents, effective rents and selling prices to a set of objective hedonic characteristics of buildings, holding constant the locational characteristics of properties. We find that buildings with a "green rating" command rental rates that are roughly 3 percent higher per square foot than otherwise identical buildings-controlling for the quality and the specific location of office buildings. Premiums in effective rents are even higher-above 7 percent. Selling prices of green buildings are higher by about 16 percent. The percent increase in rent or value for a green building is systematically greater in smaller or lower-cost regions or in less expensive parts of metropolitan areas. Within this population of certified green buildings, we find that variations in market value are systematically related to the energy efficiency of buildings. This is strong evidence that the increment to market value attributable to its certification as "green" reflects more than an intangible labeling effect.

Key Words: Environmentally Sustainable Building; Rents; Energy Efficiency

二、排放交易，电业重构以及污染减排中的投资

Emissions Trading, Electricity Restructuring, and Investment in Pollution Abatement

作　者： 梅瑞狄斯·弗奥列
　　　　　Meredith Fowlie

来　源： 美国经济评论，2010年7月
　　　　　American Economic Review, June 2010

摘　要： 本文分析了排污权交易工程，引入该项目是为了减少大型固定污染源的烟雾污染。利用州级电力产业重构活动的变动数据，本文证明了经济监管对污染限额市场结果的影响。主要的发现有两个：第一，与受监管的电场和公有的电厂相比，重构的电力市场中，不受监管的电厂不大可能采用资本密集型的环境准则；第二，由于电力市场监管的异质性，污染限额的大部分被下发到空气质量问题更严重的州。

关键词： 排污权交易；污染减排；电业重构

Abstract: This paper analyzes an emissions trading program that was introduced to reduce smog-causing pollution from large stationary sources. Using variation in state level electricity industry restructuring activity, I identify the effect of economic regulation on pollution permit market outcomes. There are two main findings. First, deregulated plants in restructured electricity markets were less likely to adopt more capital intensive environmental compliance options as compared to regulated or publicly owned plants. Second, as a consequence of heterogeneity in electricity market regulations, a larger share of the permitted pollution is being emitted in states where air quality problems tend to be more severe.

Key Words: Emissions Trading; Pollution Abatement; Electricity Restructuring

三、美国人消费的天然气太少吗？对边际成本定价的经验检验

Do Americans Consume too Little Natural Gas? An Empirical Test of Marginal Cost Pricing

作　者：卢卡斯·W.戴维斯，埃瑞克·穆尔莱格
　　　　　Lucas W. Davis and Erich Muehlegger

来　源：兰德经济学，2010年7月
　　　　　RAND Journal of Economics, June 2010

摘　要：本文测量了1991~2007年美国天然气批发市场中价格超过边际成本的程度。研究发现，在50个州中均很大程度上偏移了按照边际成本定价的准则，居民以及商业用户面临平均高出40%的成本。基于对需求价格弹性的保守估计，这种价格扭曲造成了每年数亿元的福利损失。进一步，目前的价格计划仍然预先存在扭曲。在评估解决外部性成本的碳税以及其他政策时，应该考虑到这一点。

关键词：天然气批发；边际成本定价；外部成本

Abstract: This article measures the extent to which prices exceed marginal costs in the U.S. natural gas distribution market during the period 1991~2007. We find large departures from marginal cost pricing in all 50 states, with residential and commercial customers facing average markups of over 40%. Based on conservative estimates of the price elasticity of demand, these distortions impose hundreds of millions of dollars of annual welfare loss. Moreover, current price schedules are an important preexisting distortion which should be taken into account when evaluating carbon taxes and other policies aimed at addressing external costs.

Key Words: Natural Gas Distribution; Marginal Cost Pricing; External Costs

四、石油与大稳健

Oil and the Great Moderation

作　者：安东·纳科夫，安德烈·佩斯卡托里
　　　　Anton Nakov and Andrea Pescatori

来　源：经济学杂志，2010年3月
　　　　The Economic Journal, March 2010

摘　要：20世纪80年代中期以来，美国宏观经济的大稳健可以在多大程度上被石油冲击与总产出的石油弹性来解释？本文对此进行了评估。本文估计了DSGE模型，并进行了反事实模拟。本文嵌套了大稳健的两个流行解释：较小的（非石油的）真实冲击以及较好的货币政策。本文发现，石油对稳定起着十分重要的作用。通货膨胀波动的减少，约有一半可以由货币政策改善单独加以解释。GDP增长波动的减少，较小的全要素效率冲击解释了57%的变化。与石油有关的作用解释了约1/3的波动。

关键词：石油冲击；石油总产出弹性；外部成本

Abstract: We assess the extent to which the greater U. S. macroeconomic stability since the mid-1980s can be accounted for by changes in oil shocks and the oil elasticity of gross output. We estimate a DSGE model and perform counterfactual simulations. We nest two popular explanations for the Great Moderation: smaller (non-oil\link real shocks and better monetary policy. We find that oil played an important role in the stabilisation. Around half of the reduced volatility of inflation is explained by better monetary policy alone, and 57% of the reduced volatility of GDP growth is attributed to smaller TFP shocks. Oil related effects explain around a third.

Key Words: Oil Shocks; Oil Elasticity Elasticity of Gross Output; Stabilisation

五、水测量选择的福利经济学

The Welfare Economics of Optional Water Metering

作　者：西蒙·考恩
　　　　Simon Cowan

来　源：经济学杂志，2010年6月
　　　　The Economic Journal, June 2010

摘　要：本文发展了可用于水产业的分散化测量决策模型。需求对价格越敏感，测量方法的社会收益越大。只有小型家庭才装水表时，允许家庭选择是否用水表是有效率的。但是，如果监管者不知道家庭特征，而且只有大家庭才装水表时，允许家庭选择是否用水表就会没有效率。本文还分析了英国和威尔士采用的免费提供水表政策。

关键词：测量决策；家庭特征；社会收益

Abstract: A model of decentralised metering decisions that applies to the water industry is developed. The social benefit of metering is higher the more sensitive demand is to the price. Allowing households to choose whether or not to have meters is efficient when only small households should have meters but does not work when the regulator does not know household characteristics and only larger households should have meters. The policy of requiring meters to be provided free, which has been adopted in England and Wales, is analysed.

Key Words: Metering Decisions; Household Characteristics; Social Benefit

六、空间异质性世界的入侵物种管理：统一政策的效果

Invasive Species Management in a Spatially Heterogeneous World: Effects of Uniform Policies

作　者： 海蒂·J. 阿尔伯斯，卡洛琳·费舍尔，詹姆士·N. 桑奇雷科

Heidi J. Albers, Carolyn Fischer, James N. Sanchirico

来　源： 资源与能源经济学，2010 年 11 月

Resource and Energy Economics, November 2010

摘　要： 入侵物种扩散是一个内在的空间过程，入侵物种管理也在空间上具有异质性的不同地区进行。但是，政策约束可能会限制地区之间管理的同质化反应。本文建立了空间生物经济模型，考虑了入侵物种生态的典型情况，即通过人类与生态途径，异质化的环境相互联系。基于该模型，本文比较了最优空间异质化政策与空间统一政策的效果。本文探讨了不同政策的强度与模式，强调了基于位置异质性下不同类型政策的影响。

关键词： 入侵物种管理；空间异质性世界；统一政策

Abstract: The spread of invasive species (IS) is an inherently spatial process, and management of invasive species occurs over spatially heterogeneous regions, but policy constraints can restrict management responses to be homogeneous across regions. Using a spatial bioeconomic model that includes a representation of invasive species ecology based on heterogeneous environments that are linked across space and time by human and ecological pathways, we compare optimal spatially heterogeneous policy to spatially uniform policy. We explore the magnitude and pattern of the policy differences with emphasis on the influence of different types of underlying heterogeneity across locations.

Key Words: Invasive Species Management; Spatially Heterogeneous World; Uniform Policy

七、气候变化与冰雹损失：经验证明与对农业与保险的含义

Climate Change and Hailstorm Damage: Empirical Evidence and Implications for Agriculture and Insurance

作　者：W. J. W. 波茨森，L. M. 鲍尔，C. J. M. 凡登贝格
　　　　W. J. W. Botzen, L.M. Bouwer, J. C. J. M. van den Bergh

来　源：资源与能源经济学，2010 年 11 月
　　　　Resource and Energy Economics, November 2010

摘　要：人类活动引发的气候变化，造成了极端天气事件（如雹灾）以及随之而来的经济损失，这种影响具有很大的不确定性。但是，仍然有设计气候政策的相关信息。仅有的少量研究表明，冰雹天气与冰雹破坏之间存在很强的正相关关系，采用样本相关性检验，通过最低气温可以预测出这一关系。这种关系表明，如果全球变暖导致气温的进一步上升，未来冰雹灾害的破坏可能会增加。本研究估计了一系列 Tobit 模型，讨论了荷兰正常保险冰雹的农业破坏与几项气温和降雨量指标的关系。本文对时间动态进行了明确的模型化处理。模型区分了温室园艺与室外农业之间的损失成本，两者受气候变化的影响不同。"样本外"预测检验表明，将最高气温与降水量相结合，预测冰雹损失的效果最好。在不同气候变化状况下，冰雹破坏与气候指标的历史联系推断表明，未来冰雹灾害损失将会有相当大的增加。本文的预测表明，到 2050 年，每年室外农业的冰雹损失可能增加 25%~50%，对夏季温室园艺的影响高达 200%。论文同样讨论了冰雹破坏增加对农业与保险部门的影响，以及相应的应对策略。

关键词：冰雹破坏；气候变化；保险部门

Abstract: There is much uncertainty about the effects of anthropogenic climate change on the frequency and severity of extreme weather events like hailstorms, and subsequent economic losses, while this is also relevant information for the design of climate policy. Few studies conducted indicate that a strong positive relation exists between hailstorm activity and hailstorm damage, as predicted by minimum temperatures using simple correlations. This relation suggests that hailstorm damage may increase in the future if global warming leads to further temperature increase. This study estimates a range of Tobit models of relations between normalized insured hailstorm damage to agriculture and several temperature and precipitation indicators for the Netherlands. Temporal dynamics are explicitly modelled. A distinction is made between damage costs for greenhouse horticulture and outdoor farming, which appear to be differently affected by variability in weather. 'Out of sample' forecast tests show that a combination of maximum temperatures and precipitation predicts hailstorm damage best. Extrapolations of the historical relations between hailstorm damage and weather indicators under climate change scenarios project a considerable increase in future hailstorm damage. Our estimates show that by 2050 annual hailstorm damage to outdoor farming could increase by between 25% and 50%, with considerably larger impacts on greenhouse horticulture in summer of more than 200%. The economic implications of more hailstorm damage for, and adaptation by, the agricultural and insurance sectors are discussed.

Key Words: Hailstorm Damage; Climate Change; Insurance Sectors

八、技术与污染外部性下的投资与排放控制

Investment and Emission Control under Technology and Pollution Externalities

作　者：杰弗里·希尔，诺里·坦瑞
　　　　　Geoffrey Heal and Nori Tarui

来　源：资源与能源经济学，2010 年 11 月
　　　　　Resource and Energy Economics, November 2010

摘　要：本文研究了研发高级污染减排技术中的激励问题，考虑了如下两个约束：①技术在机构间外溢；②污染减排是公共物品。本文研究思路来源于一系列的污染减排问题，需要研发与应用新的污染减排技术来解决。我们表明，在研发投资与减排的同时行动博弈中，纳什均衡表明：免费搭车是否盛行，投资不足与过度排放是否出现，取决于技术扩散的程度以及研发的边际减排成本。模型发现，在一些情况下，与传统认识不同的是，减排的纳什均衡投资超过了最优状态。

关键词：污染减排；技术扩散；公共物品

Abstract: This paper studies incentives to develop advanced pollution abatement technology when technology may spillover across agents and pollution abatement is a public good. We are motivated by a variety of pollution control issues where solutions require the development and implementation of new pollution abatement technologies. We show that at the Nash equilibrium of a simultaneous-move game with R&D investment and emission abatement, whether the free rider effect prevails and under-investment and excess emissions occur depends on the degree of technology spillovers and the effect of R&D on the marginal abatement costs. There are cases in which, contrary to conventional wisdom, Nash equilibrium investments in emissions reductions exceed the first best case.

Key Words: Pollution Abatement; Technology Spillover; Public Good

九、发电投资中的风险厌恶与碳监管不确定性：政策与模型含义

Risk Aversion and CO_2 Regulatory Uncertainty in Power Generation Investment: Policy and Modeling Implications

作　者：范林，本杰明·F. 霍布斯，凯瑟琳·S. 诺尔曼

Lin Fan, Benjamin F. Hobbs and Catherine S. Norman

来　源：环境经济与管理，2010年11月

Journal of Environmental Economics and Management, November 2010

摘　要：本文模拟了风险厌恶型生产者在竞争性能源市场中的投资决策，面临的约束条件是未来碳减排监管的不确定性。在监管不确定情况下做出投资决策，随后监管状态显示，生产者的收入实现。本文考虑了预期税收，注册限额与拍卖限额，研究表明一些可预见的政策增加了相对"脏"技术的投资。对政策工具的信心应该用于碳定价，这和碳定价中的不确定同样重要。更一般的情况是，没有考虑到风险厌恶，会造成能源部门政策分析中的偏差。

关键词：风险厌恶；监管不确定性；发电投资

Abstract: We consider a simulation of risk-averse producers when making investment decisions in a competitive energy market, who face uncertainty about future regulation of carbon dioxide emissions. Investments are made under regulatory uncertainty; then the regulatory state is revealed and producers realize returns. We consider anticipated taxes, grandfathered permits and auctioned permits and show that some anticipated policies increase investment in the relatively dirty technology. Beliefs about the policy instrument that will be used to price carbon may be as important as certainty that carbon will be priced. More generally, a failure to consider risk aversion may bias policy analysis for the power sector.

Key Words: Risk Aversion; Regulatory Uncertainty; Power Generation Investment

十、保护与开发:泰国保护区的经验

Conservation and Development: Evidence from Thai Protected Areas

作　者: 凯瑟琳·R. E. 希姆斯
　　　　Katharine R. E. Sims

来　源: 环境经济与管理,2010 年 9 月
　　　　Journal of Environmental Economics and Management, September 2010

摘　要: 保护区是环境保护政策的主要工具之一,但是人们却并没有很好理解其经济影响。本文将一项贫困地图研究中社会经济影响的数据以及森林覆盖率卫星数据结合,研究了泰国一个实施严格保护地区对地方的影响,提供了新的证据。通过控制影响保护与开发的特征以及工具化重点流域地位,可以解决保护区位置的选择问题。模型估计表明,尽管对农业用地严格约束,但是保护区增加了平均消费,降低了贫困率。社会经济收益可以通过保护区内以及周边地区旅游业收入的增加来解释。然而,在距离主要城市适当距离时,净收益达到最大化。这进一步证明,要最小化保护—开发的权衡,成本—收益的空间模式非常重要。

关键词: 保护区;空间模式;保护—开发

Abstract: Protected areas are a key tool for conservation policy but their economic impacts are not well understood. This paper presents new evidence about the local effects of strictly protected areas in Thailand, combining data on socioeconomic outcomes from a poverty mapping study with satellite-based estimates of forest cover. The selective placement of protected areas is addressed by controlling for characteristics which drove both protection and development and by instrumenting for protection with priority watershed status. The estimates indicate that protected areas increased average consumption and lowered poverty rates, despite imposing binding constraints on agricultural land availability. Socioeconomic gains are likely explained by increased tourism in and around protected areas. However, net impacts are largest at intermediate distances from major cities, highlighting that the spatial patterns of both costs and benefits are important for efforts to minimize conservation-development tradeoffs.

Key Words: Protected Areas; Spatial Patterns; Conservation-Development

十一、捕鱼定位选择货币化的预期利润模型

An Expected Profit Model for Monetizing Fishing Location Choices

作　者：艾伦·C. 海尼，大卫·F. 莱顿
　　　　Alan C. Haynie and David F. Layton

来　源：环境经济与管理，2010年3月
　　　　Journal of Environmental Economics and Management，March 2010

摘　要：本文建立了新型的离散选择模型，联合估计了捕鱼与定位选择的预期价值，并分析了其特征。模型将定位选择货币化，可用于预测设立海洋保护区的成本与努力再分配，也可用于预测执行其他增加旅行成本或者改变预期收益的政策变化。本文展示了模型方法，将其用于关闭美国斯特勒海狮保护区，开放捕捉青鳕的案例中。

关键词：捕鱼定位；预期价值；成本努力再分配

Abstract: We develop and analyze the properties of a new type of discrete choice model which jointly estimates the expected value of catch and location choice. This model implicitly monetizes location choices and can be used to predict costs and effort redistribution of creating marine protected areas or of implementing other policy changes that either increase travel costs or alter expected revenue. We illustrate our approach by considering the closing of the Steller sea lion conservation area in the United States Bering Sea to pollock fishing.

Key Words: Fishing Location; Expected Value; Costs and Effort Redistribution

十二、中国退耕还林工程：扩张就等于成功吗？

China's Sloping Land Conversion Program: Does Expansion Equal Success?

作　者：徐晋涛，陶然，许志刚，米切尔·T. 班尼特
　　　　Jintao Xu, Ran Tao, Zhigang Xu and Michael T. Bennett

来　源：土地经济学，2010 年 5 月
　　　　Land Economics, May 2010

摘　要：本文利用 2003 年农户调研数据，检验了中国退耕还林工程的执行以及影响。研究发现，项目目标强烈影响了土地目标定位，但是同样出现了定位不当的问题。通过采用处置效果方法来评估项目影响，本文发现，尽管结果不足以支持政府提出的巨大收益，工程对种植业、养殖业以及总收入具有正向影响。本文同样发现，缺乏参与权可能抑制工程效果，允许农户自主决策，可以改善工程的成本效率以及结果。

关键词：退耕还林工程；定位不当；参与权

Abstract: This paper uses a 2003 household survey to examine implementation and impacts of China's Sloping Land Conversion Program. We find that land targeting has been strongly influenced by program goals, but that mistargeting also occurred. Using a treatment effects approach to evaluate program impact, we find evidence of positive impact on cropping, husbandry, and total income, though the results are not robust enough to support government claims of huge gains. We also find evidence that lack of participant choice could be dampening program impacts, and that allowing households autonomy could lead to improvement in program cost-effectiveness and outcomes.

Key Words: Sloping Land Conversion Program; Mistargeting; Participant Choice

十三、休耕地保护计划对土地价值的影响

The Effect of the Conservation Reserve Program on Land Values

作　者：吴俊杰，林海霞
　　　　　JunJie Wu and Haixia Lin

来　源：土地经济学，2010年2月
　　　　　Land Economics, February 2010

摘　要：本文评估了休耕地保护计划对土地价值的影响。本文提出了理论模型，分析了农场主的参与决策与土地价值的相互作用。利用经验模型，本文评估了休耕地保护计划对土地价值的影响。结果表明，参与休耕地保护计划在山区、南部平原与北部平原地区的效果最为明显，农地平均价格分别增加了5%~14%，4%~16%以及2%~5%。同样，在开发土地价值方面，休耕地保护计划的统计数据效果显著，但是增加的百分比较小。对研究结果对项目设计的含义，本文进行了讨论。

关键词：休耕地保护计划；农地价格；项目设计

Abstract: This paper evaluates the effects of the Conservation Reserve Program (CRP) on land values. A theoretical model is presented to analyze the interaction between farmers' CRP participation decisions and land values. Empirical models are estimated to evaluate the effects of the CRP on land values. Results suggest that CRP participation had the largest effects in the Mountain, Southern Plains, and Northern Plains regions, where it increased average farmland values by 5% to 14%, 4% to 6%, and 2% to 5%, respectively. The CRP also had a statistically significant effect on developed land values, but the percentage increases were smaller. Implications of the results for the design of conservation programs are discussed.

Key Words: CRP; Farmland Values; Programs Design

十四、公地中的自愿合作?以简化模型与结构模型来评价海州计划

Voluntary Cooperation in the Commons? Evaluating the Sea State Program with Reduced Form and Structural Models

作　者：约书亚·K. 阿伯特，詹姆士·E. 威伦
　　　　Joshua K. Abbott and James E. Wilen

来　源：土地经济学，2010年2月
　　　　Land Economics，February 2010

摘　要：本文利用几种方法来检验公共产权资源自愿保护项目是否成功。通过面板数据以及非参与组，我们采用准试验方法来调查结果处置效果的分配情况。进一步，作为对该方法的补充，我们在捕鱼定位选择行为模型中加入了"差异中的差异"结构，试图在行为约束的潜在的误导性时期变动中理解项目的激励效果。我们的研究有助于洞察支持合作的要素，展示了项目评价中结构模型和简化型模型可以相互补充。

关键词：公地；海州计划；自愿合作

Abstract: We utilize a variety of approaches to examine the success of a voluntary conservation program for a common property resource. The availability of panel data and a nonparticipatory group lets us use quasi-experimental methods to investigate the distribution of outcome treatment effects. We supplement these methods by incorporating a difference-in-differences structure into a behavioral model of fishing location choice to disentangle the program's incentive effects from potentially misleading temporal variations in behavioral constraints. Our findings yield insight into the factors that support cooperation and illustrate the power of the complementary use of structural and reduced form models in program evaluation.

Key Words: The Commons; the Sea State Program; Voluntary Cooperation

十五、评价环境大变化的离散选择均衡方法

A Discrete Choice Equilibrium Approach to Valuing Large Environmental Changes

作　者：康斯坦特·I. 冉
　　　　　Constant I. Tra

来　源：公共经济学，2010 年 2 月
　　　　　Journal of Public Economics，February 2010

摘　要：本研究建立了离散选择定位均衡模型，以评价《清洁空气法案（1990 修正案）》颁布以来洛杉矶地区空气质量改善的收益。离散选择均衡方法考虑到了这一事实，即《清洁空气法案（1990 修正案）》带来空气质量的提高，会改变住房选择以及房价。同样，研究提供了《清洁空气法案（1990 修正案）》对洛杉矶地区福利分配效果的新证据。研究表明，1990~2000 年间，洛杉矶地区空气质量提高对家庭提供了大量的一般均衡收益。分析显示，局部均衡福利收益与一般均衡福利收益之间存在显著差别，证明了忽视均衡效应可能会歪曲较大的环境变化收益。此外，我们发现，在洛杉矶地区，《清洁空气法案（1990 修正案）》带来的均衡福利影响，在不同收入群体之间具有显著的差异。

关键词：空气质量；离散选择均衡方法；均衡收益

Abstract：This study develops a discrete choice locational equilibrium model to evaluate the benefits of the air quality improvements that occurred in the Los Angeles area following the 1990 Clean Air Act Amendments (CAAA). The discrete choice equilibrium approach accounts for the fact that air quality improvements brought about by the 1990 CAAA will change housing choices and prices. The study also provides new evidence for the distributional welfare impacts of the 1990 CAAA in the Los Angeles area. Findings suggest that the air quality improvements that occurred in the Los Angeles area between 1990 and 2000 provided substantial general equilibrium benefits to households. The analysis reveals noticeable differences between partial and general equilibrium welfare gains, demonstrating that ignoring equilibrium effects will likely misrepresent the benefits of large environmental changes. In addition, we find that the equilibrium welfare impacts of the 1990 CAAA in the Los Angeles area varied significantly across income groups.

Key Words：Air Quality；Discrete Choice Equilibrium Approach；Equilibrium Benefits

十六、为未来交易:限额市场的信号传递

Trading for the Future: Signaling in Permit Markets

作 者:巴德·哈尔斯塔,贡纳尔·I. 埃斯克兰
Bård Harstad and Gunnar S. Eskeland

来 源:公共经济学,2010年10月
Journal of Public Economics, October 2010

摘 要:限额市场是一个有名的政策工具,原因在于如下两点:①公司可以通过限额市场交易实现边际成本的均等化;②监管者可以在政治上可接受的框架内分配负担。然而,在动态背景下这两方面可能发生冲突。预期到监管者会在以后给那些需要限额的公司更多限额,公司会购买限额来显示其需要。这会将价格抬高到边际成本以上,市场变得无效率。如果污染的社会成本很高,政府经常介入市场,市场扭曲就会大于交易收益,非贸易限额就会更优。本文分析有助于理解限额市场,以及如何设计限额市场。

关键词:限额市场;预期;政府介入;市场扭曲

Abstract: Permit markets are celebrated as a policy instrument since they allow (i) firms to equalize marginal costs through trade and (ii) the regulator to distribute the burden in a politically desirable way. These two concerns, however, may conflict in a dynamic setting. Anticipating the regulator's future desire to give more permits to firms that appear to need them, firms purchase permits to signal their need. This raises the price above marginal costs and the market becomes inefficient. If the social cost of pollution is high and the government intervenes frequently in the market, the distortions are greater than the gains from trade and non-tradable permits are better. The analysis helps to understand permit markets and how they should be designed.

Key Words: Permit Markets; Anticipation; Government Intervenes; Market Distortions

十七、人工林固碳的私人评估

Private Valuation of Carbon Sequestration in Forest Plantations

作　者：A. 巴瑟尼·吉塔特，L. C. 艾斯冉维茨·罗德里格兹

　　　　　A. Bussoni Guitart and L.C. Estraviz Rodriguez

来　源：生态经济学，2010 年 1 月

　　　　　Ecological Economics，January 2010

摘　要：根据《清洁发展审批机制》，拥有林地的国家，可用特定森林面积储存的二氧化碳当量，来交换减排证书。本文研究了巴西北部巴伊亚市桉树种植园两处森林点，确定了高于基线碳储量的潜在二氧化碳当量。利用福斯特曼公式，本文计算了森林作业法的补偿价值（轮伐期大于最优经济期）。分别采用平均点指数与高点指数，计算出均值分别是 8.16 美元 $(MgCO_2\text{-}e)^{-1}$ 与 7.19 美元 $(MgCO_2\text{-}e)^{-1}$。结果表明，在生产率高的点，碳供应是更成本有效的。高生产率点与平均生产率点计算出的每边际立方米年金值分别为 US$18.8Mg C^{-1} 与 US$35.1Mg C^{-1}，每年支付分别为 US4.4m^{-3}$、US$8.2m^{-3}。碳公吨估计值确定了要给林场主的最小金额，以便促进森林作业法管理体制的变化。木材价格的上涨可能会导致碳供应的减少，尽管不会以通常的方式反映出来。在两个点，供给对价格无弹性，供给随轮伐期超过经济最优值的长度而增加。在平均林龄为 11 年时，平均生产率点与高生产率点的价格弹性值分别为 0.24 与 0.27。这可能是因为生物量生产潜力作为约束因素，超出了门槛值，价格的增加不能支持碳储量供给的成比例增加。从私有土地所有者的角度来看，考虑到经济机会成本，所建议的环境服务评估模型应该足以评估人工林的潜在供给。模型不适用于商业价值低的人工林。

关键词：清洁发展机制；固碳；补偿值

Abstract: Approval of the Clean Development Mechanism, provided for in the Kyoto Protocol, enables countries with afforested land to trade in carbon emissions reduction certificates related to carbon dioxide equivalent quantities （CO_2–e）stored within a certain forest area. Potential CO_2–e above base line sequestration was determined for two forest sites on commercial eucalyptus plantations in northern Brazil（Bahia）. Compensation values for silvicultural regimes involving rotation lengths greater than economically optimal were computed using the Faustmann formula. Mean values obtained were US$8.16 $(MgCO_2\text{-}e)^{-1}$ and US $7.19 $(MgCO_2\text{-}e)^{-1}$ for average and high site indexes, respectively. Results show that carbon supply is more cost-efficient in highly productive sites. Annuities of US$18.8 Mg C^{-1} and US$35.1 Mg C^{-1} and yearly payments of US$4.4 m^{-3} and US$8.2 m^{-3} due for each marginal cubic meter produced were computed for high and average sites, respectively. The estimated value of the tonne of carbon defines minimum values to be paid to forest owners, in order to induce a change in silvicultural management regimes. A reduction of carbon supply could be expected as a result of an increase in wood prices, although it would not respond in a regular manner. For both sites, price elasticity of supply was found to be inelastic and increased as rotation length moved further away from economically optimal: 0.24 and 0.27 for age 11 years in average-and high productivity sites, respectively. This would be due to biomass production potential as a limiting factor; beyond a certain threshold value, an increase in price does not sustain a proportional change in carbon storage supply. The environmental service valuation model proposed might be adequate for assessing potential supply in plantation forestry, from a private landowner perspective, with an economic opportunity cost. The model is not applicable to low commercial value forest plantations.

Key Words: Clean Development Mechanism; Carbon Sequestration; Compensation Values

十八、经济—环境共同演化的企业家模型

An Entrepreneurial Model of Economic and Environmental Co-Evolution

作　者：杰森·波茨，约翰·福斯特，安娜·斯特拉顿
　　　　　Jason Potts, John Foster, Anna Straton

来　源：生态经济学，2010 年 12 月
　　　　　Ecological Economics, December 2010

摘　要：生态经济学的一个基本信条是经济增长与发展最终受到环境承载能力的约束。从这一点出发，可持续经济与可持续经济发展的理念开始支撑生态经济学的标准模型。然而，"硬"环境约束的理念可能会忽略企业家在经济与环境关系共同演化中的重要作用，因此限制或者扭曲了生态经济学的分析重点以及可持续经济发展的政策区间。本文提出了共同演化模型，通过企业家行为将经济系统与生态系统动态地联系起来。我们讨论了一些主要的分析以及政策含义。

关键词：共同演化模型；企业家行为；环境约束

Abstract: A basic tenet of ecological economics is that economic growth and development are ultimately constrained by environmental carrying capacities. It is from this basis that notions of a sustainable economy and of sustainable economic development emerge to undergird the "standard model" of ecological economics. However, the belief in "hard" environmental constraints may be obscuring the important role of the entrepreneur in the co-evolution of economic and environmental relations, and hence limiting or distorting the analytic focus of ecological economics and the range of policy options that are considered for sustainable economic development. This paper outlines a co-evolutionary model of the dynamics of economic and ecological systems as connected by entrepreneurial behaviour. We then discuss some of the key analytic and policy implications.

Key Words: Co-Evolutionary Model; Entrepreneurial Behaviour; Environmental Constraints

十九、森林有助于农户适应气候变化吗? 马拉维的经验证明

Do Forests Help Rural Households Adapt to Climate Variability? Evidence from Southern Malawi

作　者：莫妮卡·费舍尔，马舒密·朝哈瑞，勃兰特·麦卡斯特
　　　　Monica Fisher, Moushumi Chaudhury and Brent Mccusker

来　源：世界发展，2010 年 9 月
　　　　World Development, September 2010

摘　要：利用马拉维农村数据，本文评估了森林对农户适应气候变化的作用，讨论对适应未来气候变化的含义。尽管森林目前没有对农户的预期调整产生影响，但是对应激处理具有重要作用：在短缺时提供食品，恶劣气候造成作物损失时可以提供一部分现金。我们发现，人均收入低的家庭最依赖森林，住在森林附近。与他们的同村人相比，这些家庭的家长年龄更大、更厌恶风险，教育程度较低。

关键词：气候变化；适应性调整；森林

Abstract: A Data from rural Malawi are used to assess the role of forests in rural household adaptation to climate variability, and to examine implications for adaptation to future climate change. Although forests do not currently play a role in anticipatory adaptation by rural households, they do appear important for reactive coping: providing food during shortages, and a source of cash for coping with weather-related crop failure. We find households most reliant on forests have low income per person, are located close to forest, and are headed by individuals who are older, more risk averse, and less educated than their cohorts.

Key Words: Climate Variability; Anticipatory Adaptation; Forests

二十、水服务不可靠的福利成本

The Welfare Costs of Unreliable Water Service

作　者：布瑞恩·白沙，卢卡斯·W. 戴维斯，斯蒂文·W. 萨伦特，威廉·威尔科克斯
　　　　Brian Baisa, Lucas W. Davis, Stephen W. Salant and William Wilcox

来　源：发展经济学杂志，2010 年 5 月
　　　　Journal of Development Economics, May 2010

摘　要：在整个发展中世界，许多水配送系统都是不可靠的。因此，每个家庭都需要储存水以防不测。由于水不会同时到达所有家庭，会产生严重的无效率配送问题。我们建摸描述了家庭储水最优跨时期耗竭问题，模型考虑的是下次供水时间不清楚，从而补充储水不确定的情况。利用墨西哥市的调研数据，我们对模型进行了修正。修正模型用于评价事实其他供水模式的潜在福利收益。我们估计，只要简单地使输水频率在家庭间保持一致，大部分潜在的配送低效率问题都可以消除。这既不需要高昂的投资，也不需要提高价格。

关键词：水配送系统；配送无效率；福利成本

Abstract: Throughout the developing world, many water distribution systems are unreliable. As a result, it becomes necessary for each household to store its own water as a hedge against this uncertainty. Since arrivals of water are not synchronized across households, serious distributional inefficiencies arise. We develop a model describing the optimal intertemporal depletion of each household's private water storage if it is uncertain when water will next arrive to replenish supplies. The model is calibrated using survey data from Mexico City, a city where many households store water in sealed rooftop tanks known as tinacos. The calibrated model is used to evaluate the potential welfare gains that would occur if alternative modes of water provision were implemented. We estimate that most of the potential distributional inefficiencies can be eliminated simply by making the frequency of deliveries the same across households which now face haphazard deliveries. This would require neither costly investments in infrastructure nor price increases.

Key Words: Water Distribution Systems; Distributional Inefficiencies; Welfare Costs

第三章 资源与环境经济学学科 2010 年出版图书精选

本报告以资源与环境经济学相关理论和学科重点内容为基础,对 2010 年国内外出版图书进行梳理。本次文献资料整理共得到与资源和环境经济学科相关的并具有一定学术价值的图书 75 种,其中,国外出版图书 40 部,国内出版图书 35 部。国外图书检索利用了本书学者在美国做访问学者的平台;国内的图书检索主要来自亚马逊网、当当网、京东商城以及图书馆。基于此,考虑到资源与环境经济理论发展的系统性、前瞻性、融合性、实用性等方面的要求,从研究内容、研究方法、研究视角等方面,通过课题组专家团队的一致评选,评选出 15 本优秀中文图书和 20 本优秀英文图书。

第一节 中文图书精选

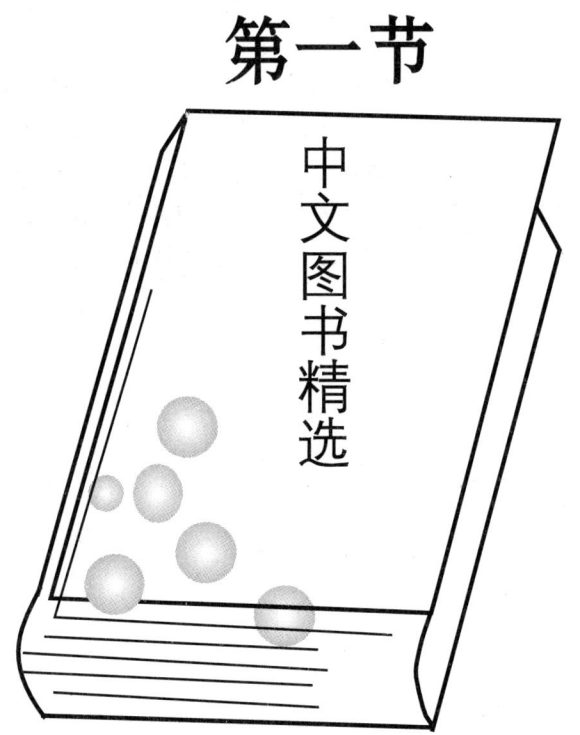

一、新中国生态演变60年

书　　名：新中国生态演变60年
作　　者：李世东　陈幸良　马凡强　成铁龙
出 版 社：科学出版社
出版时间：2010年5月

内容简介：纵观人类发展史，在认识自然、改造自然的过程中，人类先后经历了采猎文明、农业文明和工业文明三个发展阶段。进入21世纪，人类社会开始向生态文明迈进，这是社会历史发展的必然趋势。在整个人类的文明发展进程中，自然资源和环境变化发挥着无可替代的重要作用，是推动人类文明进步的基石。近年来，生态恶化问题成为当前我国乃至全球经济社会可持续发展的主要限制因素之一，也是实现人与自然和谐发展的主要障碍之一。从生态背景出发，对社会经济发展过程中的自然生态变化及相关影响因素的研究分析，已成为学术界研究的重点内容。通过研究，深刻总结其中的经验教训和历史规律，正确认识生态演变对人类社会的影响程度，是指导我国当前生态治理的理论基础，对切实制定科学的治理目标和行之有效的具体措施也是十分必要的。

《新中国生态演变60年》是中国生态状况系列研究报告之一。本书中系统地总结了我国陆地六大生态系统在新中国成立60年来的演变规律，从人类社会发展与自然生态变化的历史规律、内在联系和辩证关系角度出发探讨我国近六十年来的生态治理问题。本书以不同生态系统为单元，对森林生态系统、湿地生态系统、草原生态系统、荒漠生态系统、农田生态系统以及城市生态系统这六大陆地生态系统在新中国成立60年来的生态演变规律，并着重就影响广泛的水土流失及生物多样性演变基本规律和特征进行描述分析，最终概括提出加强我国生态保护与治理的对策建议。

与同类著作相比，《新中国生态演变60年》的独特之处在于：一是本书中以生态变迁为主线，系统梳理了新中国成立以来不同历史时期不同类型的生态系统的状况，文章中提供大量丰富的数据和资料，能够为相关研究提供基础；二是书中对一些生态灾难的发生以及一些成功生态系统恢复案例进行梳理，使人们在做类似研究时，可以提供参考依据；三是强调人与自然都是生态系统中不可或缺的重要组成部分，人与自然是相互依存、和谐共处，才能共同促进生态文明的实现，因此生态演变既是一个自然问题，在一定程度上又是一个经济问题，甚至是社会政治问题，促使人们在进行类似的生态系统恢复时能有理性的思考。

二、流域综合管理理论与实践——以山江湖工程为例

书　　名：流域综合管理理论与实践——以山江湖工程为例
作　　者：胡振鹏
出 版 社：科学出版社
出版时间：2010 年 4 月

内容简介：水资源是人类及一切生物赖以生存和发展的基础性自然资源，是一种多重用途、不可替代的生产、生活资料，是构成自然生态系统的控制性因子。水资源在经济、社会和生态系统中处于不可缺少、无法取代的地位，使得人类为了生存和发展需要，不断适应、开发、利用和管理天然水资源。流域是以水系为脉络、由各种自然资源组成的完整地理单元，也是一个由若干密切关联的生态系统共同构成、相对独立的景观系统。长期以来，流域管理采用工程措施，以行政手段为主、单一部门对单一要素进行管理，将水量与水质、水环境和水生态分而治之。20 世纪 80 年代开始，面对水资源紧缺、水污染严重、森林锐减、水土流失、旱涝灾害频繁、水生态逐步退化、水灾害频繁发生、江河水系服务功能衰减等问题，人们开始反思过去水资源的开发利用和管理模式，转变管理理念，逐步走上流域综合管理的道路。2002 年底，中国环境与发展国际合作委员会成立了"流域综合管理"课题组，深入研究、总结世界各国流域管理的经验和教训，结合中国的实际情况，课题组向国际合作委员会和中国政府提交了"推进流域综合管理，重建中国生命之河"的咨询报告，提出了在中国开展流域综合管理的目标、原则、基本框架和政策建议。流域综合，之后流域管理已逐步成为人们的共识。

所谓"山江湖"，即鄱阳湖和流入该湖的赣、抚、信、饶、修五大河流及其流域的简称，成为一个完整、独特的水系流域系统。整个"山江湖"工程施治面积为 16.2 万平方公里，占江西全省国土面积的 97%。由于种种原因，鄱阳湖流域经济发展滞后、群众生活水平低下、水土流失严重、水旱灾害频繁、资源利用不充分、生态环境恶化和血吸虫病危害严重等问题，江西省政府在组织专家对鄱阳湖流域进行综合科学考察的基础上，自 1983 年开始启动了"江西山江湖开发治理工程"。"山江湖"工程坚持可持续发展，把发展经济与生态环境保护协调起来，遵循"治湖必须治江，治江必须治山，治山治水必须治穷脱贫"的原则和"既要金山银山，更要绿水青山"的发展理念，按照"全面规划、综合治理、系统开发、科学管理"的要求，不断探索，大胆创新，在鄱阳湖流域开展了规模宏大、波澜壮阔的治理山水、恢复和重建受损害的生态系统、保护环境、有效利用资源、发

展生态经济、消除贫困和控制血吸虫病等一系列工程建设和行动计划，经过二十多年的不懈努力，整个流域的水土流失得到有效控制，森林覆盖率大幅度提高，生态环境明显改善，经济社会快速发展，经济实力不断加强，人民生活水平逐步提高，探索出一条欠发达地区经济、社会与生态环境协调发展的途径及相应理论。

《流域综合管理理论与实践——以山江湖工程为例》这本著作借鉴世界各国水资源开发利用和管理的实践成果，综合运用生态学、环境学、经济学、社会学、水利工程学和系统科学等多学科知识与方法，详细论述流域综合管理的内涵和管理内容、客观规律、基本原则、组织结构形式和主要运作机制。同时以"山江湖"工程实践作为案例，从理论上阐述了水资源可持续开发利用、小流域综合开发治理与生态建设、发展循环经济和大湖区控制血吸虫病四个专题内容，并且总结归纳了工程实施20多年来在环境保护、生态建设、经济社会发展、国际影响和科技创新等方面取得的成效。《流域综合管理理论与实践——以山江湖工程为例》一书中最显著的贡献是将理论研究、数量分析和案例剖析有机结合。

三、中国水土流失防治与生态安全（总卷）

书　　名：中国水土流失防治与生态安全（总卷）
作　　者：水利部　中国科学院　中国工程院
出 版 社：科学出版社
出版时间：2010年3月

内容简介：严重的水土流失是生态恶化的集中反映，已成为我国生态环境最突出的问题之一。我国水土流失面广量大，不仅影响当前发展，而且影响子孙后代的生存。加强水土流失防治，促进人与自然的和谐，保障国家生态安全和经济社会可持续发展，是一项长期的战略任务。自1991年《水土保持法》颁布，国家已经将水土保持确立为一项基本国策，采取多种措施防治水土流失。但是我国水土流失的总体和区域状况、水土流失的危害程度、以往的治理经验和存在问题等都需要进行总结和梳理。

2005年7月至2007年5月，水利部、中国科学院和中国工程院牵头组织的近二百位生态、资源、环境、法律、政策等方面的专家，对我国重点水土流失区进行了新中国成立以来规模最大、范围最广、参与人员最多的一次综合性科学考察，在此基础上编写的《中国水土流失防治与生态安全》总报告及分专题系列报告，《中国水土流失防治与生态安全（总卷）》包含六篇共28章，主要从水土流失现状与背景、防治成效与经验教训、新时期水土保持的战略地位与作用、水土保持发展战略、分区防治目标与措施配置、保障措施方面展开全面论述；从水土流失历史演变、防治现状切入，全面分析了水土流失防治的成效和经验教训，梳理出当前存在的主要问题；系统阐述了水土保持在新时期社会经济发展中的地位和作用，提出今后一段时间的发展战略和相应的保障措施。

为保证系列丛书的整体性，丛书采用相似的分析路径对不同重点域水土流失和生态安全进行分析，出版了《西南岩溶区卷》、《长江上游及西南诸河区卷》、《北方农牧交错区卷》、《东北黑土区卷》中《开发建设活动卷》、《北方土石山区卷》、《西北黄土高原区卷》、《南方红壤区卷》专题著作，对总卷报告内容提供支撑。同时，专题研究成果《水土流失数据卷》、《水土流失影响评价卷》、《水土流失防治政策卷》又具有相对独立性，从不同角度、以不同的方法对水土流失问题进行论述，概括出具有理论价值和实践意义的结论，以增强对总卷报告中的问题的解释能力。如《中国水土流失防治与生态安全·水土流失数据卷》收集整理了全国水土流失、综合治理、水文泥沙数据的基础上，结合抽样调查等方法，全面系统地分析了我国水土流失现状和变化动态、大江大河流域水土流失量变化动态和水蚀区侵蚀危险度状况，同时提出了"水土流失严重县"的概念，并对我国水土流失严重县进行了评定。《中国水土流失防治与生态安全·水土流失影响评价卷》主要从水土流失的经济损失计量研究、水土保持效益评估、水土保持生态服务功能及其价值评估、水土保持的水文水资源与水环境效应研究和水土保持对可持续发展的贡献评估五部分进行评价，其最突出的特点是，通过理论和模型方法的创新，对我国的水土流失、水土保持及其生态服务功能、水资源、水环境效应和可持续发展贡献进行系统的分析和评价。

四、中国城镇化及其资源环境基础

书　　名：中国城镇化及其资源环境基础
作　　者：姚士谋　冯长春　王成新　年福华
　　　　　管驰明　陈　春
出 版 社：科学出版社
出版时间：2010 年 1 月

内容简介：城镇化是社会生产力发展到一定阶段的产物，也是推动社会发展进步的巨大动力。近 100 多年，世界各国的城市化一直被认为是衡量其经济发展和社会进步最为重要的现代化指标。我国正进入城市化的快速发展时期，目前城镇化率刚超过 50%，预计到 2020 年，我们的城镇化率将能达到 60%，因此面临着巨大的发展空间。积极稳妥地推进城镇化进程，是转变经济发展方式、实现社会主义现代化的重大战略任务，是当代中国社会经济发展的重大综合性问题。因此，城镇化不仅涉及国民经济如何协调发展，同时也涉及我国的资源环境合理开发利用与长远保护的可持续发展问题。因为城镇化过程中，随着城镇数量的增加、农村人口的转移，城镇人口的增长等，社会投入和产业结构的调整、资源的消耗、生态环境的改变、经济社会和文化及政治结构的转型等。我国是人多地少、资源有限、生态环境脆弱的发展中国家，资源环境的约束对我国城镇化的影响将是巨大的。

《中国城镇化及其资源环境基础》一书从我国的资源环境基础出发，以新的视角探索了城镇化的资源环境基础及其综合支撑体系问题。全书共分为十章，主要探讨了六大问题：一是研究适合我国国情的城镇发展道路、模式与问题。根据新中国成立以来我国城市化进程中曲折性和波动性的特点，将我国城镇化进程划分为不同阶段，并结合我国城镇化策略方针的变化，对我国城镇化发展中的问题进行讨论，在此基础上探索可行的城镇化发展模式。二是系统研究了城镇发展的资源环境基础，特别是对在我国有限的土地资源、水资源、能源、交通资源供给约束和生态环境问题严峻的条件下，城镇化发展过程中对各种资源供需状况、存在的问题以及解决对策进行分析。三是对城镇发展过程的资源环境问题进行剖析。根据城镇化与生态环境的发展规律，探讨了城镇化发展中引发的生态环境问题、特征及成因，提出了在快速城镇化过程中的环境保护和资源利用对策。四是根据城乡统筹发展的理论和模式，在借鉴国外城乡统筹发展经验的基础上，根据我国城乡统筹发展的历史与规律，重点从制度创新、城镇发展机制等方面阐述了我国城镇化发展的大趋势与城乡协调发展方面的对策。五是对我国城镇化变动的趋势分析。六是提出了经济发达地区城镇化过程中的资源环境问题及建设策略。

《中国城镇化及其资源环境基础》一书的独特之处在于：第一，基于城镇化，研究视角瞄准城镇化发展中的基础资源支撑条件和供需变化；结合相关理论进行分析，总结了规律性问题；具有创新性；第二，本书讨论了城镇化发展中的生态变化特征，以及与环境之间相互影响，并提出有针对性的对策建议；第三，书中不仅介绍发达国家的城镇化模式，而且对国内经济发达地区城镇化经验案例的分析，能够提供可供参考的政策建议；另外，本书就土地城镇化、经济城镇化、人口城镇化以及发展前景中的资源环境问题前景提出较为新颖的看法。

五、气候保护的经济学研究

书　　名：气候保护的经济学研究
作　　者：王铮　吴静　朱永彬　乐群等
出 版 社：科学出版社
出版时间：2010年11月

内容简介：有大量证据表明，人类生产和生活正在影响着全球气候，气候的变化对人类的社会经济也产生着深刻的影响。以联合国政府间气候变化专门委员会（IPCC）为代表的世界上大多数学者对全球气候变化的影响做了全面的研究，对全球气候的变化速度和对社会经济产生的影响都做了估计。从经济学看，气候具有公共产品的特性，是构成环境的一部分，因此气候经济学的研究也具有环境经济学的特点，其研究结果成为世界各国制定气候保护政策的科学基础。

《气候保护的经济学研究》全书共分为十章。第1章主要是介绍气候经济学模型。关于气候变化与保护的经济政策模型主要包括两大类，一类是综合评价模型（IAM），主要从宏观经济角度进行政策比较分析，选择政策的最优模型；另一类是气候保护的CGE模型关注的是一个地区或国家的能源政策和碳税政策的影响，主要分析减排政策对经济部门造成的具体后果。2000年前形成的SRES模型基本上是针对气候变化经济影响评估的被动型分析模型。在此基础上提出了目前国际上研究潮流是气候保护经济政策寻求主动型的模型的判断结论。第2章至第6章主要是从理论上分析了碳排放的复杂性，并介绍了作者开发的基于经济动力学的碳排放预测模型，预测了我国2005~2050年的碳排放轨迹。第7章至第8章中，以作者提出的GDP溢出的多国气候保护政策模拟模型为基础，展开了国际减排方案的政策模拟评价，讨论了国际流行的减排方案。第9章讨论中国分省域碳配额问题，即关注如何将中国的排放总配额在全国各省自治区、直辖市间合理分配，以及在配额分配下，各省域分贝应该撑到的减排压力。第10章作者利用面向气候保护的121个部门的可计算一般均衡（CGE）的软件工具，分析了我国实施碳税、碳关税等政策的部门经济影响。

国际上关于气候保护的社会经济影响的研究多数是基于模型的，传统的经济影响估算已经远不适于应对气候保护的研究。《气候保护的经济学研究》一书的独特之处在于：一是没有专门研究气候经济学，而是从经济学的角度关注气候保护的经济影响问题；二是对目前气候保护政策的模拟模型及其应用进行了比较和综合性的学术评论，并在此基础上创新了研究方法，建立了一个支持我国气候保护政策制定的多区域 GDP 溢出下的气候保护模型；三是本书就实施征收碳税政策的减排效果及其对我国经济的影响进行模拟分析，得出了具有政策含义的结论。

六、我国生物燃料乙醇发展的社会经济影响及发展战略与对策研究

书　　名：我国生物燃料乙醇发展的社会经济影响及发展战略与对策研究
作　　者：黄季焜　仇焕广
出 版 社：科学出版社
出版时间：2010年4月

内容简介：出于对能源安全和环境污染的日益担心，生物燃料乙醇的发展受到世界各国的普遍关注和重视。由于国际能源价格特别是石油价格的不断上涨，全球燃料乙醇的产能迅速扩张，美国、巴西、印度、中国和印度尼西亚等国都纷纷制订了生物燃料乙醇中长期发展战略规划。在生物燃料乙醇产业迅速崛起的同时，各国政府和社会各界对发展燃料乙醇产业可能带来的影响也表示了极大关注，支持和反对的声音并存。其中，支持的人认为发展燃料乙醇可以缓解能源危机和减轻环境污染，而且提升农业在经济发展中的地位和作用，提高农民收入；而反对的人则认为生物燃料乙醇最多能提供世界能源总需求量的4%~5%，难以缓解全球性的能源危机；加上生物燃料乙醇原料的生产过程中需要投入大量的化肥、农药和机械等，其加工也需要消耗能源，对环境可能产生更大的污染；生物燃料乙醇发展也需要占用大量耕地，威胁世界食品安全；同时，这种旨在满足富人的能源需求的做法其实是在挤压穷人的食品需求，由此带来许多社会公平的问题。

《我国生物燃料乙醇发展的社会经济影响及发展战略与对策研究》全书分为四编共11章。第一编为生物燃料乙醇的发展现状和相关研究进展，介绍了世界主要国家和地区生物燃料乙醇的发展现状、政策和未来发展目标，并总结了目前国内外生物燃料乙醇发展影响的相关研究进展。第二编为生物燃料乙醇发展的经济影响分析，包括对全球和我国农产品市场的影响现状和未来预测分析。世界主要国家生物燃料乙醇发展对我国汽油供需和汽车产业的影响。第三编为我国生物燃料乙醇发展的原料、生产技术和经济分析，包括对不同能源作物的生长特点及燃料乙醇的生产技术状况，并且对燃料乙醇生产的能源效率、环境效率和经济效率进行详细分析和评估。第四编对我国生物燃料乙醇发展潜力进行了分析。

与国内同类著作相比，本书的独特之处在于：一是在对国内外生物燃料乙醇的发展现状、进展和相关影响研究进行梳理，将对国外经验的评价有机地结合在其中；二是构建定量分析模型，对政府重点关注的生物燃料乙醇发展对全球、我国整体及不同地区的农产品生产、市场、价格、粮食安全、农业生产要素分配等所带来的影响进行分析和评价；三是本书分析原料供给、技术、社会经济可行性的同时，对环境可持续性进行分析，将生物燃料乙醇发展对环境影响详细地表现出来，为政策制定提供理论依据。

七、资源环境管制与工业竞争力

书　　名：资源环境管制与工业竞争力
作　　者：金　碚
出 版 社：经济管理出版社
出版时间：2010 年 4 月

内容简介：资源环境与产业竞争力的关系一直存在争议。统计数据表明，近十年来，中国工业竞争力与资源环境管制强度表现出显著的正相关，但不能否认，中国目前仍处于工业化中期，仍然需要大规模消耗资源发展重化工业的阶段，面临的资源环境形势相当严峻。如何采取有效可行的资源环境管制方式，不仅要确保节约资源、保护环境政策目标实现，又要有助于产业和企业竞争力的长期提升，这是一个极为重要的问题。《资源环境管制与工业竞争力》基于理论研究出发，并从中国的实证研究和行业分析入手，得出了一系列理论和经验结论，使这些争议可以得到合理解决。

政府实行资源环境管制，最根本的目标一是实现资源节约和环境保护的可行性，二是维护有效和公平的竞争秩序。有效可行的资源环境管制方式既要确保节约资源、保护环境政策目标的实现，又要有助于产业和企业竞争力的长期提升，特别是要保持公平竞争规则下中国工业国际竞争力的不断增强适度合理的管制强度，应既要对企业行为形成有效约束，又不能过分超越产业和企业竞争力现状所决定的最大限度承受能力，特别是要实现经济效率准则和社会效益准则的合理平衡。

全书分为十三章。第一章至第二章，主要是讨论资源环境管制与工业竞争力关系的理论研究和文献综述。第三章为实证研究，构建了环境管制强度的测量模型，分析了加强环境管制对工业国际竞争力的影响，以及环境政策对中国污染产业地区间转移的影响。第四章到第十章，主要对不同行业的资源环境管制与产业竞争力进行分析。第十一章讨论了提高资源价格对工业竞争力的影响。第十二章至第十三章，通过对中国能源政策的评价，对能源管理体制对工业竞争力的影响进行论述。研究表明，中国在工业发展的过程中，工业生产的"清洁度"也在不断提高，因此表明环境改善与产业竞争力两者之间存在长期的正相关关系。同时，从总体上看，环境管制强度的提高并没有影响中国制造业的国际竞争力。也就是说，中国制造业国际竞争力的提高不仅能与环境管制强度的提高同步，而且中国制造业已经有能力接受更高的环境标准，甚至把提高环境质量作为提升竞争力的一种重要方式，即两者间确实存在正向因果关系。

《资源环境管制与工业竞争力》一书理论上的贡献在于找出了波特悖论和反波特假说各自的前提条件。其主要突破点在于：一是从实证上证明了从一个较长的时期来看，中国的资源环境管制在总体上没有妨碍产业竞争力的提升；二是对资源环境管制的短期后果进行了分析，探讨了设计协调资源环境管制与产业竞争力关系的关键是要设计好从以短期影响为主到以长期影响为主的过渡期路径；三是对管制的一致性和有效公平竞争进行了分析，探讨了解决好"如何实现管制条件下的有效公平竞争"问题；四是针对特定行业的特点和资源环境管制的现状，提出了有针对性的政策建议，对于我国科学地制定资源环境管制政策有比较好的参考价值。

八、能源、环境与发展——中国环境与发展国际合作委员会年度政策报告 2009

书　　名：能源、环境与发展——中国环境与发展国际合作委员会年度政策报告 2009
作　　者：中国环境与发展国际合作委员会
出　版　社：中国环境科学出版社
出版时间：2010 年 3 月

内容简介：新中国成立 60 年，尤其是改革开放以来的 30 年，是一个从贫穷走向小康、从落后走向繁荣、从封闭走向开放并融入全球化的历史进程。2009 年中国政府积极应对全球金融危机，不断丰富和完善应对危机的"一揽子"计划，在推动经济全面复苏的过程中，坚持把环境保护和生态建设作为重要的投资方向，推动节能减排，发展绿色经济和循环经济，促使中国经济率先出现回升向好的趋势，但仍然需要关注经济、能源、环境和气候变化以及其他可能出现的危机。因为金融危机的影响是暂时的，而气候、能源和环境危机则会对人类可持续发展和全球生物多样性和生态系统带来重大威胁，是事关人类长期生存的基本问题，需要国际社会携手努力共同应对。在此背景下，中国环境与发展国际合作委员会（国合会）以"能源、环境与发展"为主题，组织召开了 2009 年年会，着重讨论 2009 年度政策研究成果，《能源、环境与发展》则是以这些研究成果为基础形成的年度报告出版物。并反映了国合会中外委员和专家学者对中国环境与发展相关问题提出的政策建议。

《能源、环境与发展》一书主要从三个篇章进行论述。开篇为综述部分，主要探讨了国家层面上关于绿色繁荣和所作的努力，以及这些努力如何与环境、能源和恢复经济增长相关。第二篇包括第 2 章至第 6 章，主要讨论年度政策研究涉及的 5 个主要议题，分别为中国的低碳经济途径、能源与环境保护的经济手段、城市发展的能源效率、农村能源与环境以及中国煤炭的可持续利用与污染控制。第三篇列出了政策建议要点，包括大力发展绿色经济，加快经济发展方式的绿色转型；统筹国际、国内两个大局，发展低碳经济；实施安全、高效和清洁的国家煤炭开发与利用战略；创新思路，解决城市发展中突出的能源环境问题；强化农村能源管理、重视气候变化的适应措施、改善和完善能源效率和环境管理水平；制定绿色"十二五"国民经济和社会发展规划。

《能源、环境与发展》一书在以下两方面做出贡献：一是紧密结合环境与发展领域的国内重点问题和国际热点的能源、环境与发展问题，向读者提供了相关方面研究的最新成果，便于加强人们对中国政策进展的认识和理解；二是相关专题研究报告，结合相关的理论和实证经验研究，以增强对问题的解释能力，提炼出了能够与政府宏观决策者进行对话与交流的政策建议。

九、环境规制、要素禀赋与贸易模式：理论与实证研究

书　　名：环境规制、要素禀赋与贸易模式：理论与实证研究
作　　者：傅京燕
出 版 社：经济科学出版社
出版时间：2010 年 7 月

内容简介：当今的全球化趋势导致贸易壁垒不断削减的同时，各国的环境规制却随之不断提升。许多国家公共政策争论的焦点集中于环境质量问题，担心不同国家之间环境规制严格程度的差异会影响产业区位布局决策及国际贸易的模式。《环境规制、要素禀赋与贸易模式：理论与实证研究》从国际贸易角度分析环境规制对贸易模式的影响及其相互协调，以期为政策的制定提供一个理论背景。

《环境规制、要素禀赋与贸易模式：理论与实证研究》全书共分为七章。第 1 章是导论，介绍了《环境规制、要素禀赋与贸易模式：理论与实证研究》一书的研究意义、研究立意、研究主体和方法以及研究的总体结构。第 2 章是文献评述，对近二十多年来该领域理论和实证研究发展的脉络进行了总结，并对不同分支研究的基本观点、基础模型、方法论、技术特点和结论进行了比较和综合性的学术评论。第 3 章介绍了理论框架。研究使用的模型是在科布兰德和梯勒（Copeland and Taylor）的基础上的扩展模型。第 4 章是环境规制和要素禀赋对南北国家或地区贸易模式影响的实证分析。第 5 章是从多角度对贸易自由化对中国环境质量影响的实证分析。第 6 章是环境规制和要素禀赋对中国贸易模式影响的实证分析，主要研究我国各产业的环境规制情况及对比较优势的影响。第 7 章介绍了主要研究工作和主要结论。

《环境规制、要素禀赋与贸易模式：理论与实证研究》一书的研究结果表明：①国际贸易模式是由许多不同因素共同作用决定的；②环境规制本身对贸易模式的影响并不明显，这表明依靠降低环境标准来取得竞争优势，对发展中国家或地区来说并非良策；③经济增长和环境质量的提高是衡量福利最大化不可或缺的两个方面，中国的贸易自由化会加大对生态环境的压力，但并不必然导致环境的迅速恶化；④我国环境规制逐年提高，而且我国是属于劳动密集型国家，贸易自由化会强化中国劳动密集型产业的比较优势，并不具备有生产污染密集型产品的比较优势。

《环境规制、要素禀赋与贸易模式：理论与实证研究》一书的独特之处在于：一是研究方法的创新，如将科布兰德和梯勒模型扩展至影响贸易模式的资本和劳动力因素，检验

了收入差距（衡量环境政策差异）与要素禀赋如何共同决定贸易模式。二是运用不同的数理模型方法考察发展中国家或地区和发达国家或地区污染产业的多边贸易份额和显示性比较优势的变动情况，并论证环境规制效应与污染避难效应的相互作用。三是针对贸易自由化对中国环境质量影响的实证研究，从多角度展开，使得研究结论和政策建议更能全面和客观。

十、中国资源·经济·环境绿色核算（1992~2002）

书　　名：中国资源·经济·环境绿色核算（1992~2002）
作　　者：雷　明等
出 版 社：北京大学出版社
出版时间：2010 年 6 月

内容简介：1992 年里约"联合国环境与发展大会"以来，"可持续发展"日益成为国际社会的广泛共识。在联合国《21 世纪议程》的指导下，包括中国在内的许多国家和地区纷纷制订和实施了各自的 21 世纪议程和行动计划，为推动本国和本地区可持续发展、实现全球可持续发展战略进行了积极的努力和有益的探索。十多年过去了，对里约会议以来中国和全球可持续发展作出客观评价，其理论意义和现实意义都十分重大。

《中国资源·经济·环境绿色核算（1992~2002）》一书从资源经济环境综合核算角度出发，研究探讨了里约会议后十年中国（1992~2002 年）的可持续发展状况。全书共分为 15 章，主要围绕绿色核算中矩阵核算方法和中国具体核算实践展开的。其中包括：①绿色投入产出核算 GIOA：提出了一套"资源—经济—环境"一体化投入产出核算——"绿色投入产出核算（GIOA）体系"，其中包括绿色投入产出核算，地区绿色投入产出核算和企业绿色投入产出核算，构建了相应的"实物/价值"投入产出核算模型，给出了完全消耗系数和理论价格相应的决定模式，并给出了绿色投入产出核算表的编制方法；②环境经济综合核算矩阵 SEEA：在联合国环境经济综合核算矩阵（SEEA）基本框架和资源—经济—环境一体化投入产出核算通用框架的基础上，结合中国国民核算特点，对环境经济综合核算矩阵进行了分析和研究，设计出了中国环境经济综合核算矩阵（CSEEA）；③绿色社会核算矩阵 GSAM：在"资源—经济—环境"一体化绿色投入产出核算通用框架的基础上，把绿色投入产出表向社会核算矩阵（SAM）的方向扩展，同时将绿色投入产出思想应用于综合 SAM 的构造中，使其包含资源使用补偿和污染排放治理两类重要活动，并将自然界提供的资源环境禀赋的贡献纳入到社会经济系统之中，提出了一个涵盖资源环境和社会经济的绿色社会核算矩阵（GSAM）；④具体设计了中国绿色投入产出核算表 GIOA，中国环境经济综合核算矩阵 CSEEA 和中国绿色社会核算矩阵 GSAM；⑤全面综合核算了 1992 年、1995 年、1997 年、2000 年和 2002 年中国资源—能源—经济—环境状况并做了初步核算分析；⑥针对目前绿色核算中存在的问题和难点，从绿色核算目标模式及实施方面，对中国绿色核算目标模式及路径选择进行了梳理和展望。

《中国资源·经济·环境绿色核算（1992~2002)》一书的独特之处在于：一是在建立中国资源经济环境综合核算体系研究方面做出的新的有益尝试；二是从资源经济环境综合核算角度出发，对中国1992~2002年间的可持续发展状况进行分析和评价；三是本书的研究，对于促进中国绿色核算的进程，客观公正地评价中国社会经济增长，促进中国社会经济和环境保护可持续发展具有广泛而深远的理论和实践意义。

十一、区域生态补偿的方式探讨

书　　名：区域生态补偿的方式探讨
作　　者：丁四保等
出 版 社：科学出版社
出版时间：2010 年 2 月

内容简介：生态补偿要解决的是人与自然的和谐发展问题，要解决的基本问题是人类经济活动引起的环境与生态的外部性、市场失灵和政府如何干预等问题。内化和制度建设等政策方向已经为经典文献所解决；对企业征税、收费以及排污权交易等发挥市场作用的做法也已经在实践中实行；而"区域生态补偿"是在解决人与自然的关系基础上，要解决区域与区域之间的关系，即实现区域协调发展，因此"区域"使问题变得复杂起来。在"区域生态补偿"实践中，补偿方式就成为一个难题。人们往往从比较熟悉的、一般意义上的"生态补偿"出发，提出"为什么补"、"补给谁"、"怎么补"和"补多少"的问题，也就是补偿主体、补偿标准和补偿方式问题。但是问题的关键在于，"区域生态补偿"并不能完全遵循生态补偿的思维定式。由于区域的天赋客观上存在差异，因此发展的机会、条件和获得的成果也大不相同，但区域的发展出路都在追逐工业化道路。如果强调区域的天赋差异并主张区域的功能分工，就等于使一部分区域损失工业化的机会。对发展的"损失"进行补偿显然在"为什么补"的补偿目的上不同于一般意义上的、对受损生态系统的"生态补偿"。

《区域生态补偿的方式探讨》共分为七章。第 1 章主要对我国在国民经济和地区经济发展过程中形成的各种生态与环境问题进行梳理；第 2 章则对国家即将实施的主体功能区划进行基础理论研究，包括"功能区"和"区域外部性"等内容进行谈论；阐述一般意义上的"生态补偿"与"区域生态补偿"的关系，从我国经济社会发展面临的三个历史性局限出发，提出国家实施区域生态补偿的理论基础；第 3 章和第 4 章从中央政府财政转移支付和政府直接投资两个方面阐述国家实施区域生态补偿的基本方式；第 5 章和第 6 章主要围绕"区域责任"和发挥市场在资源配置方面的基础力量等问题，阐述另外两种区域生态补偿的方式，即区域之间的"土地置换"和"生态交易"；第 7 章讨论落后地区人口迁移对生态补偿的意义，主要借鉴了国外经济落后地区人口迁移经验和政策，系统分析了人口迁移与地理环境、区域发展的关系，并提出在我国，农村人口城市化是人口迁移最重要的形式和内涵。

《区域生态补偿的方式探讨》一书的独特性表现在以下几方面：一是从补偿方式入手，力求系统建立区域生态补偿的理论基础，从基本原理上回答"为什么补"、"补给谁"、"怎么补"的问题，政策含义更清晰；二是提出了区域发展的外部性问题，由于涉及多个区域的关系，而且不仅有消极的区域外部性，还有积极的区域外部性，因此补偿方式体现出与一般生态补偿方式的重大区别；三是研究视角比较新颖，提出在区域生态补偿中，不能单一依靠中央政府财政支持，创新性的提出土地资源置换和生态环境资源的交易等是动员市场力量参与区域生态补偿的方式，也是动员区域政府参与生态补偿的方式。

十二、贸易与环境

书　　名：贸易与环境
作　　者：郭红燕　刘民权
出 版 社：科学出版社
出版时间：2010 年 9 月

内容简介：环境问题与人类社会的经济发展有着密切的关系。自 20 世纪中期以来，人类社会经历了前所未有的高速经济增长，伴随经济增长的同时也产生了大量的环境问题。一些主要的环境问题，如全球气候变化、臭氧层破坏、土地退化、森林资源缩减、生物多样性减少、酸雨、大气污染、水污染、海洋污染等，已经开始威胁人类的正常生活与经济发展。如果环境污染与生态破坏继续恶化，不仅经济的进一步发展将受到制约，人类的健康与子孙后代的生存也可能遭受严峻的挑战。因此，如何缓解经济系统与环境系统之间日益凸显并激化的矛盾，进而促使二者共同协调发展，是目前全人类共同面临的问题。

《贸易与环境》是以第二届人类发展论坛——"环境与发展"国际研讨会准备的背景材料为基础编写完成的。本书的主要章节是围绕贸易与环境领域的相关议题展开讨论和分析。主要选取了该领域备受关注的一些主题，如环境与人类发展、环境规制与国际竞争力、气候变化问题、环境友好型的贸易模式、WTO 议题下的贸易与环境问题、贸易政策环境影响评价、绿色贸易政策和碳税等进行探讨和交流。全书共分为四个部分共 14 个报告：第一部分从人类发展的角度审视环境问题，并重点从宏观和微观角度探讨了环境问题的成因；第二部分则选取了贸易与环境领域的部分重要议题，如贸易与环境的关系、环境规制与国际竞争力、贸易与气候变化、后京都时代技术转让机制、发展环境友好型的贸易模式等展开讨论和分析，并得出重要的结论和相关的政策建议；第三部分则聚焦在 WTO 议题下的贸易与环境问题，如对 WTO 环境与贸易谈判问题、含有贸易措施的多边环境条约与 WTO 的关系以及自由贸易协定中的可持续发展问题，进行了深入讨论，这为读者理清并进一步思考此类问题提供了重要的参考；第四部分探讨了环境影响评价的方法及绿色贸易相关政策，为中国环境和贸易的协调发展提出了可行的研究方法和政策建议。

十三、我国低碳经济发展框架与科学基础：实现 2020 年单位 GDP 碳排放降低 40%~45%的路径研究

书　　名：我国低碳经济发展框架与科学基础：实现 2020 年单位 GDP 碳排放降低 40%~45%的路径研究
作　　者：刘卫东等
出 版 社：商务印书馆
出版时间：2010 年 5 月

内容简介：发展低碳经济已成为应对全球气候变化难题的重要战略选择，向低碳和绿色转型更是可持续发展框架下世界未来发展的根本方向。作为世界经济和能源大国，中国如何推进低碳经济，实现发展方式的转变，成为世界瞩目的焦点。为了应对能源和环境的双重约束，中国政府设定了能源强度和碳强度的目标，而且在哥本哈根世界气候变化大会上，温家宝总理向世界各国宣布，到 2020 年我国单位国内生产总值（GDP）的二氧化碳排放量将比 2005 年下降 40%~45%，而且这个减排指标将作为约束性指标被纳入我国国民经济和社会发展的中长期规划。《我国低碳经济发展框架与科学基础：实现 2020 年单位 GDP 碳排放降低 40%~45%的路径研究》一书分析了影响我国碳排放的主要因素，核算了主要减排途径的碳减排潜力，提出了至 2020 年我国发展低碳经济的路线图。

从根本上讲，人类社会经济系统的能源消耗取决于三个基本因素：消费、出口和投资。此外，与耗能相关的技术、管理和节约意识等，影响着能源使用的效率，从而也影响到能源消耗量。从产生碳排放的角度来看，一次能源结构（非化石能源所占比例）决定着单位能源消耗的碳排放强度。根据以上考虑，本书主要从两大领域分析发展低碳经济的途径，即降低能源消耗量和优化一次能源结构，并且以相似的分析思路就宏观上可以调控的减排途径进行国际比较、问题剖析和潜力预测等深入进行。前者包括产业结构调整、工业技术节能、建筑节能、道路交通节能等；后者主要是指发展非化石能源。全书共分为 8 章：第 1 章主要阐明我国低碳经济发展的基本框架，以 2005 年我国碳排放现状为基础，考虑了影响我国碳排放强度的主要因素以及减排途径和潜力后，提出了至 2020 年低碳经济发展框架；第 2 章则主要对产生碳排放的能源消费需求进行预测；第 3 章至第 8 章，就产业结构调整的节能减排、工业技术节能减排、交通出行节能减排、建筑节能减排的途径与潜力进行分析；而且对发展非化石能源以增加生态系统碳汇的潜力和途径进行讨论。

《我国低碳经济发展框架与科学基础：实现 2020 年单位 GDP 碳排放降低 40%~45%的路径研究》一书在以下三方面具有创新和政策含义：一是通常情况下，受投入产出联系的

影响，直接排放不能反映最终需求导致的碳排放。书中通过非竞争型投入产出表，计算出2005年各部门的完全碳排放量，即最终使用的碳排放量。而且根据非竞争型投入产出表，计算出不同部门的碳排放敏感度，对不同行业的减排目标和路径选择具有指导性作用。二是按照一般规律，各国在经济发展过程中的能源消费导致的碳排放强度与产业结构水平之间大多数存在倒"U"字形的曲线的规律，我国的碳排放强度变化基本符合这个规律，但2002年以来在城市化、重工业化以及出口导向型等的共同推进下，我国碳排放强度的反弹性上升，因此提出要尽快转变发展模式。三是实用性，提出了各主要部门的碳排放量和敏感程度，给各行业提供了具有指导性意见的减排路径，而不仅仅是停留在理论层面。

十四、2010中国可持续发展战略报告——绿色发展与创新

书　　名：2010中国可持续发展战略报告——绿色发展与创新
作　　者：中国科学院可持续发展战略研究组
出 版 社：科学出版社
出版时间：2010年3月

内容简介：在全球化的时代，中国已经成为世界经济增长及可持续发展的一支重要力量，而且中国的发展经验和存在的问题都具有世界意义。目前中国可持续发展进程中面临着国际金融危机、全球气候变化和解决国内资源环境问题的三重挑战。如何寻找新的战略机遇，占领新的制高点，重组新的经济构架，争取新的竞争优势，以最小的成本及综合协同手段共同应对上述危机，是中国亟须解决的问题。《2010中国可持续发展战略报告》一书提出，依靠绿色发展与创新将是解决目前面临的诸多问题的可行出路。

作为年度报告，《2010中国可持续发展战略报告》讨论的主题是"绿色发展与创新"，全书分为两部分。第一部分为主题报告，用了6章的篇幅探讨了绿色发展、绿色复苏与创新、低碳技术、新兴产业发展等广泛议题。根据国内外发展绿色经济的经验、存在的问题和障碍、路径选择与制度安排等，提出中国"十二五"期间及今后十年，中国应以绿色发展为统领、以绿色创新为桥梁、以资源环境绩效和结构调整为重点目标，构建综合发展框架，统筹各种相关的新发展理念，发挥多种手段的组合效益，创造出新的绿色发展模式，实现建设绿色中国的构想，为中国乃至全球的可持续发展做出重要贡献，以迎接高效的可持续的低碳未来。第二部分为技术报告，分为4章，主要利用更新的可持续发展评估指标体系和资源环境综合绩效指数，分别对全国和各地区1995年以来的可持续发展能力以及2000年之后的资源环境绩效进行了综合评估和影响分析，并且对中国和世界主要国家1994~2007年的资源环境绩效进行了比较研究。

《2010中国可持续发展战略报告》一书的独特之处在于：一是具有连续参考价值。中国在推进可持续发展中积极探索有中国特色的可持续发展模式。在过去几年的年度报告中，中国科学院可持续发展战略研究组先后提出了中国必须实现可持续崛起（2006）、在新背景下采取可持续发展战略的综合转型（2008），以及走中国特色的低碳道路（2009），在本年度报告中，作者又提出"绿色发展与创新"主题，与以往观点一样是目前全球背景和中国发展的背景下可持续发展的一个选项，也是实现绿色发展的基本选择。二是课题组

开辟了可持续发展研究的系统学方向,建立一套具有描述、分析、评价、预测等功能的可持续发展定量指标体系,具有科学性和可操作性。三是对1995~2007年中国可持续发展综合能力及变化进行评估,具有决策支持作用。

十五、2010中国绿色发展指数年度报告：省际比较

书　　名：2010中国绿色发展指数年度报告：省际比较
作　　者：北京师范大学科学发展观与经济可持续发展研究基地，西南财经大学绿色经济与经济可持续发展研究基地，国家统计局中国经济景气监测中心
出 版 社：北京师范大学出版集团，北京师范大学出版社
出版时间：2010年10月

内容简介：改革开放以来，中国创造了举世瞩目的经济30年持续高速增长的奇迹。中国经济的快速发展在很大程度上是依靠各地方（主要是省、市、自治区）你追我赶、竞相提高GDP增速的结果，与此同时，也付出了沉重的资源环境代价。现阶段中国经济面临转型的历史性任务，从传统发展方式转向绿色发展方式，是应对气候变化、推进节能减排、实现可持续发展的必然选择。我国绿色发展的进程、差距和不足是我国宏观管理部门和社会各界十分关注和迫切需要了解并解决的问题。《2010中国绿色发展指数年度报告：省际比较》首次明确提出和构建中国绿色发展指数，并对全国各省市进行了系统分析和比较，对推动各地转变传统经济增长方式，实现可持续发展起到积极作用。

《2010中国绿色发展指数年度报告：省际比较》一书中设计了三个主题篇章，分别为经济的绿色增长、资源与环境的承载、政府的绿色行动。通过对现实经济增长、资源和环境承载、政府的政策支持问题研究出发，揭示实现绿色发展的特征和途径；构建了涵盖了经济增长的绿化度、资源环境承载力和政府政策支持度的绿色发展指数，从不同侧面对现阶段中国及各地区绿色发展状况进行度量和评估。其余为专题篇，主要对一些重要的相关问题，如公众参与、非化石能源发展、绿色消费、人力资源、绿色金融、绿色科技、法律法规的现状与发展趋势进行专题研究。

中国如何实现绿色发展和如何衡量中国发展的绿色程度，是一个与中国经济发展转型密切相关的问题。《2010中国绿色发展指数年度报告：省际比较》一书集中体现了作者对创建中国绿色发展指标体系所做的努力。本书的独特之处表现在以下方面：一是紧密结合中国的实际，提出了"中国绿色发展指数"指标体系，填补了我国在这方面的空白；二是中国绿色发展指数划分为三大类（一级指标），可操作性强；而且在具体度量中，包含二、三级指标和权重，覆盖面全，反映了我国现阶段经济发展的实际情况；三是以研究和度量中国各省区绿色发展水平为主题，对发展方式的转变做了积极而有益的探索，成果具有现实指导意义。

第二节 英文图书精选

一、Environmental Economics and Natural Resource Management, Third Edition

书　　名：《环境经济学与自然资源管理（第三版）》
作　　者：David A. Anderson
出 版 社：Routledge
出版时间：2010 年

内容简介：环境政策制定者要权衡发展与自然、现期与未来、确定性收益与不确定结果等关系，环境经济学的有关工具可以对此提供帮助。从不情愿但必要的生命价值计算，到牺牲环境获取利润的道德困惑，本书中介绍的模型与结论，与当今社会面临的日渐紧张的环境问题息息相关。

事实上，人类生命的价值并非无限大，最优污染量也不一定是零污染。然而，由于对经济学见解的长期忽视，人们对生命赋予的价值太低，又容忍了太多的污染。本书的目的就是介绍该领域中各种各样的话题，以及富有解释力并且可操作的方法。本书分为三部分，共十六章。第一部分包括五章，介绍了环境经济学，对该领域中比较常用的分析工具进行了评述；第二部分包括六章，给出了当前备受关注的领域以及热点问题；第三部分包括五章，主要强调了环境政策与公共部门监管。由于有关自然资源的决策不能脱离伦理领域，最后一章介绍了环境伦理的基础知识。

《环境经济学与自然资源管理》一书的创新之处包括：第一，对自然资产问题提供了最有效的方法论，解释了有关的技术，并指出了可能的误用。第二，介绍了主要的环境伦理理论，强调了环境政策决策中世俗伦理的作用。第三，综合运用故事、数值分析以及经验研究中的数据，分析显得更加具有针对性。

二、Crossing the Energy Divide: Moving from Fossil Fuel Dependence to a Clean-Energy Future

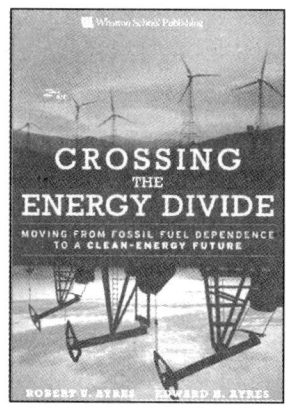

书　　名：《能源终结：从依赖化石能源到未来清洁能源》
作　　者：Robert U. Ayres and Edward H. Ayres
出 版 社：Wharton School Publishing
出版时间：2010 年

内容简介：能源问题是当今世界关注的焦点话题之一。本书提出的两条对传统模式具有挑战意义的主张：第一，物质能源对经济效率与增长起着根本性的作用，这一作用远比受经济学家影响的企业以及政府承认的还要重要。对每一个人而言，尤其是在有望复苏以及转向清洁能源的时期，这一条见解都是错误的。能源服务不仅仅是经济的一个大部门，而是驱动经济增长的重要部门。如果这一见解属实，如果不投资于促使能源服务降价的特定技术与产业，那么无论是经济复苏，还是能源转型，花费的时间均比奥巴马政府设想的远远要长。漫无目的地投资不会对此有促进作用。第二，产业领域的能源经济严重依赖化石能源，即便风能、太阳能以及其他可再生能源的快速增长，也不能在近几十年内替代石油、煤与天然气。实际上，国家的整个基础设施——公路与高速公路、发电厂、输油管道、机场、轮船、钢铁、化学、建筑及其家庭供暖制冷，均依赖化石能源。即便电动汽车的使用，太阳能屋顶的采用，与互联网的增长不相上下，但是在未来的二十年中，在能源的海洋中，可再生能源也只能是沧海一粟。

那么，在今天与未来之间，可能会发生什么？答案是冷酷的：如果美国简单地把能源与气候的关注置于长期可持续的未来基础上，那么，在到达未来之前，能源经济就会崩溃，就像心脏移植手术患者不能及时得到新的心脏而死亡一样。

全书分为十二章：第一章：美国觉醒。本章引入了经济学对经济增长问题的研究中一直忽略的因素：能源转化效率，阐述了能源转化效率对美国能源独立的重要作用。第二章：重获耗损的能源。本章阐述循环使用工业生产中的废能流，既能不增加能源的开采，又和新能源经济一样，保证能源独立的重要举措。第三章：构建经济的通道工程。本章强调，全球能源需求增加以及抑制气候变化的目标，对能源使用的冲击要考虑经济成本的因素，作者提出了一系列经济上可行的技术措施。第四章：看不见的能源革命。本章将能源效率的提升作为一次看不见的能源革命，分析了能源效率提升的潜力以及可能的误解，并以一些公司的实际案例分析了能源效率提升的现实空间以及意义。第五章：电力能源的未来。本章针对美国最重要的能源类型之一——电力能源，分析了电力能源的效率提升技术空间，给出了可能的技术策略。但是，作者们也考虑到了可能的政治压力以及困难。第六章：液化燃料：现实的困难。由于汽车在美国公众的生活密不可分，从而液化燃料的任何改革，均会受到来自公共的关注以及政治的考虑。本章考虑了液化燃料能源效率提升的可能技术策略，以及各方面的阻力。第七章：交通工具：转换的终结。本章论述了汽车文化含义的变化，以及自行车等替代交通工具的兴起，这对能源效率的提升以及能源结构的改变起到了积极的作用。第八章：城市为风暴做好准备。能源效率提升要求减排以及调整，第八章讨论了由此对城市生活的影响以及相应的准备。第九章：水能的联系。本章考虑了可循环资源——水能的重要作用，以及在能源结构转化中的地位以及现实进展。第十章：政策要点。本章结合前述分析，给出了相应的政策原则以及优先支持的领域。第十一章：企业管理的影响。本章提出了企业在能源效率提升以及能源结构转换中的应对策略以及原则。第十二章：步幅与速度。本章进一步讨论了各种能源效率提升以及能源结构转换策略的执行计划，对能源革命提供了可行的执行安排。

《能源终结：从依赖化石能源到未来清洁能源》一书的创新之处包括：第一，作者本人具备经济学与能源工程双重训练，对能源结构转化的分析既有经济学的理论视角，又有工程技术的科学准备，从而使论述更令人信服。第二，作者对美国能源政治具有深入的了解，因此对问题的分析更具有现实的视角，提出的执行计划也更具有可行性。

三、Environmental Politics and Deliberative Democracy: Examining the Promise of New Modes of Governance

书　　名:《环境政治与协商民主:审视新治理模式的前景》
作　　者:Karin Bäckstrand; Jamil Khan; Annica Kronsell and Eva Lövbrand
出　版　社:Edward Elgar
出版时间:2010 年

内容简介:随着全球环境性环境治理实践的推进,人们越来越青睐一种新型的治理模式。该模式鼓励来自市场、政府以及社会部门之间的参与和协商,主要思想是治理安排促进集体决策中公、私方的广泛参与,从而推动环境政策更加合法化、更加有效率。该模式的前景与协商民主理论中的规范理想基础相联系,从而环境整治中有协商民主的位置。尽管学术界广泛地批判协商民主引发的环境治理前景,但是本书的编者认为有必要开展进一步的经验调查。因此,本书的中心目标是:通过分析政策实践,批判性审视新型环境治理模式的理论前景。本书的主要研究问题可以重新表述为:环境治理的新模式可以同时促使环境政策更加有效率、更加合法化吗?

本书分为四部分,包含十二章。第一部分包含三章,主要追踪了有关协商民主、绿色政治思想以及治理研究的学术文献,分析了其中有关协商制转型以及环境治理新模式前景的观点。第一部分提出了理论框架,将环境治理新模式置于协商民主、治理形式与原则和合法性概念的背景中。基于八个经验案例研究,第二、三部分审视了不同类型公私治理安排的合法性以及环境绩效。第二部分包括四章,取材于欧洲、联合国以及全球背景下的新型治理模式。第三部分包括四章,提供了国家以及地区层面的治理安排案例。由于瑞典在环境治理领域是先行者,第三部分将瑞典经验作为经验研究的中心。第四部分包含一章。作为结论性总结,编者回顾了各章研究的问题,总结了这些问题对环境政治与协商民主研究的理论与经验含义。

《环境政治与协商民主:审视新治理模式的前景》一书的创新之处包括:第一,本书找到了研究问题的新视角,将环境治理置于环境政治与协商民主的背景中,找到了新型模式的中心要点;第二,从全球、国际、国家不同尺度,精心选择案例,分析了不同类型公私治理安排的合法性以及环境绩效,深化了有关环境治理协商民主问题的有关研究。

四、Energy,Natural Resources and Environmental Economics

书　　名：《能源，自然资源与环境经济》
作　　者：Endre Bjørndal; Mette Bjørndal; Panos M. Pardalos and Mikael Rönnqvist
出 版 社：Springer-Verlag
出版时间：2010 年

内容简介：本书是一本论文集，主要研究能源、自然资源与环境经济学的新兴领域以及综合领域。大多数作者从事经济学、金融以及管理科学等应用研究，主要研究地区是北欧国家。这些国家管理自然资源的传统源远流长，本书中的一些案例揭示了其中的很多管理实践。本书的内容基于 2008 年 5 月 15 日~16 日在挪威卑尔根市召开的专题研讨会。研讨会旨在促进活跃在能源、自然资源与环境经济学领域的研究者之间的交流，同时庆祝 Kurt Jörnsten 教授 60 岁生日。

本书分为四部分。第一部分涉及汽油与天然气应用，包括从收入与储备管理到市场模式与价值链优化等一系列主题。第二部分包括电力市场的广泛研究，主题涉及市场定价、风险管理、各种最优化问题、电力市场设计与规制。第三部分分析了自然资源物流与管理中的不同做法。第四部分讨论了该领域中更加一般性的问题与方法。

本论文集收录 29 篇文献，为读者提供了每一个领域的重要进展。文章包括两种类型：第一种类型的文章是对特定中心主题的一般概括，第二类则更倾向应用研究。因此，本书适用的对象包括活跃在能源、自然资源与环境经济学领域的研究者，以及研究生。

《能源，自然资源与环境经济》一书的创新之处包括：第一，本书对能源、自然资源与环境经济领域的研究，既包括了理论视角，又有经验研究，在理论与实践的碰撞中，从不同侧面实现了对问题的剖析；第二，本书对北欧国家自然资源管理的实践非常关注，从这些管理经验中汲取了当今自然资源管理的有益营养；第三，作者具有多学科的背景，对于问题的分析显得更加深入，对一般问题不仅仅限于框架，而是在技术层面予以量化，从而深化了对问题的分析。

五、Global Energy Economics and Climate Protection Report 2009

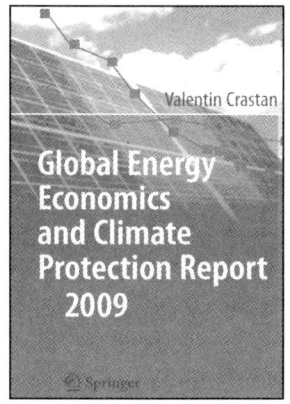

书　　名：《全球能源经济与气候保护报告：2009》
作　　者：Valentin Crastan
出 版 社：Springer-Verlag
出版时间：2010 年

内容简介：随着全球气候变化问题日益引起关注，采取相应的行动变得越来越重要。哥本哈根大会表明，甚至在国际政治中气候变化问题也成为日益重要的问题。很少有人怀疑全球碳减排的必要性，同样，所需要减排的程度也大致清楚。然而，每个国家与不同地区分担的减排任务却一直处于争论之中。本报告通过分析世界能源经济与相应的碳排放，试图为理性的讨论减排任务问题提供基础。同时，能源效率与碳强度这两个方面的可测指标，使各国碳减排的努力可以平等判断。这些努力需要来自地区的理解以及相应的行动，减排也需要与国家的经济能力相匹配。然而，碳减排需要协调国际行动的支持，首先是经济强国的支持。

本报告分为三部分。第一部分是介绍性评论，主要讨论了气候保护的必要性、气候变化与气候保护的指标、目标价值与国际合作三个问题。第二部分是主报告，包括目标、气候保护与测量、2007 年全球指标、2030 年指标值、2050 年指标值以及结论性评述六个小部分。其中，2007 年全球指标是核心内容，分欧盟、OECD、世界、亚洲/大洋洲其他国家、中美和南美、非洲、中东、转型经济国家八个板块讨论了相应的指标。第三部分是附录，分七个小部分，分别讨论了基本条件、获得初级能源的能力、能源需求、欧盟最终能源与能源部门的损失、最终能源与初级能源的全球需求、世界人口的增长、碳排放与气候保护。

《全球能源经济与气候保护报告：2009》一书的创新之处包括：第一，本书综合考虑能源效率与碳强度、国家经济能力等指标，为分担碳减排以及各国付出的努力提供了一个基本的标准；第二，从全球、地区、国家不同尺度，讨论了碳减排的目标值以及相应的基础条件，为碳减排的推行提供了可借鉴的标准；第三，分不同阶段确定目标值，为碳减排制定了可行的目标路径。

六、Dynamic Systems, Economic Growth, and the Environment

书　　名：《动态系统，经济增长与环境》
作　　者：Jesús Crespo Cuaresma; Tapio Palokangas and Alexander Tarasyev
出 版 社：Springer-Verlag
出版时间：2010 年

内容简介：本书的主要目标是创造氛围来弥合不同学科之间研究经济增长问题的方法分歧。本书针对的问题包括变化环境中经济增长的可持续性、全球变暖与可耗竭能源以及技术变化、国家增长率显著波动的解释，各章集中分析历史经济增长经验与环境政策、技术变化、交通设施发展、人口问题以及环境灾难之间的关系。本书以流行的科学方式编写，适合不同层面的读者。主要适用于经济学、数学以及工程领域中研究经济增长与环境问题的专家使用。本书也有效给出了数学证明详细分析的部分适合对最优控制理论以及在经济模型运用中感兴趣的专家。

本书包括四部分：第一部分，增长模型的动态系统。本部分包括研究经济增长模型理论问题的文章。同样，本部分考虑了对技术—经济发展未来趋势进行经济计量预测的可能性以及可靠性，主要涉及了构建最优轨迹的高阶精确性。第二部分，增长与环境。本部分提出了运用动态系统研究经济增长产生的结论，特别关注了环境冲击问题。第三部分，增长与环境政策。本部分研究环境破坏的政策规制问题，以便促进可持续的经济增长。第四部分，人口与基础设施中的应用。由人口数量与关键基础设施而产生了一些长期问题，本部分讨论了运用最优控制理论进行分析的可能性。

《动态系统，经济增长与环境》一书的可能创新之处在于：第一，运用跨学科视角分析经济增长与环境问题，是对问题的分析更加深入；第二，在动态系统方法下精心进行分析，对环境与增长问题的分析更加科学；第三，将数值模拟与经验数据检验相结合，研究结论的科学性以及可靠性得到进一步提高。

七、Intertemporal Resource Economics: An Introduction to the Overlapping Generations Approach

书　　名：《跨时期资源经济学：引入迭代方法》
作　　者：Karl Farmer, Birgit Bednar-Friedl
出　版　社：Springer Heidelberg Dordrecht
出版时间：2010 年

内容简介：《跨时期资源经济学：引入迭代方法》旨在介绍目前并不流行的跨时期资源经济学迭代方法。本书只介绍了初步的效用与特定的生产函数，读者可以推导出迭代一般均衡的显式解。然而，本书并不是主要强化读者的一般均衡模型求解技巧，而是提供分析更加复杂的可循环自然资源动态一般均衡模型的工具，这些模型往往发表在顶级刊物上。

本书既是一本教材，也是一本专著。第一部分主要包括教材内容。第二部分也是如此。在前两部分主要介绍了戴尔曼两时期迭代模型中的精确定义，以及跨带效率概念的特征（该概念并没有引起应有的重视）。在第三部分，在对数线性柯布—道格拉斯迭代模型中引入可更新自然资源，并运用第二部分发展的效率概念。本书作为一本教材，以及作为一本专著，基本接近平衡。第四部分中，专著特点愈加明显。本部分关注完全竞争市场中的跨代平等，以及收获成本问题。

《跨时期资源经济学：引入迭代方法》的可能创新之处在于：第一，介绍跨时期资源经济学迭代方法，对于动态资源经济学的研究具有方法论意义；第二，在迭代模型中引入收获成本，从而推进了对完全竞争市场中的跨代平等问题的研究。

八、The Fish Production Potential of the Baltic Sea: A New General Approach for Optimizing Fish Quota Including a Holistic Management Plan Based on Ecosystem Modeling

书　　名：《波罗的海渔业生产潜力：最优化渔业配额的一般均衡方法以及基于生态系统模型的整体管理计划》

作　　者：Lars Håkanson; Henrik Ragnarsson Stabo and Andreas C. Bryhn

出　版　社：Springer Heidelberg Dordrecht

出版时间：2010 年

内容简介：过去十年中，有关全球很多地区的渔业产量下降乃至瘫痪的报告不断增加。同样，媒体、环境管理机构（地方、地区以及国家层面）以及社会大众广泛地讨论这些问题。产业界捐赠了 5000 万欧元，并且设立了信托机构，用这笔钱来"拯救"波罗的海。显然，社会公众、大多数政治家、很多环境经理人与科学家相信，波罗的海很多地区状况很糟，"下死点区域"（dead bottom areas）不断扩大，重大管理体制不断偏移，有毒藻类不断扩张，人为富氧化不断增加，这些问题加剧了集约渔业产生的问题。本书试图对波罗的海渔业生产潜力给出客观的量化，这有助于在科学的基础上讨论：①如何确定以及调整渔业配额，以适应盐分、气温、营养物的变化；②不同的治理行动与策略，以及不同行动的效果。

《波罗的海渔业生产潜力：最优化渔业配额的一般均衡方法以及基于生态系统模型的整体管理计划》一书讨论波罗的海系统的生物生产潜力，主要研究捕食生物与捕食鱼类的生产以及数量。全书分为五章：第一章是导论，介绍研究的背景以及目标。第二章介绍波罗的海的基本信息与条件，包括形态测量、海水流动系统、海水平衡与物质平衡等信息，以及趋势分析。第三章介绍了 CoastWeb 模型的基本结构，并将该模型与常用的模型方法在海洋渔业生产背景下进行了比较。本章突出了 CoastWeb 模型的特征，强调该模型提供了理解以及量化模拟影响鱼类生产与捕获物要素的新角度。第四章详细展示了所有功能小组的子模型，同样在三种情境下比较了动态模型值与经验值（正常值），为第五章提供了框架。第五章在不同情境下展示了 CoastWeb 模型方法的实际应用，提供结果展示了模型在如下情景下的预测潜力：①随环境状况改变来确定调整渔业配额；②过度捕鱼之后的恢复；③水母入侵、蚌类养殖的可能结果；④减少富氧化物排放后渔业生产潜力的期望结果。

《波罗的海渔业生产潜力：最优化渔业配额的一般均衡方法以及基于生态系统模型的整体管理计划》一书，试图让读者易于理解 CoastWeb 模型的动机与结构，而且不需要查询其他的出版物。本书可能的创新之处在于建立了 CoastWeb 模型。与既有模型方法相比较,该模型将捕食鱼类作为目标变量,该值在空间与时间上进行了整合,在捕食鱼类被发现的区域之外的更大区域中,被捕食鱼类生长、生活、捕食。被捕食鱼类的食物源,也在寻找食物与适宜的繁殖环境中而不断移动,洋流也会分布以及移动这些食物源。这一点比较重要,是 CoastWeb 模型的建立的要点,也是该模型的优势所在。

九、U.S. Environmental Policy and Politics：A Documentary History

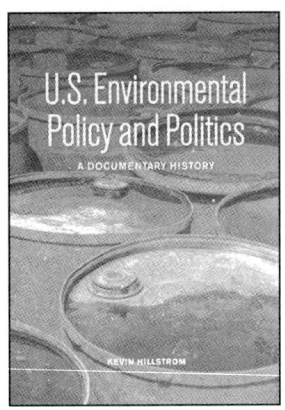

书　　　名：《美国环境政策与政治：一个文献史》
作　　　者：Kevin Hillstrom and Laurie Hillstrom
出　版　社：C.Q Press
出版时间：2010 年

内容简介：《美国环境政策与政治：一个文献史》是 CQ 出版社出版的主题文献史回顾丛书系列之一。各卷遵循同样的原则，使 CQ 出版社称道的历史文献系列成为美国公众、大学以及高校图书馆收藏的热门图书。精选的文献来源，配上权威的原创文章，成为列明文献的关键内容。与最初的历史文献系列不同——在日历年度中，以编年史将原始文献编撰世界性政治、经济、健康以及其他领域的重大事件，本书致力于按照美国历史的主要特征，从殖民地时代到二十一世纪，向读者提供详细的信息。本卷主要集中于环境政策与政治。

CQ 出版社选择环境政策作为本卷的主题，是由于自然资源以及相应的消费与管理在形成当今社会中起到的至关重要的作用。与系列丛书一致，《美国环境政策与政治：一个文献史》提供了美国历史不同时期中跨部门的关键性、富有启发意义的一手文献。本书给出的 150 篇一手文献中，很多文献对于理解如下领域中有价值的研究至关重要：①美国环境态度以及政策的发展演变；②多年来环境问题与能源消费、政府规制、经济增长以及生活方式选择问题相互作用的方式。进一步地，本书还补充了富有启示性的、难以发现的一手文献，生动有趣的揭示了立法者、保护机构、企业团体与科学家对当时环境问题与环境事件的看法。

本书包括的文献类型十分广泛，官方文献与非官方文献囊括其中：法令、总统讲话、法庭裁决以及国际协议，向学生提供了政府行动与政治争论的有关文献。例如，收录的一手文献包括《印第安人移居法案（1830）》、《黄石法案（1872）》、《濒危物种法案（1973）》，以及《京都议定书（1997）》。

除了重要的官方文献，本卷囊括了影响美国环境整治与政策制定导向与原则的散文、小说、调查报告。摘录文献包括乔治·博金斯的《人与自然（1864）》、阿普敦·辛克莱的《丛林（1906）》以及锐切尔·卡尔逊的《寂静的春天（1962）》。

最后，《美国环境政策与政治：一个文献史》给出了许多鲜为人知但是却非常有趣的一手文献，展示了美国平衡环境保护与经济发展、私人产权以及其他社会问题之间关系的历史冲突。这些文献对美国环境政策与环境政治的发展演变提供了很有价值的洞见。例如，1739 年，在专栏文章中，本·富兰克林督促通过市政立法减少费城空气污染和水污染；1893 年出版的铁路小册子《6000 里穿越奇境》，号召早期的美国旅游者探索西部自然奇景；从 2007 年起，国会政策听证会开始关注纳瓦霍地区的铀污染。

本卷各章以主题组织。各章中提到的大部分文献以编年史组织，部分按主题组织。每章以介绍性评述开始，将本章用到的一手文献置于广阔的社会、政治、经济与社会背景中。介绍性章节评述引入了随后文献中出现的主要的参与者、事件以及主题。此外，每一个一手文献均以权威批注补充，为读者提供了有关文献的历史背景，这些介绍性批注提供了文献创立的其他环境细节（人物、事件、地点、时间以及原因）。总之，这两个描述性特征为读者深入理解文献形成中汇集的多种力量。很多文献都经过摘录，读者可以了解文献的主要部分。最后，原文献的完全引用可在文献结尾查到。在本书附录中，包括美国历史中按照年代排列得重大环境法律与事件、本书参考的文献来源以及主题索引。

总体而言，对于研究美国人从殖民地时代到今天对环境保护问题的态度与政策制定，这本一手文献的合集成为独一无二、无可匹敌的资料来源。本书涵盖范围广泛，读者可以借此探讨以往政策决策与政治态度形成现代环境政策制定的众多方式，理解为什么一些针对环境保护与自然资源开发的党派政治斗争会一代一代不断燃起。通过研究美国人对以往环境危机的反应，读者会更好地利用工具来分析被推荐的各种各样的解决方案，解决二十一世纪中不断明显的全球变暖问题、潜在的灾难性物种灭绝、逐渐升级的淡水短缺以及其他紧迫的环境问题。最后，《美国环境政策与政治：一个文献史》深度探讨了读者高度关心的许多独立环境问题，如野生动物保护、濒危物种保护、有毒废水处理、城市扩张、空气与水污染、木材采伐与矿藏开采、全球气候变化以及环境正义。

十、Impact of Climate Change on Natural Resource Management

书　　名：《气候变化对自然资源管理的影响》
作　　者：Bipal K. Jana and Mrinmoy Majumder
出 版 社：Springer Science+Business Media B.V.
出版时间：2010 年

内容简介：全球变暖影响到了世界的很多地区。20 世纪中最热的年份有 12 年，1987~1998 年就占了 10 次。气温上升造成的能源消费增长，在地球系统形成了涟漪效应，地区、区域与全球相互反馈，强化与加速了暖化趋势。受气候变化影响最大的是自然资源。气候变化可能改变资源生产能力，以及周围种群使用自然资源的方式。如果不采取相应的措施加以控制，气候变化可能对自然资源产生极端的影响。但是，很多地方的自然资源管理依然没有专门计划，也没有按照使用者的需求加以管理。资源与气候变化管理不善，导致世界很多地区陷入灭绝的边缘。

《气候变化对自然资源管理的影响》一书展现并量化气候变化对自然资源（如水与植被）的影响。本书同样试图展示，如果不同气候模型预测的气候变化结果实现，印度自然资源的未来状况。通过模拟，本书也解释了气候变化的应对措施。

本书分为两部分，包括 25 章。第一部分，包括第 1~14 章，分析气候变化对水资源与森林资源的影响。第 1 章分析了二氧化碳排放对大城市用水的影响；第 2 章分析了气候变化对虚拟水资源的影响；第 3 章分析了气候变化对区域水资源的影响；第 4 章分析了气候不确定对两个流域水足迹的影响；第 5 章分析了气候不确定对固水指标的影响；第 6 章分析了荒漠化对河流流量的影响；第 7 章分析了城市化对水流量的影响；第 8 章分析了流域水资源短缺区域；第 9~11 章试图预测两个流域的水流量、水质以及水污染；第 12 章模拟了不同气候条件下西巴尔干地区的水流量；第 13~14 章考虑了蒸发的作用。第二部分包括 15~25 章，分析森林资源减轻气候变化以及建立控制结构的过程。第 15 章分析森林碳吸收的过程；第 16 章分析碳汇以及碳经济在保护耗竭自然资源中的作用；第 17~18 章讨论了森林固碳以及土壤固碳问题；第 19~20 章分析了发展水库来克服气候变化造成的水极端事件的效用；第 21~24 章总体评论了水文模型、人工智能网络与基因运气候模型、遥感以及 GIS 等问题；第 25 章预测了两个流域受气候变化的影响。

《气候变化对自然资源管理的影响》一书的主要创新之处在于：第一，引入数值模拟，在复杂系统中预测了不同气候变化情景下的资源状况，为科学决策奠定了基础；第二，采用具体的流域案例，深入分析了水资源的变化以及趋势，讨论了气候变化的可能结果；第三，对于资源管理措施，进行了经验研究，在科学的基础上评价了有关政策。

十一、Handbook of Ecological Indicators for Assessment of Ecosystem Health，Second Edition

书　　名：《生态系统健康评价生态指数手册（第二版）》
作　　者：Sven E. Jørgensen；Fu-Liu Xu and Robert Costanza
出 版 社：CRC Press
出版时间：2010 年

内容简介：在 20 世纪 80 年代晚期，在环境管理中运用生态系统健康评价的想法出现。此后不断有人试图在实践中尝试该想法。在过去的 20 年间，人们运用许多生态指标来评价生态健康。《生态系统健康评价生态指数手册（第二版）》就是试图对生态系统健康评价的指数进行研究，并分析在实践中的运用。

《生态系统健康评价生态指数手册》包括两部分，共 18 章。第一部分，包括第 1~9 章，集中展示所有可用的指标，并进行评价。第 1 章是导论，主要介绍本书的背景、基本思路以及内容。第 2 章回顾了可用的生态指标，分为八个层次。第 3 章至第 9 章，列举了这些指标。在第 3 章至第 5 章，介绍了三个热动力指标——放射本身（exergy）、焓（emergy）、焓转化比率（the ratio of exergy to emergy）。整体指标缓冲能力，即可以适应尽可能小量变化的能力，可以由此来解释，第 3 章对此进行了讨论。第 6 章则讨论了适应力（resilience）问题。第 7 章介绍与评论了生物多样性、物种丰富性、真实整体指数。第 8 章介绍了景观开发强度指标，综合了人类活动对景观水平的影响。景观开发强度指标试图整体探索生态系统的层级水平，即景观水平。第 9 章介绍了生态系统服务的概念，以及生态系统服务于生态指标与生态健康的联系。

本书第二部分，包括第 10 章至第 18 章，介绍了生态指标在评价不同生态系统健康中的应用：湿地、河口、海滩、湖、森林、海洋生态系统、淡水湖、农业系统、乡村与河流。这些章节展示了如何实际运用这些指数，来支持环境管理。第 10 章介绍了如何选择生态指数用于不同的系统。第 11 章与第 12 章展示了一系列指标的使用，比较了采用不同指标进行生态系统评价的结果。第 13 章讨论了一个非洲国家环境管理中的特殊困难，涉及了生态指标选择中的政治困难。第 14 章展示了环境管理中的海洋生态系统的特殊性，第 15 章描述了经济学家在环境管理中选择指标以及评价生态系统健康的作用。第 16 章讨论了几个生态系统综合作用时，需要考虑的特殊问题。第 17 章讨论了完全人为控制生态系统的健康评价问题。第 18 章是总结，提出不同的生态系统问题界定了指标的选择。

《生态系统健康评价生态指数手册》一书的可能创新之处在于：第一，全面系统地总结了有关生态系统健康评价的指数，为研究者提供了比较详细的参考；第二，将一系列指标用于同一生态系统健康的评价，比较了采用不同指标进行生态系统评价的结果，比较客观地展示了可能的分歧，并给出了科学的解释；第三，考虑到了政治因素对生态系统健康评价的影响，比较务实地讨论了环境管理的实践困境。

十二、Global Environmental Forest Policies: An International Comparison

书　　名：《全球环境森林政策的国际比较》
作　　者：Constance L. McDermott; Benjamin Cashore and Peter Kanowski
出 版 社：Earthscan
出版时间：2010 年

内容简介：世界森林对形成与促进全球环境以及人类社会起到了根本性作用。森林是全球陆地生态系统中生物多样性最高的系统，尽管在以往几百年中遭受了前所未有的破坏，森林仍然覆盖了全球约30%的陆地面积。森林提供了关键的生态服务，有助于调节气候，保护水土资源。森林提供的木制以及非木制林产品，为世界10亿多最贫困的人口提供了最基本的生计。总体而言，人均木材消费随财富的增加而增长，森林产品产业的产值占到全球国内生产总值的1%。

世界森林面临着巨大的压力，这些压力来自于林地转向农地以及其他用地，非法地、不可持续地采伐林产品以及气候变化。一些压力反映了人口与资源消费的上涨，一些压力是土地利用与发展策略认为选择的结果，而一些压力则反映出森林政策不当以及治理不力。普遍达成的共识是，尽管在某些方面以及某些地区取得了进展，如果后代的需要与利益不容忽视，那么森林损失/退化的规模以及速度依然是难以控制的。

本书致力于理解与评价这一复杂问题的一个关键组成要素：致力于解决商业化木材采伐问题的环境政策与规制。在森林面临的许多压力中，商业化采伐值得关注——在过去的世纪中，商业化采伐在全球范围内的重要性日渐增加。在过去的50年，商业化采伐的影响不断加速，需求不断增加、国家开发战略推动了商业化采伐，新技术使商业化采伐变得可行，面向寒带、温带与热带森林地区边界森林推进带来的大规模采伐。木材生产依然是世界一半森林的设定目标，三分之一森林的首要目标。因此，对为了木材生产而进行森林采伐进行规制，仍然是推进可持续森林管理的中心环节，它有助于世界森林保护以及负责任的使用。

本书分为三部分。第一部分包括第1~2章，引入研究主题与研究方法，确立了研究的总体背景。第二部分包括第3~9章，刻画了每个案例国家的关键背景，在第一部分引入的分析框架中评价规制木材生产的森林采伐政策。第三部分，包括第10~11章，给出了总体发现，对研究工作进行了总结。

《全球环境森林政策的国际比较》一书的主要创新之处在于对全球森林政策开展了系

统的国际比较。尽管有大量文献研究全球森林治理，出现了许多国家层面的案例研究，但是很少有文献开展比较分析，评价国家层面的森林政策在改善森林采伐环境效果方面的政策绩效。本书试图填补这一空白，针对 20 个规制商业化森林采伐的案例国家，开展系统的、大规模的比较，所选案例国家在森林覆盖率与/或国际木材产品贸易中的地位均很显著。对每一个案例国家，本书首先描述该国林业以及森林经营办法的背景，为森林经营政策的标准化比较提供基础。这种在背景基础上的分析，使我们可以在管辖范围内定位政策，在透明化的基础上比较森林经营政策，有利于在全球林业可持续的基础上学习林业政策。

十三、The Architecture of Green Economic Policies

书　　名：《绿色经济政策的结构》
作　　者：P. K. Rao
出 版 社：Springer-Verlag Berlin Heidelberg
出版时间：2010 年

内容简介：在人类与地球资源的相关问题上，绿色经济政策试图确保所有的经济政策均考虑到环境因素与社会经济因素。基本的假设是，不能因为当前不存在价格体系（基于市场或者其他）来确定价格（例如高质量的空气与水），就把环境资源当成免费商品。这是因为，质量因素以及自由获取有自己的成本与价格，如果不加以考虑，可能或者将会造成资源使用者支付高价，甚至随着时间的推移而再也无法使用该资源。此外，忽视利用各种自然资源的相对门槛限制，会导致直接与间接的不利后果，一些后果往往是不可避免的。

绿色经济似乎是学术圈的练习，它起源于学术圈。有必要将环境因素整合进经济社会分析，一些学术专家对这种必要性缺乏恰当地理解，绿色经济为他们树立了正确的基础。令人惊讶的是，大多数经济读物在讨论资源与生产要素时，甚至不会提到"环境"这一词语。与此类似，大多数的发展经济学以及其他领域经济学未能考虑环境因素在确立经济增长政策中的关键作用（因此，在试图讨论经济增长问题时，显然很少意识到经济增长的可持续性）。当今时代面临环境资源约束以及资源利用的重大不利后果，甚至所谓的发展经济学手册以及一些流行的经济增长教科书也丝毫没有提及环境与生态。严重的学术惰性允许了发展经济学与环境经济学之间的泾渭分明。此外，发展经济学与环境分析、环境经济与贫困分析，这些问题之间均缺乏整合。在基本经济学层面，有调查针对美国使用的 17 本教科书中有关经济原理的内容，只有两本合格——合理地将经济与环境依赖综合考虑。

寻找最有效地方式与手段来帮助地球，帮助共同生存的人类以及所有其他物种，依然是我们时代面临的前所未有的重大挑战。我们必须马上进行深刻的自我反省，寻求全面综合的方法，促使环境治理与经济需要和人类福利互相平衡。本书试图对此进行政策研究。

本书包括九章。第 1 章是导论，介绍研究的背景以及研究思路，提出核心观点。第 2 章解释了设计绿色环境政策的有关经济学基础，包括新制度经济学以及交易成本经济学。第 3 章揭示了分析性特征；第 4 章解释了新古典经济学中经常探讨的效率、公平与最优化标准的改善以及平衡。制度与政策优先于部门问题，第 5 章对此进行了解释。第 6、7、8 章讨论了世界银行、世界贸易组织以及其他主要机构的政策优化的空间。第 9 章是总结，给出了政策框架，并进行了结论性评述。

《绿色经济政策的结构》一书的主要创新之处在于：在理念层面将环境约束与经济增长整合的同时，进一步深入到政策层面，提出了绿色环境政策的主要框架，并给出了经济学的理论基础。这对于廓清环境对经济增长的约束问题，推进全球可持续发展，具有重要的现实意义与理论价值。

十四、Biodiversity in Environmental Assessment: Enhancing Ecosystem Services for Human Well-Being

书　名：《环境评价中的生物多样性：强化生态系统服务，增加人类福利》
作　者：Roel Slootweg; Asha Rajvanshi; Vinod B. Mathur and Arend Kolhoff
出 版 社：Cambridge University Press
出版时间：2010 年

内容简介：在影响评价中引入生物多样性问题，受到了全球环境保护界（实践者、研究者、规划者与决策者）的广泛关注。生物多样性国际公约秘书处、影响评价国际协会生态与生物多样性部积极开发环境影响评价与策略环境评价中的有关指南。其他机构如国际重要湿地国际公约、欧洲野生动物与自然栖息地保护国际公约、迁移物种国际公约在这一问题上同样有重要影响。专门的、与影响评价有关的生物多样性问题科学期刊——作用评价与政策评估、环境评价政策与管理杂志，对推动影响评价中考虑生物多样性问题做出了积极的贡献。在此基础上，在国际生物多样性机构与影响评价界之间形成了共同的兴趣。尽管如此，有关影响评价的文献研究与近期评论表明，生物多样性作为一个总体，并未能适应影响评价实践的需要。因此，有必要将生态/生物多样性与影响评价领域的多方面经验加以综合。

本书的目标读者群，既包括来自工业化国家的读者，也包括发展中国家的读者；既包括生物学、经济学与社会科学领域的科学家，也包括参与设计环境评价框架的实践者。同样，对于致力于促进有益于生物多样性的发展模式的商业与企业团体，本书提供了有用的见解。当然，学生必须消化本书中的新概念，并在职业生涯中成为改变的实际推动者，本书对这些学生提供了相关材料。

本书可以分为三部分，共九章。第一部分为评价生物多样性的含义与重要性提供了恰当的背景。本部分从第 2 章开始，详细介绍了生物多样性涵盖的概念，第 3 章在有关削减贫困与可持续发展国际协议的背景中定位生物多样性。第二部分包括四章，引入了环境评价工具的范围。第 4 章是概念性的，引入了作用评价框架，将生物多样性与人类福利相联系。人类介入可能导致理想以及不利后果，第 4 章清晰地展示了这一复杂的因果链。第 5 章大概介绍了项目环境效果评价以及政策、计划与规划的策略环境评价，特别强调了这些工具绩效的最新见解。第 6 章粗略解释了按照国际可接受的程序性步骤，如何在环境效果评估中考虑生物多样性。第 7 章解决了策略环境评价中的生物多样性。由于策略环境评价与可变的规划过程相联系,本章的方法概念性较强,而程序性较差。本书的第三部分包括两章,进一步深入到环境评价的实践领域。第 8 章介绍了生物多样性补偿,该机制促进在不断增长的发展压力下开展生物多样性保护,日益被私人部门采用。第 9 章从 10 个有影响的案例得出经验,生态系统评价对战略决策制定具有明显影响。附录中包括了第 9 章提到的 10 个案例研究。

《环境评价中的生物多样性:强化生态系统服务,增加人类福利》一书的可能创新之处在于:本书虽然是学术性的,但是却深植于日常实践。它不是实践操作指南,但是,却在环境评价背景下,讨论了如何解决与生物多样性和人类发展需要有关的问题,这就很好地保证了可操作性。

十五、Eco² Cities：Ecnlogical Cities as Economic Cities

书　　名：《生态经济城市：作为经济城市的生态城市》
作　　者：Hiroaki Suzuki；Arish Dastur；Sebastian Moffatt；Nanae Yabuki and Hinako Maruyama
出　版　社：The World Bank
出版时间：2010年

内容简介：城市化是发展中国家21世纪的一个明显特征。当前全球90%的城市增长发生在发展中国家。2000~2030年，发展中国家的城市建成区预计要翻两番。城市化在所有地区促进了经济增长与创新，占到全球经济产出的四分之三。与此同时，城市化也面临着环境与经济社会挑战，诸如气候变化、污染、拥堵以及贫民窟的快速增长。

全球城市扩张对城市、国家与国际发展带来了挑战与机遇。它为我们规划、发展、建造与管理城市，同时为实现生态与经济的可持续性，提供了千载难逢的机遇。在较短的时期内，我们可以持续有效地影响城市化轨迹。我们今天一起做出的决策，可以为当代人以及后代人锁定系统化的利益。

生态经济城市倡议出现在一个关键的历史时刻，与挑战和机遇相连。本书是生态经济城市倡议发起的标志，传递了积极的信号。存在解决这些挑战的知识与技能，发达国家与发展中国家的一些具有前瞻思维的城市，已经运用这些知识来充分利用相关机遇。许多城市的经验已经表明，成本并不是实现城市可持续性的最大障碍。

生态经济城市倡议是世界银行新城市化战略的组成部分，城市化新战略于2009年11月在新加坡发起。世界银行与其发展伙伴一直致力于可持续发展与气候变化问题的解决，生态经济城市倡议同样对这些努力起到了补充性作用。

目前，城市处于变革管理的前沿，在全球发展议程中起着关键性作用。只有通过城市，才可能一起解决削减贫困、经济增长、环境持续与气候变化等一系列挑战。可持续的城市规划、发展与管理可以统一这些目标，并与地方、地区、国家乃至全球层面的行动联系起来。生态经济城市倡议可以使城市有效地、创造性地、全面充分地利用机遇，确保一个更加有意义的、可持续的未来。

本书分为四部分，共包括十章。第一部分描述了生态经济城市倡议的框架，介绍了方法、背景以及原则，分析了关键的挑战，归纳了将挑战化为机遇的有效城市经验。引入了四个关键的原则，并描述了与这些原则有关的项目。这些原则在不同的章节中分别出现，代表了项目的核心要素以及不同城市实现独特的生态经济道路的台阶。最后作为总结，第一部分评论了城市在寻找其独特的发展道路过程中，可以从各种类型发展伙伴中汲取的资源。第二部分提供了城市决策支持系统，引入了核心的方法与工具，帮助城市实现运用第一部分中提到的某些核心要素与台阶。第二部分寻求集体设计与有效决策的方法，以及创造有效长期框架，来实施政策、推动利益相关者行动的方法。第二部分同样检测了物质流分析以及分层图的使用，构建城市基础设施与空间规划的整体方法。介绍了生命周期成本技术，参考了特定的工具。最后，第二部分引入了可以有效用于引导预测专题讨论与弹性规划的方法。随着生态经济城市倡议的发展，有望产生更深层次的信息，丰富城市决策支持系统。第三部分包括《实地参考指南》。指南包含背景文献，帮助城市发展更加深度的视野，熟悉两个层面的问题。对于城市基础设施，指南提供了逐个城市以及逐个部门的视角。

《生态经济城市：作为经济城市的生态城市》一书的主要贡献在于：较为系统地展示了生态经济城市倡议的主要原则以及框架，给出了较为详细的实施细则以及操作步骤，对于生态经济城市的建设可以在理念以及实践层面起到积极的作用。

十六、Sustainable Development: Principles, Frameworks, and Case Studies

书　　名：《可持续发展：原则，框架与案例研究》
作　　者：Okechukwu Ukaga; Chris Maser and Mike Reichenbach
出　版　社：CRC Press
出版时间：2010 年

内容简介：一生中，环境灾难会不时显现，当然也会在下一代人的一生中不时显现。尚不清楚全球气候变化的全部作用，也不可能完全知道。全球变暖与碳排放有关，造成海平面上升，海岸线泛滥，作物种植区域与种植方式改变，地球生态变化。2009 年夏，本书写作时，全球生态系统正处于修复过程。尽管我们正从上一个低谷中恢复，然而事实再次显示，经济再也不能保持无限制增长。为了保持可持续性，所有国家都得适应新的现实，即生态系统的变化与增长的自然极限。我们如何解决这些问题，保持地球上所有人平等的生活。答案在可持续发展原则之中。因此，本文提供了一些框架与案例，它们已经用于或者可能用于解决气候变化影响，与未来有关的经济条件、社会问题以及其他复杂现象。

本书分为九章。作为全书的开始，第 1 章题名为"如果国内生产总值上升，为什么真实进步指数却下降？"首先讨论了价值问题。本章强调国内生产总值不等于真实社会环境福利，国内生产总值衡量经济可持续性具有的内在理论与实践缺陷，真实进步指数可以弥补这些缺陷，可以更加真实地对诸如全球化、减税与城市蔓延等公共政策提供信息。

第 2 章给出了概念性框架、方法以及 2006 年美国真实进步指数的结果。真实进步指数的结构根植于可持续发展原则，它要求：①扣减自然资本的净损失；②福利化会计；③分配平等；④全部投入最小化。

第 3 章澄清了生态足迹应用的定义，提出了几种精练的方法与理论。这些新方法包括地表生物能力，为其他物种分配空间，改变净初级生产率的等量要素基础，碳预算的再分配，报告碳汇的生物潜力。生态足迹测量了既定年份一定量种群更新自然资源所需的生物量年再生潜力。

第 4 章指出了系统的、面向未来的思考可以转变我们的世界观。本章涉及社会学习，以及个人观点如何影响个人与组织的可持续行动。

当今社会面临的最大挑战是制定生态决策所需的范式转换，转换需要大范围的培训，以及组织与社区所持方向的重新定位。第 5 章指出，可持续倾向的思考提供了社会转型工具以及产生这些转型所需的过程。利用倾向思考方法加速可持续发展，反映了如下两条可持续发展原则：①整合环境标准决策过程；②最佳利用地方努力。

第6章讨论了明尼苏达州地区可持续发展伙伴关系，它是"社区—大学"合作的范例。一方面，该伙伴关系基于成功的土地捐助传统，应用大学的研究以及覆盖资源解决地方问题；另一方面，该伙伴关系探索土地捐助的新方式，以面对21世纪的挑战。可持续发展伙伴关系是一种合作框架，建立在社会与公共机构互动。理想的结果是伙伴关系，为社区企业提供关键资源，为市民与大学创造学习经验。地区可持续发展伙伴关系结合了市民领导与公共机构的研究、教育资源，促进了地区的长期可持续。

第7章讨论了全面管理框架，基本假设是可持续发展基于可持续农业之上，相应地，如果土地退化，就无法实现可持续发展。

第8章讨论了可持续生计，要管理好我们自己。它基于实现个人价值以及决策中的伦理与信仰。

第9章是总结，讨论了参与式领导交流是实现可持续发展的工具。

《可持续发展：原则，框架与案例研究》一书提供了可持续发展中最重要的、与人类息息相关的正面部分。本书强调，学会以积极的方式进行思考，能产生强有力的作用。如果实现了思维方式的转变，社区成员就可以形成共享的理念，不仅仅从几个有利的方面来理解社区，同样理解到大多数沟通中的冲突来自试图消除不利方面。倡导思维方式的转变，是本书最为重要的贡献。

十七、Environmental Social Sciences: Methods and Research Design

书　　名：《环境社会科学·方法与研究设计》
作　　者：Ismael Vaccaro; Eric Alden Smith and Shankar Aswani
出 版 社：Cambridge University Press
出版时间：2010 年

内容简介：环境社会科学根植于几门学科与研究传统，从人类学到动物学，学科特征与框架仍旧起着重要作用：环境人类学、政治生态学（以地理学为中心）、环境社会科学与几个其他学科的类似机构具有自己的协会、学术刊物以及核心问题。但是，问题汇集、学科互动越来越明显，联系松散但是紧密相关的研究社区不断努力加强合作，来自社会科学、人文学科等不同学科以及应用领域的学者与实践者开展了卓有成效的对话与合作。本书旨在推动这一新兴领域，提供了大家可以接受的核心研究方法的权威总结。

许多因素促成了环境社会科学的产生，但是有两个因素最为重要。第一个因素是意识到要理解形势以及大量的组成要素，不能不认真考虑人类社区的过去与现在。现在一致同意的是，人类行动深刻影响了大多数陆地与沿海环境严重受损的形成，这些系统是"社会自然"系统。此外，人类活动的影响不限于大规模社会，而是回溯到 6 万年前猿人类最初的分散状态，而且包括强化与减少生物多样性与生态功能的效应。第二个促成环境社会科学的重要因素是意识到：不分析人类社会与支持其存在的环境之间的互动，就不能理解人类社会。有关人类与环境之间复杂关系的社会分析，具有很长的传统。

总体而言，社会环境问题方法论的复杂性出现于两个不同的方面：第一，自然与社会科学多种方法与概念的综合，有益于这些问题的分析；第二，社会科学中的不同学科与研究传统，已经发展出了多样化的方法，来揭示环境问题中相互补充的社会组成要素。本编著集中于第二个方面，即需要方法论的异质化。社会科学与人文科学已经发展出了非常多样化的方法论，来产生有关社会问题的数据。异质化的方法论导致了定性与定量方法，综合了局部与多景点研究，短期与历史角度，分散论述、统计分析与空间分析。

本书分为十五章：第 1 章是引言，介绍社会环境科学的研究背景、方法以及原则等；第 2 章讨论了人口数量与自然资源的关系，在环境研究中讨论了人口问题；第 3 章研究了生产决策与时间分配的关系，重点分析了数据搜集问题；第 4 章分析了自然资源政治，从产权理论转向制度分析并试图超越；第 5 章关注了极端事件、峰点与脆弱性之间的关系，引入了环境的政治经济分析；第 6 章讨论了当地社区与自然资源之间的关系，重点分析了实践中的人种生物学；第7章引入了文化背景与徒步行走方法，为历史绘制图景；第8章描述了有关亚马逊"消失部落"报告中的隐喻与神话，将社会、环境与文学分析结合起来；第9章是案例研究，分析了一个沙漠城市的水决策问题，讨论了背景分析与环境社会科学之间的关系；第10章将人类与自然系统联系起来，重点分析了社会网络、环境与生态的关系；第11章转向马达加斯加阿拉伯茶商品链分析，引入了多尺度的、多景点的民族志；第12章论述了环境人类学中的时空方法论，将地理信息系统、遥感、景观变化与当地知识联系了起来；第13章研究了深度时间、历史变化与多尺度数据的整合问题，引入了人类与环境动态的考古学方法；第14章比较了气候、阶级与生产的关系，讨论了美国自耕农的历史生态问题；第15章以所罗门半岛为例，介绍了海洋保护工程设计中的社会生态方法。

《环境社会科学·方法与研究设计》一书是环境社会科学方法与方法论的代表样本，为读者介绍了几种重要的社会环境研究分析方法。同时，在一些章节中运用了案例研究，描述了这些方法的应用。

十八、Climate Change and Agriculture: Impacts, Adaptation and Mitigation

书　　名：《气候变化与农业：影响，调整与缓解》
作　　者：Anita Wreford; Dominic Moran and Neil Adger
出 版 社：OECD Publishing
出版时间：2010年

内容简介： 在本质上，农业是人造自然生态系统的附属物，它依赖于天气与气候。同样，农业也是人类活动产生的温室气体排放的重要来源。许多国家寻求满足减排目标，这一点越来越引起重视。新的挑战在于：我们如何解释全球变暖的作用？耕作办法如何适应以及做出调整？近期的减排如何以与长期调整计划相一致的方式执行？伴随着日渐紧急的挑战，经合组织国家推行了部门改革过程，改革集中于设法重新平衡部门的经济、社会与环境目标。改革过程为在新"农业—环境"框架安排下协调减排与调整提供了机遇。但是，所有的改革均与全球农业贸易体制相互影响，越来越多地需要制定附属政策目标（如能源、食品安全与削减贫困），其本身也容易受到气候变化的冲击。

本报告考虑了有关气候变化的最新国际文献如何分析影响、适应与减排三个因素，目标是通过初步考虑有效性与效率，来建议如何设计政策。报告同样建议，政策反映具有平等含义，但是报告没有描述评价有关作用的分析方法。报告中有关分析强调了如下问题：我们对于影响的理解，以及适应与减排的经济评价，如何因为基本的生物复杂性而变得复杂化，这使农业采用与其他部门（如少数公司）常见的、相对容易理解的适应方法与减排技术截然不同的技术。相比较而言，农业与土地利用更原子化、异质化，区域多样化更显著。这些因素防止了影响评价的一般化处理，避免了不同系统实施调整与减排措施有效性的一般化信息。复杂性需要引入一些相关的研究问题，有助于有效的经济分析。

气候因素构成了作物生产与动物饲养的某些主要约束，但是直至今日，该因素却一直被假定为外生的、不变的。尽管农业长期以来一直对变化的条件做出反应，但是，农业是否与经济、社会、政治或者气候有关，极端气候事件潜在增加的频率与强度，以及气候变化造成的其他挑战还是要求对农业系统的适应能力重新进行评估。

各国政府都在考虑气候变化的不利后果，对农业的影响被认为是最严重的：影响的人数众多，影响的严重性难以消除。考虑到这一问题，《联合国气候变化框架公约》（以下简称《公约》）的最终目标设定为防止人为对气候系统的有害干预。在《公约》内，农业被认为是对气候变化反应最为脆弱、最为紧迫的产业。应该在《公约》框架下采取国际行动，"在生态系统足以自然适应气候变化的时间表下，确保食品生产不受威胁，经济发展以可持续的方式进行"。因此，维持农业生产的稳定是国际气候变化行动有关政策目标的中心。鉴于气候变化影响具有多样性，而且分布不均衡，在各国政府政策制定者的议程中，气候变化对农业的影响也备受重视。

《气候变化与农业：影响，调整与缓解》一书讨论了气候变化对农业的影响、农业的适应性反应、农业温室气体排放等政策问题，概述了其他国家级、国际性研究机构的有关气候变化问题的研究及其进展，强调了气候变化对农业生产影响问题有关知识方面的欠缺，以及在全球尺度下影响的不确定性，需要进一步开展研究。该报告的一个特殊之处在于分析了边际减持成本曲线，反映了在农业部门采取不同的行动而实现温室气体减排的相对成本。

十九、Generating Electricity in a Carbon-Constrained World

书　　名：《碳约束世界中的电力生产》
作　　者：Fereidoon Sioshansi
出 版 社：Academic Press/Elsevier
出版时间：2010 年

内容简介：电能具有方便快捷、功能多样、使用清洁等特点，对当今现代经济的可持续性起着至关重要的作用。随着国家经济的发展与成熟，对电能的相对依赖性会增加。这一现象意味着，经济发展阶段越高，该国初级能源用于生产与消费电能的比例就越高。与此同时，在过去的20年间，越来越多的科学证据表明，大气中温室气体的不断增加，导致了全球平均气温的逐渐增加，造成无法预测的、灾难性的后果。

作为出发点，本书假定在不远的将来，将会出现一系列决策，对温室气体（主要是CO_2）的排放量施加物理限制，或者对排放施加外部或者内部成本。本书集中于检验温室气体排放计划的效果。更重要的是，本书要检验这些政策的发展如何实现成本最小化与收益最大化。此外，本书主要集中于电力部门有关的问题。

本书分为三部分，共十九章：第一部分描述人类面临的严重的碳排放挑战，以及控制与减少温室气体排放的各种计划；本部分包括五章：第1章确定了本书的研究背景与目标；第2章分析了当今使用的两项主要碳政策（排放贸易与碳税）的相对优缺点；第3章介绍了发展谈补贴贸易市场的努力；第4章介绍了个人碳补贴计划；第5章探讨了解决碳挑战的合适尺度以及利弊。第二部分描述碳排放挑战的其他解决方案，即减少发电中碳排放，更有效地利用电能，本部分包括七章：第6章分析了大气中CO_2累积的严重程度；第7章分析了核能的潜在作用以及贡献；第8章描述了能源效率在减少碳排放、减少气候政策成本中的作用；第9章分析了风能对于碳减排的潜在贡献；第10章分析了太阳能的潜在贡献；第11章介绍了地热能的可能贡献；第12章介绍了水能的潜在贡献。第三部分提供了各种建议的案例研究，用于解决全球碳排放挑战，本部分包括七章：第13章介绍了加拿大安大略省逐渐排除火力发电的案例；第14章介绍了新西兰禁止化石能源发电的案例；第15章介绍了英国电力部门面临的严峻挑战；第16章介绍了法国应对欧盟气候变化政策的反应；第17章介绍了中国能源部门的现状与问题；第18章介绍了美国一家公共机构解决气候变化问题的案例；第19章介绍了美国独立系统运营商与跨界运营商促进温室气体减排的效果。

《碳约束世界中的电力生产》一书的主要特点在于：在碳减排市场手段、技术手段的双重角度探讨了温室气体排放所见的现实问题以及前景，从宏观角度与微观视角分析了其中的理论问题。本书的案例研究也进一步补充了有关理论分析的缺陷，从另一个角度验证或者补足了规范分析的不足。

二十、Ecological Economics: Principles and Applications, Second Edition

书　　名：《生态经济学：原理与应用（第二版）》
作　　者：Herman E. Daly and Joshua Farley
出　版　社：Island Press
出版时间：2010 年

内容简介：生态经济学家应该进一步地超越生态学与经济学的单纯融合。当今现实问题的复杂性，需要综合社会科学、自然科学与人文学科的多学科视角与工具。在跨学科研究中，具有不同学科背景的研究者一起工作，从一开始就协同解决问题，减小了研究中语言障碍，是解决当今现实问题的正确方向。生态经济学寻求推动真正的跨学科研究，研究者们认同这样的理念：学科边界是对大学中不相关学科外延的学术构建，由所研究的问题来决定恰当的研究工具，而不是相反。本书就是基于这一理念对《生态经济学》的重新构建。

本书分为四部分，共二十四章：

第一部分介绍了生态经济学的主题，共包括三章。生态经济学不仅仅寻求世界如何运行，而且寻求通过机制与制度设计，来促进世界更好地运行。第 1 章解释了新古典经济学与生态经济学的基本主题，试图展示生态经济学进行新的学科交叉的全部范围。在界定了研究领域之后，本书首先建立了分析系统本质的基本认同点。第 2 章描述了生态经济学的核心理念，认为经济系统是全球生态系统的一部分或者子系统。全球生态系统比经济系统大，而且对经济系统起到了支撑作用。这一理念与新古典经济学的基本理念相左，后者认为，经济系统是自洽的完整系统。如果我们试图促进系统更好地运行，就需要了解我们可用的资源——这是手段，以及理想的结果——这是目的。第 3 章集中研究"目的—手段"谱系。生态经济学将自己界定为将稀缺手段用于选择性目的的机制，要理解这门学科，研究"目的—手段"谱系是关键的步骤。

第二部分集中于地球与大气作为整体的容纳能力以及支撑能力，该部分包括四章。通过这些章节的内容，本书深入挖掘了整体（全球生态系统）的本质——支撑经济过程为其提供资源，以及处理废弃物。第 4 章强调了经济生产中低熵（可用、有序的"物质—能量"）至关重要，通过经济过程低熵不可避免地转换成高熵（无序的"物质—能量"，无用废弃物）。第 5 章提供了低熵自我显示的可见形式——自然提供的无生命的商品与服务，检查了它们的特定市场属性。第6章则针对有生命资源进行了类似的分析。第7章表明，自然提供的许多商品与服务，在以前是过剩的，从而经济系统在分配稀缺资源时忽略它们，几乎不会造成影响。然而，在今天，这些资源已经变得稀缺，对它们的配置变得至关重要。

第三部分开始审视系统整体中我们最感兴趣的部分——经济子系统。本书抽出新古典经济理论的有用要素，并将它们整合到生态经济学中。微观经济学、宏观经济学或者国际贸易，均可提供多年研究的充分素材，本书仅仅传达了一些要领。第8、9章引入了微观经济学，揭示了竞争性市场经济的组织特性，解释了如何修正新古典的生产函数与效用函数，以解决生态经济学问题。第10章表明，对于不存在市场的商品，市场配置的结果是：个体的自利根本无法通过"看不见的手"实现社会福利的最大化；相反，非市场商品的市场化配置创造了"看不见的脚"，将公共利益踢得粉碎。仔细分析稀缺资源的市场特征，是政策设计至关重要的前提。因此，第11章将市场失灵概念运用到无生命资源配置中。第12章则针对有生命资源进行了市场失灵分析。

第13章转向人类行为，试图达到以下目标：①通过评价事物与行动对生活满足感、充实感的贡献，阐述经济活动的理想目的；②通过经验证明，分析传统经济学的人类行为假设，即贪得无厌、理性以及以自我利益为中心追求效用最大化，这些假设不利于发展合作；③通过评价有关经验研究，讨论合作行为是人类行为不可分割的部分，是解决市场失灵的必要条件。

第四部分转入宏观经济学，包括四章。在生态经济学中，最优规模取代了增长目标，同样重要的还有公平分配与有效配置。规模与分配是基本的宏观经济问题。第14章集中分析基本的宏观经济概念：GNP与福利。章节审视了经济会计，从国民总产值到人类需要评价来衡量理想目标。第15章讨论了货币在当前经济中的作用。第16章集中分析了代内以及跨代际的分配问题。第17章初步建立的一个基本的宏观经济模型，解释储蓄、投资行为如何与货币的供给、需求一起来决定利率与国民收入水平。进一步，将该模型联系到政策层面，讨论政策设计如何实现可持续规模与公平分配的生态经济目标。

第五部分讨论国际贸易问题，包括三章。第18章与第19章，讨论了不同经济如何相互作用，以及全球经济一体化的麻烦问题。作者们专门考虑了全球一体化对政策设计造成的结果。第20章观察了金融问题，特别关注了投机与金融危机，审查了全球化对宏观经济政策的含义。

第六部分集中于政策分析。第21章提供了政策设计的一般原则，第22章回顾了一些影响规模的特定政策，第23章回顾了影响分配的政策，第24章回顾了影响配置的政策。

结论："展望未来"这一章，再次反映了生态经济学的伦理假设。作者们呼吁，经济学应该复归到作为道德哲学的最初状态，致力于提高当代以及后代人的生活质量。

《生态经济学：原理与应用（第二版）》一书对于传统微观经济学、宏观经济学进行了批判，并创造性地构建了生态经济学的体系。可以说，这种努力是一种范式的革命。本书对于规模与分配问题的关注，以及相应的政策工具的选择，无疑具有重要的思想价值。

第四章 资源与环境经济学学科 2010 年会议综述

本报告对 2010 年国内与资源与环境经济学学科相关的会议和论坛进行梳理，共召开相关会议和论坛 13 次并出版相关论文集。分别是：①2010 年中国环境科学学会学术年会；②海峡两岸环境与资源学术研讨会；③中国生态经济学会 2010 年学术年会；④实行最严格水资源管理制度高层论坛；⑤第二届全国水土保持生态修复学术研讨会；⑥2010 年全国山区土地资源开发利用与人地协调发展学术研讨会；⑦2010 年家畜环境与生态学术研讨会；⑧2010 年海峡两岸环境与能源研讨会；⑨第二届全国现代生态渔业可持续发展交流研讨会；⑩第八届中国水论坛；⑪第五届中国林业技术经济理论与实践论坛；⑫生态城市建设与生态危机管理学术论坛；⑬全球气候变化与碳汇林业学术研讨会。

第一节 2010 年中国环境科学学会学术年会

2010 年中国环境科学学会学术年会于 2010 年 5 月 5 日在中国上海召开，由中国环境科学学会主办。会议围绕促进环境与经济高度融合的绿色清洁技术与管理、资源循环再利用技术与管理以及低碳技术与管理三大领域举行学术报告会和专题学术交流会，并设专题分会场重点研讨"十二五"期间环境保护发展的总体思路、重点领域和重大举措，为"十二五"环境保护规划决策提供咨询建议。年会主要内容包括三个大型学术交流活动：一是以"十二五"环境保护规划咨询建议为主题的中国环境科学学会第六届理事会第四次全体扩大会议；二是以发展绿色清洁技术，促进节能减排为主题的 2010 年学术年会报告会和专题研讨会；三是以适应低碳社会的环境与经济为主题的全球华人科学家环境论坛。会议共收到来自全国各地环保科技工作者、研究人员以及企业界环保专家等各类论文 2200 多篇，经过中国环境科学学会专家委员会相关专家认真评审，优选出 934 篇编入会议论文集，分为四卷集结出版。论文集分别探讨循环经济的理论与实践、低碳经济的理论与实践、"十二五"环境保护规划与政策探讨、城市环境问题及其对策、区域环境问题与生态环境保护、农村环境保护与可持续发展、环境监督管理制度建设与探讨、环境污染防治技术研究与开发、环境保护相关领域研究进展九个问题。以下是相关主题的论文综述。

（一） 循环经济理论与实践

随着我国经济的持续繁荣，经济增长与资源环境间的矛盾日益突出，发展循环经济成为我国缓解资源约束矛盾的根本出路。张强等从循环经济的概念入手，分析我国发展循环经济的现状与障碍因素，阐述循环经济是人类重新认识自然界，探索新经济规律的产物和实现可持续发展的核心组成部分。张墨等通过研究经济行为主体发展循环经济的内生化和自运行动力，提出我国循环经济制度体系构建的建议；肖文海基于一般均衡理论，在资源开采、产品制造、资源回收、污染物排放四环节中分析了循环经济的价格支持，构建了"政府调节市场，价格促进循环"的可持续发展机制，并以前端"减量化"优先为原则，以提高生态效率为目标，提出相应政策建议；花明等在对农业循环经济概念、内容和目标概括的基础上，分析了我国农业发展面临的4大环境问题：农业生态环境形势严峻、农业面源污染突出、畜禽养殖业污染和土壤污染，据此探讨了农业循环经济的必要性和可行性，指出了发展农业循环经济存在的问题，并从构建农业循环经济法律体系、模式体系、技术体系、服务体系和行动体系5个方面提出了推进农业循环经济的对策措施。

党的十七大提出了建设生态文明的重大战略，将调整产业结构，转变发展方式，加强环境保护作为关系全局的重大任务，使生态文明的理论成为中国特色社会主义理论的重要内容。张修玉等审视了中国古代生态哲学思想的内涵，探讨了当今社会生态文明建设与中国古代生态哲学思想的理论渊源，提出了中国古代生态哲学思想是当今社会生态文明建设的理论依据，阐明了中国古代生态哲学思想对当今社会生态文明建设的启示；许振成等综合论述了生态文明的战略目标、道路选择与研究范畴；韩孝成通过梳理生态文明研究的相关成果，认为生态文明有五方面的基本特征：经济发展的可持续性、人与自然关系的和谐性、生态质量的优良性、社会管理体制机制的创新性和全社会环境保护观念的普遍性。对于建设生态文明，提出了实践科学发展观与和谐社会理念、构建"两型社会"、转变发展方式、促进循环经济、改善生态环境质量、树立生态文明观念、创新体制机制、开展国际环保合作八个方面的战略措施；史锦华认为，我国民族地区生态环境的现实状况和发展态势相当严峻，产业结构不合理，能源消耗量大。农村生活水平低，能源效率低下。可再生能源利用是民族地区生态文明建设的巨大推动力，不仅对民族地区发展具有重要战略意义，而且可以推动循环经济的发展，促进社会主义新农村建设。此外，还有多篇论文从生态文明角度论述现代城市建设。

在产业发展循环经济方面：李会泉等从循环经济理论和产业生态学研究方法入手，通过企业层次物质流代谢分析方法为基础的物质流和能量流代谢分析方法，解析物质能量在复杂钢铁冶金系统的流动代谢规律，分析构建了我国含五条循环经济产业链的低碳运行的大型传统钢铁联合企业循环经济发展新模式；田金平以浙江杭州湾上虞工业园区为对象，分析了以清洁生产为核心的企业层面循环经济发展绩效，产业链上下游整体协作对提升产业发展水平、推动精细化工园区发展循环经济的作用，连续跟踪评价该园区循环经济发展相应的环境效益。总结提出了浙江杭州湾上虞工业园区循环经济发展模式；李婷等基于循环经济和生态系统思想，结合柴达木循环经济试验区的资源与经济现状，提出了产业集群生态化设计模式，最终从企业、集群、制度等层面提出实现产业集群生态化发展的实施策略；韦剑等论述了我国中小型钢铁企业发展循环经济的重要性和紧迫性，提出了发展循环经济的模式、原则、方法和途径，叙述了实施完成的六大循环经济工程，分析了项目实施所取得的经济、环境和社会效益；高杨着眼于日本 ELV 车辆循环利用系统，通过分析其回收、处理以及废弃过程，针对各个过程的实施者、责任者以及相关的政策法规进行了必要的阐述。并结合中国 ELV 的实际情况，对中国有效推动 ELV 资源循环利用提出建议和对策；韩涛等探讨了循环经济基本原则下的食品生产以及科技进步的方向。

2010 年中华人民共和国环境保护部、国家统计局、农业部联合公布的《第一次全国污染源普查公报》表明，畜禽养殖产生的污染已成为我国农村污染的重要来源。因此，必须加强对畜禽养殖污染的治理。陶建东等认为循环经济理论是治理畜禽排泄物环境污染的科学理论，畜禽粪便减量化、资源化、无害化的措施，对于缓解农村能源紧张状况、改善农作物质量品质、提高畜产品质量、优化人们生活环境、增强人民身体健康、促进农业可持续发展有着重大意义。畜禽粪便的处理及利用是洱海污染治理的重点；贾丽娟在实地收集洱海北部养殖数据基础上，利用 GIS 等软件对数据进行处理，得到了洱海北部畜禽粪便产生及利用现状，并对其资源化利用生产沼气的潜力进行了分析，提出了洱海北部畜禽粪便资源化利用建议。

（二）低碳经济的理论与实践

低碳经济是在全球气候变暖和能源资源匮乏的背景下提出来的。黄国勤首先简述了低碳经济提出的背景及其主要特征，认为低碳经济就是以低能耗、低排放、低污染为基础，其实质是能源高效利用、清洁能源开发、追求绿色 GDP，其核心是实现能源技术和减排技术创新、产业结构和制度创新以及人类生存发展观念的根本性转变。并简要分析了国外低碳经济的发展概况以及中国低碳经济的实践与进展。

付加锋以六个新兴经济国家促进低碳经济发展的道路为例，探讨了构建低碳增长型国家研究的一般步骤。六国经验共同展现了促进国家经济增长和减缓温室气体排放的收益，表现在可持续性的低碳增长、限制气候影响的相关管理成本、增加金融支持力度、增强国家绿色竞争力以及利于区域应对气候变化的能力建设。

随着城市化进程的加快，居民生活消费领域方面的能源消耗日益增长，有的地区甚至超过了工业能源的需求。我国 2009 年底在哥本哈根大会宣布"到 2020 年单位国内生产总值 CO_2 排放比 2005 年下降 40%~45%"，为履行我国的减排承诺，探索寻求新的 CO_2 减排路径，有必要对我国居民生活消费碳排放进行核算；冯蕊等通过对当前国内外居民生活消费碳排放估算方法进行对比，从居民生活消费能源的界定和估算方式的选择两方面入手，分析了各种估算方法的优缺点。

近百年来，地球正经历着以全球变暖为主要特征的显著气候变化，这些变化给地球自然生态系统和社会经济系统造成了多方面的影响，准确可靠地监测温室气体的变化就显得十分重要。何日安通过对目前影响温室效应气体种类以及其监测方法的归纳总结，对 CO_2、N_2O、CH_4 三种温室气体的监测方法进行了阐述；针对减排，马欣在总结典型国家温室气体减排政策和措施的基础上，结合我国实际情况，提出了我国温室气体减排的对策。

由于石油资源日益枯竭和化石燃料使用产生的全球生态环境变化问题，可再生的、清洁无污染的绿色替代能源的开发日益受到人们的重视。生物能源中的一个重要产品是生物柴油，但制约其发展的关键问题是成本过高和原料不足。微藻是第二代生物柴油原料，其生物柴油产业化研究技术开发已成为近年来国内外生物能源领域及控制碳排放领域的研究热点。卢碧林概述了用于提取生物燃料的微藻藻种的筛选分离、育种、大规模培养、采收方法及生物柴油的制备工艺等方面的现状，并对该产业的创新发展思路进行了分析。生物质合成甲醇是一种新型的能量转换技术，可以实现 CO_2 的零排放；解庆龙介绍了国内外生物质合成甲醇系统的研究现状，并对其市场前景进行了展望。发展生物产业是我国兑现哥本哈根会议低碳发展的重要承载之一，实施的关键是提升我国生物产业的竞争力；吴楠等交叉运用经济学、管理学和生物技术相关理论和方法，从分析生物产业及其特点入手，研究了生物产业竞争力的范畴、决定因素，构建了生物产业竞争力模型，并对我国生物产业竞争力进行了初步实证研究；王鑫磊综述了生物柴油的特点、生产方法、国内外研究发展现状，论述了发展生物柴油产业对我国能源安全和环境保护的意义，分析和提出了我国生物柴油产业发展存在的问题和建议。

秸秆气化作为生物质能转化技术已受到高度关注。徐庆元介绍了生物质气化的主要方法及除焦、净化提纯技术，分析了各种方法的应用及局限。$10000 m^3/d$ 两段式富氧秸秆气化成套技术近六年的应用不仅解决了秸秆收运、储存，燃气除焦、净化及热值等技术难题，而且为秸秆气化技术的大规模应用和推广提供了宝贵的经验。于爱华介绍了秸秆处理的现状和存在的问题，指出农作物秸秆焚烧的危害和秸秆发电存在的问题，提出农作物秸秆新的物质与能量梯级利用方式，响应国家行业低碳经济发展的政策，为今后在农业技术推广的秸秆利用工作中提供借鉴；王威等就农村沼气建设进行分析，简单论述了发展农村沼气的重大意义及发展现状，探讨了制约农村沼气建设的主要制约因素并提出了相应的对策和建议。

（三）农村环境保护与可持续发展

随着畜禽养殖业的快速发展，集约化畜禽养殖废水已经成为我国农村面源污染的主要来源。裴建川等主要介绍了发达国家对畜禽养殖废水资源化的成功经验，提出了中国农村利用厌氧发酵技术处理该类废水达到资源化的目的。建立畜禽养殖业规划环境影响评价指标体系的实质就是建立其环境影响的具体评价内容。杜会英等结合我国畜禽养殖规划的情况，从畜禽养殖的特点出发，提出了畜禽养殖业规划环境影响识别的必要性、方法和指标体系。

非点源污染是导致水环境恶化的重要原因之一，非点源污染控制技术和措施已经成为环境保护工作的重要内容。谈俊益等着重阐述了非点源污染定量化研究方法，并从理论与应用角度分析了非点源污染定量化研究的发展趋势；宋秀杰等从北京农业种植结构入手，分析各种作物化肥施用水平对农产品品质及农田生态环境的影响，从保护农村生态环境，保障农产品安全的角度，提出了调整种植业结构、控制化肥面源污染的对策建议；李萍萍等在对农业面源污染的概念进行界定的基础上，对农业面源污染的来源、产生及传输的特点以及对水环境的危害进行了分析，提出了农业面源污染源头防治的清洁生产对策以及面源污染的"点源化"控制对策。

随着我国农村经济的迅速发展，农村水环境问题日益凸显，加强我国农村水环境保护工作，完善农村生活污水处理设施，对建设社会主义新农村和保障水环境安全具有重要的战略意义；王军等撰文分析了国内外农村生活污水处理状况，提出了解决我国农村生活污水污染问题的建议和对策。

生态风险评价是近几年逐渐兴起并不断发展的一个研究领域。目前的研究实例主要有重金属污染对水域及土壤生态系统的风险评价，生物技术带来的生态风险评价，城镇化生态风险评价等。对农田生态风险进行评价具有非常重要的理论及现实意义。李双江等对农业生态系统的特点进行了叙述，提出了农业生态系统的风险评价指标体系的总体思路，再通过系统分析最终构建了适合农业生态系统的风险评价指标体系。

（四）区域环境问题与生态环境保护

环境污染控制是一项系统工程，建立一个能够系统地、动态地描述饮用水源地污染控制的系统模型是十分必要的。夏进等采用系统动力学的方法，对饮用水源地的污染影响因素与水质响应系统进行了宏观的动态仿真。

我国水环境污染事故频有发生，引起了社会和政府的广泛关注。杨剑等阐述了水环境事故应急处置的一般特点，探讨了RS（遥感）与GIS（地理信息系统）技术应用于水环境事故应急处置的可行性及主要途径。善明阐述了与水资源系统恢复力评价相关的理论和方法，主要包括水资源系统恢复力评价的基本概念、方法和指标体系，以及GIS技术在生态环境质量评价研究中的优势；选取吉林省二松流域水资源系统恢复力的评价指标，在GIS的支持下，利用多种来源的不同专题空间数据，建立水资源系统恢复力评价指标体系。采用空间叠加分析方法得到水资源系统恢复力评价指数和吉林省二松流域水资源系统恢复的分布趋势。水环境污染和海水入侵是海岛水资源污染破坏的主要原因。苏志强等提出了海岛水资源保护的建议和对策：加强立法、加大投入、建设监测管理系统、水源地保护、完善污水收集和处理系统来保护海岛水资源；设置阻隔层、采用双位抽水、合理开发地下水、保护和增加植被等来阻止海水入侵。杨坤等对大沽河青岛市境内流域进行了相关的调查、研究，结合《青岛市水功能区划》对大沽河干流不同功能河段的水功能区划分情况，采用对汇入河流污染物按点源、面源两大类分别进行统计计算的方法，具体对2007年全年汇入青岛市大沽河干流流域污染物总量进行了核算，对未来大沽河流域污染物排放总量预测与控制、生态环境保护起到有力的技术支撑。

随着产业转移与全球贸易的加快，特别是我国近年频繁发生的食品污染事件，消费者权益保护问题成为引人注目的话题，消费者权益保护程度已是现代国家文明程度的标志之一。包晴从环境污染转移的视角，对环境污染向消费领域转移的表现形式和对消费者的影响及相关法律控制措施进行初步探讨。

煤炭矿区所处的环境为复杂系统，目前主要采用定性分析法评价其规划产生的环境影响。为避免定性分析导致的主观不确定性，方晓明等在矩阵法基础上构建层次分析法评价模型，并将其应用于沈阳矿区总体规划环境影响评价。评价结果与沈阳矿区历史暴露的环境影响情况相吻合，具有较好的适用性。

公民是城市空气质量的直接感受者，其对于空气质量、污染源控制和政府环境管理的满意度是影响公共环境决策的重要指标。宋国君等针对现行城市空气质量管理评估中存在的问题，依据认识论与社会学调查方法论的理论结合，设计了公众满意度调查问卷。在抚顺市采用随机抽样方法抽取样本1000份。结果表明，城市空气质量满意度可以作为城市空气质量状况和政府环境保护工作绩效的一种新型评估方法。满意度对人们可感知的环境质量评估结果与科学监测数据一致；不同群体满意度差异较大，应制定有针对性的环境保护政策，提高政策效率；满意度评估方法作为对科学监测评估方法的补充，广泛适用于各城市的环境质量管理评估。

许晶等以2000~2009年湖南省主要城市声环境质量监测数据为基础，统计分析了10年来湖南省城市声环境质量状况与变化趋势。结果表明，2000~2009年湖南省城市声环境质量虽然得到逐年改善，但是2009年监测的城市主次干道中，有25.96%的路段等效声级超过70dB（A）；所监测的约2880个城市区域噪声测点中，有36.42%的测点等效声级超过55dB（A）的标准限值。长沙、株洲、湘潭和岳阳等城市4类功能区夜间噪声超标现象较为普遍，环境噪声污染治理值得重视。

付新梅等通过模拟土柱淋溶实验来研究污泥土地利用中重金属铜在土壤中的迁移行为以及对地下水的影响。结果表明污泥土地利用会明显增加土壤中铜的总量，但大部分集中在40cm以上的土壤中。与去离子水相比，模拟酸雨（pH=4.5）会使土壤中铜的淋溶强度增加，并更能促使其向下迁移。经长期淋溶后发现，淋出液中铜的浓度呈现有起伏的递减趋势，最高峰浓度达到0.0702mg/L，低于地下水Ⅲ类标准（1.0mg/L）。

于忠华等利用1995~2008年南京市产业经济和环境保护资料，分析了南京市产业结构演进轨迹以及不同产业的生态环境影响，利用不同产业的生态环境影响指数（ISE）定量计算了南京市产业结构变动的生态环境效应。结果表明，研究时段内南京市产业结构经历了3次产业结构转型，产业结构的生态环境影响总体处于中等水平，产业转型轨迹与其变动引起的生态环境效应轨迹具有趋势一致性，产业结构变动对生态环境的影响具有滞后效应。

郝伟罡等以典型牧区湖泊湿地——呼伦湖湿地为研究区，运用资源经济学和生态经济学的理论和方法，对呼伦湖湿地生态服务价值进行了量化评估。黄河干流水库群在为流域带来巨大的社会和经济效益的同时，也对黄河河流生态系统的功能产生了显著的影响。蒋晓辉等建立了一套河流生态系统的评价指标，运用生态经济学、环境经济学和资源经济学的方法,计算了黄河干流大型控制水库群对河流生态系统的价值影响,计算结果表明,黄河干流龙羊峡、刘家峡、三门峡及小浪底增加的河流生态功能服务价值为142.694亿元/a。张为人等基于3S技术对辽宁省锦州市凌河口湿地自然保护区的土地利用/土地覆盖现状进行野外核查,并结合对湿地进行的鸟类、鱼类、植被状况、空气、水质、土壤状况等调查,采用张峥等提出的多样性、代表性、稀有性、自然性、稳定性和人类威胁6项指标组成的湿地生态环境评价指标体系,对凌河口湿地生态环境质量进行了评价。结果表明,凌河口湿地生态环境评分值R为76.2分,生态环境质量处于较高水平。王萱等基于海岸带生态系统服务的分类及各类服务的特点,提出海岸带生态系统服务损失货币化评估技术的选择框架,并构建相应的评估模型,进而尝试对同安湾4个围填海规划方案可能造成的海岸带生态系统服务损失进行货币化评估。结果显示,从方案1至方案4,随着围填海面积的增大,生态系统服务损失显示累积性效应。黄君等利用美国陆地卫星LandsatTM5遥感影像数据,对无锡市2006~2008年土地利用/覆被进行遥感解译,通过GIS的空间分析功能提取出生物丰度指数、植被覆盖指数、水网密度指数、土地退化指数、环境质量指数等评价信息,利用综合指数法和生态环境状况指数(EI)模型,分析无锡市2006~2008年生态环境发展状况,并结合无锡市2006~2008年社会经济发展状况,探索了以无锡市为例的城市生态环境状况与经济发展状况的综合评价研究,对区域生态环境的保护和改善以及经济可持续发展具有积极意义。

承载力评价已经成为我国环境影响评价中最主要的预测和评价方法之一,白宏涛等在分析我国城市发展战略环境评价中土地资源承载力评价的历史演变的基础上,讨论了"人口容量"和"产业发展导向"两种土地资源承载力评价思想的发展及其不足,并以天津滨海新区战略环境评价研究为例,从一种全新的角度探索了土地承载力的评价思路,提出了基于生态战略的城市发展土地资源承载力评价方法,从而丰富了我国资源承载力评价的内涵。

魏涛以重庆市2008年统计数据为基础,对重庆现代公路物流园区2008年生态足迹计算结果表明,该地区与全球平均水平相比,人均生态足迹增加33.67%,人均生态承载力下降52.50%,生态赤字是全国平均赤字的5.32倍,表明该地区生态足迹超过了当地生态承载能力,区域经济社会发展处于一种不可持续的发展状态。另外,还分析论述了减少该园区生态足迹、提高生态承载力的对策。

滕宏林等研究了淡水河流域生态补偿与污染赔偿机制建立的必要性。淡水河作为广东省内跨不同行政区域的一条河流,符合流域生态补偿的特征。该机制的建立以跨市交接断面水质作为考核依据,以Ⅲ类水作为水质考核与生态补偿的基准点,并给出了考核因子和相应的核算标准,最后提出了实施机制的具体措施,对淡水河流域生态补偿与污染赔偿机制的建立有一定的指导意义。连娉婷等从海洋生态补偿的定义出发,根据海洋生态损害的类型,对我国实践中的海洋生态损害补偿进行归类,将其分为一般性海洋生态损害补偿和事故性海洋生态损害补偿,并对这两类生态补偿的标准确定做了相应的探讨。

(五) 环境保护相关领域进展

借助于环境质量评价方法和其他领域或学科提供的各种数学分析方法,生态环境影响评价工作在水电建设项目和流域水电开发中初见成效,但对于水电开发生态环境影响评价中评价方法的选择与使用效果很多专家和学者各执一词,评价方法体系混杂。侯小波等对水电开发活动中生态环境影响评价所应用的方法进行了系统的总结,并进行了分析和比较。

环境规划是组织开展环境保护工作的纲领和依据,是协调经济发展与环境保护的有效工具。洪鸿加等综述了近年来国内外在环境规划基础理论和技术方法的研究进展,并对目前国内环境规划研究存在的问题和发展趋势作了讨论。研究表明:目前我国环境规划已取得很大成效,已初步形成环境规划体系,但在理论研究、衔接性、实施机制和效果评估上仍存在一定的问题。在环境规划编制规范、技术方法和决策系统等方面的研究还有待进一步深入。

卜国琴认为,排污权交易已被不少国家的实践证明是一种较为高效的污染治理途径。排污权交易制度在很大程度上从理论研究和实践操作两个层面推动了环境规制理论与政策的不断发展与完善。今后国内排污权交易研究的重要方向之一是采用规范的实验经济学研究方法,借鉴国外同类实验的排污权交易市场机制设计思路,研究不同交易制度包括双向拍卖、分散交易、标签价格制度等对排污权交易市场效率高低的影响,同时考察交易费用对市场运行效果的影响及如何降低排污权交易市场中垄断因素所造成的不良影响,以及排污权初始分配等问题。

周华研究了地表水质模型,分析了地表水质模型的研究发展历程,揭示了地表水质模型的发展所经历的由经验—机理、单要素(或无机、大量、无毒要素)—多要素(或有机、微量、有毒要素)、单"介质—多介质"、"稳态—动态"、"点源—非点源—点源"和非点源二者统一研究的演化过程,对 QUAL2E、QUAL2K、RMA—12、EPDRivl、WASP6、WASP7和ECOLab 七个常用地表水质模型做了详略不同的介绍与特点分析,指出 QUAL2K 模型具有功能全面、通用性强和对数据、资料的需求量较少等几大优势,将会在我国得到更好、更广泛的应用。

第二节 海峡两岸环境与资源学术研讨会

海峡两岸环境与资源学术研讨会暨第二届中国环境资源与生态保育学会会员代表大会于 2010 年 7 月 6 日在中国山东临沂召开。由中国环境资源与生态保育学会主办,临沂师范学院和中科院地理科学与资源研究所承办。会议主题为"资源利用,水土保持与环境保育"。会议主要围绕水土流失检测技术与方法、土壤侵蚀原理与控制、生态修复与环境保护、资源利用及其环境效应、非点源污染控制原理与方法、环境演变与全球变化等议题进行交流探讨。大会收到216篇论文，正式出版74篇，中、英文论文集各1部。相关论文综述如下：

（一）非点源污染控制

张敏等对浙江省长兴县北部小流域非点源污染估算与控制一文中，通过GIS软件的水文分析模块对浙江省长兴县30mDEM数据做流域划分，选择最北部的一个完整的小流域作为研究区，以氨氮作为污染指标，利用改进后的输出系数法估算其非点源污染负荷及主要来源，并结合行政区和各乡镇特点提出相应的非点源污染控制手段。

卓慕宁等在广州城市快速路代表性路段选择3个监测点开展路面径流监测。结果表明，广州城市快速路路面径流悬浮固体、化学需氧量和石油类等污染物浓度较高，氮、磷营养盐浓度较低；不同监测点路面径流污染浓度差异较大，主要受降雨特征、日交通量和道路周边土地利用等因素的影响。路面径流中的石油类、化学需氧量、五日化学需氧量、总氮、总磷、铅和锌等污染物已超过我国地表水环境质量标准Ⅲ类标准限值，若不经处理直接排入地表水，则可能造成受纳水体的水质污染。城市快速路道路旁径流排水口附近的土壤已明显受路面径流污染的影响，表层土壤有碱化、养分含量增加和重金属积累的趋势，路面径流污染给道路沿线土壤带来潜在的土壤理化性质不平衡和重金属污染的威胁。

廖义善等基于大布河的数字高程模型（DEM）、土地利用图及各集水区水质监测数据，以ARCINFO、SPSS为主要信息提取及分析工具，对北江上游典型小流域农业非点源污染的现状、时空特性及影响因素进行分析。研究表明，流域内存在一定程度的氮污染，采集的15个水样中含氮量在Ⅲ类水标准以下的水样占93.3%。磷污染较为轻微，含磷量在Ⅱ类水标准以上的水样占水样总数的80%。氮素输出强度随无雨、雨前、雨后三个时段依次增大，而磷素输出强度随时间变化无明显规律，与降雨密切相关。非点源污染的"源"地类对地表径流氮、磷输出强度具有重要影响，各集水区中农业用地、居民地所占的面积比重与三个采样时段输出强度的相关系数依次为0.956、0.871、0.764/0.824、0.546、0.737，具有较好的正相关关系。同时，地类对非点源污染物的"源"、"汇"作用因空间而异，地形因素对非点源污染具有一定影响，但地类对非点源污染的影响要大于地形对非点源污染的影响。

（二）资源利用与环境效应

王瑶以人口增长、资源开发、环境变迁为主线，探讨了秦汉以来人类活动对我国生态环境变迁的影响，提出了合理开发利用资源、改善生态环境的5项措施，以期为合理利用自然资源、改善生态环境提供依据。

陶爱祥提出了衡量我国低碳经济发展水平的指标，数量指标是CO_2排放量，质量指标是万元GDP能耗。运用灰色关联理论分析了影响我国低碳经济发展水平的因素。结论表明，对我国低碳经济发展水平起关键作用的主要因素是能源结构、产业结构、人口总量、人均受教育水平，而科技投入对于我国低碳经济发展水平不够显著。为了提升我国低碳经济发展水平，必须改变能源消费结构、转变经济发展方式、减少人口数量、提升人口质量、提升科技创新水平。

（三）生态修复与环境保护

刘加珍等根据聊城统计年鉴，运用自然资源经济价值评价方法，对聊城河流生态系统服务进行评价，结果表明：2008年聊城河流生态系统各种服务的价值量排序为"休闲娱乐＞贮水＞水产品生产＞调蓄洪水＞供水＞净化＞大气组分调节"。从排序结果看，其主要的服务为贮水、水产品生产及休闲娱乐。

田运林对延庆县上辛庄径流试验站两年监测数据的分析结果表明，植被覆盖度的提高可以明显抑制径流、土壤的流失强度，并且可削弱坡度、降雨对水土流失的影响程度。同时，30%的植被覆盖可能是该区能有效控制水土流失的临界值；污染物的流失强度随植被覆盖度的变化规律和径流与植被覆盖度的变化规律一致，即随着植被覆盖度增加而降低，说明植被措施对污染物流失的控制主要是通过减少径流泥沙而起作用的，但植被措施对不同污染物的抑制效果存在差异。

李仲翔以自编的"环境行为问卷"为研究工具，以桃园某小学全体五、六年级学生为研究对象，以问卷调查法收集资料，再用T考验、单因子变异数、皮尔逊积差相关、多元回归做统计分析，研究结果均指出学童参与打扫行为的表现是正向且积极的，而打扫行为与环境行为间亦有很高的相关性，打扫行为与环境态度可决定学生环境行为的强弱指标。由此看出，学校环境教育方法与内容得当，会对环境行为的养成有极大帮助。

第三节　中国生态经济学会 2010 年学术年会

由中国生态经济学会主办、浙江理工大学承办的"中国生态经济学会 2010 年学术年会"于 2010 年 11 月 6~8 日在杭州召开，来自农业部、国家林业局、中国科学院、中国社会科学院等在北京的研究机构和政府部门，来自北京林业大学等 50 多家高等院校，以及来自天津市、江西省、四川省、浙江省、安徽省等省（市）实际工作部门的学者、专家和领导共约 120 人参加了本次学术年会。通过筛选，本次年会共有入选论文 99 篇。本次年会上，围绕生态经济相关概念的辨析，生态经济思想的历史、现实与发展趋势，生态经济影响力的提升，生态城市建设，生态系统优化管理以及生态文明建设等内容，9 位专家做了主题发言。根据年会征文主题，本次年会分别设置了生态文明与制度建设、区域生态经济、生态产业与低碳经济 3 个专题分会场，共有 25 位代表做了专题报告。

（一）中国生态经济理论的发展与提升

近 10 年来，生态经济学理论得到了很大发展。中国生态经济研究的主要成果可以从理论的高度总结为"三大贡献、三大创新"。其中,"三大贡献"指建立了比较完整的理论体系、形成了适应中国实践需要的生态经济学科群体、把生态文明上升为比工业文明更高一级的形态;"三大创新"是指生态经济的理论创新、技术创新和制度创新。

在此次会议上,生态文明建设是学者们主要讨论的议题之一。与会者认为,建立在工业文明基础上的中国传统经济发展方式是生态破坏型的和生态不经济型的。在传统生产方式下,节约资源并不能从根本上解决资源稀缺对经济发展的制约。要想从根本上破解这种制约,必须将发展方式的文明基点转换到生态文明上来,实现发展方式转变和生态文明建设的良性互动。要推进生态文明建设,必须实施产业生态化战略、消费绿色化战略、资源节约型战略和生态经济化战略,进行市场机制创新、政府机制创新和社会机制创新。建设生态文明、发展绿色经济的过程,是人们思想观念革故鼎新的过程。中国区域生态文明建设很可能存在一个"区间效应",即在生态文明发展的较低阶段,生态文明会陷入一个低水平均衡"陷阱",而在跳出这个区间后,则会进入一个良性发展阶段。因此,对于处于较低生态文明发展水平的地区而言,政府必须从外部对生态文明发展提供更有力的支持和进行更强的干预。中国不同区域产业生态化的发展水平不同:以北京市、上海市、江苏省、浙江省等为代表的发达地区产业生态化水平相对高一些,循环经济与生态经济发展得相对好一些,而东北及西部地区产业生态化水平则相对较低。这种差异是由区域内微观经济主体(企业)的生态化、生态产业链的构建、区域间产业分工和产业转移4个方面的因素造成的。只有树立生态道德伦理观,转变狭隘的生态价值观,改革某些传统的经济机制与发展方式,切实运用生态经济的双向反馈调节机制,处理好经济增长质量与速度的关系、满足基本需求与提高生存质量的关系、人口的数量与素质的关系、自然资源的存量与增量之间的关系、科技进步与"发展顶级"突破的关系、环境与发展的均衡关系以及开源与节流的关系,才能有效化解生态经济的深层矛盾,构建起有利于实现生态文明的社会体制。

对于近年来出现的与生态经济相关的新概念、新提法,例如绿色经济、循环经济、低碳经济等,理解其含义、厘清它们与生态经济之间的关系,对生态经济学的发展具有重要意义。目前,生态经济理论创新滞后,同化、空化和异化问题阻碍着生态经济学的新发展。而在中国生态经济理论的发展中,厘清生态经济、绿色经济、循环经济、低碳经济之间的关系是关键。第一,"绿色"是一种生态概念,从这个意义上说,绿色经济与生态经济的领域相当吻合,可以说生态经济是一种绿色经济,也可以说绿色经济就是生态经济。总的来说,循环经济、生态经济、低碳经济、绿色经济和环境经济都是绿色经济,只是"绿色"的程度不同。第二,低碳经济实际上是从节能减排特别是CO_2的控制与减排的意义上提出来的。低碳经济可以被理解为生态经济在能源问题和节能减排问题上的拓宽和突破,是生态经济的重要发展。但是,低碳经济不能代替生态经济。第三,生态经济为循环经济提供了学科理论基础,如果从生态经济学的层次来理解循环经济,就能更深层、更本质地理解循环经济的内涵;同时,循环经济形成的一整套比较成熟的原则、思路和操作方法也基本上适用于生态经济,在自然生态系统与社会经济系统尚不能相互促进、相互协调时，即在线型经济尚未退出历史舞台的阶段，循环经济是生态经济的有效实现形式。第四，循环经济与绿色经济都是可持续经济。第五，循环经济与低碳经济的目标是一致的：循环经济要解决资源约束与经济发展之间的矛盾，必须集中解决温室气体排放问题，解决碳的高消耗、高排放和高污染问题；而从高碳经济向低碳经济发展，正是循环经济所要解决的突出难题。从这个意义上说，低碳经济是循环经济的组成部分和进一步深化。

（二）中国生态经济实践的发展

多数专家认为，中国经济的迅速发展为生态经济实践提供了基础，中国生态经济实践很有特色，实践经验和实践内容也很丰富，因此，要充分估计和研究中国生态经济实践。本文主要从以下三个方面概括此次会议上关于中国生态经济实践发展的有关观点。

第一，生态省、生态县（市）和生态村已经形成体系。不同区域在生态省、生态县（市）和生态村建设方面都有成功案例，例如，四川省南充市嘉陵区凤垭山的生态农业旅游开发建设、黑龙江省双鸭山市的山水生态经济发展、浙江省安吉县的生态经济建设以及江西省婺源县的"中国最美的乡村"建设等。这些地区的成功实践为其他地区生态建设提供了可资借鉴的经验。在省级层面上，青海省虽然是全国唯一实施"生态立省"战略的省份，但其在2002~2007年人均生态足迹超过了人均生态承载力，出现了生态赤字且生态赤字持续扩大，目前的发展处于一种强不可持续状态。要提高该省生态系统的可持续性，必须加快产业结构调整，大力发展生态经济和循环经济，重视保护自然生态系统。

第二，农林领域的生态经济实践取得一定成效，但仍有待加强。生态农业、草原生态系统管理、水源地生态环境管理、农民的生态经济实践行为等内容备受与会学者的关注。生态农业是生态产业体系中最基本的产业，也是实践比较丰富的产业，还是发展低碳经济的有效模式。以江西省生态农业建设为例，新中国成立以来其发展历程可以划分为原始粗放型生态农业阶段、资源开发型生态农业阶段、高产多样型生态农业阶段、优质高效型生态农业阶段和安全持续型生态农业阶段，生态农业在不同阶段表现出不同的特点。江西省创造的"猪—沼—果"生态农业模式，被农业部誉为"赣南模式"或"南方模式"，为南方生态农业的发展提供了有益的借鉴。鄱阳湖生态经济区发展生态种植、生态水产养殖、生态畜牧业和生态果品业，对于保障国家重要农产品供给、保护鄱阳湖生态经济区的生态环境具有重要意义。

在草原生态系统管理方面，与会专家指出，其生态系统功能变化表现出明显的区域特征。近25年来，青藏高原植被覆盖度增加和生产力提高的区域主要集中在东部和南部的湿润、半湿润地区，藏北高原和三江源地区的草甸、草原等生态系统退化严重。西藏"一江两河"（雅鲁藏布江、拉萨河、年楚河）地区，人类活动强烈区域的植被净初级生产力呈下降趋势，而人类活动较难到达区域的植被净初级生产力呈增加趋势。因此，建设大型生态工程和创新区域生态管理模式是优化西藏高原生态系统管理的主要途径；而"一江两河"农区是实现西藏生态系统可持续发展的关键，因此，应积极发展农区草产业，促进西藏生态系统可持续发展。推动草原可持续发展，需要建立草原生态补偿机制，但草原生态补偿政策在实施中面临着诸多问题与困惑，其实质是生态保护建设与牧民生计、牧业生产、牧区发展不同步，以牺牲环境为代价"建设"草原生态的现象普遍存在。这些问题是草原产权不明晰、法律机制不健全、草原惠牧政策缺失、融资机制不完善、组织管理体制薄弱等多重制度因素综合作用的结果。

在水源地与流域生态环境管理方面，密云水库、东江源国家生态功能保护区以及鄱阳湖流域的生态经济建设提供了有益的经验。密云水库库区生态经济建设的层次性特征明显，从第一层次开始向后逐步展开，生态保护每提高一个层次，库区生态经济结构的丰富性和稳定性就迈上一个新台阶；以旅游废弃物资源化利用为主要内容的循环农业是密云水库库区实现经济与环境协调发展的有效途径；新农村建设与循环农业的有机结合有利于库区构筑优良的生态经济环境。东江源国家生态功能保护区通过采取封育保护、科学监测、退耕还林、产业推动和能源结构调整等措施，促进了东江全流域经济社会的可持续发展，取得了良好的生态效益和经济效益。为进一步促进该区域发展，应建立生态服务产业区，加快流域协调机制建设，积极探索生态修复和保护的模式和技术。鄱阳湖流域"山江湖工程"在国内率先综合运用生态学、经济学以及系统工程的理论与方法，实施流域综合管理，开创了中国大中流域生态经济建设的先河。总结这一工程的实践经验并进行理论提升，对推动流域综合管理和实现流域科学发展具有相当重要的意义。

生态经济实践需要不同群体的广泛参与，他们的行为直接影响到生态经济实践的成效。从大城市周边农民的环境行为来看，他们的生活类环境行为优于生产类环境行为，生产类环境行为优于公益类环境行为。针对这一状况，要提高农民行为的环境效果，需要建立健全农民环境行为的激励机制和监督机制，开展多种形式的农民环境知识教育，特别要重视培养贫困和低学历群体的环境意识。从公众对森林碳汇服务的认知与支付意愿情况看，公众对森林生态功能有一定的认知水平，购买森林碳汇服务的意愿较强，购买森林碳汇服务的意识基础较好，特别是在购买生态彩票方面潜力较大。实证研究表明，是否愿意为个人排碳付费、森林固碳是否应得到补偿、是否知道森林有固碳作用、个人是否有必要减排和性别5个变量对公众购买森林碳汇服务的意愿有显著影响。

第三，城市生态经济问题值得关注。与会者认为，生态经济实践不能只关注农林领域，节能减排、清洁生产、资源综合利用，特别是城市生态经济问题，也应成为生态经济实践的重要组成部分。因此，城市生态经济问题研究应该成为生态经济理论研究的重要领域。

天津生态城建设作为成功的案例，其建设规划坚持"人与人和谐共存、人与经济活动和谐共存、人与环境和谐共存"的"三和"原则和"能实行、能推广、能复制"的"三能"标准；其建设规划的思路：一是坚持生态优先，构建健康安全的自然生态体系；二是坚持资源节约，构建集约永续的资源利用体系；三是转变发展方式，构建循环高效的产业支撑体系；四是坚持以人为本，构建宜居友好的人居环境体系；五是坚持先进方向，构建和谐文明的生态文化体系；六是坚持改革创新，构建开放公平的管理运营体系。

天津滨海新区国投北疆发电厂作为循环经济示范电站，与国外的第一个工业生态园区

（丹麦的卡伦堡）很相似，但总体水平更高，而且还有很大的潜力可以挖掘，需要加强对其在循环经济、工业发展方面实践经验的总结。

与会学者认为，无论是生态建设，还是节水、节能、节地，城市的潜力都最大，特别是城市建筑和城市交通，是节能减排的重要领域。在城市建筑方面，在现实条件下，将太阳能转变成光伏电源在短期内不能大规模实现，但可以通过改善房屋设计来有效利用太阳能，特别是城市高层建筑有很大的节能潜力。因此，应从建筑节能做起。建筑业的各个环节都具有降低能耗的可能性，积极提高建筑物全生命周期的资（能）源效率是建筑节能的核心，全面考虑降低建筑物全生命周期的能耗是建筑节能的主要任务。在城市交通方面，尽管电动汽车可以大量推广，且市场潜力很大，但最终还是需要用电。从电动汽车这一产品的全生命周期来说，发展和推广这一产品在经济上并不见得合算。因此，从根本上讲，发展公共交通、轨道交通是最有益的。解决大城市的交通问题，还是应该以发展公共交通和轨道交通为主。在这方面，各级政府还需要做大量的工作。

第四节　实行最严格水资源管理制度高层论坛

"实行最严格水资源管理制度高层论坛"于2010年11月26日在武汉举行，会议由湖北省水利学会、湖北省水利厅主办。来自水利部、中国水利学会、长江水利委员会、武汉大学、长江航道局、汉江集团、湖北省科学技术协会、湖北省环保厅、长江职业技术学院、湖北省水利厅及其直属单位、湖北各市州水利水电水务局的领导和专家一百五十多人参加了论坛。论坛围绕"划定三条红线，落实最严格水资源管理制度"这一主题和湖北省提出的"引江补汉工程神农溪方案"进行了深入研讨。

水利部胡四一副部长指出，实行最严格水资源管理制度的关键是围绕水资源配置、节约和保护，建立水资源管理的三条控制红线，完善各级政府的责任制，提高水资源科学化、精细化管理水平，全面推进节水型社会建设。敬正书理事长在讲话中指出，面对日趋强化的资源环境约束，必须增强危机意识，全面实行资源利用总量控制、供需双向调节、差别化管理，以水资源的可持续利用保障经济社会的可持续发展。做好水资源管理流域与区域相结合，是水资源管理的一个重要原则。跨流域引水涉及面广，影响很大，必须在做好充分可靠的论证后，再做科学决策，这样才能确保工程受益大、损失小；湖北省赵斌副省长指出，湖北将力求在未来的五年中，全面铺开节水防污型社会建设，灌溉水利用系数由0.43提高到0.48，节水率达到10%以上，逐步实现全省农业用水零增长、万元工业增加值用水量降到国家平均水平。为应对南水北调中线工程调水和陕西省引汉济渭工程实施后，汉江中下游水生态环境的显著变化的局面，湖北省提出了引江补汉神农溪调水计划，初步确定了引水工程按一级水库结合两级提水方案进行重点研究；蔡其华主任在讲话中指出，当前和今后一个时期，在长江流域实行最严格的水资源管理制度的总体思路是：积极推行总量控制和定额管理相结合的取用水管理制度，健全完善流域管理与区域管理相结合的水资源管理体制；严格水资源管理，合理配置且高效利用水资源；严格控制入河排污，保障水资源的可持续利用，维护河流健康，促进人水和谐；根据水资源、水环境、水生态的承载能力合理开发利用水资源，支撑经济社会的可持续发展；王浩和王光谦院士分别作了题为《加强流域二元水循环基础研究，为最严格的水资源管理制度提供科技支撑》和《水资源高效利用与梯级电站优化调度》的学术报告。王忠法厅长作了题为《做好严格管理水资源大文章，保障湖北经济社会稳定健康持续发展》的报告。还有4位有关方面负责人和技术专家就一些技术、管理、制度、途径等问题发了言。水利部水资源司负责人陈明认为，湖北省举办的这次论坛将对全国实行最严格水资源管理制度产生积极影响。相关的论文综述如下：

（一）划定三条红线，落实最严格水资源管理制度

在内涵方面，胡铁松从实证和理论等方面阐述了最严格水资源管理制度的内涵，即以水循环规律为基础、对水资源实施依法管理和可持续管理的管理制度，旨在提高水资源的配置效率。

在实施最严格水资源管理的必要性方面，姜铁兵认为，我国南方地区水资源相对较丰富，但近年来随着经济社会的高速发展，水生态环境持续恶化趋势未根本遏制，水质性缺水日益凸显。以武汉市为例，从水资源稀缺性的角度论述了丰水城市实行最严格的水资源管理制度的必要性，并提出了以水价机制和水权交易制度为核心的实施方略。

在如何实施最严格水资源管理方面，易家庆认为，解决的途径一是要确立实行最严格水资源管理制度的理念。二是把住两个"关口"：把住取水口管理关，严格取水许可管理和取水口设置审批；把住排污口管理关，加强排污口监督。三是建立"三条红线"：建立用水总量控制红线指标体系，启动省、市、县三级取水许可总量控制指标体系编制工作；建立用水效率控制红线指标体系，修订《湖北省用水定额》，开展全省主要用水行业用水效率控制红线评价指标研究，建立全省用水效率监测考核和监管制度；建立水功能区限制纳污红线指标体系，完成21世纪前10年全省地表水功能区水资源质量变化调查评价工作，在此基础上制定全省水功能区限制纳污红线指标并加强考核。四是突出四个要点：取水点、排污点、河湖节点和四足行政区域分界点。五是从法规、责任、规划、工程和管理5个方面加强制度建设。

林德才、邹朝望结合用水总量控制内涵，对用水总量控制研究进行了初步定位，明确用水总量控制研究内容，制定了用水总量控制研究方法。根据用水总量控制指标与评价体系构建的原则，对用水总量控制指标和评价体系进行了探讨，指出湖北省实行用水总量控制存在的问题，提出了相关建议。

在监管制度建设上，朱志龙根据水功能区纳污红线控制水质监测方案，分析了湖北省水质监测现状，提出了站网布局、监测指标与保障等监测体系规划目标。

周国清等总结了基层水行政管理部门面临的职能缺失、资金缺少、人才缺乏、执法缺

位的现状，提出了优化法律制度、管理体制、技术手段、执法队伍等水资源管理的对策。

（二）引江补汉工程神农溪方案

谢平、肖婵和许斌对"南水北调中线工程"汉江中下游水环境的影响调查结果显示，中线调水工程对汉江中下游水质和水量均产生了明显的不利影响。对汉江水华的出现必然将起到促进作用。引江济汉工程可有效改善水环境状况，但是为了有效防止水花的发生，仍然需要加强枯水期水量补充，加强减排控制措施。同时加强汉江流域生态环境的动态监测和科学研究，以便为后期的调水工程和调水规划提供依据。保证调水区的环境不受损害，实现水资源利用的可持续性。

许开翔、吕松认为，南水北调中线水源区工程的汉江中下游治理四项补偿工程的主要任务为修复、缓解因南水北调中线工程实施调水后引起丹江口水库下泄流量减小而导致的对汉江中下游流域生态环境带来的不利影响，如人畜安全饮水、农业灌溉和水功能弱化等。南水北调中线补偿工程的实施，将对荆门市经济社会发展和生态环境产生重大而深远的影响。在对汉江荆门段水环境影响进行调查研究的基础上，提出了生态补偿机制政策的一些建议，如建立生态补偿基金、完善财政转移支付制度和明确水生态补偿标准等。

周念来、关洪林分析了南水北调中线工程调水后汉江中下游生态补偿资金筹措存在的一系列问题，提出了相应解决思路：近期主要通过中央财政转移支付、受水地转移支付、调水水价中增加资源费和环境费、设立生态风险基金；远期通过引入水权转换机制等集资金。

第五节　第二届全国水土保持生态修复学术研讨会

"第二届全国水土保持生态修复学术研讨会"于 2010 年 7 月 10 日在贵阳召开。中国水土保持学会水土保持生态修复专业委员会、水土保持与荒漠化防治教育部重点实验室及林业生态工程教育部工程研究中心联合承办，出席会议的专家、学者和工程技术人员一百余人。会议紧紧围绕石漠化地区植被恢复、盐碱地治理及植被恢复技术、干热河谷植被恢复、困难立地植被恢复新产品创制与应用、不同植被类型对高原喀斯特洼地土壤质量的影响、生态修复新材料、新技术在国内外应用实例、裸岩边坡植被恢复技术研究与实践等各专题展开。会议邀请了水利部水土保持司原司长焦居仁、南京林业大学副校长薛建辉教授、中国科学院地理科学与资源研究所农业节水与盐碱地治理中心主任康跃虎研究员、中国林业科学研究院资源昆虫研究所副所长李昆研究员、北京林业大学王百田教授、内蒙古农业大学高永教授、贵州省林业科学研究院张喜研究员等专家作了大会特邀学术报告。

焦居仁认为，水土保持是水利事业发展的产物，"山川秀美"重要批示和科学发展观，使我国水保生态建设进入了新的发展时期。水利部和全国人大农委依据内蒙古自治区乌兰察布盟和陕西吴旗县创造的经验，推出了生态修复新举措，是我国水土保持历史性突破，实现了从传统到现代的跨越。实践检验水土保持成效，造福群众；黄土高原开始变绿；黄河年均输沙由16亿吨减少到12亿吨。要充分认识水土保持生态环境建设的长期性、复杂性和艰巨性，坚持改革，不断创新，夺取新的胜利。

刘建军认为，我国在20世纪80年代译作"生态恢复"是一个很大的误解。因为生态建设的英文是：Ecological Restoration，其科学术语应该是：生态重建。国际生态重建学会（2002）的最新定义是："生态重建"是协助一个遭到退化、损伤或破坏的生态系统恢复的过程。在生态修复效益问题上，郑良勇等在全面总结南水北调东线济平干渠生态修复模式的基础上，结合水土保持监测成本，对济平干渠工程生态修复效益进行了分析研究。结果表明：济平干渠生态修复可以分为防护林模式、植物护坡模式、管理区及防护林苗木基地模式三种配置模式。工程扰动土地整治率达到99.7‰，水土流失总治理度达到99.6%，工程拦渣率达到100%，土壤流失控制比为2.1%，林草植被恢复系数为99.4%，林草植被覆盖率达到50.9%。工程水土流失影响指数（SWII）为0.0873，生态修复取得了良好的蓄水保土效益、生态效益和社会效益。

随着国家经济的持续快速增长，对能源尤其是对电力的需求越来越大；随着我国筑坝技术和特高压远距离输电技术的成熟，何果佑认为，开发西藏丰富的水力资源，实施"藏电外送"，不仅极大地支持了内地经济的发展，又符合节能减排，发展低碳经济的要求，同时又带动了西藏自身经济的发展。

第六节 2010年全国山区土地资源开发利用与人地协调发展学术研讨会

2010年全国山区土地资源开发利用与人地协调发展学术研讨会于2010年7月22~23日在春城昆明召开。由中国自然资源学会土地资源研究专业委员会、中国地理学会农业地理与乡村发展专业委员会主办，云南财经大学国土资源与持续发展研究所承办，来自全国20多个省（市、自治区）的代表150余人，大会交流论文175篇。会议围绕落实科学发展观和生态文明建设新形势下，我国山区土地资源开发利用与人地协调发展的热点、焦点和关键问题，展开了广泛的交流和讨论。

本次研讨会的论文集——《中国山区土地资源开发利用与人地协调发展研究》（主编：刘彦随、杨子生、赵乔贵），已于2010年6月由中国科学技术出版社正式出版。论文集收录了经严格筛选的学术论文105篇，计150余万字，涉及山区土地可持续利用理论与实践、山区土地资源调查评价与土地利用变化、山区土地资源安全与土地生态建设、山区土地综合整治与特色农业发展、新农村建设与土地节约集约利用模式、土地利用总体规划与典型修编案例、城乡土地集约利用与可持续管理、学科建设8个前沿领域，展示了当前我国土地资源与乡村发展研究的最新成果和研究新进展。

第七节　2010年家畜环境与生态学术研讨会

"2010年家畜环境与生态学术研讨会——畜牧业环境、生态、安全生产与管理"于2010年7月29日~8月1日在内蒙古自治区通辽市举行，由中国畜牧兽医学会家畜环境卫生学分会和家畜生态学分会联合主办，内蒙古民族大学承办。围绕"畜牧业环境、生态、安全生产与管理"这一主题，168名与会代表进行了深入的交流探讨。

会议认为继承天人合一的生态文明观、寻求自然与人文结合之道，从伦理、科学多视角倡导动物福利、日臻完善饲养管理程序。大家剖析了规模化、工厂化饲养模式的弊端和当前疾病流行特点，认识到优良的饲养管理重于防疫，在畜牧生产中贯彻以健康为基础，提高家畜生产力、实现动物性食品安全与环境安全。会议期间，大家听取了有关专家对马、寒羊、油鸡和文昌鸡等优良品种的生态适应性和遗传分布特征的报告，倡导在利用中保存祖先优秀品种资源，与社会对畜产品品质需求相适应，为社会供应丰富多彩的优质产品。肉牛、蛋鸡、肉鸡、水禽、兔等国家产业体系的专家，从环境控制、环境测试技术、饲养模式与动物行为等角度，揭示了畜舍的环境特征，旗帜鲜明地继承传统资源循环畜牧生产模式的精华，努力创新，不断注入新技术元素和现代管理理念，促进我国节粮、福利和资源循环型畜牧业的发展。会议代表关注环境友好型畜牧业的发展，从低碳甲烷的减量化、营养物质利用与饲料添加剂、隔热低能耗畜舍设计、堆肥发酵等方面讨论了低碳经济社会畜牧业的减排责任，并且就生态承载力和发酵床养猪技术等软科学与实用技术进行广泛的讨论。

李玉芝教授作"Research in Animal Behavior and Its Applications"的报告，肉鸡产业技术体系张宏福教授对生态伦理问题作了详细阐述，水禽产业技术体系施震旦教授作了"水禽生产的'瓶颈'和水生态"的报告。大会论文集收录99篇研究报告，共539页。大会安排56人在大会上作报告，其中包含11位研究生，为青年学者提供了交流平台。

第八节　2010年海峡两岸环境与能源研讨会

"2010年海峡两岸环境与能源研讨会"于2010年7月12日~7月14日在中国科学院上海应用物理研究所召开。我国及在美国、德国和日本的海外华人学者共计100多位代表出席了本次研讨会，讨论了新型能源和新材料、大气污染、温室气体排放、绿色城市规划、自然灾害预测等多个议题。中国科学院院士柴之芳先生在本次会议上作了题为"核能与社会发展"的报告，中国科学院上海应用物理研究所环境组就核分析技术在大气环境中的应用同与会代表进行了广泛、深入的交流。

第九节　第二届全国现代生态渔业可持续发展交流研讨会

"第二届全国现代生态渔业可持续发展交流研讨会"于2010年10月22~24日在湖北武汉举行，中国鱼类学会、中国水利技术信息中心、国家淡水渔业工程技术研究中心（武汉）、中国水产科学研究院淡水渔业研究中心共同主办。会议围绕生态渔业、渔业可持续发展等有关理论和实际问题进行了深入交流。与会150多位代表一致表示大力发展生态渔业，推广应用新型生态渔业发展模式，逐步构建生态合理性、经济高效性、功能良性循环的现代渔业体系，实现渔业生产与生态环境的协调发展，既是转变渔业经济发展方式、推进渔业转型升级的根本举措，也是实现生态环境修复、推进渔业生态安全的重要抓手，更是确保水产品质量安全、促进渔农民增收的重要保证。

第十节　第八届中国水论坛

"农业、生态水安全及寒区水科学——第八届中国水论坛"于2010年8月2~3日在哈尔滨举行。由黑龙江大学承办，大会以"农业、生态水安全及寒区水科学"为主题，从农业水安全、生态水安全、寒区水科学、地下水科学与工程、界河/国际河流研究、社会经济水循环6个分视角，立足东北寒区老工业基地、商品粮基地和资源能源基地的典型水问题，面向"人类活动/气候变化条件下的水安全和水支撑"这一大论题，展开多学科、多角度的深入研讨。形成了农业、生态水安全及寒区水科学——第八届中国水论坛摘要集，共收录文章180多篇。

第十一节　第五届中国林业技术经济理论与实践论坛

主题为"低碳经济与林业技术和管理创新"的第五届中国林业技术经济理论与实践论坛于2010年11月20~21日在广西北海召开。中国林业经济学会技术经济专业委员会与中国技术经济研究会林业技术经济专业委员会、北京林业大学中国低碳经济研究中心，联合广西壮族自治区林业厅主办。会议围绕低碳经济时代的林业技术创新与管理创新进行学术交流和研讨，分别探讨了低碳经济背景下林业技术与管理等方面的问题，以及目前的一些林业改革热点、难点问题。围绕低碳经济与林业技术和管理前沿问题，论文集收录了约30篇论文。

第十二节 生态城市建设与生态危机管理学术论坛

中国未来研究会2010年学术年会于7月17~18日在天津工业大学举办，本次会议由中国未来研究会、天津未来与预测科学研究会与天津工业大学联合主办，天津工业大学管理学院承办。会议吸引了来自全国各地的近百名专家与政府官员参与。此次会议以"生态城市建设和生态危机管理"为主题，旨在通过研究和交流，切入天津滨海新区建设，扩大未来学的影响，推动未来学和未来研究的理论工作与实际工作相结合。围绕从环保角度看环渤海发展前景、纺织业低碳化研究、国外建设生态城市的做法及其带给我们的启迪、生态城市建设与生态旅游、低碳革命与我们的选择、天津市中心城市生态调查与规划调控、天津城市总体规划与生态城建设规划等内容进行了大会报告和交流研讨，为天津特别是天津中新生态城的建设提出了建议，对天津中新生态城的规划建设具有重要意义。

第十三节 全球气候变化与碳汇林业学术研讨会

第十二届中国科学技术协会（CAST）年会第五分会场"全球气候变化与碳汇林业学术研讨会"于2010年11月2日在福州市召开，由中国林学会、福建省林业厅承办。本次学术研讨会共收到学术论文70多篇，论文集收录论文50多篇。论文以全球气候变化与碳汇林业为主题，探讨我国发展碳汇林业的对策和措施，突出了林业在应对气候变化中的特殊战略地位，对于我国应对气候变化和履约等具有重要意义，对我国现代林业发展具有重要的指导性作用。

会议期间，方精云院士作了题为"中国陆地碳汇的过去与未来"的学术报告，他采用不同的方法计算了1980~2000年中国陆地生态系统的碳汇变化情况，同时对2000~2050年中国陆地碳汇的变化进行了预测，并提出了陆地生态系统碳汇变化的驱动机制。中国气象科学研究院副院长周广胜研究员作了"中国森林生态系统碳收支及其对气候变化的响应"的报告。他采用陆地生态系统碳循环模型，介绍了我国森林碳收支及气候变化影响的最新研究成果，并提出了增加我国森林碳汇的建议。大自然保护协会气候变化研究科学家张小全研究员作了"土地利用、土地利用变化和林业碳源汇"的报告，详细介绍了发达国家碳源汇计量方法及趋势。国家林业局亚太网络中心副主任王春峰作了"气候变化林业议题谈判及趋势"的报告,结合他的工作经历,介绍了气候变化林业议题的谈判历程、成果以及最新趋势,并有针对性地提出了加强对气候变化林业议题、REDD议题等进行跟踪研究的建议。福建师范大学地理科学学院院长杨玉盛教授作了"森林碳汇经营"的报告,他分析了中国森林碳汇经营现状,有针对性地提出了加强中国森林碳汇经营的策略,并展望了我国森林碳汇经营的研究。闽江学院教授潘辉博士作了题为"县域尺度森林碳汇价值评估——以厦门同安为例"的报告,分析、评估了厦门同安区森林生态系统碳贮量和碳汇值。

来自中科院、中国林科院、东北林业大学及其他林业院所的10位专家学者作了专题报告,分别从林业碳汇认证、林业碳汇交易、森林碳汇价值评估、森林碳贮量和群落呼吸量测定、区域森林碳汇及潜力、森林可持续经营等方面介绍了最新研究成果。这些报告既有宏观层面的森林碳汇估算,又有微观层面的具体森林类型的碳计量,既有社会科学层面的体制机制创新研究,也有自然科学层面的实证研究案例分析,与会代表针对我国碳汇林业发展所面临的理论、方法和政策制度等问题,进行了探讨。

第五章 资源与环境经济学学科 2010 年文献索引

本书的文献索引包括中文期刊和英文期刊两部分。其中,中文期刊索引源自农业经济类核心期刊《中国农村经济》、《农业经济问题》、《林业经济》、《中国农村观察》、《生态经济》、《中国土地》、《农业技术经济》、《渔业经济研究》、《中国农垦经济》,资源与环境科学和地理科学类核心期刊《自然资源学报》、《生态与农村环境学报》、《中国人口·资源与环境》、《中国环境科学》、《农业环境科学学报》、《自然灾害学报》、《环境污染与防治》、《环境保护》、《草业学报》、《草地学报》、《地理科学进展》,经济类核心期刊《经济研究》、《管理世界》、《数量经济技术经济研究》、《煤炭经济研究》、《经济学动态》、《经济科学》、《中国经济问题》、《经济管理》,以及综合大学的学报类,包括:《北京大学学报》(自然科学版)、《北京师范大学学报》(自然科学版)、《复旦学报》(社会科学版)、《中山大学学报》(自然科学版)。充分体现出交叉学科的特征,共 207 篇。

英文期刊索引源自《美国经济评论》(American Economic Review)、《兰德经济学杂志》(RAND Journal of Economics)、《经济学杂志》(The Economic Journal)、《环境和资源经济学》(Environmental and Resource Economics)、《资源和能源经济学》(Resource and Energy Economics)、《环境经济学和管理》(Journal of Environmental Economics and Management)、《土地经济学》(Land Economics)、《发展经济学》(Journal of Development Economics) 等共 32 种国际学术刊物,与资源经济学和环境经济学科相关的期刊论文共计 174 篇。

第一节 中文期刊索引

[1] 经济增长与建设用地扩张的脱钩分析/钟太洋(南京大学国土资源与旅游学系,南京,210093)//自然资源学报(北京),2010(1):18-31.

[2] 中国的生态服务消费与生态债务研究/谢高地(中国科学院地理科学与资源研究所,北京,100101)//自然资源学报(北京),2010(1):43-51.

[3] 中国经济行业产出对气象条件变化的敏感性影响分析/罗慧(陕西省气象局,西安,710015)//自然资源学报(北京),2010(1):113-120.

[4] 农业气候资源综合评价方法研究——以辽宁省为例/纪瑞鹏(中国气象局沈阳大气

环境研究所，辽宁沈阳，110016）//自然资源学报，2010（1）：121-130.

［5］海伦地区水热耦合特征及其对大豆产量的影响/张海萍（首都师范大学资源环境与旅游学院，北京，100048）//自然资源学报（北京），2010（1）：132-138.

［6］基于 AHP 的南海海域渔业资源可持续利用评价/陈作志（中国水产科学研究院南海水产研究所，广东广州，510300）//自然资源学报（北京），2010（2）：249-257.

［7］基于 PSR 框架的 1953~2008 年中国生态建设成效评价/高珊（南京大学地理与海洋科学学院，南京，210093）//自然资源学报（北京），2010（2）：342-350.

［8］基于生态服务价值的张掖绿洲生态安全评价/常学礼（鲁东大学地理与规划学院，山东烟台，264025）//自然资源学报（北京），2010（3）：398-405.

［9］内蒙古植被覆盖变化及其与气候、人类活动的关系/孙艳玲（天津师范大学城市与环境科学学院，天津，300387）//自然资源学报（北京），2010（3）：407-414.

［10］生态补偿对象的空间选择研究——以甘南藏族自治州草地生态系统的水源涵养服务为例/戴其文（西北师范大学地理与环境科学学院，兰州，730070）//自然资源学报（北京），2010（3）：416-425.

［11］中国资源密集型产业地理分布研究——以石油加工业和黑色金属产业为例/贺灿飞（北京大学城市与环境学院，北京，100871）//自然资源学报（北京），2010（3）：488-500.

［12］基于外部性理论的区域耕地保护补偿机制研究——以山东省潍坊市为例/苑全治（中国科学院地理科学与资源研究所，北京，100049）//自然资源学报（北京），2010（4）：530-538.

［13］区域生态系统服务对土地利用变化的脆弱性评估——以江苏省环太湖地区碳储量为例/王佳丽（南京大学地理与海洋科学学院，南京，210093），自然资源学报（北京），2010（4）：557-563.

［14］水生野生动物自然保护区河流生态系统服务功能价值评价——以长江湖北宜昌中华鲟自然保护区为例/甘芳（农业部淡水生物多样性保护与利用重点开放实验室，中国水产科学研究院长江水产研究所，湖北荆州，434000）//自然资源学报（北京），2010（4）：575-584.

［15］森林生态系统水源涵养服务流量过程研究/李士美（中国科学院地理科学与资源研究所，北京，100049）//自然资源学报（北京），2010（4）：585-593.

［16］城乡劳动力流动及其对农地利用影响研究评述/田玉军（中国科学院地理科学与资源研究所，北京，100101）//自然资源学报（北京），2010（4）：687-695.

［17］森林生态系统补偿标准的方法探讨——以海南省为例/李芬（中国科学院地理科学与资源研究所，北京，100101）//自然资源学报（北京），2010（5）：736-745.

［18］北京市畜禽养殖的空间分布特征及其粪便耕地施用的可达性/李帷（北京师范大学环境学院水环境模拟国家重点实验室，北京，100875）//自然资源学报（北京），2010（5）：746-755.

[19] CO_2浓度增加对东北玉米生长影响的数值模拟/袁东敏（中国气象科学研究院，北京，100081）//自然资源学报（北京），2010（5）：822-829.

[20] 规划管制下农田生态补偿的研究进展分析/蔡银莺（华中农业大学土地管理学院，湖北武汉，430070）//自然资源学报（北京），2010（5）：869-880.

[21] 黄土丘陵区自然恢复与人工修复流域生态效益对比分析/郑江坤（北京林业大学水土保持学院，北京，100083）//自然资源学报（北京），2010（6）：991-1000.

[22] 上海中心城区土地利用变化对区域降雨径流的影响研究/程江（上海市城市排水有限公司，上海，200233）//自然资源学报（北京），2010（6）：915-925.

[23] 生态足迹理论在能源消费评价中的缺陷与改进探讨/方恺（吉林大学环境与资源学院，长春，130012），自然资源学报（北京），2010（6）：1014-1021.

[24] 结构与效率因素的节能效果分析——以北京为例/李艳梅（北京工业大学循环经济研究院，北京，100124）//自然资源学报，2010（6）：1043-1048.

[25] "湖泊—流域"土地生态管理的理念与方法探讨/蔡海生（江西农业大学国土资源与环境学院，南昌，330045）//自然资源学报（北京），2010（6）：1049-1058.

[26] 灌溉管理改革的进展、特征及决定因素：黄河流域灌区的实证研究/成诚（中国科学院农业政策研究中心，北京，100101）//自然资源学报（北京），2010（7）：1079-1087.

[27] 中国水土保持生态服务功能价值估算及其空间分布/盛莉（浙江大学农业遥感与信息技术研究所，浙江杭州，310029）//自然资源学报（北京），2010（7）：1106-1113.

[28] 基于三元相图法的天津生态经济系统能值分析/郝翠（南开大学环境科学与工程学院，天津，300071）//自然资源学报（北京），2010（7）：1133-1141.

[29] 气候变暖对西北干旱区农业气候资源的影响/孙杨（中国科学院地理科学与资源研究所，北京，100101）//自然资源学报（北京），2010（7）：1153-1162.

[30] 制度环境与自然资源的可持续利用/谭荣（浙江大学公共管理学院，浙江杭州，310029）//自然资源学报（北京），2010（7）：1218-1227.

[31] 区域资源禀赋对资源利用效率影响研究/张力小（北京师范大学环境学院水环境模拟国家重点实验室，北京，100875）//自然资源学报（北京），2010（8）：1237-1247.

[32] 1995~2005年中国碳排放核算及其因素分解研究/孙建卫（南京大学地理与海洋科学学院，南京，210093）//自然资源学报（北京），2010（8）：1284-1295.

[33] 北京农业气候资源变化特征及其对不同种植模式玉米各生育期的影响/叶彩华（北京市气候中心，北京，100089）//自然资源学报（北京），2010（8）：1351-1364.

[34] 60年来的资源科学：从自然资源综合考察到资源科学综合研究/孙鸿烈（中国科学院地理科学与资源研究所，北京，100101）//自然资源学报（北京），2010（9）：1414-1423.

[35] 发展生物能源引发的土地利用问题/陈瑜琦（中国科学院地理科学与资源研究所，北京，100101）//自然资源学报（北京），2010（9）：1497-1505.

[36] 自然资源与环境安全研究进展/谢高地（中国科学院地理科学与资源研究所，北

京，100101//自然资源学报（北京），2010（9）：1425-1431.

[37] 我国资源经济与世界资源研究进展及展望/董锁成（中国科学院地理科学与资源研究所，北京，100101）//自然资源学报（北京），2010（9）：1432-1444.

[38] 基于IPAT模型的江苏省能源消费与碳排放情景研究/聂锐（中国矿业大学管理学院，江苏徐州，221116）//自然资源学报（北京），2010（9）：1557-1564.

[39] 城市水价预测长期边际成本模型的GMM参数估计/李翠梅（中国水利水电科学研究院水资源所，北京，100044）//自然资源学报（北京），2010（9）：1589-1595.

[40] 黄土丘陵区退耕还林工程对县域粮食安全的影响——以陕西省清涧、米脂、子洲、吴堡县为例/成六三（中科院水利部水土保持研究所，陕西杨凌，712100）//自然资源学报（北京），2010（10）：1689-1697.

[41] 能源供应安全视角下中印生物质能源利用的比较/徐向阳（中国矿业大学，北京，100083）//自然资源学报（北京），2010（10）：1807-1812.

[42] 土地利用的碳排放效率及其低碳优化——基于能源消耗的视角/游和远（浙江大学土地科学与不动产研究所，杭州，310029）//自然资源学报（北京），2010（11）：1875-1886.

[43] 西南地区近60年商品材消耗和经济增长关系/周彬（云南省林业科学院，昆明，650204）//自然资源学报（北京），2010（11）：1907-1917.

[44] 城市土地集约利用研究进展/赵小风（南京大学政府管理学院，南京，210093）//自然资源学报（北京），2010（11）：1979-1993.

[45] 世界主要国家城市人均用地研究及其对我国的启示/谈明洪（中国科学院地理科学与资源研究所，北京，100101）//自然资源学报（北京），2010（11）：1814-1822.

[46] 基于人工社会模型的退田还湖生态补偿机制实例研究/潘理虎（中国科学院地理科学与资源研究所，北京，100101）//自然资源学报（北京），2010（12）：2008-2017.

[47] 中国省域能源资源与经济增长关系的实证分析——基于"资源诅咒"假说/张馨（兰州大学资源环境学院，甘肃兰州，730000）//自然资源学报（北京），2010（12）：2041-2051.

[48] 近30年来中国气候湿润程度变化的空间差异及其对生态系统脆弱性的影响/赵志平（中国科学院地理科学与资源研究所，北京，100101）//自然资源学报（北京），2010（12）：2092-2100.

[49] 中国区域能源效率时空演进格局及其影响因素分析/刘立涛（中国科学院地理科学与资源研究所，北京，100101）//自然资源学报（北京），2010（12）：2142-2153.

[50] 1997~2007年中国建设用地在经济增长中的利用效率/杜官印（北京大学城市与环境学院，北京，100871）//地理科学进展（北京），2010（6）：693-700.

[51] 半干旱区社会——生态系统干旱恢复力的定量化研究/王俊（西北大学城市与环境学院，陕西西安，710127）//地理科学进展（北京），2010（11）：1385-1390.

[52] 大都市边缘区的环境问题及其对策——以北京市房山区为例/谈明洪（中国科学

院地理科学与资源研究所，北京，100101）//地理科学进展（北京），2010（4）：422-426.

[53] 基于产权经济学"交易费用"理论的生态补偿机制建设/冯凌（中国科学院地理科学与资源研究所资源中心，北京，100101）//地理科学进展（北京），2010（5）：515-522.

[54] 日本洪水风险管理研究新进展及对中国的启示/翟国方（南京大学城市与区域规划系/城市灾害与公共安全实验室，江苏南京，210093）//地理科学进展（北京），2010（1）：3-9.

[55] 西藏工布自然保护区生态系统服务价值评估与管理/胡世辉（中国农业科学院农业资源与农业区划研究所，北京，100081）//地理科学进展（北京），2010（2）：217-224.

[56] 伊犁河中下游近40年土地利用与覆被变化/朱磊（中国科学院新疆生态与地理研究所，新疆乌鲁木齐，830011）//地理科学进展（北京），2010（3）：292-300.

[57] 中国气候变化对县域粮食产量影响的计量经济分析/黄维（中国科学院地理科学与资源研究所，北京，100101）//地理科学进展（北京），2010（6）：677-683.

[58] 基于环境库兹涅茨曲线的经济增长与环境质量实证研究/姚焕玫（广西大学环境学院，广西南宁，530004）//环境污染与防治（杭州），2010（11）：74-77.

[59] 上海市与东京市陆地碳汇核算与比较分析/李敏霞（同济大学环境科学与工程学院，上海，200092）//环境污染与防治（杭州），2010（8）：106-110.

[60] 生态工业仿真系统经济增长与环境压力关系动态变化分析/王瑾（南京大学环境学院，污染控制与资源化研究国家重点实验室，江苏南京，210093）//环境污染与防治，2010（11）：84-94.

[61] 中国主要污染物排放的环境库兹涅茨特征及其影响因素分析/刘磊（环境保护部环境工程评估中心，北京，100012）//环境污染与防治（杭州），2010（11）：107-112.

[62] 放牧对草甸草原植被和土壤的影响/王明君（东北农业大学动物科学技术学院，黑龙江哈尔滨，150030）//草地学报（北京），2010（6）：758-762.

[63] 碳排放收敛性：理论假说和中国的经验研究/许广月（河南大学经济学院，河南开封，475001）//数量经济技术经济研究（北京），2010（9）：31-42.

[64] 循环经济条件下水定价与社会福利的数理研究/王红（重庆大学工商管理博士后流动站重庆，400044）//数量经济技术经济研究（北京），2010（7）：53-65.

[65] 中国化石能源以生物质能源替代的潜力及环境效应研究/陈雅琳（中国环境科学研究院，北京，100012）//中国环境科学（北京），2010（10）：1425-1431.

[66] 中国能源消费排放的CO_2测算/周伟（浙江大学非传统安全与和平发展研究中心，浙江杭州，310058）//中国环境科学（北京），2010（8）：1142-1148.

[67] 施用高效氮肥对农田N_2O的减排效果及经济效益分析/颜晓元（中国科学院南京土壤研究所，土壤与农业可持续发展国家重点实验室，江苏南京，210008）//中国环境科学（北京），2010（12）：1695-1701.

[68] 耕地保护方向待转——从单一功能到多功能的演变交替/赵华甫（中国地质大学

北京，100083）//中国土地（北京），2010（10）：19-20.

[69] 京津沪地区工业污染物产生量与经济发展定量关系研究/刘鑫（四川农业大学资源环境学院，四川雅安，625014）//环境污染与防治（杭州），2010（7）：107-110.

[70] 基于活力和恢复力的典型草原健康评价和群落退化分级研究/王立新（内蒙古大学环境与资源学院，内蒙古呼和浩特，010021）//环境污染与防治（杭州），2010（12）：9-12.

[71] 生态补偿机制要素、系统结构与概念模型的研究/刘春江（西北工业大学自动化学院，陕西西安，710072）//环境污染与防治（杭州），2010（8）：85-90.

[72] 1993~2006年中国环境突发事件对农业的影响特征分析/张姗姗（北京大学深圳研究生院环境与能源学院，广东深圳，518055）//环境污染与防治（杭州），2010（8）：91-98.

[73] 中国在全球环境绩效指数排名中持续偏后的原因分析/曹颖（环境保护部环境规划院，北京，100012）//环境污染与防治（杭州），2010（12）：107-110.

[74] 中国环境污染事故发生与经济发展的动态关系/杨洁（南京大学环境学院，污染控制与资源化研究国家重点实验室，江苏南京，210093）//中国环境科学，2010（4）：571-576.

[75] "十一五"期间中国COD减排情况分析/董文福（中国环境监测总站，北京，100012）//环境污染与防治（杭州），2010（6）：90-93.

[76] 论环境政策分析的一般模式/宋国君（中国人民大学环境学院，北京，100872）//环境污染与防治（杭州），2010（6）：81-85.

[77] 可持续发展与相关经济学科——基于系统观视角/冯凌、闵庆文（中国科学院地理科学与资源研究所，北京，100101）//北京林业大学学报（社会科学版）（北京），2010（30）：108-113.

[78] 快速城市化地区生态需水与土地利用结构关系研究/杨沛（北京大学环境工程系，水沙科学教育部重点实验室，北京，100871）//北京大学学报（自然科学版）（北京），2010（2）：298-306.

[79] 农村环境多主体仿真系统建构——农户模型在农村环境管理中的应用/杨顺顺（北京大学深圳研究生院，城市人居环境科学与技术重点实验室，深圳，518055）//北京大学学报（自然科学版）（北京），2010（1）：129-135.

[80] 十堰市非点源污染状况及其区域分布特征/徐文佳（北京大学环境工程系，水沙科学教育部重点实验室，北京，100871）//北京大学学报（自然科学版）（北京），2010（4）：667-673.

[81] 苏南新农村绿化景观价值的综合评价/姚玉敏（南京大学环境学院污染控制与资源化研究国家重点实验室，南京大学环境学院，南京，210093）//北京大学学报（自然科学版）（北京），2010（3）：371-378.

[82] 退耕还林对农户可持续生计的影响/谢旭轩（北京大学环境科学与工程学院，北

京，100871）//北京大学学报（自然科学版）（北京），2010（3）：457-464.

[83] 1850~2008年中国及世界主要国家的碳排放——碳排放与社会发展Ⅰ/朱江玲（北京大学城市与环境学院生态学系，北京大学地表过程分析与模拟教育部重点实验室，北京，100871）//北京大学学报（自然科学版）（北京），2010（4）：497-504.

[84] 北京市域绿色空间生态服务功能的相对评估/崔朝伟（北京大学城市与环境学院，地表过程分析与模拟教育部重点实验室，北京，100871）//北京大学学报（自然科学版）（北京），2010（2）：271-278.

[85] 我国区域环境风险动态综合评价研究/曲常胜（污染控制与资源化研究国家重点实验室，南京大学环境学院，南京，210093）//北京大学学报（自然科学版）（北京），2010（3）：477-482.

[86] 中国能源强度变化原因及投入结构的作用/夏炎（中国科学院数学与系统科学研究院，北京，100190）//北京大学学报（自然科学版）（北京），2010（3）：442-448.

[87] 基于投入产出分析的2002年中国农产品贸易隐含碳排放研究/张迪（北京师范大学地理学与遥感科学学院，北京，100875）//北京师范大学学报（自然科学版）（北京），2010（6）：738-743.

[88] 密云水库流域土地利用变化对产流和产沙的影响/庞靖鹏（水利部发展研究中心，北京，100038）//北京师范大学学报（自然科学版）（北京），2010（3）：290-299.

[89] 日本农村循环型社会建设的措施与经验/焦必方（复旦大学经济学院，上海，200433）//复旦学报（社会科学版）（上海），2010（3）：70-76.

[90] 森林生态资产公允价值计量模式研究/刘梅娟（浙江农林大学经济管理学院，浙江临安，311300）//北京林业大学学报（社会科学版）（北京），2010（4）：104-109.

[91] 我国食物供需格局变化和光温水资源战略配置/黄黔（中国国际工程咨询公司，北京，100048）//草业学报（兰州），2010（2）：1-6.

[92] 中国栎林生态服务功能评估/郭浩（中国林科院森林生态环境与保护研究所、国家林业局森林生态环境重点实验室，北京，100091）//中山大学学报（自然科学版）（广州），2010（3）：79-85.

[93] 生物物种资源的保护和利用价值评估——以江苏省为例/丁晖（环境保护部南京环境科学研究所，江苏南京，210042）//生态与农村环境学报（江苏南京，210042），2010（5）：454-460.

[94] 基于净初级生产力的中国各地生态足迹均衡因子测算/刘某承（中国科学院地理科学与资源研究所，北京，100101）//生态与农村环境学报（江苏南京，210042），2010（5）：401-406.

[95] 2010年生物多样性目标指标与进展，徐海根（环境保护部南京环境科学研究所，江苏南京，21004）//生态与农村环境学报（江苏南京，210042），2010，26（4）：289-293.

[96] 东江源头区猪—沼—果—鱼生态农业模式关键技术与面源污染控制分析/刘明庆（环境保护部南京环境科学研究所，江苏南京，210042）//生态与农村环境学报（江苏南

京，210042），2010，26（增刊1）：58-63.

[97] 甘肃省耕地资源转变为建设用地的价值损失评估/马莉（兰州大学资源环境学院，甘肃兰州，730000）//生态与农村环境学报（江苏南京，210042），2010，26（5）：407-412.

[98] 河北省太行山区土地资源生态安全预警与调控研究/刘欣（河北省科学院地理科学研究所，河北石家庄，050011）//生态与农村环境学报（江苏南京，210042），2010，26（6）：534-538.

[99] 河谷型城市城乡结合部景观格局空间尺度效应分析——以兰州市西固区土地利用格局为例/潘竟虎（西北师范大学地理与环境科学学院，甘肃兰州，730070）//生态与农村环境学报（江苏南京，210042），2010，26（2）：114-119.

[100] 浑河上游大苏河乡农业非点源污染负荷及现状评价/赵倩（中国科学院沈阳应用生态研究所陆地生态过程重点实验室，辽宁沈阳，110016）//生态与农村环境学报（江苏南京，210042），2010，26（2）：126-131.

[101] 基于GA参数寻优的决策树支持向量机生态环境质量评价方法/陈海洋（北京师范大学水科学研究院，北京，100875）//生态与农村环境学报（江苏南京，210042），2010，26（6）：600-604.

[102] 矿区周围稻米重金属积累及健康风险分析/刘志彦（中山大学环境科学与工程学院，广东广州，510275）//生态与农村环境学报（江苏南京，210042），2010，26（1）：35-40.

[103] 基于移民调查的三峡库首地区人口、耕地资源及生态环境状况分析/马力（中国科学院南京土壤研究所，江苏南京，210008）//生态与农村环境学报（江苏南京，210042），2010，26（5）：419-425.

[104] 奶牛—沼气—牧草循环型农业系统的能值分析/李艳春（福建省农业科学院农业生态研究所，福建福州，350013）//生态与农村环境学报（江苏南京，210042），2010，26（2）：120-125.

[105] 农业废弃物生物黑炭转化还田作为低碳农业途径的探讨/潘根兴（南京农业大学农业资源与生态环境研究所农业与气候变化研究中心，江苏南京，210095）//生态与农村环境学报（江苏南京，210042），2010，26（4）：394-400.

[106] 太湖流域非点源污染负荷估算/刘庄（环境保护部南京环境科学研究所，江苏南京210042）//生态与农村环境学报（江苏南京，210042），2010，26（增刊1）：45-48.

[107] 太湖流域农村生活污水产排污系数测算/王文林（南京师范大学地理科学学院/江苏省环境演变与生态建设重点实验室）//生态与农村环境学报（江苏南京，210042），2010（6），616-621.

[108] 雅鲁藏布江中游河谷区域风沙化土地演变趋势及驱动因素/袁磊（南京信息工程大学遥感学院，江苏南京，210044）//生态与农村环境学报（江苏南京，210042），2010，26（4）：301-305.

[109] 长三角地区典型稻作农业小流域氮素平衡及其污染潜势/杜伟，遭超普，姜小三，陈国岩（南京农业大学资源与环境科学学院，江苏南京，210095）//生态与农村环境学报（江苏南京，210042），2010，26（1）：9-14.

[110] 浙北地区平原河网农村小流域面源污染调查与防治对策——以德清县武康镇新琪村为例/袁晓燕（中国科学院南京土壤研究所土壤与农业可持续发展国家重点实验室，江苏南京，210008）//生态与农村环境学报（江苏南京，210042），2010，26（3）：193-198.

[111] 中国出口贸易中隐含碳排放增长的结构分解分析/李艳梅（北京工业大学循环经济研究院，北京，100124）//中国人口·资源与环境（山东济南，250014），2010（8）：53-57.

[112] 中国CDM项目对可持续发展的影响评价/冯相昭（环境保护部环境与经济政策研究中心，北京，100029）//中国人口·资源与环境（山东济南，250014），2010（7）：129-135.

[113] 中国环境效率评价及其影响因素实证研究/杨俊（重庆大学经济与工商管理学院，重庆，400030）//中国人口·资源与环境（山东济南，250014），2010（2）：49-55.

[114] 农业面源污染形成机制：理论与实证/梁流涛（南京农业大学中国土地问题研究中心，江苏南京，210095）//中国人口·资源与环境（山东济南，250014），2010（4）：74-80.

[115] 技术进步、产业结构和对外开放程度对中国能源消费量的影响——基于灰色关联分析—协整检验两步法的实证/董锋（中国矿业大学管理学院，江苏徐州，221116）//中国人口·资源与环境（山东济南，250014），2010（6）：22-27.

[116] 广西生态足迹与能源消费的库兹涅茨曲线分析/吴玉鸣（广西师范大学经济管理学院，广西桂林，541004）//中国人口·资源与环境（山东济南，250014），2010（11）：30-35.

[117] 基于个体消费行为的家庭碳排放研究/杨选梅（南京大学地理与海洋科学学院，江苏南京，210093）//中国人口·资源与环境（山东济南，250014），2010（5）：35-40.

[118] 基于STIRPAT模型的中国碳排放峰值预测研究/渠慎宁（中国社会科学院研究生院，北京，100102）//中国人口·资源与环境（山东济南，250014），2010（12）：10-17.

[119] 基于工业化视角的能源效率评价方法与实证研究/李世祥［中国地质大学（武汉）国土资源法律评价工程实验室，湖北武汉 430074］//中国人口·资源与环境，2010（11）：12-20.

[120] 基于灰色系统的中国城市化进程中的能源制约/彭勃（清华大学经济管理学院，北京，100084）//中国人口·资源与环境（山东济南，250014），2010（9）：114-120.

[121] 基于投入产出分析的中国碳排放足迹研究/孙建卫（南京大学地理与海洋科学学院，江苏南京，210093）//中国人口·资源与环境（山东济南，250014），2010（5）：28-35.

[122] 绿色 GDP 核算——低碳发展背景下的再研究与再讨论/彭涛（中国科学技术协会发展研究中心，北京，100045）//中国人口·资源与环境（山东济南，250014），2010（12）：81-87.

[123] 新中国 60 年来农业多功能性演变的研究/孙新章（中国 21 世纪议程管理中心，北京，100038）//中国人口·资源与环境（山东济南，250014），2010，20（1）：71-76.

[124] 中国工业能源消耗结构演变实证研究/于珍（山东大学经济学院，山东济南，250061）//中国人口·资源与环境（山东济南，250014），2010，20（11）：7-12.

[125] 中国环境效率评价及其影响因素实证研究/杨俊（重庆大学经济与工商管理学院，重庆，400030）//中国人口·资源与环境（山东济南，250014），2010，20（2）：49-57.

[126] 中国造林行动的就业效应分析/柯水发（中国社会科学院农村发展研究所，北京，100732）//农业经济问题（北京，100081），2010（3）：98-103.

[127] 区域部门经济增长与能源强度差异收敛分析/齐绍洲（武汉大学经济与管理学院，湖北武汉，430072）//经济研究（北京，100836），2010（2）：109-112.

[128] 低碳经济约束下的中国潜在经济增长/袁富华（中国社会科学院经济研究所，北京，100836）//经济研究（北京，100836），2010（8）：79-89.

[129] 中国的绿色工业革命：基于环境全要素生产率视角的解释（1980~2008）/陈诗一（复旦大学中国社会主义市场经济研究中心，上海，200433）//经济研究（北京，100836），2010（11）：21-34.

[130] 国际贸易、污染产业转移和中国工业 CO_2 排放/李小平（中南财经政法大学经济学院，湖北武汉，430074）//经济研究（北京，100836），2010（1）：15-26.

[131] 地方环境支出的实证研究/张征宇（上海社会科学院数量经济研究中心，上海，200020）//经济研究（北京，100836），2010（5）：82-94.

[132] 节能减排与中国工业的双赢发展（2009~2049）陈诗一，复旦大学中国社会主义市场经济研究中心，邮政编码：200433//经济研究（北京，100836），2010（3）：129-143.

[133] 两型社会——视角下的长株潭城市群低碳经济研究/彭文斌（湖南科技大学湖南省产业经济研究基地，湖南湘潭，411201）//经济研究导刊，2010 年第 8 期总第 82 期，84-85.

[134] 能源部门与其他部门之间相互影响的投入产出分析/中国社会科学院数量经济与技术经济研究所课题组研究成果"我国能源形势突变的成因分析"中的第三部分，经济研究参考，2010 年第 17 期总 2289 期.

[135] 中国区域环境效率与环境全要素生产率增长/王兵，暨南大学经济学院经济学系，规制与增长研究中心，邮政编码：510632//经济研究（北京，100836），2010（5）：95-119.

[136] 中国农业温室气体（GHG）参与国际排放交易的潜力评估/黄德林//农业经济问题（月刊）（北京，100081），2010（8）：89-98.

[137] 1∶10000比例尺土地利用景观指数的粒度效应分析/周伟［中国地质大学（北京）土地科学技术学院，北京，100083］//中国土地科学（北京，100035），2010，24（11）：20-26.

[138] 1997~2008年青岛市农地非农化过程与效果实证研究/许德林（南京农业大学土地管理学院，江苏南京，210095）//中国土地科学（北京，100035），2010，24（1）：9-14.

[139] 半城市化地区土地适宜性评价方法及应用——以厦门市集美区为例/石龙宇（中国科学院城市环境研究所，福建厦门，361021）//中国土地科学（北京，100035），第24卷第5期，2010年5月，53-58.

[140] 工业化封闭式循环水养鱼污水资源化——生态循环经济的典范：鱼菜共生系统/丁永良（中国水产科学研究院渔业机械仪器研究所，200092）//中国渔业经济，2010年第1期第28卷，124-130.

[141] 森林资源生态学的理论体系研究/朱源（中国人民大学环境学院，北京，100872）//中国人口·资源与环境（山东济南，250014），2010（11）：112-117.

[142] 中国区域污染影响因素基于EKC曲线的面板数据分析/丁焕峰（华南理工大学经济与贸易学院，广东广州，510006）//中国人口·资源与环境（山东济南，250014），2010（10）：117-123.

[143] 基于环境背景值的重金属污染地块划定——以浙东沿海某典型固体废物拆解区污染土壤为例/黄春雷（浙江省地质调查院，浙江杭州，311203）//生态与农村环境学报（江苏南京，210042），2010（6）：605-609.

[144] 草原承包经营权生态化研究/王俊霞（内蒙古工业大学人文学院法学系，内蒙古呼和浩特，010051）//内蒙古社会科学（汉文版），2010（3）：39-42.

[145] 内蒙古半农半牧区草原退化与合理利用研究/王云霞（内蒙古农业大学经济管理学院，呼和浩特，010019）//内蒙古农业大学学报（社会科学版），2010（3）：57-59.

[146] 草原生态敏感地区牧户畜牧业生产经营行为及影响因素分析/陈秋红（中国社会科学院农村发展研究所，北京，100732）//农业技术经济，2010（11）：65-75.

[147] 低碳经济下的中国环保策略/周灵辉（南京市环境监测中心站，南京，邮政编码）//环境经济，2010（1）：51-53.

[148] 对外进出口贸易对环境质量影响的实证研究/佟婷婷（江南大学商学院，地址邮编）//环境经济，2010（1）：79-82.

[149] 农户生物农药购买意愿及购买行为的影响因素分析——以四川省为例/傅新红（四川农业大学，雅安，625014）//农业技术经济，2010（6）：120-128.

[150] 农田水利的利益主体及其成本收益分析——以湖北省沙洋县农田水利调查为基础/贺雪峰（华中科技大学中国乡村治理研究中心，地址邮编）//管理世界，2010（7）：86-97.

[151] 中国农业虚拟水国际贸易影响因素研究——基于引力模型的分析/刘红梅（上海师范大学商学院，地址邮编）//管理世界，2010（9）.

[152] 环境规制、外商直接投资与"污染避难所"假说——基于中国30个省份面板数据的实证研究/曾贤刚（中国人民大学环境学院，地址邮编）//经济理论与经济管理，2010（11）.

[153] 碳排放量和能源利用效率不公平及其原因探析——基于中国37个规模以上工业行业数据研究/宋帮英（广西师范大学经济管理学院，地址邮编）//华东经济管理，2010（9）.

[154] 中国能源利用的经济效率、环境绩效与节能减排潜力/汪克亮（天津大学管理学院，天津，300072）//经济管理，2010（10）：1-9.

[155] 中国省际环境污染的动态综合评价及影响因素/杨万平（西安交通大学经济与金融学院，西安，710061）//经济管理，2010（8）：159-165.

[156] 制造业集聚、大气污染与节能减排/李伟娜（中山大学岭南学院，广州，510275）//经济管理，2010（9）：36-44.

[157] 集体林权制度改革对林农林业收入影响的实证分析——基于辽宁省8县332户农户的调研数据/黄利（沈阳农业大学经济管理学院，地址邮编）//林业经济，2010（2）.

[158] 生态移民对农户收入支出的影响分析——以内蒙古多伦县为例/刘小强（北京林业大学经济管理学院）//林业经济，2010（3）：73-76.

[159] 林业减缓气候变化的国际进程、政策机制及对策研究/李怒云（国家林业局造林绿化管理公司）//林业经济，2010（3）：22-25.

[160] 西部退耕还林工程对农村建设全面小康社会的影响评价——以甘肃省安定区为例/支玲（西南林学院经济管理学院）// 林业经济，2010（3）：81-86.

[161] 退耕还林成果巩固问题研究——基于退耕农户机会成本视角的动态博弈模型/林德荣（山东工商学院经济学院）//北京林业大学学报（社会科学版），2010（3）：101-105.

[162] 南水北调中线水源区生态补偿内涵及补偿机制建立/朱桂香（河南省社会科学院，郑州，450002）//林业经济，2010（9）：89-93.

[163] 生态系统可持续发展的系统思考/徐国祯（中南林业科技大学，长沙，410004）//林业经济，2010（8）：78-81.

[164] 基于社会经济发展影响的湿地生态补偿研究/姜宏瑶（北京林业大学经济管理学院，北京，100083）//林业经济，2010（8）：95-99.

[165] 气候变化对森林和林业的影响及适应性政策选择——基于全球和我国的相关研究进展/谢晨（国家林业局经济发展研究中心，北京，100714）//林业经济，2010（6）：94-104.

[166] 气候变化的社会政治影响：脆弱性、适应性和治理——国际发展研究视角的文献综述/李小云（中国农业大学人文与发展学院，北京，100193）//林业经济，2010（7）：121-128.

[167] 集体林权制度改革对森林资源影响实证分析/刘小强（北京林业大学经济管理学院，北京，100083）//林业经济，2010（6）：40-45.

[168] 自然保护区社区共管的发展问题研究——以云南自然保护区为例/(北京林业大学经济管理学院，北京，100083) //林业经济问题，2010（2）：151-155.

[169] 农业非点源污染负荷及现状评价——以大苏河地区为例/孟凡祥（中国科学院沈阳应用生态研究所陆地生态过程重点实验室）//农业环境科学学报（天津），2010（S1）：145-150.

[170] 陕西省农业非点源污染的环境库兹涅茨曲线验证/陈勇（西北农林科技大学农学院，陕西杨凌，712100) //农业技术经济，2010（7）：22-29.

[171] 生态工业园区研究进展与展望/毛瑜（北京科技大学应用科学学院，北京，100083) //生态经济，2010（12）：113-116.

[172] 生态环境对中国经济增长的影响及绿色GDP测算/郗希（西安财经学院，陕西西安，710100）//生态经济，2010（12）：61-64.

[173] 水资源约束下的我国粮食安全的路径选择/颜加勇（武汉科技大学管理学院，湖北武汉，430081) //生态经济，2010（12）：151-154.

[174] 四川丘区猪肉生产生命周期资源消耗和环境污染研究/白林（四川农业大学动物科技学院，四川雅安，625014）//农业环境科学学报，2010（5）：976-981.

[175] 我国农业生产能源消费变化与趋势分析/朱立志（中国农业科学院农业经济与发展研究所，北京）//环境经济，2010（12）：44-47.

[176] 中国退耕还林工程经济可持续性分析——基于陕西省眉县的实证研究/韩洪云（浙江大学中国农村发展研究院，杭州，310029）//农业技术经济，2010（4）：85-91.

[177] 建立湿地生态效益补偿制度必要性的经济学分析/郑云玉（北京林业大学经济管理学院，北京，100083）//中国林业经济，2010（7）：39-42，46.

[178] 基于典型案例研究的中国湿地生态补偿模式探析/郝春旭（北京林业大学经济管理学院，北京，100083）//林业经济问题，2010（3）：189-192，198.

[179] 林业重点工程对样本农户收入不平等影响的分解与分析/刘璨（国家林业局经济发展研究中心，北京，100714）//经济理论与经济管理，2010（10）：67-73.

[180] 环境保护、能源替代和经济增长/曹玉书（浙江大学，杭州，310027）//经济理论与经济管理，2010（6）：30-35.

[181] 环境公共治理、区域森林资源管护与本地居民福利——基于中国省际数据与GLMMS模型的经验研究/石明明（中国人民大学商学院，北京，100872）//经济理论与经济管理，2010（4）：61-67.

[182] 我国发展低碳经济的政策选择/张爱军（山东政法学院），//宏观经济管理，2010（1）：55-56.

[183] 我国生态补偿机制进展与建议/陈学斌（中国科学院地理科学与资源研究所）//宏观经济管理（北京），2010（9）：30-32.

[184] 国外发展循环经济的经验及启示/高伟（中央财经大学经济学院）//宏观经济管理，2010（12）：64-65，68.

[185] 自然资源与经济增长关系研究文献综述/王成（山西财经大学研究生学院）//经济学动态，2010（6）：80-83.

[186] 自然资源：合理开发与经济增长相关分析/毛健（吉林大学经济学院）//经济学动态，2010（1）：72-75.

[187] 能源紧张情况下的低碳农业发展问题分析/漆雁斌（四川农业大学经济管理学院，雅安，625014）//农业技术经济，2010（3）：106-115.

[188] 四川天全县"鸡—沼—粮"农业生产模式分析——基于生态循环经济理论/刘子飞（西南林业大学，昆明，650224）//中国林业经济，2010（6）：31-33，38.

[189] 退耕还林后期农户复耕意愿选择研究分析——以甘肃省安定区为例/王术华、支玲、张媛（西南林业大学经济管理学院，昆明，650224）//林业经济问题，2010，30（6）：478-481.

[190] 中国自然保护区与周边社区协调发展研究进展/王昌海、温亚利等（北京林业大学经济管理学院，北京，100083）//林业经济问题，2010，30（6）：486-492.

[191] 农业生态旅游资源评价模型构建研究/林秀治、陈秋华、赖启福（福建农林大学旅游学院，福州，350002）//林业经济问题，2010，30（6）：507-510，515.

[192] 基于公共物品特征视角的自然保护区政策研究/王昌海、温亚利、杨莉菲（北京林业大学经济管理学院，北京100083）//林业经济问题，2010，30（4）：292-297.

[193] 环京津贫困地区基于退耕的土地利用变化及其与经济发展关系研究/张贵军、张蓬涛（河北农业大学城乡建设学院，河北保定，071001）//林业经济问题，2010，30（4）：298-303.

[194] 森林碳汇价值与农户林业收入增长的分析/简盖元、冯亮明、王文烂、卢素兰（福建农林大学经济与管理学院，福州，350002）//林业经济问题，2010，30（4）：304-308.

[195] 气候变化与农户农业生产行为演变——以四川省什邡市农户秸秆利用行为为例/廖薇（中国农业大学经济管理学院，北京，100083）//农业技术经济，2010（4）：49-56.

[196] 草原生态服务价值计量方法的研究/颉茂华（内蒙古大学经济管理学院，010021）、秦宏（四川大学工商管理学院，成都，610021）//中国草地学报，2010，32（5）：9-14.

[197] 发展草原生态畜牧业是解决草原退化困境的有效途径/侯向阳（中国农业科学院草原研究所/农业部草原资源与生态重点开放实验室）//中国草地学报，2010（4）：1-9.

[198] 草原生态补偿存在的问题及其原因分析——以锡林郭勒盟为例/曹叶军、李笑春、刘天明（内蒙古大学哲学学院、中国农业科学院草原研究所）//中国草地学报，2010（4）：10-16.

[199] 基于草原生态保护视角的减畜补贴/赵晓倩（兰州大学草地农业科技学院，兰州，730020）、王济民、王明利（中国农业科学院农业经济与发展研究所，北京，

100081) //中国草地学报，2010（1）：6-10.

[200] "两型农业"发展中资源节约与环境友好关系的实证分析——基于湖南省 1993~2008 年的数据/匡远配、曾福生（湖南农业大学经济学院，长沙，410128）//生态经济评论（西南山地生态经济发展研究中心），2010（1）：104-113.

[201] 中国退耕还林工程对粮食产量影响分析与测度/吕金芝、王焕良（国家林业局经济发展研究中心，北京，100714）//林业经济，2010（1）：78-89.

[202] 成本效益、政策机制与生态恢复建设的可持续发展/徐志刚、马瑞（中国科学院农业政策研究中心，北京，100101）、于秀波、姜鲁光（中国科学院地理科学与资源研究所，北京，100101）、王毅（中国科学院科技政策与管理科学研究所，北京，100190）//中国软科学，2010（2）：5-13，131.

[203] 基于农业循环经济发展视角的西部退耕还林影响评价/支玲、张媛等（西南林学院经济管理学院，昆明，650224）//林业经济，2010（1）：99-106.

[204] 基于基尼系数和锡尔指数的中国水足迹强度时空差异变化格局/孙才志、刘玉玉、陈丽新、张蕾（辽宁师范大学城市与环境学院，大连，116029）//生态学报，2010，30（5）：1312-1321.

[205] 规模养殖与环境污染——基于广东 30 个规模养殖场的调研/张喜才、张利库（中国人民大学农业与农村发展学院，北京，100872）//生态经济学术版，2010（10）：193-197，207.

[206] 建立森林生态效益补偿制度的经济分析/张红、夏自谦（北京林业大学经济管理学院，北京，100083）//生态经济学术版，2010（5）：314-317.

[207] 农业面源污染控制的制度选择分析/贾雪莉、李金才、董海荣（河北农业大学商学院，保定，071000）//生态经济学术版，2010（10）：164-167.

[208] 我国生态补偿主客体界定与标准核算方法分析/杨丽韫（北京科技大学生态工程系，北京，100083）、甄霖、吴松涛（中国科学院地理科学与资源研究所，北京，100101）//生态经济学术版，2010（5）：298-302.

第二节　英文期刊索引

[1] Aaron Strong and V. Kerry Smith. Reconsidering the Economics of Demand Analysis with Kinked Budget Constraints. Land Economics, Volume 86, Number 1, February 2010, pp. 173-190.

[2] Adam J. Daigneault, Mario J. Miranda and Brent Sohngen. Optimal Forest Management with Carbon Sequestration Credits and Endogenous Fire Risk. Land Economics, Volume 86, Number 1, February 2010, pp. 155-172.

[3] Akira Hibiki and Shunsuke Managi. Environmental Information Provision, Market Valuation, and Firm Incentives: An Empirical Study of the Japanese PRTR System. Land Economics, Volume 86, Number 2, May 2010, pp. 382-393.

[4] Alan C. Haynie and David F. Layton. An Expected Profit Model for Monetizing Fishing Location Choices. Journal of Environmental Economics and Management, 2010, 59 (2): 165-176.

[5] Alberto Montagnoli and Frans P. de Vries. Carbon Trading Thickness and Market Efficiency. Energy Economics, Volume 32, Issue 6, November 2010, Pages 1331-1336.

[6] Alexander J. Macpherson, Douglas R. Carter, Marco W. Lentini and Mark D. Schulze. Following the Rules: Brazilian Logging Concessions under Imperfect Enforcement and Royalties. Land Economics, Volume 86, Number 3, August 2010, pp. 493-513.

[7] Ali M. Ahmed, Lina Andersson and Mats Hammarstedt. Can Discrimination in the Housing Market Be Reduced by Increasing the Information about the Applicants? Land Economics, Volume 86, Number 1, February 2010, pp. 79-90.

[8] Allen Blackman, Bidisha Lahiri, William Pizer, Marisol Rivera Planter, Carlos Muñoz Piña. Voluntary Environmental Regulation in Developing Countries: Mexico's Clean Industry Program. Journal of Environmental Economics and Management, 2010, 60 (3): 182-192.

[9] Allen Blackman, Sarah Darley, Thomas P. Lyon and Kris Wernstedt. What Drives Participation in State Voluntary Cleanup Programs Evidence from Oregon. Land Economics, Volume 86, Number 4, November 2010, pp. 785-799.

[10] Ambarish Chandra, Sumeet Gulati and Milind Kandlikar. Green Drivers or Free Riders? Ananalysis of Tax Rebates for Hybrid Vehicles. Journal of Environmental Economics and Management, 2010, 60 (2): 78-93.

[11] Amy W. Ando and Payal Shah. Demand-side Factors in Optimal Land Conservation Choice. Resource and Energy Economics, 2010, 32 (2): 203-221.

[12] Andrea Baranzini, Anne-Kathrin Faust and David Huberman. Tropical Forest Conservation: Attitudes and Preferences. Forest Policy and Economics, Volume 12, Issue 5, June 2010, Pages 370-376.

[13] Andrei V. Bazhanov. Sustainable Growth: Compatibility between a Plausible Growth Criterion and the Initial State. Resources Policy, Volume 35, Issue 2, June 2010, Pages 116-125.

[14] Ann L. Brower, Philip Meguire and Adrian Monks. Closing the Deal: Principals, Agents, and Subagents in New Zealand Land Reform. Land Economics, Volume 86, Number 3, August 2010, pp. 467-492.

[15] Anton Nakov and Andrea Pescatori. Oil and the Great Moderation. The Economic

Journal, 120 (543): 131-156.

[16] Ariaster B. Chimeli and Roy G. Boyd. Prohibition and the Supply of Brazilian Mahogany. Land Economics, Volume 86, Number 1, February 2010, pp. 191-208.

[17] Ariel Dinar. Conflict, Cooperation, and Institutions in International Water Management: An Economic Analysis (review). Land Economics, Volume 86, Number 4, November 2010, pp. 483-485.

[18] Beat Hintermann. Allowance Price Drivers in the First Phase of the EUETS. Journal of Environmental Economics and Management, 2010, 59 (1): 43-56.

[19] Bert Scholtens and Laura Spierdijk. Does Money Grow on Trees The Diversification Properties of U.S. Timberland Investments. Land Economics, Volume 86, Number 3, August 2010, pp. 514-529.

[20] Bradford F. Mills, Joachim Schleich. Why don't Households See the Light? Explaining the Diffusion of Compact Fluorescent Lamps. Resource and Energy Economics, 2010, 32 (3): 363-378.

[21] Brett Day and Jose-Luis Pinto Prades. Ordering Anomalyes in Choice Experiments. Journal of Environmental Economics and Management, 2010, 59 (3): 271-285.

[22] Brian Baisa, Lucas W. Davis, Stephen W. Salant, and William Wilcox. The Welfare Costs of Unreliable Water Service. Journal of Development Economics, 92 (2010), 1 (May), Pages: 1-12.

[23] Brooks A. Kaiser, Kimberly M. Burnett. Spatial Economic Analysis of Early Detection and Rapid Response Strategies for an Invasive Species. Resource and Energy Economics, 2010, 32 (4): 566-585.

[24] C. H. Quinn, E. D. G. Fraser, K. Hubacek, M.S. Reed. Property Rights in UK Uplands and the Implications for Policy and Management. Ecological Economics, Volume 69, Issue 6, 1 April 2010, 1355-1363.

[25] Carmen Carrión-Flores and Elena G. Irwin. Identifying Spatial Interactions in The Presence of Spatial Error Autocorrelation: An Application to Land Use Spillovers. Resource and Energy Economics, 2010, 32 (2): 135-153.

[26] Carmen E. Carrión-Flores and Robert Innes. Environmental Innovation and Environmental Performance. Journal of Environmental Economics and Management, 2010, 59 (1): 27-42.

[27] Carolyn Fischer, Ramanan Laxminarayan. Managing Partially Protected Resources under Uncertainty. Journal of Environmental Economics and Management, 2010, 59 (2): 129-141.

[28] Carolyn Kousky. Learning from Extreme Events: Risk Perceptions after the Flood. Land Economics, Volume 86, Number 3, August 2010, pp. 395-422.

[29] Christian Gollier. Expected Net Present Value, Expected Net Future Value, and the Ramsey Rule. Journal of Environmental Economics and Management, 2010, 59 (2): 142-148.

[30] Christopher Costello and Daniel T. Kaffine. Marine Protected Areas in Spatial Property-Rights Fisheries. Australian Journal of Agricultural and Resource Economics, Volume 54, Issue 3, pages 321-341, July 2010.

[31] Clark P. Bishop, C. Richard Shumway and Philip R. Wandschneider. Agent Heterogeneity in Adoption of Anaerobic Digestion Technology: Integrating Economic, Diffusion, and Behavioral Innovation Theories. Land Economics, Volume 86, Number 3, August 2010, pp. 585-608.

[32] Colin W. Clark, Gordon R. Munro and U. Rashid Sumaila. Limits to the Privatization of Fishery Resources: Reply. Land Economics, Volume 86, Number 3, August 2010, pp. 614-618.

[33] Colin W. Clark, Gordon R. Munro and U. Rashid Sumaila. Limits to the Privatization of Fishery Resources. Land Economics, Volume 86, Number 2, May 2010, pp. 219-244.

[34] D. S. Holland. Markets, Pooling and Insurance for Managing Bycatch in Fisheries. Ecological Economics, Volume 70, Issue 1, 15 November 2010, Pages 121-133.

[35] Dana Marie Bauer, Stephen K. Swallow and Peter W.C. Paton. Cost-effective Species Conservation in Exurban Communities: A Spatial Analysis. Resource and Energy Economics, 2010, 32 (2): 180-202.

[36] David Anthoff and Richard S. J. Tol. On International Equity Weights and National Decision Making on Climate Change. Journal of Environmental Economics and Management, 2010, 60 (1): 14-20.

[37] David C. Kingsley and Thomas C. Brown. Preference Uncertainty, Preference Learning, and Paired Comparison Experiments. Land Economics, Volume 86, Number 3, August 2010, pp. 530-544.

[38] David Finnoff, Alexei Potapov, Mark A. Lewis. Control and the Management of a Spreading Invader. Resource and Energy Economics, 32 (4): 534-550.

[39] David J. Lewis. An Economic Framework for Forecasting Land-use and Ecosystem Change. Resource and Energy Economics, 2010, 32 (2): 98-116.

[40] David L. Greene. Measuring Energy Security: Can the United States Achieve Oil Independence? Energy Policy, Volume 38, Issue 4, April 2010, Pages 1614-1621.

[41] Diego Valderrama and James L. Anderson. 2010. Market Interactions between Aquaculture and Common-Property Fisheries: Recent Evidence from the Bristol Bay Sockey Esalmon Fishery in Alaska. Journal of Environmental Economics and Management, 2010, 59 (2): 115-128.

[42] Dylan G. Rassier and Dietrich Earnhart. The Effect of Clean Water Regulation on

Profitability: Testing the Porter Hypothesis. Land Economics, Volume 86, Number 2, May 2010, pp. 329-344.

[43] E. Garmendia, R. Prellezo, A. Murillas, M. Escapa, and M. Gallastegui. Weak and Strong Sustainability Assessment in Fisheries. Ecological Economics, Volume 70, Issue 1, 15 November 2010, pp. 96-106.

[44] Edoh Y. Amiran and Daniel A. Hagen. The Scope Trials: Variation in Sensitivity to Scope and WTP with Directionally Bounded Utility Functions. Journal of Environmental Economics and Management, 2010, 59 (3): 293-301.

[45] Elena Ianni, Mauricio Mattenet, Davide Geneletti, and Lucio R. Malizia. Community-Based Forest Management in the Yungas Biosphere Reserve, Northern Argentina. Environment, Development and Sustainability, October 2010, Volume 12, Issue 5, pp. 631-646.

[46] Elena Ojea, Paulo A.L.D. Nunes, Maria L. Loureiro. Mapping Biodiversity Indicators and Assessing Biodiversity Values in Global Forests. Environmental and Resource Economics, 47 (2010), 3 (November), pp. 329-347.

[47] Eli P. Fenichel, Richard D. Horan and James R. Bence. Indirect Management of Invasive Species through Bio-Controls: A Bioeconomic Model of Salmon and Alewife in Lake Michigan. Resource and Energy Economics, 32 (4): 500-518.

[48] Eric E. Houk. Estimating Residential Water Demand in the Absence of Volumetric Water Pricing. Global Business and Economics Review, 12 (2010), 3 (January), pp.196-202.

[49] Esther W. Mezey and Jon M. Conrad. Real Options in Resource Economics. Annual Review of Resource Economics, 2010, Vol. 2 (1): 33-52.

[50] Fatemeh Nazifi. The Price Impacts of linking the European Union Emissions Trading Scheme to the Clean Development Mechanism. Environmental Economics and Policy Studies, December 2010, Volume 12, Issue 4, pp. 164-186.

[51] Florian K. Diekert, Dag Ø. Hjermann, Eric Nævdal and Nils Chr. Stenseth. Non-Cooperative Exploitation of Multi-Cohort Fisheries-The Role of Gear Selectivity in the North-East Arctic Cod Fishery. Resource and Energy Economics, 2010, 32 (1): 78-92.

[52] Florian Morath. Strategic Information Acquisition and the Mitigation of Global Warming. Journal of Environmental Economics and Management, 2010, 59 (2): 206-217.

[53] Frank C. Krysiak and Patrick Schweitzer. The Optimal Size of a Permit Market. Journal of Environmental Economics and Management, 2010, 60 (2): 115-132.

[54] Frank C. Krysiak and, Iris Maria Oberauner. Environmental Policy à la Carte: Letting Firms Choose Their Regulation. Journal of Environmental Economics and Management, 2010, 60 (3): 221-232.

[55] Frederick van der Ploeg. Why do Many Resource-Rich Countries Have Negative

Genuine Saving? Anticipation of Better Times or Rapacious Rent Seeking. Resource and Energy Economics, 2010, 32 (1): 18-44.

[56] Fredrik Carlsson and Olo fJohansson-Stenman. Scale Factors and Hypothetical Referenda: A Clarifying Note. Journal of Environmental Economics and Management, 2010, 59 (3): 286-292.

[57] Galan-del-Castillo Elena and Velazquez Esther. From Water to Energy: The Virtual Water Content and Water Footprint of Biofuel Consumption in Spain. Energy Policy, 38 (2010), 3 (March), pp. 1345-1352.

[58] Geoffrey Heal and Nori Tarui. Investment and Emission Control under Technology and Pollution Externalities. Resource and Energy Economics, 2010, 32 (1): 1-14.

[59] George Feng and Xianzhong Mu. Cultural Challenges to Chinese Oil Companies in Africa and Their Strategies. Energy Policy, Volume 38, Issue 11, November 2010, Pages 7250-7256.

[60] Gorm Kipperberg and Karine Nyborg. Social Interaction in Responsibility Ascription: The Case of Household Recycling Kjell Arne Brekke. Land Economics, Volume 86, Number 4, November 2010, pp. 766-784.

[61] Gregmar I. Galinato, Jonathan K. Yoder. An Integrated Tax-Subsidy Policy for Carbon Emission Reduction. Resource and Energy Economics, 2010, 32 (3): 310-326.

[62] Gunther Capelle-Blancard and Marie-AudeLaguna. How does the Stock Market Respond to Chemical Disasters? Journal of Environmental Economics and Management, 2010, 59 (2): 192-205.

[63] Guo-Hua Shi, You-Yin Jing, Song-Ling Wang, and Xu-Tao Zhang. Development Status of Liquefied Natural Gas Industry in China. Energy Policy, Volume 38, Issue 11, November 2010, pp. 7457-7465.

[64] Guy C.K. Leung. China's Oil Use, 1990-2008. Energy Policy, Volume 38, Issue 2, February 2010, pp. 932-944.

[65] H. Allen Klaiber and DanielJ.Phaneuf. Valuing Open Space in a Residential Sorting Model of the Twin Cities. Journal of Environmental Economics and Management, 2010, 60 (2): 57-77.

[66] H. J. Albers. Spatial Modeling of Extraction and Enforcement in Developing Country Protected Areas. Resource and Energy Economics, 2010, 32 (2): 165-179.

[67] Hafez Abdo. The Taxation of UK Oil and Gas Production: Why the Windfalls Got Away. Energy Policy, Volume 38, Issue 10, October 2010, Pages 5625-5635.

[68] Hassan Benchekroun, AlexHalsema and Cees Withagen. When Additional Resource Stocks Reduce Welfare. Journal of Environmental Economics and Management, 2010, 59 (1): 109-114.

［69］Heidi J. Albers, Amy Ando and Jason F. Shogren. Introduction To Spatial Natural Resource and Environmental Economics. Editorial. Resource and Energy Economics, 2010, 32 (2): 93-97.

［70］Heidi J. Albers, Carolyn Fischer, James N. Sanchirico. Invasive Species Management in a Spatially Heterogeneous World: Effects of Uniform Policies. Resource and Energy Economics, 32 (4): 483-499.

［71］Helena Posthumus, Cornelis Gardebroek and Ruerd Ruben. From Participation to Adoption: Comparing the Effectiveness of Soil Conservation Programs in the Peruvian Andes. Land Economics, Volume 86, Number 4, November 2010, pp. 645-667.

［72］Helmuth Cremer, FirouzGahvari and Norbert Ladoux. Environmental Tax Design with Endogenous Earning Abilities (with Applications to France). Journal of Environmental Economics and Management, 2010, 59 (1): 28-93.

［73］Ian A. Munn and Anwar Hussain. Factors Determining Differences in Local Hunting Lease Rates: Insights from Blinder-Oaxaca Decomposition. Land Economics, Volume 86, Number 1, February 2010, pp. 66-78.

［74］Jacinto F. Fabiosa, John C. Beghin, Fengxia Dong and Amani Elobeid. 2010. Land Allocation Effects of the Global Ethanol Surge: Predictions from the International FAPRI Model. Land Economics, Volume 86, Number 4, November 2010, pp. 687-706.

［75］Jack N. Barkenbus. Eco-Driving: An Overlooked Climate Change Initiative. Energy Policy. Volume 38, Issue 2, February 2010, pp. 762-769.

［76］Jae-Young Koa, Glenn A. Jonesa, Moon-Soo Heob, Young-Su Kangb, Sang-Hyuck Kang. 2010. A Fifty-Year Production and Economic Assessment of Common Property-Based Management of Marine Living Common Resources: A Case Study for the Women Divers Communities in Jeju, South Korea. Marine Policy, Volume 34, Issue 3, May 2010, Pages 624-634.

［77］James Fenske. L'Étranger: Status, Property Rights, and Investment Incentives in Côte d'Ivoire. Land Economcs, Volume 86, Number 4, November 2010, pp. 621-644.

［78］James L. Butkiewicz and Halit Yanikkaya. Minerals, Institutions, Openness, and Growth: An Empirical Analysis. Land Economics, Volume 86, Number 2, May 2010, pp. 313-328.

［79］Jintao Xu, Ran Tao, Zhigang Xu and Michael T. Bennett. China's Sloping Land Conversion Program: Does Expansion Equal Success? Land Economics, Volume 86, Number 2, May 2010, pp. 219-244.

［80］Joel Byrnes, Lin Crase, Brian Dollery, Renato Villano. The Relative Economic Efficiency of Urban Water Utilities in Regional New South Wales and Victoria. Resource and Energy Economics, 2010, 32 (3): 439-455.

[81] John Gowdy and Roxana Juliá. Global Warming Economics in the Long Run: A Conceptual Framework. Land Economics, Volume 86, Number 1, February 2010, pp. 117–130.

[82] Jose San Cristobal. An Environmental/Input-Output Linear Programming Model to Reach the Targets for Greenhouse Gas Emissions Set by The Kyoto Protocol. Economic Systems Research, 2010, 22 (3): 223–236.

[83] Joseph Herriges, CatherineKling, Chih-ChenLiu and JustinTobias. What are the Consequences of Consequentiality? Journal of Environmental Economics and Management, 2010, 59 (1): 67–81.

[84] Joshua K. Abbott and James E. Wilen. Voluntary Cooperation in the Commons?: Evaluating the Sea State Program with Reduced Form and Structural Models. Land Economics, Volume 86, Number 1, February 2010, pp. 131–154.

[85] Joshua Linn. The effect of Cap-and-Trade Programs on Firms' Profits: Evidence from the Nitrogen Oxides Budget Trading Program. Journal of Environmental Economics and Management, 2010, 59 (1): 1–14.

[86] Joshua Okeyo Anyangah. Financing Investment in Environmentally Sound Technologies: Foreign Direct Investment versus Foreign Debt Finance. Resource and Energy Economics, 2010, 32 (3): 456–475.

[87] Ju-Chin Huang. Deriving Benefit Measures with Higher Precision: A Study of Economic Values of Air Quality. Land Economics, Volume 86, Number 4, November 2010, pp. 727–745.

[88] JunJie Wu and Haixia Lin. The Effect of the Conservation Reserve Program on Land Values. Land Economics, Volume 86, Number 1, February 2010, pp. 1–21.

[89] Karen Fisher-Vanden and Mun S. Ho. Technology, Development, and the Environment. Journal of Environmental Economics and Management, 2010, 59 (1): 94–108.

[90] Karen Pittel, Jean-Pierre Amigues, Thomas Kuhn. Recycling under a Material Balance Constraint. Resource and Energy Economics, 2010, 32 (3): 379–394.

[91] Katharine R. E. Sims. Conservation and Development: Evidence from Thai Protected Areas. Journal of Environmental Economics and Management, 2010, 60 (2): 94–114.

[92] Kenneth A. Baerenklau. A Latent Class Approach to Modeling Endogenous Spatial Sorting in Zonal Recreation Demand Models. Land Economics, Volume 86, Number 4, November 2010, pp. 800–816.

[93] Kenneth S. Corts. Building out Alternative Fuel Retail Infrastructure: Government Fleet Spillovers in E85. Journal of Environmental Economics and Management, 2010, 59 (3): 219–234.

[94] Kimitaka Nishitani. Demand for ISO 14001 Adoption in the Global Supply Chain:

An Empirical Analysis Focusing on Environmentally Conscious Markets. Resource and Energy Economics, 2010, 32 (3): 395-407.

[95] Koichi Kuriyama, W. Michael Hanemann, James R. Hilger. A Latent Segmentation Approach to a Kuhn-Tucker Model: An Application to Recreation Demand. Journal of Environmental Economics and Management, 2010, 60 (3): 209-220.

[96] Lars J. Olson and Santanu Roy. Dynamic Sanitary and Phytosanitary Trade Policy. Journal of Environmental Economics and Management, 2010, 60 (1): 21-30.

[97] Lawrence H. Goulder, Marc A. C. Hafstead and Michael Dworsky. Impacts of Alternative Emissions Allowance Allocation Methods under a Federal Cap-and-Trade Program. Journal of Environmental Economics and Management, 2010, 60 (3): 161-181.

[98] Lea Kosnik. Balancing Environmental Protection and Energy Production in the Federal Hydropower Licensing Process. Land Economics, Volume 86, Number 3, August 2010, pp. 444-466.

[99] Limin Du, He Yanan, and Chu Wei. The Relationship between Oil Price Shocks and China's Macro-Economy: An Empirical Analysis. Energy Policy, Volume 38, Issue 8, August 2010, pp. 4142-4151.

[100] Lin Fan, Benjamin F. Hobbs, Catherine S. Norman. Risk Aversion and CO_2 Regulatory Uncertainty in Power Generation Investment: Policy and Modeling Implications. Journal of Environmental Economics and Management, 2010, 60 (3): 193-208.

[101] Loek Groot. Carbon Lorenz Curves. Resource and Energy Economics, 2010, 32 (1): 45-64.

[102] Lucas W. Davis and Erich Muehlegger. Do Americans Consume too Little Natural Gas? An Empirical Test of Marginal Cost Pricing. RAND Journal of Economics, Vol. 41, No. 4, Winter 2010, pp. 791-810.

[103] Marcelo Arbex and Fernando S. Perobelli. Solow Meets Leontief: Economic Growth and Energy Consumption. Energy Economics, Volume 32, Issue 1, January 2010, pp. 43-53.

[104] Maria Nieswand, Astrid Cullmann and Anne Neumann. Overcoming Data Limitations in Nonparametric Benchmarking: Applying PCA-DEA to Natural Gas Transmission. Review of Network Economics, 2010, 9 (2): 4-8.

[105] Martin D. Heintzelman. Measuring the Property-Value Effects of Local Land Use and Preservation Referenda. Land Economics, Volume 86, Number 1, February 2010, pp. 22-47.

[106] Martin Drechsler, Frank Wätzold, Karin Johst and Jason F. Shogren. An Agglomeration Payment for Cost-Effective Biodiversity Conservation in Spatially Structured Landscapes. Resource and Energy Economics, 2010, 32 (2): 261-275.

[107] Martin L. Weitzman. Risk-Adjusted Gamma Discounting. Journal of Environmental Economics and Management, 2010, 60 (1): 1-13.

[108] Mary F. Evans and Georg Schaur. A Quantile Estimation Approach to Identify Income and Age Variation in the Value of a Statistical Life. Journal of Environmental Economics and Management, 2010, 59 (3): 250–259.

[109] Meredith Fowlie. Emissions Trading, Electricity Restructuring, and Investment in Pollution Abatement. American Economic Review, 2010, 100 (3) (June 2010): 837–869.

[110] Michael Hanemann. Cap-and-Trade: A Sufficient or Necessary Condition for Emission Reduction? Oxford Review of Economic Policy, Volume 26, Issue 2, pp. 225–252.

[111] Michael Rauscher and Edward B. Barbier. Biodiversity and Geography. Resource and Energy Economics, 2010, 32 (2): 241–260.

[112] Moawia Alghalith. The Interaction between Food Prices and Oil Prices. Energy Economics, 2010, 32 (6): 1520–1522.

[113] Mort Webster, IanSueWing and LisaJakobovits. Second-Best Instruments for Near-Term Climate Policy: Intensity Targets vs. the Safety Valve. Journal of Environmental Economics and Management, 2010, 59 (3): 250–259.

[114] Mort Webster, Sergey Paltsev and John Reilly. The Hedge Value of International Emissions Trading under Uncertainty. Energy Policy, Volume 38, Issue 4, April 2010, Pages 1787–1796.

[115] Nazneen K. Chowdhury, Tom Kompas and Kaliappa Kalirajan. Impact of Control Measures in Fisheries Management: Evidence From Bangladesh's Industrial Trawl Fishery. Economics Bulletin, 2010, Vol. 30 No.1 pp. 765–773.

[116] Nicholas Apergisa and James E. Payne. Natural Gas Consumption and Economic Growth: A Panel Investigation of 67 Countries. Applied Energy, Volume 87, Issue 8, August 2010, pp. 2759–2763.

[117] Nicholas Bloom, Christos Genakos, Ralf Martin and Raffaella Sadun. Modern Management Good for the Environment or Just Hot Air. The Economic Journal, 2010, 120 (544): 551–572.

[118] Nicholas Brozović, David L. Sunding and David Zilberman. On the Spatial Nature of the Groundwater Pumping Externality. Resource and Energy Economics, 2010, 32 (2): 154–164.

[119] Nicolai V. Kuminoff, Christopher F. Parmeter and Jaren C. Pope. Which Hedonic Models Can We Trust to Recover the Marginal Willingness to Pay for Environmental Amenities? Journal of Environmental Economics and Management, 2010, 60 (3): 145–160.

[120] Nicolas Treich. The Value of a Statistical Life under Ambiguity Aversion. Journal of Environmental Economics and Management, 2010, 59 (1): 15–26.

[121] Noelwah R. Netusil, Sudip Chattopadhyay and Kent F. Kovacs. Estimating the Demand for Tree Canopy: A Second-Stage Hedonic Price Analysis in Portland, Oregon. Land

Economics, Volume 86, Number 2, May 2010, pp. 281-293.

[122] Pedro Pintassilgo, Michael Finus, Marko Lindroos, and Gordon Munro. Stability and Success of Regional Fisheries Management Organizations. Environmental and Resource Economics, July 2010, Volume 46, Issue 3, pp. 377-402.

[123] Per G. Fredriksson, Xenia Matschke and Jenny Minier. Environmental Policy in Majoritarian Systems. Journal of Environmental Economics and Management, 2010, 59 (2): 177-191.

[124] Philip Kostov. Do Buyers' Characteristics and Personal Relationships Affect Agricultural Land Prices? Land Economics, Volume 86, Number 1, February 2010, pp. 48-65.

[125] Pierre Fleckinger and Matthieu Glachant. The Organization of Extended Producer Responsibility in Waste Policy with Product Differentiation. Journal of Environmental Economics and Management, 2010, 59 (1): 57-66.

[126] Piet Eichholtz, Nils Kok, and John M. Quigley. Doing Well by Doing Good? Green Office Buildings. American Economic Review, 2010, 100 (5) (December 2010): 2492-2509.

[127] R. Quentin Grafton, Tom Kompas and Ray Hilborn. Limits to the Privatization of Fishery Resources: Comment. Land Economics, Volume 86, Number 3, August 2010, pp. 609-613.

[128] Rabindra N. Bhattacharya, Rupayan Pal. Environmental Standards as Strategic Outcomes: A Simple Model. Resource and Energy Economics, 2010, 32 (3): 408-420.

[129] Riccardo Scarpa, Mara Thiene and David A. Hensher. Monitoring Choice Task Attribute Attendance in Nonmarket Valuation of Multiple Park Management Services: Does It Matter? Land Economics, Volume 86, Number 4, November 2010, pp. 817-839.

[130] Richard C. Ready, Patricia A. Champ and Jennifer L. Lawton. Using Respondent Uncertainty to Mitigate Hypothetical Bias in a Stated Choice Experiment. Land Economics, Volume 86, Number 2, May 2010, pp. 363-381.

[131] Richard D. Horan and Frank Lupi. The Economics of Invasive Species Control and Management: The Complex Road Ahead. Editorial. Resource and Energy Economics, 32, (4): 477-482.

[132] Richard W. Ryan, Daniel S. Holland, Guillermo E. Herrera. Bioeconomic Equilibrium in a Bait-constrained Fishery. Marine Resource Economics, 2010, Volume 25, Number 3, pp. 281-293.

[133] Robert C. Schmidta and Robert Marschinski. Can China Benefit from Adopting a Binding Emissions Target? Energy Policy, 2010, Volume 38, Issue 7, July 2010, pp. 3763-3770.

[134] Robert G. Haight and Stephen Polasky. Optimal Control of an Invasive Species with

Imperfect Information about the Level of Infestation. Resource and Energy Economics, 2010, 32 (4): 519–533.

[135] Robert Hahn and Peter Passell. The Economics of Allowing More U.S. Oil Drilling. Energy Economics, Volume 32, Issue 3, May 2010, pp. 638–650.

[136] Robert J. Johnston, Joshua M. Duke. Socioeconomic Adjustments and Choice Experiment Benefit Function Transfer: Evaluating the Common Wisdom. Resource and Energy Economics, 2010, 32 (3): 421–438.

[137] Robert L. Hicks and Kurt E. Schnier. Spatial Regulations and Endogenous Consideration Sets in Fisheries. Resource and Energy Economics, 2010, 32 (2): 117–134.

[138] Rögnvaldur Hannesson, Kjell G. Salvanes and Dale Squires. Technological Change and the Tragedy of the Commons: The Lofoten Fishery over 130 Years. Land Economics, Volume 86, Number 4, November 2010, pp. 746–765.

[139] Roy Brouwer, Julia Martin-Ortega and Julio Berbel. Spatial Preference Heterogeneity: A Choice Experiment. Land Economics, Volume 86, Number 3, August 2010, pp. 552–568.

[140] Sami Alpanda and Adrian Peralta-Alva. Oil Crisis, Energy-Saving Technological Change and the Stock Market Crash of 1973–74. Review of Economic Dynamics, 2010, 13 (4): 824–842.

[141] Sami Myyrä and Eija Pouta. Farmland Owners' Land Sale Preferences: Can They Be Affected by Taxation Programs? Land Economics, Volume 86, Number 2, May 2010, pp. 245–262.

[142] Sandra Schaffner and Hannes Spengler. Using Job Changes to Evaluate the Bias of Value of a Statistical Life Estimates. Resource and Energy Economics, 2010, 32 (1): 15–27.

[143] Seong-Hoon Cho, Dayton M. Lambert and Roland K. Roberts. Forecasting Open Space with a Two-Rate Property Tax. Land Economics, Volume 86, Number 2, May 2010, pp. 263–280.

[144] Sergey S. Rabotyagov. Ecosystem Services under Benefit and Cost Uncertainty: An Application to Soil Carbon Sequestration. Land Economics, Volume 86, Number 4, November 2010, pp. 668–686.

[145] Setareh Khalilian, Rainer Froese, Alexander Proelss and Till Requate. Designed for Failure: A Critique of the Common Fisheries Policy of the European Union. Marine Policy, Volume 34, Issue 6, November 2010, pp. 1178–1182.

[146] Shan Jiang. Aquaculture, Capture Fisheries, and Wild Fish Stocks. Resource and Energy Economics, 2010, 32 (1): 65–77.

[147] Shelby Gerking, Stephen F. Hamilton. 2010. SO_2 Policy and Input Substitution under Spatial Monopoly. Resource and Energy Economics, 2010, 32 (3): 327–340.

[148] Signe Anthon, Serge Garcia and Anne Stenger. Incentive Contracts for Natura 2000 Implementation in Forest Areas. Environmental and Resource Economics, 46(3): pp. 281-302.

[149] Simon Cowan. The Welfare Economics of Optional Water Metering. The Economic Journal, 120 (545): 800-815.

[150] Simon Dietz and Giles Atkinson. The Equity-Efficiency Trade-off in Environmental Policy: Evidence from Stated Preferences. Land Economics, Volume 86, Number 3, August 2010, pp. 423-443.

[151] Sittidaj Pongkijvorasin, James Roumasset, Thomas Kaeo Duarte, Kimberly Burnett. Renewable Resource Management with Stock Externalities: Coastal Aquifers and Submarine Groundwater Discharge. Resource and Energy Economics, 2010, 32 (3): 277-291.

[152] Stephen C. Newbold and D. Matthew Massey. Recreation Demand Estimation and Valuation in Spatially Connected Systems. Resource and Energy Economics, 2010, 32 (2): 222-240.

[153] Stephen Hynes, Nick Hanley and Cathal O'Donoghue. A Combinatorial Optimization Approach to Nonmarket Environmental Benefit Aggregation via Simulated Populations. Land Economics, Volume 86, Number 2, May 2010, pp. 345-362.

[154] Stine Aakre and Jon Hovi. Emission Trading: Participation Enforcement Determines the Need for Compliance Enforcement. European Union Politics 2010, 11 (3): 427-445.

[155] Subhes C. Bhattacharyya and Andon Blake. Analysis of Oil Export Dependency of MENA Countries: Drivers, Trends and Prospects. Energy Policy, Volume 38, Issue 2, February 2010, Pages 1098-1107.

[156] Tanya Hayes. A Challenge for Environmental Governance: Institutional Change in a Traditional Common-Property Forest System. Policy Sciences, 43 (2010), 1 (March), pp. 27-48.

[157] Tarik Aouam, Ronald Rardin and Jawad Abrache. Robust Strategies for Natural Gas Procurement. European Journal of Operational Research, Volume 205, Issue 1, 16 August 2010, pp. 151-158.

[158] Theodore C. Bergstrom. The Uncommon Insight of Elinor Ostrom. Scandinavian Journal of Economics, 2010, 112 (2), pp. 245-261.

[159] Thomas A. Weber and Karsten Neuhoff. Carbon Markets and Technological Innovation. Journal of Environmental Economics and Management, 2010, 60 (2): 115-132.

[160] Thomas Aronsson, Kenneth Backlund, Linda Sahlén. Technology Transfers and the Clean Development Mechanism in a North-South General Equilibrium Model. Resource and Energy Economics, 2010, 32 (3): 292-309.

[161] Thomas Eichner and Rüdiger Pethig. EU-type Carbon Emissions Trade and the Distributional Impact of Overlapping Emissions Taxes. Journal of Regulatory Economics, June

2010, Volume 37, Issue 3, pp. 287–315.

[162] Till Markus. Towards Sustainable Fisheries Subsidies: Entering a New Round of Reform under the Common Fisheries Policy. Marine Policy, Volume 34, Issue 6, November 2010, pp. 1117–1124.

[163] Timothy C. Haab, John C. Whitehead, George R. Parsons, Jammie Price. Effects of Information about Invasive Species on Risk Perception and Seafood Demand by Gender and Race. Resource and Energy Economics, 32 (4): 586–599.

[164] Timothy Fitzgerald. Evaluating Split Estates in Oil and Gas Leasing. Land Economics, Volume 86, Number 2, May 2010, pp. 294–312.

[165] Todd Sandler. Common–Property Resources: Privatization, Centralization, and Hybrid Arrangements. Public Choice, June 2010, Volume 143, Issue 3–4, pp. 317–324.

[166] Tom Tietenberg. Cap-and-Trade: The Evolution of an Economic Idea. Agricultural and Resource Economics Review, Volume 39, Number 3, October 2010, pp. 359–367.

[167] Valerie Mueller and Glenn Sheriff. On Hedonic Valuation of Urban Amenities Using Unbalanced Data. Land Economics, Volume 86, Number 3, August 2010, pp. 545–551.

[168] W. J. W. Botzen, L.M. Bouwer, J. C. J. M. van den Bergh. Climate Change and Hailstorm Damage: Empirical Evidence and Implications for Agriculture and Insurance. Resource and Energy Economics, 2010, 32 (3): 341–362.

[169] Wei Zhang, Wopke van der Werf, Scott M. Swinton. Spatially Optimal Habitat Management for Enhancing Natural Control of an Invasive Agricultural Pest: Soybean Aphid. Resource and Energy Economics, 32 (4): 551–565.

[170] William Brock and Anastasios Xepapadeas. Pattern Formation, Spatial Externalities and Regulation in Coupled Economic–Ecological Systems. Journal of Environmental Economics and Management, 2010, 59 (2): 149–164.

[171] William H. Rogers. Measuring the Price Impact of Municipal Incorporation on Homeowner Associations. Land Economics, Volume 86, Number 1, February 2010, pp. 91–116.

[172] Yajie Liu and U. Rashid Sumaila. Estimating Pollution Abatement Costs of Salmon Aquaculture: A Joint Production Approach. Land Economics, Volume 86, Number 3, August 2010, pp. 569–584.

[173] Yen-Chiang Chang and Nannan Wang. Environmental Regulations and Emissions Trading in China. Energy Policy, Volume 38, Issue 7, July 2010, pp. 3356–3364.

[174] Yi-min Jiang. Problems and Countermeasures of Logistics in the Marine Fisheries Industry. Asian Agricultural Research, Volume 2, Issue 6, June 2010, pp. 34–36.